최신 평생교육방법론

김남선 저

도서출판 두남

머리말

본 교재는 평생교육을 보다 체계적으로 공부하려는 성인학습자를 위한 교수방법에 관심을 두고 집필한 것이다.

성인을 대상으로 한 교수법은 일반 학교에서 제공하고 있는 학습법과는 매우 다른 교수법을 사용하여야 성인학습자의 학습효과를 낼 수 있다. 그러한 차원에서 성인학습자에게 필요한 교수, 학습이론과 그 실제에 대해 체계적인 교재가 거의 없기에 본 교재를 발간하였다. 본 교재는 2002년에 본인이 집필한 [평생교육방법론]을 크게 보완하여 새롭게 집필한 것으로 평생교육방법에 관심 있는 학자, 전문가 또는 학생들에게 조금이나마 도움을 줄 수 있을 것이다.

본 교재에서는 평생교육의 방법의 의의, 평생교육방법 관련근거, 평생교육방법의 절차, 평생교육방법의 형태 등에 관하여 자세하게 제시함으로써 본 교재를 이용하는 모든 분들이 보다 쉽게 활용할 수 있게 하였다.

이제 평생교육은 어떤 특정한 계층의 관심의 대상이 아니라 우리 모두가 참여하는 생활의 필수가 되고 있다.

즉 평생학습사회를 맞이하여 요람에서 무덤까지 배우고 학습하면서 인생을 보내야 한다는 새로운 삶의 체계를 설계해야 한다.

평생교육방법론은 그러한 학습을 보다 효과적으로 전개하는 데 필요한 기법을 이해하고 실제 이용하는 것이다.

따라서 본 교재는 성인학습자에게 도움을 줄 수 있는 다양한 평생학습기법을 체계적으로 제시한 것이 특징이다. 본 교재를 통하여 평생교육기법을 공부하고 가르치는 분 모두에게 조금이나마 도움을 줄 수 있다면 그것으로 만족한다. 본 교재 출판을 허락해 주신 도서출판 두남 사장님께 깊이 감사드린다.

2013. 1

연구실에서 저자 김남선

차례

제1장 평생교육방법의 의의

제1장 평생교육방법의 의의

제1절 평생교육방법의 개념

일반적으로 교육이라는 개념은 매우 포괄적인 의미를 가지고 있지만 대체적인 의미를 설명해 보면 인간을 바람직한 방향으로 이끌어 가는 하나의 의도적 과정이라고 할 수 있다. 이러한 의도성을 지닌 변화과정에는 여러 가지 방법이 도입되고 각 방법은 독특한 특성을 지니고 있으므로 교육방법은 그 대상과 내용에 따라 다양성을 지니게 될 것이다.

또한 교육방법은 교육목적을 달성하기 위하여 준비된 교육내용을 구체적으로 실현하는 방식을 의미하기 때문에 교육방법이 지니고 있는 특성에 따라 교육목적달성과 교육내용전달의 효과는 다양하게 나타날 수 있게 된다.

그러나 정규적인 교과과정에 의하여 일정한 연령수준에 있는 학생을 대상으로 하는 교육방법은 어느 정도 한정화 되었고 그 다양성이 제한적일 수 있으나, 주로 성인을 대상으로 하는 평생교육방법은 그 대상자체가 매우 포괄적이면서 다양성을 지니고 있기 때문에 그 교육방법도 매우 다양성을 지닐 수밖에 없다.

특히 성인계층은 어느 정도 교육과정을 마쳤거나 이미 내면적 성숙을 가져왔기 때문에 일반 학교교육에서 전개하는 교육방법으로 접근하게 된다면 교육목표의 달성이 어렵게 될 것이다. 그러므로 평생교육방법은 정규학교와의 교육방법과는 다른 각도에서 접근되어야 함을 의미한다.

따라서 평생교육방법은 일반 학교교육방법과는 다른 독특성을 지니고 있다는 점에서 일반교육방법의 적용원리를 그대로 적용하기 어렵다는 전제하에 접근되어야 하는 교육방법이다.

특히 성인계층에 대한 교육은 일반학교교육에서 지향하는 교육이념 또는 목적에 해당되는 전인교육에 있다기보다 성인들이 일상생활을 하면서 필요로 하는 교양, 정보 및 기술을 습득하는데 있으므로 일반 학교교육의 교육목적과는 매우 대조적인 특성을 보이고 있다. 따라서 평생교육방법은 주로 성인들이 살아가면서 필요로 하는 교양, 정보 및 기술에 대하여 태도 및 행동변화가 일어나 그들의 생활의 질을 향상시켜 주고 나아가 그들이 살고 있는 지역사회의 생활의 질이 더욱 향상되도록 하는데 필요한 효과적인 교육방법을 의미한다고 볼 수 있다.

제2절 평생교육방법의 원리

평생교육이 주 대상으로 하고 있는 성인계층은 심리적 특성이 매우 다양하므로 이에 적절한 교육방법을 적용해야 한다. 왜냐하면, 성인계층이라면 청소년, 주부, 노동자 및 노인 등 실로 그 대상이 영역에 따라 각양각색으로 나타나기 때문에 그들의 신체적, 지적, 정의적 특성이 다양할 수밖에 없다. 그러므로 성인들을 대상으로 하는 평생교육방법을 획일적으로 특성화시켜 그러한 방법으로 전개시키려 한다면 본래의 교육목표를 달성하기가 매우 어렵게 된다. 그러나 성인계층은 다양성이 있는 가운데에서 나름대로의 공통성을 지니고 있으므로 이것을 기초로 하여 평생교육방법을 적용하는데 필요한 몇 가지 조건을 제시하면 다음과 같다.

첫째, 성인교육방법의 효과를 높이기 위해서는 충분한 시간적 배려가 있어야 한다. 성인은 연령이 많아짐에 따라 어떤 외부의 자극에 대하여 반응하는 속도가 느려진다. 그러므로 성인에 대한 학습효과를 충분히 올리기 위해서는 교육방법을 적용할 때 피교육자가 충분히 그 교육내용을 인지하고 이해할 수 있을만한 교육방법인가를 심사숙고해서 적용하여야 한다.

둘째, 성인 각 개인이 지니고 있는 정의적 요인에 대한 배려가 요구된다. 정의적 요인이란 심리적 요소로서 성인은 이미 많은 과거를 지니고 있기 때문에 과거에 이미 지금 실시하려는 교육내용 또는 교육방법에 대하여 부정적 또는 긍정적 태도가 형성되어 있는 경우가 많으므로 평생교육을 실시하기 전에 이를 잘 파악하여야 한다.

즉, 이미 심리적으로 내재화되어 있는 교육방법 또는 교육내용에 대해서는 편견이 개입되기 쉬우므로 이에 적절한 교육방법으로 대처해야 한다.

예를 들면, 어떤 내용에 대하여 이미 부정적 태도가 형성되어 있으면 그에 대한 태도변화를 위해서는 많은 시간과 노력이 요구되기 때문에 더욱 충분하고 설득력 있는 교육방법이 도입되어야 한다. 만약 그 내용에 대하여 긍정적인 태도가 형성되어 있으면 매우 효과적으로 교육목적을 달성할 수 있게 된다.

셋째, 성인학습자가 각자의 자아를 개발할 수 있도록 해야 한다. 인간은 연령이 증가할수록 본래의 미성숙된 자아가 사회에서 필요로 하는 성숙된 자아로 변해간다. 즉, 의존적 자아에서 독립된 자아로 연령이 증가함에 따라 진행된다고 볼 수 있다. 그러므로 사회발전과 안정을 위해서는 그 사회를 구성하고 있는 각자의 자아가 그 사회에서 필요로 하는 안정되고 독립된 자아로 변함을 요구하게 된다. 따라서 성인들에 대한 평생교육방법에는 이러한 독립된 자아를 일으킬 수 있는 기법이 도입되어야 한다.

뿐만 아니라 성인은 자기가 지니고 있는 자아와 매우 거리가 먼 교육내용이나 이를 익히게 하려는 교육방법에 대하여 부정적 태도를 취하기 쉽기 때문에 교육방법을 선택할 때는 이들의 자아가 어떤 상태에 있는지를 먼저 파악해보고 이에 적합한 교육방법을 선정하는 것이 좋다.

넷째, 성인의 과거경험을 최대로 이용할 수 있게 해야 한다. 성인은 일반적으로 많은 경험을 지니고 있다. 그 경험의 내용은 성인의 개인적 특성에 따라 매우 다양하기 때문에 획일적으로 설명하기 어렵지만, 성인이 지니고 있는 다양한 경험은 곧 지금의 평생교육내용 및 방법에 크게 영향을 미치게 된다. 왜냐하면, 앞에서 정의적 요소를 제기하였듯이 성인들은 그들 나름대로의 경험영역이 구축되어 있기 때문에 교육방법이 획일적이거나 강의식으로만 진행된다면 그들의 다양한 경험영역은 무의미해지거나 거부반응을 일으키게 된다. 그러므로 성인 각자가 지니고 있는 경험을 그들 스스로 최대로 이용할 수 있는 학습방법이 더욱더 요구된다.

즉, 그들의 경험을 서로 토의할 수 있게 하거나, 주장할 수 있는 교육방법을 제공하게 된다면 그들의 경험교환을 통하여 상호간의 태도변화가 더욱 쉽게 일어날 수 있게 할 수 있다.

다섯째, 성인발달과업에 적합한 교육방법이 도입되어야 한다. 인간은 일정한 연령에 따라 그 연령수준에 적합한 과업을 수행해야 한다. 즉, 인간은 일정한 연령이 되면 직업을 가져야 하고 결혼도 해야 하며 자녀를 양육해야 하는 과업을 지니고 있다. 그러므로 성인은 그 발달과업의 단계에 따라 알아야 할 내적 과제와 외적 과제가 있으므로 이 과제를 적절히 해결해 나갈 수 있는 성인교육 내용과 방법이 전개되어야 한다.

여섯째, 평생교육방법에는 문제해결중심방법이 도입되어야 한다. 평생교육은 주로 성인이 자기 생활을 영위해 가는데 필요한 정보, 교양 및 기술을 획득하는

데 관심을 두고 있으므로 교육방법은 이의 획득에 효율성을 갖도록 전개되어야 한다. 즉, 성인은 생활의 안정과 행복증진에 관련된 많은 문제를 지니고 있기 때문에 이러한 문제를 직접 해결하는데 평생교육방법이 도움을 줄 수 있어야만 학습효과가 효율적으로 일어날 수 있다.

일곱째, 학습자가 교육활동에 구체적으로 참여하는 교육방법이 전개되어야 한다. 평생교육은 교육자와 피교육자를 완전하게 구별하는 학교교육과는 다르다. 즉, 평생교육은 피교육자도 교육자 입장에 설 수 있으므로 교육주체의 역할을 수행해야 되는 때가 많다. 그러므로 평생교육방법에는 학습자가 스스로 자신의 문제해결에 주체가 될 수 있는 방법이 도입되어야 한다. 그래야만 학습자는 느낀 필요(felt needs) 즉, 자신의 욕구를 해결하는데 적극성을 나타냄으로써 그 욕구해결이 보다 쉽게 일어날 수 있다.

여덟째, 평생교육방법에는 다양성의 원리가 도입되어야 한다. 평생교육의 대상은 매우 다양하므로 내용도 매우 다양하게 된다. 즉, 평생교육의 대상은 청소년, 주부, 노인 및 특수계층에 이르기까지 매우 광범위하므로 이들에 대한 교육방법도 다양할 수밖에 없다. 따라서 평생교육방법은 대상, 시간, 장소 및 환경 등의 변인에 따라 주어진 목적을 보다 효과적으로 달성할 수 있는 기법으로 전개되어야 한다.

아홉째, 평생교육방법에는 학습자가 스스로 결정할 수 있는 자주성의 원리가 도입되어야 한다. 성인들은 이미 어느 정도의 사회성이 발달되고 있으므로 주변의 상황을 보다 주체적으로 파악하고 이에 대처할 수 있는 능력이 있다. 따라서 평생교육을 전개하는 교육방법에 이들의 주체적 해결능력을 최대한 이용할 수 있도록 해야하겠다. 예를 들면, 평생교육과정에 참여한 학습자들 스스로 그들의 대표를 뽑게 한 다음 교육내용에 대해서도 적극적으로 참여하여 그들의 자주성이 독립적으로 나타날 수 있게 한다.

열째, 평생교육방법에는 상호학습의 원리가 도입되어야 한다. 평생교육은 앞에서 지적하였듯이 교육자와 피교육자가 학교교육처럼 완전하게 구별되는 것은 아니다. 그러므로 평생교육방법에는 교육자와 피교육자가 상호보완적 입장에 설 수 있는 방법이 도입되어야 한다. 즉, 피교육자도 교육자에게 무언가 알게 해주는 방법이 도입되어야 한다. 이것은 현재 사회에서 전개되고 있는 각종 평생교육 프로그램에서 많이 이용되고 있다. 예를 들면, 역할 연기법(Role playing) 같은 것은 상호입장을 바꾸어 실천해 봄으로써 상대방을 이해하고 보완할 수 있게 하여 보다 교육효과를 올릴 수 있게 된다.

열한번째, 평생교육방법에는 평생교육이 계속적으로 전개될 수 있는 기법이 도입되어야 한다. 일정한 대상에 대한 평생교육 프로그램이 끝났다고 해서 그 대상에 대한 평생교육이 끝났다고 보아서는 안 된다. 사회변화 또는 개발은 지속성을 지니고 있기 때문에 이 변화의 주체자인 인간에 대한 변화도 지속적으로 이루어져야 한다.

그러므로 평생교육은 반복성을 지니면서 계속적으로 전개될 수 있도록 하는 전개방법이 이용되어야 한다.

이와 같이 평생교육을 전개하는 평생교육방법에 관련된 원리는 매우 포괄적이면서 다양성을 지니고 있다. 왜냐하면 평생교육 자체가 매우 포괄적이면서 다양성을 지니고 있기 때문에 이를 전개하는 방법상의 다양성은 당연한 것으로 받아들여진다. 따라서, 평생교육을 전개할 교육방법을 획일적으로 설명한다는 것은 매우 어렵다고 볼 수 있다.

제3절 평생교육방법의 특성

평생교육은 주로 성인계층을 그 주요 대상으로 하고 있기 때문에 교육방법 면에서도 다른 교육방법과는 다른 독특성이 있다고 볼 수 있다. 평생교육방법은 평생교육을 전개하기 위하여 교육을 계획하고 이를 수행 및 평가하는 과정 중에서 계획된 내용을 달성하기 위하여 수행하는 과정에 속한다고 볼 수 있다. 성인을 대상으로 하는 교육수행 방법에는 학교교육과 같이 일정한 교사에 의해서 일정한 교육내용을 전개하는 것과는 매우 다른 특성을 지니고 있다. 평생교육을 전개하는 방법은 교육의 대상, 교육내용 및 교육장소에 따라 매우 다양하게 나타난다. 그러므로 평생교육방법의 특성으로 우선 지적될 수 있는 것은 평생교육방법의 원리에 기초한 ① 현실성을 중시하는 교육방법, ② 학습자의 경험을 최대로 활용하는 교육방법 ③ 학습자의 자율성을 최대로 반영하는 교육방법, ④ 문제해결중심의 교육방법, ⑤ 성인발달과업에 따른 교육방법, ⑥ 성인의 자아를 최대로 발휘할 수 있는 교육방법 등이 있다.

이와 같은 평생교육방법의 특성은 학교교육방법과는 비교가 되는 방법으로 접근될 수 있는데 이렇게 설명할 수 있는 배경으로는 첫째, 인간은 20세 이후부터의 지능은 크게 발달되지 않으나 판단력, 응용력 등은 계속 신장될 수 있으며,

창의력은 연령에 크게 제한 받지 않는다. 둘째, 심리발달의 단계에서 보면, 성인 초기에는 친밀감, 중년기에는 생산성, 노년기에는 삶의 완성 내지 자아통합에 대한 관심이 높다. 셋째, 경험을 중심으로 한 학습자원과 준비도가 증대된다. 넷째, 현실적인 문제해결과 학습내용의 직접적 이용에 대한 강한 욕구가 있다. 다섯째, 자아개념의 강화와 자율관리의 증대 등이 있다.

제2장 평생교육방법 이론적근거

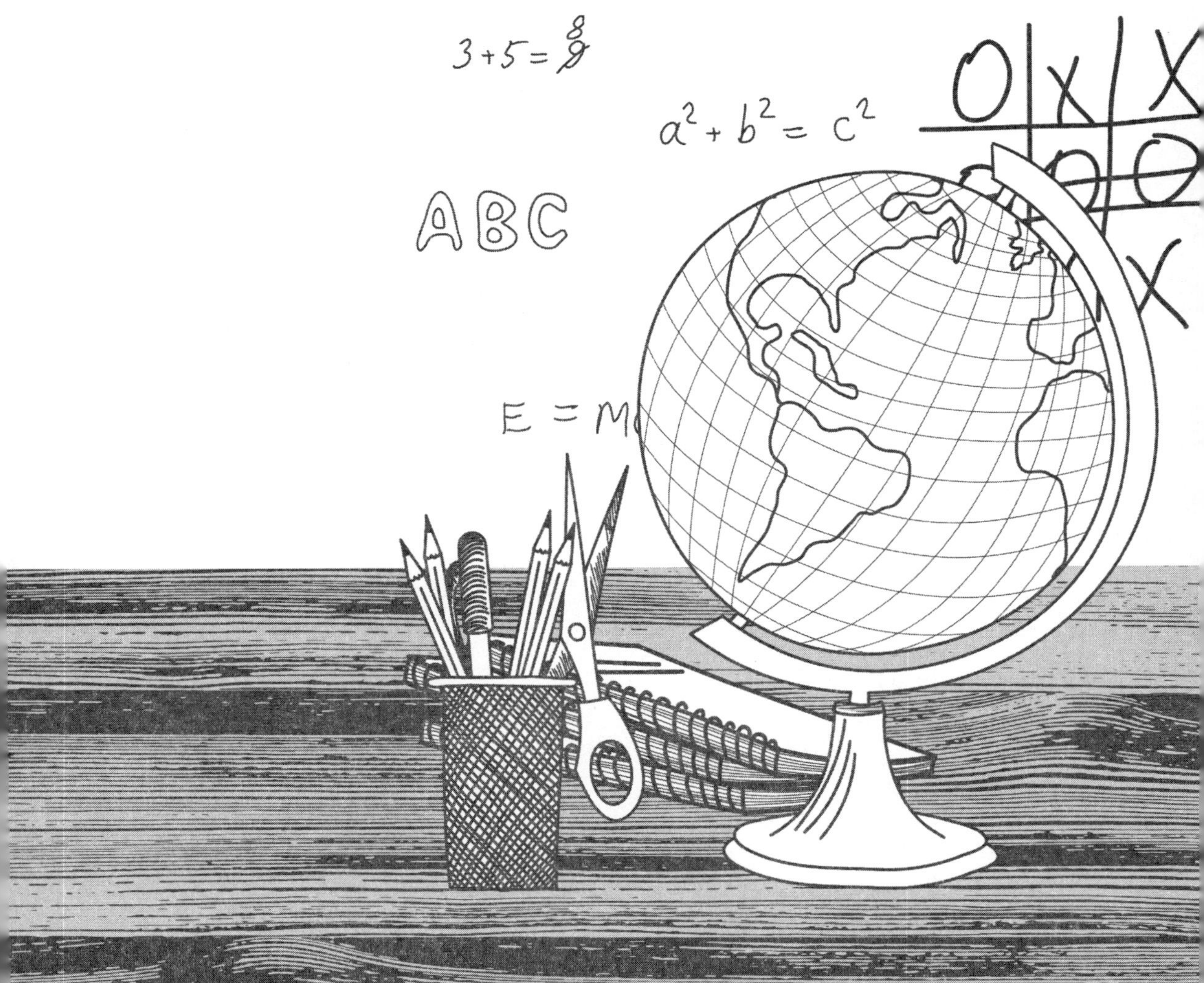

제2장 평생교육방법 이론적근거

평생교육방법에 관련된 이론을 독립화 한다는 것은 매우 어려운 작업이다. 왜냐하면, 인간을 중심으로 이루어지는 사회과학에 대한 이론 즉, 사회과학에 속해 있는 여러 가지 과학은 서로 연계성을 지니고 있으므로 상호 매우 밀접한 관계를 형성하고 있기 때문이다.

따라서 평생교육에 관련된 이론은 비록 평생교육이 성인을 중심으로 하는 교육이기는 하나 역시 인간에 대한 교육이라는 관점에서 일반교육학(Pedagogy)에 관련된 이론을 바탕으로 이루어질 수밖에 없다.

물론, 평생교육은 일반교육 이론과는 매우 다른 각도에서 접근되어야 하는 점도 많기 때문에 여기서는 일반교육학에서 취급하는 교수법 및 학습에 관련된 이론을 평생교육적 입장에서 정리해 보고 또한 평생교육을 중심으로 하고 있는 인간의 태도 및 행위변화에 관련된 내용을 전개하고자 한다.

제1절 교수관련 내용

1. 교수의 특성

평생교육에서 교수란 교육자가 피교육자에게 교육내용을 가르치는 것, 또는 가르치는 과정이라 할 수 있다. 이러한 교수가 이루어지기 위해서는 피교육자들 즉, 학습자가 학습활동을 자발적으로 받아들이고 교육자도 학습자의 학습활동과 학습결과에 대해서 도와 주려는 자발적인 의지가 생길 때 진정한 평생교육의 교수가 발생한다.

교육자의 교수행위를 다른 말로 수업이라고 부를 수 있는데 수업이란 「개인으로 하여금 특정한 조건이나 또는 특정한 상황에 대한 반응으로서 특정한 행동을 나타내도록 학습하게 하거나 또는 그 특정행동에 참여할 수 있도록 개인을 둘러싼 환경을 계획적으로 조작하는 과정」이라고 볼 수 있다. 이와 같은 교수의 개념을 바탕으로 교수에 관련된 일반원리를 몇 가지 제시하면 다음과 같다.

1) 학습자의 태도에 영향

평생교육방법은 학습자의 사고와 태도에 영향을 줄 수 있도록 이루어져야한다. 교육자로서 관심을 두어야 할 것은 교육결과가 장차 학습자가 자신과 관련된 문제에 관하여 생각하는 관점과 태도에 영향을 주어야 한다.

특히 평생교육은 성인들이 처하고 있는 현실문제해결에 많은 관심을 지니고 있기 때문에 교육을 통하여 문제해결에 필요한 사고와 태도가 형성될 수 있도록 하여야 한다.

특히, 학습결과에 대한 효과는 성인계층에 있어서는 그 교육방법에 따라 크게 좌우된다. 이와 같이 생활중심교육은 일반학교 교육보다 평생교육에서 더욱 강조되고 있다.

2) 교육내용의 동질성 확보

평생교육방법은 교육내용에 대하여 교육자와 학습자의 생각과 동일하게 이루어지도록 하여야 한다. 이것은 운전교육을 받는 사람이 운전교육을 하는 사람과 같은 생각과 행위를 함으로써 학습효과가 증대된다는 것과 같은 것이다. 그래서 학습자가 어떤 특정한 내용을 배운다는 것은 사실 그 현상을 탐구하는 것이며 학습자들은 이 탐구의 결과로 얻은 원리나 방법을 이용하여 차후에 다른 방법을 탐구할 수 있게 된다. 이 원리는 지금까지 일반교육에서 일어나고 있는 잘못을 지적하여 주고 있다. 즉, 우리는 흔히 어떤 내용을 학습자에게 가르치고자 할 경우에 이미 그것을 알고 있는 교육자가 있는 그대로의 결과(지식)만을 학습자에게 전달함으로써 학습자는 그 교육내용이 진실로 무엇을 의미하는지를 모르기 때문에 단순한 지식전달로 끝나게 되는 경우가 많다.

그러므로 평생교육방법에서는 학습자가 처해있는 환경 또는 심리적 상황을 충분히 파악하여 교육자가 교육내용을 전개할 수 있게 하여야 한다.

3) 자발적 참여유도

평생교육방법은 학습자의 자발적 참여를 유도해야 한다. 이 원리는 교육자가 학습자들에게 교육내용에 담긴 의미 즉, 어떤 원리나 탐구방법을 가르침으로써 장차 학습자들의 사고의 관점이나 태도나 행동에 영향을 주려고 하면 학습자들은 교육내용을 배우는 동안 학습자 스스로 사고하는 기회를 가져야 한다는 것이다. 즉, 교육의 장은 장차 학습자가 생활의 장에서 사고하는 훈련의 장이라고 말할 수 있다.

이와 같이 「행함으로써 배운다」는 원리나 발견학습의 원리는 모두 다 학습자 스스로 생각하면서 배운다는 것이 가장 효과적인 원리임을 잘 나타내주고 있다. 물론 교육의 원리로서 발견학습을 주장하는 배후에는 학습자들이 올바르게 행하면 올바른 지식에 도달 할 수 있다는 가정이 놓여 있다. 이 가정은 동시에 교육자에게 무거운 부담을 지워주곤 한다.

학습자들이 행해 보기 위해서는 논리적으로 따져서 행해 보겠다는 결의, 또는 동기가 필요하다. 그리고 그 동기는 학습자들이 배우려고 하는 내용에 대해 흥미를 느낄 수 있을 때 생긴다. 이러한 흥미는 교육자가 교육내용을 조직하고 제시하는데서 학습자들에게 스스로 발생하도록 하여야 한다. 이때 필요한 것은 학습자들에게 중요한 지적 문제이다. 평생교육내용이 학습자들에게 중요한 지적 문제를 반영하지 않을 때, 학습자들은 아무것도 발견하려고 하지 않을 것이며 발견하려고 해야 발견할 것도 없을 것이다.

2. 성인교수이론

1) 일반학습이론과 교수이론

일반학습이론은 교사가 사회에서 일반적으로 부여된 기능인, 학습의 촉진을 위해 이용되어진다. 학습이론과 교수이론은 구별되어 질 수 있다. 학습이론가들은 유기적 조직체가 학습하는 방법을 다루는 반면, 교수이론가들은 한 사람이 학습하고자 하는 유기적 조직체에게 영향을 끼치는 방법을 다룬다.

아마도, 교사에 의해 기술된 학습이론은 그의 교수이론에 영향을 미칠 것이다.

교수는 주어진 학습이론이 본질적으로 필요하다고 간주되는 학습자를 위해 공급하는 과정이다. 교사는 조건반응의 재강화와 주어진 반응에 대한 실마리를 제공해야 한다. 모델링 이론입장에서 교사는 관찰되어지고 모방되어지는 한 모델을 제공해야 한다. 인지이론의 입장에서 교사는 일어날 수 있는 인지구조 또는 자극을 제공해야 한다.

Hilgard는, 이러한 학습이론의 혼돈을 비판하면서, 세 가지 다른 이론(S－R 이론, 인지이론, 그리고 동기부여와 성격이론)으로부터 몇가지 행동원리를 확인했다. 그 중요한 내용을 보면 다음과 같다.

가. S－R(Stimulus－Response : 자극－반응)이론에서 강조된 행동원리

① 학습자는 수동적으로 듣는 사람, 보는 사람이기보다는 오히려 활동적이어야 한다.

② 반복은 기술의 습득과 학습을 하는 동안 학습을 유지하는데 매우 중요하다.

③ 재강화는 바람직한 반복과 올바른 반응이 보상되는 과정에서 중요하다.

④ 충동은 학습에서 중요하다.

⑤ 갈등과 좌절은 어려운 변별학습과정에서 불가피하게 나온다.

나. 인지이론에서 강조된 행동원리

① 학습자에게 주어진 **지각특성**은 학습조건(예를 들면, 계열화, 유기적인 상호관계 등)이 중요하게 작용한다.

② **지식의 편제에 있어서**, 교사 또는 교육계획가가 간단한 것으로부터 복잡한 것까지 모두를 지시하는 것은 비교육적이다.

③ 학습은 **문화적으로 상대적**이다. 학습자가 속해 있는 문화는 학습에 영향을 준다.

④ **인지 피드백**은 올바른 지식을 형성하고, 불완전한 학습을 바르게 한다.

⑤ 학습자에 의한 **목표－설정**은 학습을 위한 자극으로써 중요하다.

⑥ **서로 다른 사고**는 가치 있는 생산, 새로운 창조, 창의적인 문제해결로 이끈다.

다. 동기부여와 성격이론으로부터의 행동원리

① 학습자의 **능력향상을 위해 학습준비가 요청된다.**

② 학습자는 그의 유전성을 이해해야 한다.

③ 학습은 **문화적으로 상대적**이다. 그래서 학습자가 어떤 문화에 속해 있느냐에 따라 학습효과가 다르게 나타난다.

④ 개별 학습자의 **열의 수준**은 학습효과에 크게 영향을 미친다.

⑤ 개인이 지니고 있는 **동기와** 가치는 상호관련이 있다.

⑥ 학습집단 **분위기**는 학습의 결과뿐만 아니라 학습만족에 영향을 줄 것이다.

2) 성인학습이론과 교수이론

성인학습은 일반학습이론에 기본을 두고 성인이 지니고 있는 특성을 이해하여 학습하는 것을 의미하며, 이러한 학습효과를 극대화시키기 위해서는 아동을 대상으로 하는 교수법과는 다른 차원에서 교수법이 전개되어야 한다. Rogers는 이에 대하여 다음가 같은 지침을 제공하고 있다.

그는 성인 학습을 보다 효과적으로 수행하는데 필요한 교수방법을 다음과 같이 제시하고 있다.

① 교수할 때 학습자의 **수업경험, 집단의 분위기, 학습분위기를 최대한 고려해야 한다.**

② 교수할 때 학습자집단의 **일반적인 목적뿐만 아니라 각개인의 목적이 분명하게 나타나도록 도와야 한다.**

③ 교수는 학습자의 숨겨진 학습동기를 유발시켜 학습자의 학습욕구를 증진시키도록해야 한다.

④ 교수할 때 주변 가용자원을 보다 쉽게 활용할 수 있도록 가용자원을 조직화하여야 한다.

⑤ 교수는 자신도 학습자가 필요로 하는 자원이라는 것을 알게하여 학습자가 자신을 최대로 활용할 수 있도록 해야한다.

⑥ **교수할 때 교수자는 교실 공간를 지배하고 있는 각종 지적 또는 정서적 특성을 최대로 활용한다(예를 들면, 남녀를 같은 책상에 앉게 하는 것)**

이와 같은 내용을 정리하여 교수의 행동원리를 제시해 보면 다음 [표 2-1]과 같다.

[표 2-1] 교수의 행동원리

학습의 조건들	교수의 행동원리
· 학습자들은 배우기 위한 욕구를 느낀다. · 학습환경은 물리적인 안정, 상호신뢰, 존경, 상호도움, 표현의 자유 등에 의해 특징지워 진다. · 학습자들은 그들의 목	1. 교사는 자기 실현에 대한 새로운 가능성을 학생들에게 밝혀야 한다. 2. 교사는 학습자의 행동개선을 위해 그 자신의 열망을 각 학생들에게 명백히 해야한다. 3. 교사는 각 학생들의 현재와 기대와의 수준차이를 분석해야한다. 4. 교사는 학습자의 개인차에 따라 나타나는 경험상의 문제점을 확인해야 한다.

표를 달성하기 위해 학습경험를 지각한다. · 학습자들은 학습경험을 조작하고 계획에 대한 책임성을 지니고 있다. · 학습자들은 학습과정에 활동적으로 참여한다. · 학습과정은 학습자들의 경험을 사용하고 그리고 그러한 경험에 연계되어진다. · 학습자는 그들의 목표들을 향해 도전성을 가지고 있다.	5. 교사는 안전하게 학습할 수 있는 물리적인 조건들을 제공해 주어야 한다(예, 의자, 흡연, 온도 통풍, 빛, 장식 등). 6. 교사는 각 학습자의 느낌과 생각을 존중하고 가치 있는 사람으로써 받아들여야 한다. 7. 교사는 경쟁심보다 학습자 상호간의 협동적인 관계가 일어나도록 한다. 8. 교사는 학습자와의 상호연구자세를 지니고 있어야 한다. 9. 교사는 학생들의 욕구, 제도의 욕구, 교사의 욕구, 사회적 욕구를 이해 해야한다. 10. 교사는 교육과정을 계획하는데 학습자의 참여를 일으켜야 한다. 11. 교사는 학습자가 학습과정 과정에서 책임을 공유하도록 해야한다. 12. 교사는 학습자가 다양한 학습에 적응할 수 있도록 학습자의 경험을 최대로 활용한다. 13. 교사는 학습목표 달성을 측정할 때 다양한 기법을 도입하며 학습자를 참여시켜야 한다. 14. 교사는 학습자가 학습평가를 통해나타나는 내용을 학습자의 것으로 이해하도록 도와야 한다.

3) 교수이론과 교수법

일반교수이론에 관련된 내용은 매우 많다. 여기서는 실용주의 특성을 지니고 있는 존 듀이(John Dewey)의 교수이론을 중심으로 전개하였다. 왜냐하면 평생교육은 학교교육과 다르게 사회에서 필요한 현실문제 해결에 중심을 두고 있기 때문에 매우 실용적 특성을 지니고 있기 때문이다.

(1) 존 듀이(John Dewey, 1859~1952)

미국의 철학자·교육학자. 버몬트주 벌링턴 출생. 버몬트대학을 졸업하고, 존스홉킨스대학에서 학위를 받았으며, 미네소타·미시간·시카고·콜럼비아 각 대학에서 교수를 역임하였다. 1930년 이후에는 컬럼비아대학 명예교수가 되었다. 그는 처음에 헤겔 철학의 영향을 받았으나, 차차 W.제임스의 프래그머티즘에 끌려, 이것을 발전시킴으로써 '실용주의' 또는 '도구주의'의 입장을 확립하였다. 그의 《논리학적 이론의 연구》 (1903), 《실험적 논리학 논문집》 (16), 《사고의 방법》 (33) 등에 의하면, 모든 사고는 혼탁하고 불확실한 상황을 명확한 상황으로 개조하는 노력, 다시 말하면 '탐구'인 것이다. 관념이란 이를 위한 실험적인 가설이며 도구이다. 예를 들면, 처음에는 무엇인지 모르는 것도, 이것은 오렌지의 일종이 아닐까 하고 잘라 보고 맛봄으로써 오렌지라는 것을 알 수 있듯이, 실험적인 가설로서의 관념은 상황을 개조하기 위한 도구라고 말할 수 있다. 따라서 칼이 좋고 나쁨이 잘 드느냐 아니냐에 따라 결정되듯이, 관념의 좋고 나쁨(진위)은 상황을 개조할 수 있는지의 유효성에 의하여 판정된다. 이러한 기본적인 입장에서, 논리학은 모든 분야에서의 차이를 분명히 함으로서 앞으로의 탐구를 보다 더 유효한 것으로 만들 수 있다고 주장하는 《논리학—탐구의 이론》(1938)을 저술하였다. 또한 《경험으로서의 예술》 에 의하면, 경험은 인식의 한 형식일 뿐만 아니라, 반성이 가미되기 전에 느껴지며 살아 있는 것으로서 널리 해석된다. 인간생활은 혼탁하고 불확정한 경험에서 통일적인 경험으로 이행하는 리드미컬한 움직임에 의해서 성립되었다. 전자에서 후자에 이를 때 우리에게는 새로운 의미와 충족감이 주어진다. 이러한 이행의 달성이야말로 예술의 본질적인 작용이라고 그는 생각하였다. 교육에 대해서는 《학교와 사회》 (1899), 《민주주의와 교육》 (1916)에 의해서 그의 사상을 알 수 있다. 그에 따르면, 교육이란 경험의 끊임없는 개조이며, 미숙한 경험을 지적인 기술과 습관을 갖춘 경험으로 발전시키는 것이다. 따라서 학생들에게 일방적으로 지식을 주입시키거나, 반대로 학생들의 자발성에만 의존하면 불충분하므로 여러 가지 경험에 참여시킴으로써 창조력을 발휘시킬 수 있는 계획성을 마련할 필요가 있다. 이 일을 위하여 학교는 현실사회의 모델일 뿐만 아니라, 사회개조의 모체가 될 수 있는 이상사회로서 제시되어야 한다는 것이다. 92세라는 그의 생애동안 두 차례의 세계대전을 겪었고, 미국이 최대강국으로 부상한 시대였다. 그러나 독점자본주의의 발전으로 자유민주주의의 이상이 무너져 가는 시대이기도 하였다. 이 시대의 요청에 부응하여 제퍼슨과 링컨의 고전적인 이상을 새로이 개조하고, 서민의 경험을 미국의 프래그머티즘에 의해 소화하여 보편적 교육학설을 창출하여 세계 사상계에 기여하였다. 1932년 '전국교육협회' 명예회장, 39년 중국에서 제이드 훈장, 49년 칠레에서 메리트 훈장을 받았고, 터키·러시아 등을 방문하여 교육혁명을 지도하였다. 46년 87세에 42세인 로버타와 재혼, 52년에는 뉴욕주 자유당 명예부위원장에 선출되었다. 그러나 미국의 정치적 지도자들은 그의 이상을 배반하고 힘과 권력으로 전세계를 지배하려 하였다. 여기에 그의 사상의 비극적인 성향이 있다.

(2) 죤 듀이의 교수특성

John Dewey이의 교수법은 전통적인 교수법이론가들과는 대조적이다.

듀이의 교수법의 중심적인 개념은 경험이며 그 내용을 좀더 세분해 보면 다음과 같다.

① 모든 실제적인 교육은 **경험**을 통해서 야기된다
교육의 중심적인 문제는 경험에 기초하는데 이것은 계속해서 일어나는 경험을 창조적으로 그리고 효과적으로 존속시키기 위해 일종의 현재경험들을 선택하는 것이다.

② 두 번째 중심적인 개념은 **민주주의**이다
사회생활의 반-민주주의 형태 그리고 비민주주의 절차보다 교육과정을 보다 학습자중심의 민주적 과정을 적용함으로써 학습자의 삶의 질을 향상시키게 되어 교육의 효과를 실생활에 적용가능하게 한다.

③ 교육은 **계속적 특성을 지니고 있다.**
교육은 일시적으로 끝나는 것이 아니라 지속적이고 반복적 특성을 지니고 있다. 따라서 교수법은 학습자가 지니고 있는 과거의 경험을 계속적으로 활용할 수 있게 전개되어야 하며, 특히 성인교육에서는 더욱 그러하다. 뿐만 아니라 교수법은 교수내용이 연속성과 계속성을 지니고 있어야 한다.

④ 교육은 **상호작용적 특성을 지니고 있다.**
교육은 교육자와 학습자의 상호작용을 통해 나타난다. 교육자는 학습자의 욕구를 충족시키기 위해 학습자의 경험과 지식을 사전에 이해함으로써 학습자와의 상호작용을 보다 효과적으로 전개할 수 있다. 그리고 교육자는 학습자와의 계속적인 상호작용을 통해 학습자가 자아형성이 보다 쉽게 될 수 있는 방안을 찾아내야 한다.

(3) 죤 듀이 교수법의 이용사례

① 민주적 교수법
민주적인 가정, 민주적인 부모에게서 자란 자녀는 민주시민으로 성장할 것이다. 민주사회를 만들기 위한 최초의 노력은 부모 자신이 민주적인 사고와 행동을 보임으로써 자녀에게 민주적인 부모로서의 모델이 되는 것이라고 생각하기 때문이다.
제3의 방법은 일찌기 교육자 존 듀이(John Dewey)에 의해 창안되었고, 토마스 고든(Thomas Gordon)은 이것을 P.E.T.프로그램에서 활용하도록 구체화시켰다. 따라서 이번 과정에서는 제3의 방법을 실천하는 6단계에 대

해 자세히 알아보도록 하겠다. 그래서 욕구갈등을 해결하기 위한 부모들의 전형적인 방법-제1, 제2의 방법-과의 차이에 대해 다시 한 번 더 생각해보고 제3의 방법을 통해 민주적인 부모가 되기 위해 노력해 보기로 하자.

② 민주적인 방법의 6단계(제3의 방법)

제3의 방법의 6단계를 활용하기 위해서는 먼저 준비단계를 가져야한다. 이것은 1단계 이전의 과정이므로 0단계라고도 한다.

이 0단계에서는 필요한 경우 제3의 방법에 대해 설명을 한다. 그리고 무엇보다 중요한 것은 감정을 조절하도록 하는 것이다. 시간적인 여유와 편안한 감정을 갖도록 해야한다. 6단계를 진행하는 과정에도 의심을 품거나 오해하는 등의 감정상태가 나빠지는 경우 0단계로 다시 돌아가서 반영적 경청과 나-전달법으로 감정을 평온하게 한 후 과정을 진행하도록 하자. 가능한 감정 갈등과 욕구 갈등이 뒤엉키는 것을 방지하기 위해서이다.

때로는 풀리지 않는 욕구 갈등을 잘 살펴보면 욕구 자체의 문제보다 감정 갈등이 원인인 경우가 많다. 따라서 감정처리를 잘 하는 것은 욕구 문제를 해결하기 위해 중요한 선결과제라고 할 수 있다.

- 1 단계 : 문제 정의 하기

  욕구를 충족시키기 위해 갈등을 확인하고 정의하는 과정이다. 나-전달법으로 자신의 욕구를 말하고 반영적 경청으로 자녀의 욕구를 파악한다. 욕구가 드러나면 다시 한 번 정리해서 서로의 욕구를 확인한다.

- 2 단계 : 가능한 해결책 탐색하기

  자녀가 해결책을 찾도록 격려하고 부모도 자유롭게 해결책을 내어놓는다. 엉뚱하거나 마음에 들지 않는 방법에 대해서도 이 단계에서는 평가를 하지 않고 전부 받아들인다.

- 3 단계 : 해결책에 대해 평가하기

  2단계에서 생각해 낸 해결책 중에서 부모나 자녀 어느 쪽에서도 싫은 방법은 폐기하고 서로가 수용할 수 있는 해결책을 찾아내는 과정이다.

- 4 단계 : 해결책 결정하기

  부모와 자녀 서로가 수용할 수 있는 해결책을 결정한다. 필요하다면 기록해두는 것이 좋다.

- 5 단계 : 해결책을 실행하기

  누가, 언제, 무엇을 할 것인가를 정하고 그에 따라 실천한다.

- 6 단계 : 실행 결과에 대한 평가, 검토하기

이미 만들어지고 실행된 방법이 항상 최선이라는 법은 없다. 실행과정에서 알게 된 부적절한 부분, 수정하거나 거부하고 싶은 점이 있다면 보완하고 더 나은 해결책을 찾아서 다시 시작하도록 준비한다.

제2절 학습관련 내용

1. 학습의 정의

교수에 대한 정의에서 가장 핵심적인 부분은 특정 학습을 성취할 목적으로 환경을 계획적으로 조작한다는 것이다. 즉 이것은 가르치는 쪽에 무엇을 가르칠 것인가에 관한 명확한 의도가 전제되어야 함을 의미하며, 의도된 바로 그 학습을 성취하기 위하여 학습자를 둘러싸고 있는 환경 조건을 계획적으로 그리고 교묘하게 꾸며 놓아야 함을 하나의 요건으로 삼고 있다.

교육은 그냥 인간행동의 변화라기보다는 계획적인 인간행동의 변화를 의미한다. 예컨대 어린이들이 TV를 보고 새로운 지식이나 태도변화가 생겼다 하더라도 이것을 교육이라고 하지 않는다. 왜냐하면, 아이들의 부모는 자기 아이들에게 그러한 지식이나 태도 변화로 길러야 하겠다는 명확한 의도가 없기 때문이다.

교육과정에서 학습을 결과라고 본다면, 이 학습이라는 결과는 환경이라는 조건을 경험이 매개함으로서 성립한다. 즉, 교수과정을 환경의 계획적인 조작의 과정으로 볼 때 수업에서 교육자가 여러 가지 교재를 사용하면서 무엇인가를 가르치기 위해서 노력하는 과정은 그것이 바로 학습이 되는 것은 아니며 또한 학습자가 갖게되는 경험도 아니다. 이때 교육자는 의도된 특정학습이 학습자에게 일어나도록 하기 위하여 그 특정 학습이 발생할 것으로 짐작되는 경험을 학습자들이 가질 수 있도록 가르치는 행위를 전개하고 있을 뿐이다.

이렇게 볼 때 교육자와 학습자와의 관계는 수단－목적의 관계로 파악될 수 있다. 따라서 수단의 효율성은 그 수단이 주어진 목표를 얼마나 효과적으로 달성하느냐에 달려 있다. 그러나 의도적인 가르침을 교수과정이라고 할 때 무의도적인 가르침도 있을 수 있다는 것을 전제하고 있다. 즉, 가르치는 쪽에서 가르치겠다는 분명한 의도가 없을 때에도 학습은 일어날 수 있으며 심지어 가르침이 없다하더라도 학습은 발생할 수 있다. 그렇다면 효율적인 교육과정이 반드시 효율적인 학습을 가져온다고는 할 수 없다. 또한 비효율적인 교수과정이 반드시 비효율적인 학습성과만을 가져오지 않는다는 논리가 성립된다. 이러한 논리적 관계는 교수과정이 학습을 결정하는 충분조건이 아니라 한 필요조건에 불과함을 암시해 주고 있다.

즉, 학습은 교수과정 이외의 다른 여러 가지 요소, 학습자의 적성, 학습 동기, 선수학습의 정도 등에 많은 영향을 동시에 받고 있다.

2. 학습의 유형

환경상태에 대한 행동의 방식에 따라서 학습은 여러 형태로 구별된다. 개에게 '앉아!'를 가르치는 것이나, 아기가 '얌냠(맛봄)'을 익히는 것과 같이 하나의 상태에 행동이 적응될 경우는 단순학습(simple learning)이라 하지만, 도로의 횡단신호를 배우는 경우처럼 2개 이상의 상대에 대한 차별반응을 습득하는 것은 변별학습(discrimination learning) 또는 지각학습(perceptual learning)이라 한다. 이들 학습은 사람이나 동물에게 고유한 감성기능을 통하여 행해지는 것이지만 그 역으로 학습을 통하여 자극에 대한 변별이나, 환경에 대한인지, 그리고 그 변화가 밝혀진다.

타이프라이터나 자동차 운전의 기술습득처럼 운동동작이 미숙한 상태로부터 숙달된 상태로 형성되는 것을 운동학습(motor learning)이라 하는데, 여기서는 운동과 감성의 제기능의 협동이 중요하다. 지식의 획득을 위해 필요한 언어기호의 학습은 언어학습(verbal learning)이라 하는데, 이는 주로 암기학습(rote learning)이다. 복잡한 개념·사고·추리의 형성은 개념학습(conceptual learning)·합리적 학습(rational learning) 등으로 부른다. 이와 같은 내용을 중심으로 학습의 유형을 제시하면 다음과 같다.

1) 변별학습

2개의 자극을 사용하는 경우의 훈련절차로서는, 먼저 실험자가 한편의 자극을 정(正)자극, 다른 편을 부(負)자극으로 정하고, 그것들을 계시적(繼時的) 또는 동시적으로 피험체(被驗體)에 반복해서 제시한다. 정자극에 대한 반응은 강화되며, 부자극에 대한 반응은 강화되지 않는다. 이와 같은 훈련절차에 의하여 차차 정자극에 대한 반응만이 그 강도나 일어나는 확률을 높이게 된다.

2) 지각학습

지각학습은 지각에서 학습의 역할 또는 학습에서 지각의 역할을 의미한다.

즉, 침팬지를 출생 때부터 16개월간 암실에서만 기르면, 밝은 방에서 안면을 향하여 놀라게 하는 동작을 가해도 눈을 깜박이지 않는다. 물체를 천천히 접근시키면 얼굴에 닿을 때까지 반응이 없다가 닿는 순간 깜짝 놀란다. 이와 같은 초보적인 지각에도, 밝은 곳에서의 여러 가지 자극을 보거나 접촉하거나 하는 경험, 즉 학습이 필요하다는 것을 알 수 있다. 관련현상으로 잠재학습이 있다.

3) 운동학습

운동학습은 근육의 반응 또는 운동기능에 관계되는 학습이다.

운동학습은 언어학습과 함께 인간의 2대 학습 중의 하나이다. 피아노 연주의 경우에도 손을 움직이는 학습뿐만 아니라, 악보라는 자극을 지각하고 판별하는 학습도 필요하기 때문에 지각운동학습이라고도 한다. 운동학습은 계속적으로 연습하는 집중학습보다는 휴식을 취해 가면서 조금씩 연습하는 분산학습이 효과적이다. 또, 운동반응의 결과가 곧 학습자에게 돌아오게 된다는 결과의 지식, 또는 환류(feedback)가 없으면 학습은 진척되지 않는다.

또 어떠한 운동학습을 한 일이 다른 운동학습을 촉진시키느냐 않느냐 하는 학습의 전이 문제에서는 2개의 운동학습 간의 상호관계 여하에 따라서 제각기 다른 결과를 낳는다. 즉, 과제의 자극이 유사한 것인가 아닌가, 요구되는 반응이 유사한 것인가 아닌가에 따라서 상호관계에는 4가지 경우가 있다. 보통 반응이 동일한 경우에 정(正)의 전이를 볼 수 있고, 그 중에서도 자극이 동일한 경우는 높은 정의 전이를 나타낸다. 또한, 운동학습을 수반하지 않는 언어적 사전훈련이나, 내적으로만 간직한 심적연습이 운동학습에 정의 전이를 나타내는 경우도 있다.

4) 개념학습

개념의 성립 과정을 학습적 측면에서 설명한 용어이다. 특정한 모자를 손으로 가리키면서 '이것은 모자다'라고 기술하는 경우 모자라는 말은 그 모자에만 적용되는 것이 아니라 모든 모자에 적용된다. 왜냐하면 모자와 같은 일반어는 일정한 부류에 속하는 모든 구성 요소나 일정한 집합이 포함하는 모든 원소의 공통적인 특성이 그 의미가 되기 때문이다. 일반어의 이러한 의미가 바로 개념이다. 이처럼 개념학습은 언어와 의미에 의존하기 때문에 인간에게만 있는 고유한 학습이며, 학교교육을 통하여 학생들이 배우는 내용의 대부분은 개념학습에 해당한다. 새로운 개념의 학습을 지도하기 위해서는 학생들이 이미 알고 있는 언어에 의한 정의와 설명이 필요하며, 개념이 적용되는 범위를 예시하기 위하여 실물·사진·그림 등을 이용하면 더욱 효과적이다.

한편, 포유동물인 고래를 어류의 일종으로 잘못 생각하는 것과 같이 학생이 일상적인 생활을 통하여 개념을 잘못 습득할 수도 있다. 그러므로 학교 교육에서는 새로운 개념을 가르침과 동시에 잘못된 기존 개념을 수정해 주어야 한다. 심리학에서 연구하는 개념형성도 개념학습의 일부분이기는 하지만 지나치게 인공적이고 임의적이어서 학교 교육에 별로 도움이 되지 않는다.

5) 계열학습

계열학습은 순서가 미리 정해져 있는 학습재료를 순서대로 학습하는 일을 의미한다. 계열학습을 암기학습이라고도 한다. 계열적으로 학습한다는 뜻을 광의로 해석하면 미로학습이나 운동기능의 학습도 포함되나, 보통은 무의미한 음절·단어·숫자·문장 등과 같은 언어적 재료를 암기하는 것을 뜻한다. 연합학습(association learning)과 더불어 언어학습의 전형적 형태로서, 주로 기억·파지(把持)의 메커니즘을 조사하기 위하여 연구되고 있다.

계열학습의 진행에 영향을 끼치는 요인으로는 계열의 길이, 제시시간 또는 속도, 계열 내의 유사성이나 유의미 등 자극 재료의 성질, 분산법·집중법·전습법(全習法)·분습법(分習法) 등의 학습형식, 학습을 받는 자의 동인·태도·학습능력 등을 들 수 있다.

계열학습의 학습정도를 측정하는 방법으로는, 피실험자에게 일정한 시간 간격으로 잇달아 계열항목을 제시하고 제시한 항목의 다음 항목을 제한시간 안에 예언하도록 요구하는 계열예언법이 있는데, 이와 같은 실험은 계열학습의 학습정도를 측정할 수 있을 뿐만 아니라 학습의 성립과정을 밝힐 수도 있다.

6) 계통학습

계통학습은 학문적 지식이나 기능을 기초적·과학적 지식의 계통에 따라 습득하는 학습법이다.

계통학습은 아동이 스스로의 지성으로 문제를 해결할 힘이 있다고 하는 문제해결 학습에 대한 비판으로 대두되었다. 문제해결 학습은 J.듀이의 진보주의

(pro- gressivism)에 입각하여 경험과정을 채택하고 생활의 현실문제를 교과의 테두리를 벗어나 종합적으로 아동의 주체적인 사고활동에 의하여 학습시키는 방식이다.

이에 비하여 계통학습은 본질주의(essentialism)에 입각하여 과학의 지식체계를 존중하는 교과과정을 채택하고 계통적으로 지식을 주입·전달하는 학습방식이다. 아동은 교사가 전달하는 진리를 정확히 받아들여서 기억하는 것이 올바른 학습이라고 하는 데서 수용적 학습(receptive learning)이라고도 한다.

계통학습은 지식을 계통적으로 가르친다는 점에서는 효과적이나, 아동심리를 무시하고 피동적 입장이 되게 하므로 아동부재의 교육학이라는 비판을 받기도 한다. 따라서 오늘날에는 과학의 지식체계를 존중하면서 동시에 아동의 주체적인 사고활동도 존중하는 발견적 학습이 강조되고 있다.

7) 관찰학습

관찰학습은 사물에 대한 관찰을 통해 그 대상에서 목적한 사항을 파악하고, 표상조직을 형성하는 학습을 의미한다.

관찰학습을 지각적 학습(perceptual learning)이라고도 한다. 관찰학습은 언어주의(verbalism)에 대한 반동으로 일어난 감각에 기초를 두는 학습이다. 즉, 학습에 있어서 언어보다 먼저, 또는 언어와 병행하여 실물·모형·표본·회화·사진·지도·도표 등을 직관시킴으로써 학습의 구체성을 살리고 학습효과를 높이려는 것이다. 아동에게는 감각적이고 운동적인 영역이 많으며, 또 이를 통한 학습이 효과적이기 때문에 전체 학습에서 경험학습이 차지하는 지위는 매우 중요하다.

학교 교육에서도 현장학습, 여행, 실습, 영화, 슬라이드 등을 통해 다양한 관찰학습을 실시하는데, 관찰학습을 지도할 때는 다음과 같은 사항을 고려하여야 한다. ① 목적을 분명히 할 것, ② 문제를 분명히 설정할 것, ③ 관찰의 대상을 결정할 것, ④ 관찰장면을 선정할 것, ⑤ 관찰 기간을 결정할 것, ⑥ 관찰하려는 행동이나 행동 단위를 명확히 정의할 것, ⑦ 기록의 형식을 정할 것, ⑧ 관찰자의 위치와 피관찰자에게 끼칠 영향을 고려할 것 등이다.

8) 단원학습

단원학습은 단원이라는 하나의 체계화된 활동으로 전개하는 학습을 의미한다.

단원학습은 대체로 경험주의의 경험단원·작업단원에 의한 학습을 가리키며,

사회과 학습 등에 적용된다. 제2차 세계대전 후에 일어난 신교육에서 경험학습의 원리에 입각한 지도방식으로 널리 시행되었다. 사물과 현상에 대한 지식 자체의 습득보다는 과제와 작업의 해결을 통해 사물과 현상을 이해하는 능력과 태도를 육성하는 것을 목적으로 한다.

단원학습은 일반적으로 다음과 같은 학습단계를 거치게 되며, 교재단원에 의한 학습과는 다른 특징을 가진다. ① 도입단계 : 학습에 대한 동기부여가 이루어지는 단계로, 학생의 흥미나 요구에 입각하여 학습문제나 학습목표를 명확히 하는 단계이다. ② 학습활동의 계획 및 전개단계 : 문제를 해결하거나 목표를 달성하는 데 필요한 학습계획을 세우고, 그 계획에 따라 학습활동을 전개하는 단계이다. ③ 정리와 평가단계 : 학습문제를 해결하고 목표를 달성함으로써 단원학습을 정리하고 마무리하는 단계이다. 학습의 성과를 정리하여 목표가 충분히 달성되었는지를 평가하는 일은 매우 중요하다. 어느 단계든 일정기간의 학습활동이 필요하다.

3. 학습이론

1) 학습이론의 개념

우리는 동물들이 어떻게 학습하는지를 어린이가 어떻게 학습하는지 보다 더 많이 알고 있다. 그리고 어린이가 어떻게 학습하는지를 성인이 어떻게 학습하는지도 알고 있다. 아마도 이것은 학습에 관한 연구가 초기에 변수들의 엄격한 통제를 제시하는 실험심리학자들에 의해 이루어졌기 때문 일 것이다. 동물의 학습상황은 어린이들의 학습상황보다는 더 통제된 것이다; 또한, 어린이들의 학습상황은 성인의 학습상황보다 더 통제된 것이다.

가장 "과학적인" 학습이론은 동물과 어린이들에 의한 학습연구로부터 파생되었다.

학습의 성립요인으로서는 동기화(motivation)와 행동의 반복을 들 수 있지만, 이들 요인을 어떻게 생각할 것인가에 따라서 여러 이론이 주장되고 있다. 학습을 자극과 반응의 새로운 결합이라고 보아 기본적으로는 조건반사의 원리에 지배된다고 하는 반응설(response theory) 또는 S－R설(stimulus response theory)에 대해서, 자극분포의 인지와 인지구조의 전환에 의한 것으로 보는 인지설(cognitive theory) 또는 S－S설(sign significate theory)이 맞서 있다.

반응설의 E.L.Thorndike 등은 시행착오학습에서 시행과 착오의 맹목적인 반복에 의하여 우연히 목표도달이 이루어져 그것이 만족(효과)을 줌으로써 학습이 형성되는 것이라고 생각하여 '효과의 법칙'을 주장하였고, 효과에 이어지는 반응의 접근과 빈도를 내용으로 하는 '연습의 법칙'을 주장하였다. 근래의 반응설을 체계화한 C.L.Houle, N.E.Miler 등은 요구저감(need reduction)을 초래하는 강화에 의하여 자극과 반응의 결합이 일어난다고 주장하였는데, E.R.Guthrie는 자극과 반응의 접근을 강조하여 접근설(contiguity theory)을 주장하였다. 학습유형이 달라짐에 따라 강화와 접근 중 어느 한쪽이 작용한다고 하는 2요소설(two factors theory)도 있다. B.F.Skinner는 고전적 조건에서는 접근이 작용하고, 도구적 조건에서는 강화가 작용한다고 하였고, O.H.Mauler는 그의 회피조건하에서 일차적 동인(shock)을 회피하는 학습은 강화에 의하고, 2차적 동인(공포)을 회피하는 학습은 접근에 의한 것이라고 생각하였다.

이에 대하여 인지설에서는 강화도 반복도 중시하지 않고 인지구조의 전환을 주장한다. W.Kuler 등은 이를 통찰학습으로서 주장하였는데, E.C.Tolman 등은 무강화의 상태에서도 동물의 학습이 진행되는 사실을 확인하여 이것을 잠재학습(latent learning)이라 불렀다. 이 밖에 정보이론이나 확률론을 적용하여 학습의 수학적 모형을 연구하는 경향도 있다.

2) 학습이론의 유형

(1) 학습이론유형의 일반적 접근

일반적으로 학습이론에 관한 두 가지 유형의 문헌이 있다. 즉 이론 제시자(독단적이고 논쟁적인 경향을 가진)의 문헌과 이론 분석자(조화로운 경향을 가진)의 문헌이다.

그러나 제시자와 분석가를 구분하는 것은 매우 어렵다. Pressey, Estes, Lorge, Gagne, Hilgard, Kuhlen 등과 같은 이론가들은 두 가지 분야(제시와 해석)에 기여하였고, 주요 연구를 수행하는 토대가 되었다. 대부분의 이론들은 1900년에서 1950년대 사이에 대두되었으며 1950년 이후로 대부분의 해석이 이루어졌다. 현재는 이들의 통합 시기에 돌입했다.

또한, 1970년 이후로 이론가들과 해석가들이 주로 관심을 가졌던 영역은 성인학습자들의 학습이론이었다.

학습이론은 두 가지로 구분한다 ; 자극－반응이론과 인식이론이 그것이지만 모든 이론이 이 두 가지 형태에 속하는 것은 아니다. 자극－반응이론가에는 Thorndike, Pavlov, Guthrie, Skinner, Hull과 같은 다양한 사람들이 포함된다. 인식이론가에는 Tolman과 고전적 심리자학자가 포함된다.

(2) 학습이론의 기계적, 유기체적 모델

1970년대에 심리학자 Hayne W. Reese & Willis F. Overton은 학습이론을 보다 분명히 하는 차원에서 학습이론을 기계적 모델과 유기체적 모델로 분류하여 제시하였다.

Reese & Overton의 학습이론은 일반적인 이론 모델을 전제로 하고 있다. 이론의 가장 일반적 모델은 세계관이나 인간의 기본적 특징에 대한 근본 모델이 되는 형이상학적 시스템에 관한 것이다. 심리학과 사회학의 기본개념은 기계주의적 세계관과 유기체적 세계관이다.

기계주의적 모델은 우주를 시공(時空)의 세계에서 움직이는 부분들로 통합되어진 하나의 기계로 표현하고 있다. 이런 방법으로 우주를 나타내는 것은 양적 표현방법인 것이다.

이러한 세계관을 인식론과 심리학에 적용했을 때, 반응적, 소극적, 기계적 인간모델을 가져온다.

기계는 본래 움직임이 없다. 외부 힘의 결과로 움직임이 생긴다. 그러므로 기계주의적 모델에서는 유기체의 행위나 결과 변화는 유기체 그 자체의 구조변화 결과로 보지 않는다.

한편 유기체적 모델은 우주를 상호작용 또는 개발과정의 단위로서 설명한다.

물질의 본질은 기계적 모델에 의해 제안된 정지된 소입자이기보다 그것의 활동성을 이해하는 것이다.

이 세계관이 인식론과 심리학에 적용될 때, 자연스럽게 인간에 대한 활동 유기체 모델이 된다. 이 세계관은 인간을 반응 유기체로 보기보다는 활동적 유기체로 보며, 물리적인 힘에 의한 행위보다는 인간을 하나의 조직화된 실체로 설명한다.

이러한 개념을 설정함으로서 성인학습에 대한 연구가 학습이론으로 전환하게 하였다.

가. 기계적 모델이론

우리가 학습이라고 부르는 체계를 보다 체계적으로 연구한 사람은 Edward L. Thorndike였다.

그것은 1898년 출판된 Animal Intelligence에 보고된 동물학습에 관한 연구이다. 그는 학습자들을 자극에 무작위로 또는 자동적으로 반응을 나타내는 공허한 유기체로 생각했다. 반응은 보상될 때 특정한 자극과 연계된 것이다. 이 자극상태, 자극(stimulus)는 전적으로 실험자(또는 교사)의 통제아래에 있으며, 일반적으로 반응의 측정기준은 특별한 반응과 특별한 자극을 연결시켜야만 하는 실험자들은 그 유기체가 구성될 때, 반응을 보상해야 한다. 이것은 결속 또는 연결로 알려진 활동을 위한 자극과 감각간의 조합이다. 그의 시스템은 연계심리학 또는 인과주의로 불리고, 학습에 대한 근본적인 자극－반응(S－R) 심리학이다.

Thorndike는 동물과 인간의 학습을 지배한다고 생각하는 세 가지 법칙을 제시했다.

① 준비의 법칙 : 학습자가 만족하거나 불만족하는 상황준비
② 연습의 법칙 : 연습을 통해 연계성을 강화
③ 효과의 법칙 : 연속성의 결과에 따라 학습효과의 강화 또는 약화

많은 관련학자들의 비판을 통해 Thorndike 사고체계는 보다 정교해졌고 발전되었으며, 행동주의자 학습이론의 기초를 제공했다. Thorndike가 러시아 생리학자 Ivan Pavlov와 연계하여 연구를 시작한 이 후, 조건반사의 개념을 발견한 Thorndike의 경험을 Ivan Pavlov가 활용했다.

Pavlov는 행동주의 시스템에 관련된 다음과 같은 몇 가지 개념을 제시했다.

① 강화 : 반복되는 자극상황에 따라 일정한 시간 간격으로 나타나는 무조건적 자극과 반응에 의한 반복적인 반사작용 상태
② 소멸 : 강화가 중지되고 자극상황일 때, 무조건적 자극이 수반되지 않을 때, 조건반사는 점차 줄어들고 소멸된다.
③ 일반화 : 조건반사는 다른 자극에 의해서도 일어날 수 있는 자극을 일으킨다. 즉 비슷한 자극을 나타낸다.
④ 차별화 : 결국 조건반사는 긍정적 자극에서만 발생하고 부정적 자극에서는 일어나지 않는다.

나. 유기체적 모델이론

유기체적 모델 이론의 대표적인 학자는 John Dewey이다.

유기체적 모델은 기계주의적 모델에 반대하여 나온 학습이론이라기 보다는 오히려 교육철학에 관한 카테고리를 형성했다. 그는 기능주의 특색을 나타내는 이론의 출발점으로 성인들이 자신의 문제를 해결하고자 하는 동기와 호기심과 노력의 역할을 강조했다. 교실에서 실천적으로 행해진 기능주의는 진보적인 교육을 위한 개념적 기초를 제공한 이론이다.

학습에서의 기능주의는 Woodworth, Carr, McGeo, Melton, Robinson, Under Wood 같은 학습이론가들의 연구에서 나타난다. Hilgard는 기능주의의 특성을

다음과 같이 요약했다.

① 기능주의자는 내성적이지만 비평적이다.
② 기능주의자는 불연속성보다 연속성을 더 선호한다.
③ 기능주의자는 경험주의자들이다.
④ 기능주의자는 기본적으로 관념연합주의와 환경주의에 영향을 미친다.

제3절 학습과 교수의 관련변수

평생교육을 전개한다는 것은 집단상황에서 장기적이며 유의미한 학습과제로 설명할 수 있다. 이러한 학습을 위해서는 어떠한 교수과정을 계획해야 할 것이냐의 문제가 달려있다. 여기에는 크게 학습과제 변수, 학습자 변수 및 수업변수로 나누어 접근해 볼 수 있다.

1. 학습과제 변수

어떤 교육방법을 계획하여 전개할 것이냐를 결정하는데 있어서 가장 중요한 선결 요건은 평생교육에 참가하는 피교육자 즉, 학습자들로 하여금 달성하게 하려는 학습목표가 무엇이냐 하는 점이다. 예를 들면, 주요 학습목표가 몇 개의 새로운 지식 획득인 경우와 새로운 기술 또는 기능인 경우와는 매우 다른 평생교육방법이 계획되어야 할 것이다.

일반적으로 한 학습과제는 수업목표로서의 행동과 그 행동이 나타나야 할 그 것이 어떤 특정행동인가에 따라서 분류되며 학습내용은 그 내용의 구성요소에 의하여 분할 할 수 있다. 한 학습과제는 그 속에 담긴 행동과 내용이 많고 적음에 따라 적당한 크기로 조직되는 것이 보통이다. 그러나 한 학습과제는 그 자체로서 의미 있게 통합되어 통합된 전체를 구성할 수 있어야 한다.

2. 학습자 변수

학습자에게 관련된 변수는 평생교육에 누가 참가하여 배우게 되느냐의 변수로서 이것은 평생교육방법을 결정하는 주요한 요인이 된다. 학습자들은 학습에 관련된 여러 가지 측면에서 개인차가 크기 때문에 학습자에 관련된 변수를 다시 여러 가지 하위변수로 나누어 볼 수 있다. 즉, 학습자에게 관련된 변수에는 지적 투입행동과 정의적 투입 특성으로 구분해 볼 수 있다. 첫째, 지적 투입행동에 관련된 요소에는 학습적성, 일반지능, 선수학습정도 및 학습양식 등이 있다. 둘째, 정의적 투입 특성에는 학습동기, 학습흥미 및 학습에 대한 자신감 등이 있다. 지적 투입행동과 정의적 투입특성에 관련된 어느 정도 중복될 가능성이 있다. 즉, 높은 학습적성이나 일반지능에 의한 성공의 경험은 일반적으로 학습동기를 포함하는 정의적 투입특성에 긍정적인 영향을 미칠 것이다.

3. 수업변수

평생교육을 전개하는 과정을 수업이라고 볼 수 있는데 여기에 관련된 변수로는 절차변수, 활동변수, 매개변수 및 조직변수로 나누어 설명할 수 있다.

1) 절차변수

평생교육의 목표를 달성하기 위한 평생교육방법을 계획하는데 있어서 우선 전체 교육방법의 절차를 결정해야 한다. 보통 평생교육방법의 도입, 전개, 평가의 순으로 절차가 이루어지는데 이러한 과정을 총체적으로 평생교육방법의 계획이라고 할 수 있다.

2) 활동변수

수업절차가 결정되고 나면 그 절차에 따라 구체적인 평생교육방법을 결정해야 한다. 물론 교육방법은 평생교육목표와 학습과제의 성격에 따라 결정되어야 하지만 시설, 보충교재의 유무 및 수업시간 등의 실제적인 여건을 충분히 고려하여 결정되어야 한다.

3) 매개변수

수업과 학습 즉, 교육자와 학습자는 어떤 종류의 전달매체를 통해서 상호접촉이 가능하다. 따라서 수업활동의 전개에 있어서 어떤 전달매체를 사용할 것인가를 결정해야 한다. 평생교육에 이용되는 전달매체에는 ① 언어적 전달, ② 비언어적 전달, ③ 인쇄된 매체, ④ TV, ⑤ 필름, ⑥ 슬라이드, ⑦ 청사진, ⑧ 그림, ⑨

모형, ⑩ 라디오, ⑪ VTR, ⑫ 녹음 테이프, ⑬ 레코드 등이 있다.

4) 조직변수

평생교육은 대부분 집단으로 전개되고 있으므로 어떠한 집단상황을 제공하느냐에 따라 학습결과는 매우 다양하게 나타난다. 이렇게 집단을 조성하는 과정을 조직이라고 볼 수 있는데 이러한 조직변수에는 크게 학습자 조직과 교육자 조직으로 분류해 볼 수 있다. 첫째, 학습자 조직에는 대집단, 중집단, 소집단, 또는 연령별 집단, 학력별 집단, 능력별 집단 등과 같이 다양하게 구별 될 수 있다. 둘째, 교육자 조직에는 학습 담임제, 교육내용 담임제 및 팀 담당제 등으로 나눌 수 있다.

제4절 성인교육학 측면의 교수 · 학습

1. 성인교육학의 역사적 배경

성인학습을 하나의 독립된 개념으로 파악하려는 연구들을 분석한 내용들이 1949년 이후부터 다음과 같은 출판물을 통하여 시작되었다. 즉 1949년, Harry Overstreet의 “The Mature Mind”, 1950년, Malcolm Knowles의 “Information Adult Education”, 1954년, Edmund Brunner 의 “Overview of Rearch in Adult Education” 1959년, J. R. Kidd의 “How Adult Learn”, 1960년, 미국의 성인교육 핸드북에 있는 “Learning Theory in Adult Education” 그리고 1964년, Harry L. Miller의 “Teaching and Learning in Adult Education”등이다. 위 연구자들의 연구내용은 성인학습에 대해 체계적이고 조직적인 통합된 이론 구성보다는 개념 중심의 서술적인 기초분야에 중심을 두고 있다.

성인학습이 하나의 학문적 개념으로 발전된 곳은 유럽지역이다. 성인교육학으로 표현되는 ‘andragogy'라는 명칭은 초기학습이론인 ‘pedagogy’로부터 구별되기 위해 만들어졌다.

유고슬라비아 성인교육가인 Dusan Savicevic이 1967년에 처음으로 그 명칭과 개념을 소개했으며 그 명칭이 사용되어진 역사적 배경을 좀더 살펴보면 다음과 같다.

독일 성인교육가 Gervan Enckervort는 'andragogy'란 용어의 사용과 기원에 대한 철저한 연구를 해왔다. 독일 문법학교교사 Alexander Kapp는 1833년에 최초로 성인교육학 관련 용어인 "andragogik"을 만들어냈다. 비록 플라톤 자신은 그 용어를 사용하지 않았지만 Kapp는 그리이스 철학자인 플라톤의 교육적 이론에 대한 한 서술에서 그 단어를 사용했다.

몇 년 후 잘 알려진 독일 철학자 Herbart는 그 용어의 사용을 강력히 반대함으로써 그 용어는 학계에서 영향력을 잃었고, 거의 백년후인, 1921년에 독일학자인 Van Enckervort는 프랑크프르트에 있는 노동연구소에서 가르쳤던 독일사회학자 Eugen Rosenstok에 의해 그 용어가 다시 사용되어짐을 발견했다. Rosenstock는 그 연구소의 한 보고서에서 성인교육은 특별한 교사와 특별한 방법과, 특별한 철학을 요구한다는 견해를 나타냈다.

다음으로 독일에서는 스위스의 정신병 의사인 Heinrich Hanselman에 의해 1951년 출판된 책인 "Andragogy"에서 그 용어가 사용되어짐을 발견한다.

그리고 6년 뒤인 1957년에 독일교사인 Franz Poggeler가 "Introduction of Andragogy : Basic Issues in Adult Education"이라는 표제를 붙인 책을 출판했다. 이 시기에 그 용어는 독일보다도 다른 나라에서도 사용되기 시작했다. 1956년에 M. Ogrizovic은 'andragogy'에 관한 논문을 발표했으며, 1959년에는 "Problems of Adragogy"라고 표제를 붙인 책이 유고슬라비아에서 출판되었다.

곧이어 Samolovcev, Filipovic, Savicevic 등의 유고스라비아 성인교육가들은 andragogy에 관하여 말하고 쓰기를 시작하였다. 그리고 유고슬라비아에 있는 Zagreb 대학, Belgrade 대학, 그리고 헝가리에 있는 Budapest 대학과 Debrecen 대학에서 성인교육학에 관련된 강좌를 설치하였다.

그 후 andrdgogy는 프랑스(B. Schwartz), 영국(J. A. Simpson), 베네수엘라(F. Adam), 그리고 캐나다(1973년 몬트리올에 있는 Concordia 대학에서 Andragogy 학위과정에 대한 학사가 설립되었다.)에 있는 성인교육가들에 의해 그 사용이 증가되어 왔다.

미국에서도 andrdgogy에 관한 이론을 도입하여 적용하였다. 즉 (Knowels, 1970; Ingalls nand Arceri, 1972; Knowles, 1973 움 1975). 직업교육, 종교교육 및 졸업생 교육 등에 andrdgogy의 가설이 크게 도움을 주었다. 또한 andrdgogy의 개념이 초등학교교육, 중등 교육 그리고 대학교육의 이론과 실행에 영향을 미치기 시작하였다.

지난 40년 이상 동안 미국의 학자인 Knowels는 성인학습자들의 특성에 관한 연구와 경험으로부터 성인학습이론을 발전시켜왔다.

2. 아동교육학과 성인교육학

Pedagogy는 아동 《pediatrics(소아과)가 온 것과 같은 계통이다》 을 의미하는 paid와 지도자를 의미하는 agogus라는 그리이스 단어로부터 왔다. 그러므로 pedagogy는 문자적으로 아동을 가르치는 과학과 방법을 의미한다. 교육의 pedagogy 모형은 7세기와 12세기 사이에 유럽의 수도원 학교와 성당소속의 학교에서 어린 소년들에게 기본적인 기술을 가르쳤던 그들의 경험으로부터 발전되어온 교수학습의 가정에 기초를 둔 일종의 신앙이다.

비종교적인 학교가 그 후에 설립되기 시작했고 아울러 공립학교가 19세기에 설립되기 시작했던 것처럼 이것은 그 당시의 유일한 교육모형이었다. 그후 고등교육을 포함한 우리의 교육개념은 계속하여 pedagogy 모형과 연결되어 왔다.

제1차 세계대전 후 미국에서 성인교육이 체계적으로 전개되기 시작했을 때까지, pedagogy는 성인교사들이 계속 활용해왔던 모형이었다. 물론 이때까지 일반 성인들도 pedagogy모형에 따라 학습하였다. 결과적으로 성인들도 거의 최근까지 그들이 마치 아동처럼 학습하여 왔다.

Pedagogy 모형은 무엇을 학습할 것인가, 어떻게 학습할 것인가, 언제 학습할 것인가와 같은 모든 결정을 교사가 하며 그 책임을 교사가 지고 있다. 그것은 학습자는 교사의 가르침에 따라 복종하는 역할만을 하며, 교사가 학습자에게 직접 지도하는 교육이다. 그러므로 pedagogy 학습 특성은 다음과 같다.

① 알고자 하는 욕구 : 학습자들은 그들이 시험에 통과하고 진학하길 원하므로 교사가 가르치는 사실만을 알기 원하며, 학습한다. 그들은 그들이 배우는 것이 어떻게 그들의 생활에 적용될 것인가에 대해서는 알 필요를 느끼지 못한다.

② 학습자 자신의 개념 : 학습자의 교사에 대한 생각은 의존성이다. 그러므로 학습자 자신의 개념은 결국 교사에 의존하는 개념이 된다.

③ 경험의 역할 : 학습자의 경험은 학습을 위한 차원으로서 거의 가치가 없다.

④ 학습의 준비성 : 학습자들은 그들이 시험에 통과하고 진학하길 원한다면 교사가 가르치는 것만을 학습할 준비가 되어 있다.

⑤ 학습지도 : 학습자들은 학습에 있어서 과목중심의 지도를 받는다. 그들은 과제내용을 획득함으로써 학습한다. 그러므로 학습경험은 과제내용에 따라 좌우된다.

⑥ 동기 : 학습자들은 학점, 교사의 인정 또는 비인정, 부모의 압력 등 외면적인 동기에 의해 학습동기가 부여된다.

이와 같이 아동교육학과 성인교육학과는 다른 특성을 지니고 있다.

3. 성인의 특성

학습자와 학습에 관한 andragogy 모형을 서술하기 전에, 우리가 '성인'이라고 의미하는 것을 규명해 보는 것은 의미가 있기에 몇 가지 제시하였다.

① 생물학상의 정의이다. 우리가 생산활동에 참여할 수 있는 나이－즉 성인의 초기－에 도달했을 때 생물학적으로 우리는 성인이 된다.

② 법률상의 정의이다. 우리가 투표할 수 있고, 운전면허증을 지닐 수 있고, 동의 없이 결혼할 수 있고 등등의 법이 말하는 나이에 도달했을 때 우리는 법적으로 성인이 된다.

③ 사회적 정의이다. 우리가 노동자의 역할, 배우자의 역할, 부모의 역할, 투표하는 시민의 역할, 기타의 역할과 같은 성인의 역할을 수행하기 시작했을 때 사회적으로 우리는 성인이 된다.

④ 심리학적 정의이다. 우리 자신의 생을 책임질 수 있고 자기를 지도할 수 있는 자아개념에 도달했을 때 우리는 심리학적으로 성인이 된다.

4. 성인교육학(Andragogy)의 모형

Andragogy 모형은 pedagogy 모형의 가정과는 다른 다음과 같은 몇 가지 특성을 지니고 있다.

① 알고자 하는 욕구 : 성인들은 어떤 것을 학습하기 전에 그것을 학습하는 것이 왜 필요한지를 알기를 원한다. 성인들이 그들 자신에 관한 어떤 것을 배우려 할 때 그것을 학습함으로 해서 얻을 이익과 그것을 학습하지 않음으로 인한 부정적 결과에 대해 많은 생각을 한다. 결과적으로, 성인교육에 있어서 새로운 격언 중의 하나는 학습촉진의 첫 번째 임무가 학습자들이 '알고자 하는 욕구'를 인식하도록 도와주는 것이라는 사실이다.

② 학습자의 자기개념 : 성인들은 그들 자신의 결정과 그들 자신의 삶을 책임지려는 자기개념을 가지고 있다. 일단 그들이 자기개념에 도달하게 되면 다른 사람으로부터 부당한 간섭을 받지 않으려 한다. 즉 성인은 다른 사람

들이 자기네 의지를 그들에게 부과하고 있다고 느끼게 되면 거부하고 분개한다.

그러므로 성인교육가들은 성인들이 의존하는 것으로부터 자기를 지도하는 학습자로 변화시키도록 도움을 주는 학습경험들을 창조하는 데 노력해왔다.

③ 학습자 경험의 역할 : 성인들은 청년기로부터 경험을 양과 질적이라는 두 가지 측면에서 교육활동을 해왔다. 오래 살아왔기에 그들은 청년기 때 했던 것보다 더 많은 경험을 쌓아왔다. 그러한 경험들은 성인학습활동에 많은 영향을 미치게 되었다.

④ 학습의 준비성 : 성인들은 그들의 실생활 상황에 효과적으로 대처하기 위해 그들이 알기 원하는 것과 할 수 있는 것들을 배울 준비가 되어 있다. 그러한 학습준비는 학습의 단계가 달라져도 잘 적응할 수 있게 한다.

⑤ 학습지도 : 아동기와 청소년의 과목 중심의 학습지도와 비교하면, 성인들은 학습지도에 있어서 생활중심이다.(또는 임무중심이거나 문제중심) 성인들은 임무를 수행하는 데 필요로 하다고 판단되면 그것에 대해 학습을 하게 된다.

⑥ 동기 : 성인들은 자신들의 구체적인 삶의 질에 영향을 미치는 학습에 대해서는 민감하여 학습동기가 잘 일어나고 있으나, 미래지향적이거나 관념중심의 학습에 대해서는 동기유발이 잘되지 않는다.

제3장 평생교육방법의 절차

제 1 절　평생교육계획

제 2 절　평생교육수행

제 3 절　평생교육평가

제3장 평생교육방법의 절차

평생교육은 시사성, 개방성 및 융통성과 같은 원리에 기초하기 때문에 그 교육과정 또는 프로그램도 학습자의 참여, 요구, 능력 및 역할 등을 고려하여 계획되고 수행되어야 한다.

술츠(E.Schultz)는 성인 교육학습참여자의 학습능력이 그가 하는 다양한 역할에서 그의 특수한 상황과 관련될 때에만 학습자는 욕구를 갖는다고 보았다.

이러한 욕구를 해결하기 위해서 평생교육의 전개과정은 일반적으로 계획과정, 수행과정 및 평가과정으로 분류된다. 이러한 과정은 계속성과 순환성의 특성을 지니고 있기 때문에 세 가지 과정을 완전히 독립하여 접근하기가 매우 어렵지만 여기서는 세 가지 과정을 영역화하여 접근해 보겠다.

제1절 평생교육계획

1. 평생교육계획의 의의

평생교육자는 효과적인 평생교육을 진행하기 위해 각 학습과제에 대한 많은 시간과 노력을 투자한다.

평생교육계획이라 함은 평생교육과정표에 설정된 특정한 교육내용을 어떻게 실제적인 교육으로 옮겨 놓는가에 대한 모든 계획을 말한다. 교육은 바람직한 행동변화를 위한 의도적인 노력이므로 평생교육자의 합리적인 평생교육계획은 교육자의 효과적인 교육진행과 피교육자에게도 효과적인 학습성과를 거두게 하기 위해 절실히 요청되고 있다.

교육을 효과적으로 운영하기 위해서는 교육자가 피교육자에게 올바른 태도변화를 유발할 수 있는 행동과 경험을 선택하고 계획하여야 한다. 이러한 준비는 평생교육계획의 본질이다. 피교육자의 학습은 주로 피교육자의 능력과 흥미에 적합한 경험을 면밀히 선택하여 분담시키고 학습을 체계화 시켜야 한다.

2. 평생교육계획의 단계

평생교육계획을 체계적으로 세워나가기 위해서는 다음과 같은 단계를 거치게 된다. 즉 피교육자 또는 관련기관의 요구분석, 평생교육프로그램의 목표설정, 목표설정의 전략 프로그램내용의 선정 및 프로그램운영방법을 선정하고 이것을 조직하는 단계를 거치게 된다.

1) 요구분석

평생교육은 그 본질상 다른 어떤 분야보다도 피교육자, 기관, 사회 등의 요구를 파악해야 한다. 요구란 현재의 상태나 수준, 바라고 원하는 이상적인 소망상태나 수준간의 차이를 뜻한다. 특히 교육적 요구란 현재의 학습, 배움에 관한 능력수준이나 상태, 개인 및 사회적으로 기대되는 바람직한 학습에 관한 능력수준 및 상태 사이의 관념적, 실재적 간격과 차이를 의미한다.

요구분석(needs assessment)이란 요구를 규명하고 측정하는 체계적인 접근방법을 뜻한다. 요구분석의 목적은 학습자의 요구를 분석하여 요구의 영역을 파악하고 그 영역을 구체화하는 것이다.

요구분석의 작업절차는 우선 요구조사를 하여 자료를 수집한 다음, 그것을 어떤 기준을 가지고 분석하여 평생교육프로그램 목표설정에 반영한다.

요구분석모형에는 여러 가지가 있지만 평생교육 요구분석용으로는 Moker와 Spear의 모형을 들 수 있다. 모카와 스피어는 요구분석을 기술－처방적 유형(descriptive－prescriptive dimension)과 주관－객관적 유형(subjective－objective dimension)으로 나누었다.

기술적인 요구분석이란 개인이나 집단이 그들 자신의 개인적 요구를 밝히거나 학습되어져야 할 것을 결정하는데 관련된 과정이며, 처방적 요구분석은 개인이나 집단이 다른 사람들이 학습해야 할 것을 결정할 때 나타난다. 그리고 이 두 유형의 요구분석은 각각 주관적이거나 객관적인 요구결정 과정을 갖게 되어 네 개의 범주가 생기게 된다. 이것을 그림으로 나타내면 [그림 3－1]와 같다.

유형 Ⅰ 기술－주관적	유형 Ⅲ 처방－주관적
유형 Ⅱ 기술－객관적	유형 Ⅳ 처방－객관적

[그림 3-1] 요구분석모형

① 기술 : 주관적 유형은 한 개인이 자기 지식적인 학습계획을 가지고 있을 때 해당된다. 그 자체가 개인적, 자발적이며 어떤 교육적 요구가 자기의 생활에 가장 중요한 것인가를 결정하는데 관한 책임을 학습자가 진다.

② 기술 : 객관적 유형은 기술-주관적 유형과 거의 같으나, 계획에 대한 책임을 학습자와 교육자가 나누어진다.

③ 처방 : 주관적 유형은 지역사회 교육 프로그램의 관리자나 전문기관에서의 계속교육 활동의 계획수립자에 의해서 사용된다. 교육적 요구가 학습자 자신에 의해서가 아니라 교육주관자에 의해서 결정된다.

④ 처방 : 객관적 유형은 본질적으로 가장 형식적인 것으로 학점 부여 등에 관련된 것과 같이 가장 구조화된 프로그램에서 사용된다. 결국 요구분석의 과정은 평생교육프로그램 목표를 설정하는데 기초자료로 이용된다.

2) 평생교육 프로그램의 목표설정

평생교육의 학습목표는 교육자가 교육을 통해서 피교육자에게 습득시키고자 하는 바를 광범위하면서도 명료하게 설명하는 지표를 의미하는데 이것은 피교육자, 교육기관 또는 그 지역사회의 요구분석에서 나온 공통된 욕구를 바탕으로 짜여진다.

교육자는 학습목적을 명백히 하고 간결하게 설정함으로써 해당교육의 교육지침과 방향을 제시할 수 있고 효과적인 학습성과 달성을 위한 자료를 수집하고 교육내용을 체계화할 수 있다.

학습목적이 불명료하거나 애매 모호하면 학습범위와 교육지침을 설정하는데 어려움이 따르게 된다. 학습목표를 설정할 때에는 다음과 같은 세 가지 요소가 반드시 포함되어야 한다.

첫째, 목표 : 학습을 통해서 달성하려는 지표로서 학습목적의 핵심이 되는 부분이다.

둘째, 주제 : 학습을 하기 위한 과목의 "테마"로서 결과를 가져오게 하는 강의 제목을 의미한다.

셋째, 학습 정도 : 주제를 어느 정도의 범위와 내용으로 습득시킬 것인가 하는 학습정도를 말한다.

이와 같은 요소를 포함시키면서 학습목표를 설정할 때 좀더 자세한 유의사항을 제시해 보면 다음과 같다.

① 기관의 목적 : 정부의 관련행정기관에서 설정한 평생교육의 목적은 물론 평생교육을 실시하는 기관이나 단체의 의도와 목적도 고려해야 한다.

② 지역사회와 학습자의 요구 : 지역사회의 인적, 물적, 사회적 환경에 대한 요구분석(needs assessment)과 아울러 학습자의 특성 및 요구를 목표에 반영해야 한다.

③ 자격증이나 학위부여의 여부 : 단순히 자격증을 따기 위한 것이라면 기술적 성취목표가 적합하며 학위취득의 경우에는 장기간의 체계적 목표를 세워야한다.

④ 학습여건 : 평생교육 프로그램 목표를 세울 때에는 기관의 재정여건, 학습시간, 시설, 설비 등도 고려해야 한다.

⑤ 지도성 : 능력 있는 지도자를 확보했느냐의 문제도 프로그램 목표설정의 근거가 된다. 또한 자원봉사자를 활용하느냐, 전문가를 초빙하느냐도 목표설정에 영향을 미친다.

⑥ 학습목표의 명확성 : 학습목표는 명확하고 단일하게 서술하여야 한다. 전술한 바와 같이 등등 학습목표가 장황하거나 애매하면 학습의 방향과 범위가 모호해져서 학습범위 설정에 혼란을 야기시키게 된다.

⑦ 달성가능성 : 학습목표는 교육자가 그것을 달성할 수 있는 범위 내에서 설정되어야 한다. 즉, 학습목표는 주어진 시간과 장소 내에서 달성 될 수 있어야 한다.

⑧ 피교육자의 학습능력 고려 : 학습목표는 피교육자의 학습능력, 경험, 지식정도 등을 고려해야 한다. 특히 평생교육의 대상은 매우 다양하기 때문에 학교교육에 참여하는 학생의 학습목표와는 매우 특이한 특성을 나타내야 한다.

3) 프로그램 내용의 선정

기본적으로 평생교육 프로그램의 내용은 학습자, 사회, 기관의 요구분석을 기초로 선정되는데 이중 학습자의 요구가 가장 중요하다.

평생교육에 대한 교육적 요구는 원칙적으로 평생교육 대상자의 배경 및 특성 즉 성별, 연령별, 거주지역, 직업, 수입, 교육수준, 사회계층에 따라 다르다.

[표 3-1] 영역 및 목적별 평생교육의 내용

목적 영역	자질향상을 위하여	자기충족을 위하여	사회활동에의 적응 및 참여를 위하여
기초 및 교양 교육	·기초문맹교육 ·기능문맹교육 ·외국어 교육 ·의사 표현력 ·예의범절 교육 ·정신능력계발교육	·건전한 가치관 함양 ·독서교육 ·능력과 적성개발교육 ·성취동기 함양 ·긍정적인 자아개념 ·종교교육	·대중매체에 대한 바른 이해와 판단력 ·정치, 경제, 사회, 문화에 대한 이해 ·한국의 역사와 전통문화의 이해 ·민원서식 절차 ·공공 서비스 활용
직업, 기술 전문 교육	·전문적인 직업기술 교육 ·가사기술교육 ·현직교육 ·취업교육(직전교육) ·전직교육 ·자격, 면허, 졸업증 취득 직업교육 ·승급(승진)직업교육	·직업관교육 ·직업윤리교육 ·직업정보 ·직업선택 및 적응	·노사관계의 이해증진 ·생산유통 및 소비관계 ·효과적인 생산, 판매기술 ·소속감 ·직장 내에서의 역할수행
건강 및 보건 교육	·기본적인 보건지식 ·신체적, 정서적 발달 과정에 대한 지식 ·응급치료법과 구급위생	·기초체력의 유지 및 단련법 ·건강유지 섭생법 ·성격 훈련법 ·정신위생 ·질병예방 및 치료법	·직업병의 원인과 대책 ·환경오염 및 공해 ·공중위생
가족 생활 교육	·자녀에 대한 이해와 진로지도 ·자녀의 학습지도 ·자율적이고 규칙적인 생활습관의 형성	·주거환경관리 ·미용관리 ·분수에 맞는 가계운영 ·가족계획의 실천 ·원만한 가족관계의 유지	·현명한 구매활동 ·생활법률 ·결혼 후 본인의 분가문제 ·자녀의 결혼과 분가문제 ·자신의 노후대책

	·전기, 수도시설 및 가정용품 수리기능 ·재봉, 수예, 요리 등의 가사기술	·웃어른 섬기기 ·건전한 이성교재와 배우자 선택 ·가족 구성원으로의 책임과 역할 ·재산증식 및 관리법	·가족문제 의논 및 해결방안 ·가정의 기능 ·친족관계
시민 생활 교육	·민주시민의 자질 ·의사소통 기술 ·지도성 함양	·우리나라의 미풍양속 ·대인관계 ·사회봉사정신 및 활동	·현대사회 변동에의 적응 ·정치이해 및 참여교육 ·사회복지제도의 활용 ·국민의 의무와 권리 ·지역사회활동에의 참여 ·주민간의 의사소통 ·사회문제진단 ·청소년 문제에 대한 관심과 선도방안 ·노인문제 ·사회질서유지 ·소비자 보호 ·국제이해교육 ·애국심(국가관 확립) ·국내·외 시사문제
여가 교육	·양돈, 양잠, 양봉, 양계, 양우 등 ·새끼꼬기, 가마니, 돗자리치기 등 ·양초, 바가지 공예 등 (공예품이나 도자기)	·악기연주, 노래부르기 및 음악감상 ·그림 그리기와 미술 작품감상 ·운동경기 참여 및 관람체조나 무용 ·나무, 화초재배 ·등산, 낚시, 여행, 관광 등 ·연극, 영화관람 ·서예, 꽃꽂이, 사진 실내 장식 등	

그러므로 평생교육 프로그램의 내용영역에 관한 견해는 학자에 따라 다소 차이가 있지만 평생교육의 내용에 따라 영역별과 목적별로 구분해보면 [표 3－1]과 같다.

위 표와 같이 평생교육 내용을 영역별, 목적별에 따라 분류하여 설명한 것과 같이 영역별로 나누어 보면 기초 및 교양교육, 직업·기술, 전문교육, 건강 및 보건교육, 가족생활교육, 시민생활교육 및 여가교육 등으로 분류해 볼 수 있다.

이러한 분류의 기준은 성인이 일상생활을 영위해 나가는데 요구되는 각종 교양, 정보 및 기술을 영역화시킨 것이다.

그리고 평생교육의 내용을 목적별로 보면 자질의 향상을 위하여, 자기충족을 위하여, 사회적 활동에의 적응 및 참여를 위하여 등과 같이 인간에 대한 질적 삶의 향상에 요구되는 사회 심리적 내용을 영역화시킨 것이다.

이처럼 평생교육 내용은 다양하기 때문에 평생교육의 대상, 주체 및 장소에 따라 매우 적절하게 나타나야 한다. 일반적으로 평생교육프로그램을 선정하는데 고려해야 할 기준은 다음과 같다.

① 합목적성 : 프로그램 내용은 프로그램 목표와 일관성이 있어야 한다.
② 적합성 : 학습자의 요구에 부합되는 동시에 그들의 잠재 가능성을 적정수준까지 최대로 발휘하게 하며, 아울러 지역사회의 요구 및 기관의 인적·물적 여건에 적합한 내용 및 활동일 것.
③ 창의성 : 가급적 다른 기관이나 학습자들이 구성하지 못했던 새로운 프로그램일 것.
④ 융통성 : 변화가능성이 있으며 적절한 때에 대치가 가능한 프로그램일 것.
⑤ 상보성 : 학습자들이 프로그램 진행에 능동적으로 참여함과 동시에 프로그램의 혜택을 받을 수 있는 프로그램일 것.

4) 평생교육 프로그램 방법선정

평생교육방법이란 광의적으로 평생교육의 목적을 달성하기 위한 모든 계획적 조치이다. 즉, 평생교육방법을 다른 말로 표현하면 학습자의 학습의지와 거기에 대응하는 교육의지가 전개되는 평생교육활동 및 그것과 직접 연결된 영역으로 목적달성을 위하여 필요한 수단 및 방식이라고 규정하였다.

평생교육방법은 세 가지 특징을 지니고 있다. 첫째, 학습자를 학습활동으로 유인해 줄 수 있는 분위기 또는 환경 등을 제공한다. 둘째, 평생교육활동에 참여하는 학습자가 직면하고 있는 문제점을 풀어 가는데 필요한 여러 가지 방안이나 기술들을 제공한다. 셋째, 학습자들의 학습요구를 만족시켜 줄 수 있는 학습태도, 학습자료들을 제공한다.

그리고 평생교육방법은 그때 그때의 활동상황과 활동대상자들의 능동적인 참여가 적용되어야 하기 때문에 일관성 있게 기술되기가 실제로 매우 어렵다.

이와 같이 평생교육방법은 다양성과 융통성을 지니고 있기 때문에 그 방법에 관련된 평생교육방법의 종류도 매우 다양하게 제기할 수 있으나 일반적으로 쓰여지는 평생교육방법의 종류를 몇 가지 제시하면 다음과 같다.

(1) 학습자 조직방법에 의한 분류

학습자 조직방법에 의한 분류는 개인적 방법과 집단적 방법으로 대별된다. 전자는 학습자 개인이 자기학습을 위해 사회적으로 제공되는 학습매체를 이용하여 자기 스스로 배우게 하는 방법이다.

여기서 평생교육방법은 학습자로 하여금 자기 주도적으로 학습하는 방법을 배우게끔 만들어져야 한다. 예를 들어, 도서, 잡지, 방송 등 혼자서 입수할 수 있는 학습매체를 사용하여 가정이나 직장, 평생교육 시설에서 개인이 행하게 하는 학습이다.

반면 후자는 상호학습방법으로 집단적 활동을 통하여 불특정 다수가 학습하는 형태의 학습방법이다. 이는 개인이 가지고 있는 욕구와 동기, 감정 및 목적 등이 개인들의 상호작용에 영향을 미치게 된다는 집단역동이론을 토대로 개발된 것으로서, 집단활동 과정을 통해 자기 및 타인의 수용, 자아의 확립, 가치 및 태도의 변화와 같은 목적을 달성할 수 있다.

(2) 학습원조 방법에 의한 분류

학습장면에서 학습을 원조하는 다양한 평생교육방법 중 대표적인 지식, 정보 습득의 방법은 강의법이다. 강의법은

① 학습자가 학습해야 할 과제에 관하여 충분한 예비지식이 없을 때,
② 전체의 개관, 체계적인 정보, 고도의 지식 등을 획득하려할 때,
③ 중요한 문제인데도 불구하고 시간의 제약이 있을 때 등에 유효한 방법이다.

지식, 기술의 응용을 원조하는 평생교육방법 중 대표적인 것으로는 토의법이 있다. 토의학습은 집단상호간의 자기의견을 자유롭게 발표·수용함으로써 상호협력의 의미를 구체화시키는 민주주의의 원리를 반영하는 교육방법이다. 일반적으로 토의법은 태도변화 교육 등에 적합한 것으로 알려져 있으나 다음과 같은 문제점을 지니고 있다. 첫째, 참가자의 지식이나 경험의 범위를 넘는 학습목표에는 바람직하지 못하다. 둘째, 발언이 특정인에게 한정되기 쉽다. 셋째, 단시간에 많은 것을 전달할 수 없는 등의 문제점을 가지고 있다. 학습원조의 또 하나의 방법인 기술, 기능의 습득을 원조하는 방법으로는 실습법이 대표적이다.

실습이란 실제 또는 실물에 관하여 학습하는 것이고, 자발적인 활동, 체험학습, 생활과제에의 접근이 기대되는 방법이다. 일반적으로 실습식 교육은 1시간당 약 10분 정도의 강의와 30분 정도의 실습, 5분 정도의 정리교육으로 구성하는 것이 바람직하다.

(3) 학습매체의 활용방법에 의한 분류

매체가 내용이라는 말처럼 매체는 교육의 질을 높이는데 매우 중요한 역할을 한다. 학습매체는 크게 인쇄매체와 시청각 매체로 대별되는데, 평생교육의 매체는 주로 시청각 보조물을 활용한다.

좋은 시청각 교재는 여러 가지 잡다한 현실장면에서의 본질적 요소를 추출하여 그것을 아름답게 적합한 영상으로 표현한 것이며, 이러한 시청각 교재를 선정하는 일이 매우 중요하다.

평생교육 프로그램 방법의 선정은 방법 자체가 가지는 성격과 학습자의특성, 학습의 목표 및 내용 그리고 학습이 이루어지는 상황 등을 참조하여 결정해야 한다. 평생교육 방법을 선정할 때 참고해야 할 원리는 다음과 같다.

① 현실성 : 교육방법은 지역적, 시대적, 사회 문화적인 현실 속에서 적합한 것이어야 한다.

② 다양성과 변화가능성 : 한가지 학습과정에 있어서도 수시로 다른 방법을 도입하거나, 전체가 조화와 균형을 이루도록 변화를 줄 수 있는 방법을 선정하여야 한다.

③ 적절성 및 효율성 : 다양한 방법의 도입은 적당한 선에서의 최적성 또는 효율성을 전제로 허용된다.

④ 자발성 : 학습자 스스로 자기의 학습목표를 달성해 가는 과정에 교육방법을 임의로 선택하기도 하고 학습의 진전에 따라 여러 가지 방법을 조합하여 전체적인 성과를 높일 수 있 도록 다양한 선택이 이루어져야 한다.

⑤ 피교육자 참여의 극대화 : 피교육자의 발표나 행동표현과 같은 참여를 최대한으로 보장해 주는 방법을 선정한다.

⑥ 감정의 상호교류 가능성 : 학습자가 스스로 이해하도록 돕기 위해 지도자와 학습자간에 또는 학습자 상호간에 감정이 교류되기 쉬운 방법을 선정한다.

5) 평생교육 프로그램의 조직

평생교육 프로그램 내용과 방법을 선정한 후에는 최대의 학습효과를 올릴 수 있도록 실시기간, 내용의 우선순위 등에 따라 프로그램을 횡적, 종적으로 조직해야 한다.

프로그램을 효과적으로 조직하기 위한 일반적인 원칙은 다음과 같다.

① 학습할 내용을 과거의 것으로부터 점차 현재의 것으로 배열한다.
② 학습할 내용을 단순한 것으로부터 점차 복잡한 것으로 배열한다.
③ 이미 알려져 있는 내용으로부터 미지의 것으로 배열한다.
④ 가장 많이 이용하는 것으로부터 가장 적게 사용하는 내용으로 구성한다.
⑤ 학습내용이 상호연계를 지을 수 있도록 구성한다.
⑥ 가까운 곳에서 먼 곳으로 관련지어 구성한다.

이와 같은 원칙에 따라 평생교육 프로그램이 조직되면 피교육자의 학습효과를 효과적으로 증진시키게 된다. 그리고 제시된 원칙을 좀더 포괄적으로 제시해 보면 계열성의 원리, 계속성의 원리 및 통합성의 원리가 적용된다.

계열성의 원리란 선정된 프로그램 내용을 그들간의 위계성과 상호관련성에 따라 조직하는 것을 의미하며 계속성의 원리란, 어떤 내용을 얼마나 반복할 것인지를 생각해 보는 것이며 통합성의 원리란, 각종의 다양한 프로그램이 의미있게 통합되어 보다 높은 공동목표를 성취하는데 기여하는 것을 주안점으로 조직하는 원리를 의미한다.

제2절 평생교육수행

평생교육의 목적을 달성하기 위하여 평생교육을 실제로 전개하여야 하는데 이러한 전개는 이미 만들어진 평생교육 프로그램을 실천에 옮기는 단계를 의미한다. 즉, 평생교육의 수행과정 프로그램의 내용과 방법을 선정하고 조직하는 단계(계획과정)와 평가과정 사이에서 일어나는 구체적 활동단계이다.

이러한 수행과정의 단계에 특히 고려되어야 할 유의 사항이 있으며 또한 이 단계는 교육자와 학습자간의 직접적인 관계가 일어나기 때문에 교육자가 학습자에게 지도하는 학습지도의 원리와 이러한 원리가 교실 안에서 대개 이루어지므로 교실수업에 관련된 원리를 여기서 제시해 보겠다.

1. 평생교육 수행시의 유의점

평생교육을 실시할 때 유의해야 할 사항은 여러 가지가 있지만 그 중에서 대체로 중요한 내용은 다음과 같다.

① 래포(rapport)형성 : 평생교육을 수행할 때 교육자와 피교육자간에는 상호 친밀한 분위기가 조성되도록 한다.
② 과제중심의 전개 : 평생교육 프로그램 전개는 무엇보다도 당면과제 해결에 중심을 두어야 한다.
③ 비지시적인 지도방침 : 교육자는 피교육자의 의견을 존중하여 그들이 제안하는 여러 가지 대안이나 참여자에게 문제의식을 일으켜 그들이 스스로 문제를 해결할 수 있도록 도와준다.
④ 프로그램 내용과 방법의 혼용 : 평생교육 프로그램을 어떤 지식내용의 전달보다는 태도와 기능의 변화에 목적을 두는 경우가 많기 때문에 어떤 것은 교육방법 그 자체가 프로그램의 내용이 될 수 있다. 예컨대, 협동심을 기르기 위한 프로그램은 실습 등을 통해 참여자가 함께 힘을 모음으로써 보다 큰 효과를 가져올 수 있는 것이다.

평생교육 지도자는 참여자간의 상호학습이나 자율학습과 탐구과정을 거치도록 분위기와 여건을 마련하고, 그들의 활동을 용이하게 하도록 협조하거나 지원해야 한다.

2. 학습지도의 원리

교육자들은 교수가 하나의 과학인 동시에 예술로 생각하고 있다. 따라서 교육자의 일차적 과제는 교수의 예술과 과학의 특성을 파악하여 효과적인 교수, 학습상황을 창조하기 위해 이들 요인들을 잘 조화시키는 것이다. 여기서 교수법이 어려운 것은 마음의 법칙에 관한 심리학으로부터 수업에 바로 활용할 수 있는 교수법이나 계획 등을 도출해 낼 수 없는 것과 마찬가지로 과학을 교육현장에 효과적으로 활용하기 위해서는 그 중간에 창조적인 심적과정이 필요하기 때문이다.

태도변화 중심인 평생교육에서도 같은 현상이나 평생교육의 중요한 내용인 기술교육과 같은 교육에서는 교실수업이 더욱 중요한 방법이 되기 때문에 교수법의 중요성은 그만큼 더 커지는 것이다. 특히 성인을 주요 대상으로 하는 평생교육은 공식적 교실수업을 싫어하고, 그들의 선행경험과 준비도의 차이 때문에 공식적 교실수업이 비효과적이라고 하면서도 직업·기술교육에서는 이와 같은 공식적인 수업이 필요함을 인정하고 있다.

공식적인 수업형태의 평생교육 프로그램 전개과정에서는 다음과 같은 기본원리를 바탕으로 전개되면 보다 효과적으로 학습목표를 달성할 수 있다. 첫째, 물리적 환경보다 인적 환경에 깊은 배려가 요구된다. 둘째, 자율적이며 인격적으로 관리해 나가야 한다. 셋째, 실질문제에 강조를 둔다. 넷째, 학습자의 교육참여 확대와 분임 토의 중심의 상호교육을 중시해야 한다. 다섯째, 교육매체를 적절하게 활용해야 한다.

평생교육은 교양교육, 기술교육, 직업교육 등과 같이 그 내용 및 대상에 따라 매우 다양하게 전개되어야 하기 때문에 학습지도방법을 일정하게 제시하기 어렵다. 그러므로 평생교육의 특성에 따라 그에 적합한 교육방법을 전개하게 되는데 일반적으로 다음과 같은 내용을 고려하여 전개하는 것이 바람직하다.

① 학습목표에 제시된 행동특성을 성취할 수 있는 조건이나 상황에서 가장 가깝게 접근할 수 있는 방법을 선정한다.
예를 들면, 학습목표가 기능공이 두 금속을 보고 그 차이를 식별해내는 것이라면 두 금속을 실제로 제공해 주는 것이 가장 효과적인 방법이다.
즉, 실제의 견본이 그림 보다 나을 것이고, 그림을 보여주는 경우에는 견본과 비슷한 색깔 있는 그림을 보여주는 것이 더욱 효과적이 것이다.

② 작업현장에서 필요로 하는 행동유형에 가장 가깝게 접근할 수 있는 방법으로 학습자들이 행동할 수 있는 방법을 선정한다.
시각적 암시나 자극에 대한 반응으로 학습자가 뭔가 이야기할 수 있는 능력이 기대된다면 학습자가 실제로 이야기할 수 있는 기회를 제공하고 반복, 연습할 수 있는 방법을 선정해야 한다.
만약 청각적 자극에 대한 반응으로 학습자가 무엇인가를 고칠 수 있어야 한다면, 실제로 청각적 자극을 주고 그 상황 하에서 고쳐보는 연습을 할 수 있는 방법을 선정한다.

③ 단위 시간 내에 가능한 많은 반응을 경험할 수 있도록 지도할 수 있는 방법을 선정한다.
예를 들면, 용접공은 용접에 쓰이는 화염도구가 작업 시 어느 때가 가장 적당하게 조절된 상태인가를 알 수 있는 학습을 경험하여야 한다.
이때에 적절한 화염상태와 부적절한 화염상태를 구별할 수 있는 단서를 제공할 수 있는 사진, 슬라이드 혹은 필름 등을 이용하면 더욱 효과적이다.

④ 학습자의 직업적, 비직업적 욕구를 조화롭게 해야한다. 이것은 아무리 기술습득이 중심과제라 하더라도 새로운 상황에 대하여 보다 종합적으로 대처할 수 있도록 비직업적 욕구도 직업적 욕구와 동시에 관련을 지으면서 조화를 이루어 충족시켜야 함을 의미하는 것이다. 즉, 기술자체 이외의 욕구를 학습자의 욕구 범주에서 제외하는 편협성을 가져서는 안 된다는 것이다.

⑤ 개인차를 고려하여 개인 소집단지도를 병행한다.
이것은 어느 경우에서나 교실수업만으로 개개인의 교육욕구를 모두 달성하기는 어렵다는 것을 나타낸다. 따라서 교실수업과 같은 집단지도와 함께 개인 내지 소집단지도 등의 방법을 적절히 활용해야 한다.

⑥ 비공식 교육방법이 보충되어야 한다.
비공식 교육의 강조는 공식교육의 한계와 관련된다.
성인학습자들은 대개의 경우 선행경험과 준비도 면에서 차이가 있기 때문에 이와 같은 개인차이가 충분히 고려되지 않은 전통적인 교실수업은 선호되지도 않고 또한 효과도 적다. 따라서 학습자들간에 소집단을 구성하여 공통의 문제를 논의하는 토의와 같은 방법이 보다 흥미를 느낄 수 있으며 생산적이기도 하다.

⑦ 자율적 학습을 강조한다.
자율학습의 강조는 앞의 비공식 교육의 강조와 관련된다. 즉, 평생교육은 학습자의 욕구를 충족해야 하고, 욕구충족의 대부분이 문제해결을 의미하며, 문제해결은 실질적 행동을 포함하고, 행위양식의 개선을 포함한 문제해결이 집단적 참여를 통하여 가장 잘 달성된다고 보면 강의, 전시, 과제제시와 같은 교육자 중심의 공식적 교육활동보다는 학습자 자신들이 문제해결 내지 욕구충족을 위해 집단이 가장 효과적으로 일할 수 있도록 상황을 조성하고 지도력을 투입하는 것이 훨씬 효과적이다.

⑧ 행동지향적 교수방법을 적용한다.
행동지향적 교육의 강화는 실천과 생활을 강조하는 의미를 내포하고 있다. 기술이나 관련지식의 단순한 이해에서 나아가 습관의 개선, 삶의 개선을 가져오기 위해서는 배운 지식과 기술이 행위양식 내지 습관으로 정착되어야 한다.

⑨ 문제해결적 방법을 중시한다.
문제해결적 방법의 중시는 평생교육의 핵심적 원리라고 할 수 있다.
유능한 평생교육자는 대부분이 부분적으로나 전적으로 문제중심으로 교수하고 있다. 이것은 교과내용을 가르치기보다는 학습자로 하여금 문제를 해결하도록 유도 및 안내하는 것이다.

⑩ 과학적 방법에 따라 교육목표를 달성한다.
과학적 방법에 의한 교육목표의 달성은 교육을 위한 가용자원의 합리적 개발 및 준비와 관련된다. 즉, 학습자의 교육욕구의 대부분은 교재, 과제, 교육요원 등으로 결합된 교육을 통해 거의 충족되어야 함을 의미한다. 여기서 과학적 방법에는 문제 내지 욕구충족 장애의 확인, 자료의 수집, 가설의 구성 및 행위프로그램을 통한 가설의 결정 등이 포함된다.

3. 교실수업의 원리

전통적 교실수업은 기술교육과 같은 평생교육에서는 매우 중요한 비중을 접하는 교육방법이다. 여기서는 교실수업의 준비와 전개에 관한 기본원리를 제시하였다.

1) 교실수업의 준비

교실수업이 교육목적을 보다 효과적으로 달성하기 위해서는 수업준비가 절대적으로 필요하다. 일반적으로 교실수업의 준비에는 주제확인, 문제기술, 구체적인 목표의 설정, 교수의 내용과 절차의 사전계획 및 연습, 요점정리 및 수업전개의 구상들이 포함된다.

(1) 주제확인

주제확인은 주어진 교과나 교육활동 및 달성하려는 교육목표와의 관련성을 명확히 한다는 데 그 뜻이 있다. 교육담당자는 학습자들이 습득해야 할 교육내용의 제목을 적당히 설정함으로써 학습자들로 하여금 수업참여의 매력과 동기가 일어나도록 해야 한다.

(2) 문제의 기술

문제의 기술은 수업을 통하여 해결해야 할 과제의 성격, 즉, 왜, 무엇, 어느 것, 어디서, 얼마의 양, 어떤 방법 등이 포함되는데 여기에는 당위성을 나타내는 개념이 강하게 나타난다.

(3) 구체적 목표의 설정

구체적 목표의 설정은 교육적으로 의미 있는 수업목표를 정하는 것을 말한다. 여기서 학습자들의 다양한 욕구가 다양한 형태로 수업과제와 관련되어 있기 때문에 구체적 목표의 설정이 용이하지는 않다. 예를 들어, 그들의 욕구 중에는 사회적, 종교적 욕구와 건강, 가정생활을 포함한 직업적, 비직업적 욕구가 포함되어 있으며 교육목표 분류면에서 보면 욕구는 이상, 태도, 이해, 흥미, 능력 등과 관련되어 있다. 그러므로 교육자는 덜 중요한 과제의 논의로 인해 중요한 내용을 소홀히 해서는 안 된다.

(4) 교수의 내용과 절차의 사전계획 및 연습

교육자는 그가 활용하려는 절차를 구상하고 수업에서 기대하는 학습내용을 예상하며 수업이 성공적으로 진행되도록 하기 위해 필요한 방안 등을 검토하여야 한다.

만약 사전계획이 효과적으로 이루어지면 그 시간에 포함시켜야 할 교과영역과 그것이 중요한 이유 및 기대되는 효과는 물론 학습자들이 그 교과를 이해하고 필요한 능력을 개발시키며 실제에 적용하는데 따르는 어려움 등을 알게된다.

(5) 요점정리

요점정리란 수업에 포함될 주요내용들을 체계적으로 요약해 두는 것을 말한다. 실제의 수업에서는 가능한 한 교육내용을 메모형태로 준비하여 전개하는 것이 보다 신빙성이 있어 효과적이다.

(6) 수업전개의 구성

수업전개의 구상은 교수요목(敎授要目)을 중심으로 수행하는 교수준비로서 교과항목의 성격과 개요를 분명히 하고 수업의 목표와 관련 문제를 논리적 순서에 따라 그 요소들을 분류하여 이용 가능한 참고자료를 점검하고 추가로 필요시 되는 자료를 결정하는 과정이다.

2) 교실수업의 전개

평생교육에서의 교실수업은 일반적으로 학습자에의 접근, 학습자와의 만남, 교과의 소개 및 강조, 교과의 분류 및 해답의 결정 등의 과정을 통하여 이루어진다.

(1) 학습자에의 접근

학습자에의 접근은 교육담당자로서 학습자들로 하여금 학습동기가 일어나도록 교육적 상황을 만드는 것을 의미한다. 훌륭한 교육자는 수업에 대하여 면밀한 계획을 짜는데 낯익은 학습집단일 경우에는 바로 도입에 들어가게 될 것이며, 낯선 집단이면 첫 수업 전에 학습자의 일부 혹은 전부와 일단 친숙해 지도록 하는 것이 중요하다.

학습자와 교육자간의 관계에 영향을 줄 수 있는 실제적, 혹은 예상되는 장벽을 허무는데는 수업전 학습자와 친숙해 지는 것이 바람직하다.

(2) 학습자와의 만남

학습자에의 접근 다음에는 학습자와의 만남이 구체적으로 일어난다. 훌륭한 평생교육자가 되기 위해서는 학습자와의 만남에서 다음과 같은 사항을 고려해야 한다. 즉, 수업을 면밀히 계획한다, 정시에 시작한다, 최선을 다해서 사전계획대로 교과를 전개한다, 교수를 평가할 수 있는 증거를 확보한다, 다음과제로 연결한다, 정시에 수업을 끝낸다, 휴식을 취하면서 학습자들과 친화를 도모한다.

(3) 교과의 소개 및 강조

교과의 소개 및 강조는 한 마디로 말해서 개개 학습자들이 그 교과의 중요성을 인식할 수 있도록 교과가 지향하는 과제를 그들의 학습욕구와 관련짓는 것을 말한다.

수업은 문제해결의 과정이다. 따라서, 수업담당자는 먼저 학습자들이 왜 이 문제를 논의해야 하는가를 알게 한 다음, 문제를 실제로 해결 해야한다. 그러나 학습자들이 그 문제의 인식과 그의 해결을 위한 명백한 욕구(felt needs)를 갖고 있는 경우에는, 문제의 필요성을 위해 많은 시간을 할애할 필요가 없다. 그러나 이와 반대의 경우에는 문제의 인식을 위해 실제 그 문제의 해결을 위해서 보다 더 많은 시간이 소요될 수도 있다.

(4) 교과의 분류

교과의 분류는 교수법의 본론에 해당한다. 교수란, 체계적인 수업의 중요성과 실제적인 사상들의 논리적인 전개를 의미한다. 따라서 학습자들은 학습할 내용과 바람직한 결과를 얻는데 필요한 사항을 이해해야한다.

보통 교육에서의 과목이란 문제나 주제를 의미한다. 그러나 문제의 분류는 학습자의 욕구충족과 직접 관련되는 보다 작은 문제로의 세분화를 의미하고, 주제의 분류는 학습자의 개인적 욕구와는 관계없이 자료 수준에서 만의 요소로 분화함을 의미한다.

(5) 해결방안의 결정

해결방안 내지 해답의 결정은 사고(thinking)와 관련된다. 따라서 교수에서 문제해결과 사고는 개인이 그의 인지된 욕구를 해결하는 내용과 양의 상호작용이라고 할 수 있다. 그러므로 학습자는 문제의 인식과 해결을 위해 가능성 있는 해답을 찾게 되는데 이때 그는 어떤 현명한 결정에 도달할 수도 있는 것이다. 그리하여 그는 가장 적절한 해결방안만 발굴하면 문제해결의 과정이 보다 효과적이며 시간이 절약된다는 사실을 터득하게 된다. 따라서 평생교육자는 문제에 대한 바람직한 해답을 학습자들이 선택할 있도록 지혜롭게 유도해야만 한다.

제3절 평생교육평가

1. 평가의 의의와 목적

평생교육 프로그램을 전개하면서 평가활동이 계속적으로 일어나야 한다. 평가는 어떤 대상의 가치를 결정하는 과정이라고 보고 있다. 그러한 가치는 평생교육과정에서도 적용될 수 있다. 평생교육수행에 대한 평가는 피교육자의 교양, 기술 및 정보 등을 향상시키기 위하여 처음에 설정된 목표가 어느 정도 달성되고 있는가를 파악하는 과정이다.

즉, 평가란 당위적인 목표와 현실적인 성과간의 차이를 발견하는 과정이라고 볼 수 있다. 평생교육에서의 당위적인 목표는 평생교육계획에 의해서 결정되고 현실적인 성과는 평생교육계획의 수행에 의하여 결정된다. 따라서 평생교육의 수행에 대한 평가과정은 평생교육의 계획과 수행을 비교하는 과정이라고도 할 수 있다.

따라서 목표(계획)는 기준치가 되고 성과(수행)는 그 기준치와 대비된 실제치가 된다. 평생교육은 한번의 사업으로 완성되는 것이 아니기 때문에 주민욕구의 무한성과 함께 지속적으로 추진되어야 할 성질의 활동이므로 평가과정은 다음의 평생교육을 위해서도 필요하다.

첫째, 평가는 현재 실정을 파악하는데 도움을 준다

둘째, 평가는 계획이 얼마나 추진되고 있는가를 보여준다.

셋째, 평가는 사업을 올바른 방향으로 추진해 나가고 있는지를 보여준다.

넷째, 평가는 교육의 효율성을 나타내 준다.

다섯째, 평가는 어떤 계획의 장·단점을 파악하는데 도움을 준다.

여섯째, 평가는 피교육자와 함께 활동해 나갈 수 있는 기술을 개선하게 해준다.

일곱째, 평가는 평생교육계획에 있어서 활동의 우선순위를 결정하는데 도움을 준다.

이러한 평가과정은 평생교육의 3개 과정 즉 계획, 수행 및 평가에서 최종단계를 의미하고 있지만 이러한 세 가지 과정은 반복적으로 계속되는 것이기 때문에 평가과정은 최종단계를 의미함과 동시에 다른 평생교육의 최초단계를 의미하기도 한다.

이러한 중요성을 지니고 있는 평가과정은 다음과 같은 목적을 지니고 있다.

① 다음 평생교육 프로그램에 관한 결정을 내리기 위함이다.
② 평생교육 프로그램의 계속성, 확장성, 자격증에 관한 결정에 공헌하기 위함이다.
③ 평생교육 프로그램 수정에 관한 결정에 이바지하기 위함이다.
④ 평생교육 프로그램에 대한 지원을 위한 증거를 얻기 위함이다.
⑤ 평생교육 프로그램에 반대한 증거를 얻기 위함이다.

이와 같이 평생교육 프로그램에 대한 평가과정은 평생교육과정에서 매우 중요한 위치를 차지하고 있다. 그러므로 평생교육 전개과정에는 꼭 평가과정이 삽입되도록 해야한다.

2. 평가의 종류

평생교육의 평가종류에는 그 평가기준에 따라 여러 가지 형태로 분류해 볼 수 있다. 즉, 평생교육의 평가시기에 따른 분류, 평가주체에 따른 분류 및 평가대상에 따른 분류로 나누어 볼 수 있다.

1) 평가시기에 따른 분류

평가시기에 의한 평가방법은 평생교육에서 많이 이용되는 평가방법인데 여기에는 시기에 따라 기초평가(Benchmark Evaluation), 중간평가(Intermediate Evaluation), 최종평가(Terminal Evaluation)등으로 구분하여 분석해 볼 수 있다. 기초평가는 평생교육을 시작하기 전에 피교육자의 교육욕구를 조사하여 합리적인 프로그램의 수립과 수행의 기본자료를 수집 및 검토하는 것이다. 평생교육을 위한 피교육자의 욕구조사가 광의의 기초평가 과정이라고 볼 수 있다.

중간평가는 평생교육의 전개 도중에 교육이 계획대로 잘 추진되고 있는지, 교육방향이 올바른가 등을 확인하고 남은 교육을 보다 효과적으로 추진하는데 필요한 평가자료를 얻는데 그 목적이 있다.

최종평가는 평생교육이 끝난 후 교육목적의 달성정도, 주민의 욕구충족도와 평생교육전개상의 장·단점, 교육내용별 성공 및 실패요인 등을 분석하여 다음 사업의 계획수립에 참고하려는 평가이다.

2) 평가주체에 따른 분류

평가주체에 따른 평가는 평가를 누가 하느냐에 따라 크게 주관적 평가와 객관적 평가로 나누어 볼 수 있다. 주관적 평가란, 평생교육에 참여한 교육자, 피교육자 또는 관련기관이 자체 평가하는 방법인데 여기에는 편견과 전시효과를 위한 위험성을 내포하고 있다. 객관적 평가란, 평생교육에는 참여하지 않았지만 평생교육에 대한 전문적인 지식과 기술을 가지고 있는 개인 또는 단체에 의해 평가되는 방법으로서 과학적 연구의 자료가 될 수 있다.

3. 평가의 절차

평생교육의 평가는 다음 평생교육계획에 적절히 이용될 수 있어야 하기 때문에 연속성의 특성을 지니고 있다. 즉, 평가과정은 새로운 아이디어를 창출할 수 있는 기회가 제공될 수 있도록 해야하기 때문에 체계적인 평가과정이 요구된다.

이러한 평가를 하기 위해서는 첫째, 평가의 세부목표를 설정한다. 둘째, 평가내용과 방법을 결정한다. 셋째, 평가도구를 제작한다. 넷째, 평가를 실시한다. 다섯째, 평가결과를 처리하고 분석한다.

1) 평가목표의 설정

평생교육의 평가목표는 평생교육이 달성하고자 하는 목표를 얼마나 달성하였는가를 체계적으로 밝혀 내는데 있다고 본다. 이러한 목표를 달성하기 위해서는 평가가 무엇을 어떻게 평가해야 하는가에 대한 체계적인 계획이 설정되어야 한다.

이를 위해서는 좀더 구체적인 평가목표가 설정되어야 한다. 즉, 평생교육계획이 지니고 있는 내용을 항목별로 분류하여 그 항목에 대한 세부적인 평가목표가 설정되어야 한다.

예를 들면, 피교육자의 기술수준변화, 의식수준변화 및 태도변화 등과 같은 항목으로 분류하여 각 항목의 변화정도를 측정할 수 있도록 하는 평가목표가 설정되어야 한다.

2) 평가내용과 방법의 결정

평가내용에는 평가하고자 하는 구체적 사항이 포함된다. 즉 평생교육을 체계적으로 수행해 나갈 때 관련된 각종 계획 내용이 평가과정에서 그 달성정도가 파악되게 된다.

예를 들면, 피교육자의 기술수준변화 정도가 평가목표가 될 때 기술수준의 변화정도를 측정하기 위한 구체적인 평가도구가 이용되어야 한다.

구체적인 평가방법에 이용되는 도구로서는 필기검사법, 관찰기록법, 사회측정법 및 추인법, 면접법 등이 있다.

(1) 필기검사법

필기검사법에는 선택형과 서답형이 있는데, 선택형에는 선다형, 진위형(OX형), 배합형 등이 있다. 이것은 평가대상의 수가 많아도 짧은 시간에 평가하여 채점자에 관계없이 채점결과가 동일하게 나오는 객관성을 보장할 수 있고 결과의 수량화가 쉽다.

서답형에는 단답형, 완결형, 논문형 등이 포함된다. 이것은 수험자의 반응을 비교적 자유롭게 표현할 수 있으나 채점의 객관성 보장이 어렵고 시간과 노력이 많이 든다.

(2) 관찰기록법

관찰기록법이란 개인 또는 집단의 행동을 어떤 관점에서 관찰하여 기록해서 평가하는 방법이다. 이 방법은 평가자의 선입관이나 단순한 인상에 좌우될 염려가 있다.

(3) 사회측정법과 추이법

이것은 집단에서의 대인 상호간의 관계나 사회적 적응의 정도 또는 개인의 사회성 평가에 적절한 방법이다. 모레노(J.R Moreno)에 의해 개발된 사회측정법은 집단 내 성원들 상호간의 반응을 끌어내어 집단의 성격, 구조, 역동성이나 개인이 집단활동과정에서 타인과 어떤 관계를 맺고 있는가를 알아보려는 것이다.

추이법은 성원의 상호평가에 의해서 개인의 성격이나 특성을 알 수 있고 교우관계, 통솔, 복종관계, 존경, 혐오관계 등의 구조를 분명히 할 수 있다.

(4) 면접법

이 방법은 학습자를 직접 만나 구두로 질문하여 그 대답이나 반응, 태도 등을 보아 그의 능력이나 사회성, 정의적 적응에 관한 정보를 얻어 평가한다. 이 방법은 신뢰롭지 못하고 비경제적이라는 단점이 있지만 특별한 문제를 가진 자를 다루는데에 적절한 방법이다.

3) 평가 도구의 제작

평생교육의 평가에 필요한 평가방법이 결정되면 이러한 방법을 전개할 도구가 만들어져야 한다. 즉, 평가내용이 결정되어 이를 평가할 수 있는 평가방법이 결정되고 나면 실제로 평가활동에 필요한 평가도구가 요구된다.

평가도구는 타당도(validity), 신뢰도(reliability), 객관도(objectivity) 및 실용도(utility)가 있어야 한다.

타당도란, 한마디로 평가하고자 하는 내용을 측정해 낼 수 있도록 평가도구가 얼마나 잘 구성되어 있는가를 의미한다. 즉, 타당도란 평가의 도구가 측정할 것을 제대로 측정할 수 있는 정도를 의미한다고 볼 수 있다. 이것은 평가도구를 작성하여 관련전문가에게 검토하게 함으로써 그 내용의 타당도가 높아질 것이다.

신뢰도란, 주어진 평가도구를 다른 사람이 똑같은 방법으로 되풀이했을 때 다른 사람도 같은 결론을 내릴 수 있는 정도를 의미한다. 즉, 똑같은 평가도구를 똑같은 방법으로 다시 수행했을 때 그 결과가 차이가 많으면 평가도구는 신뢰도가 낮다고 할 수 있다. 평가도구에 대한 신뢰도를 측정하는 방법에는 여러 가지가 있으나 대표적인 방법으로 재검사법이 있다. 이것은 측정한 방법으로 다시 그 대상에 대하여 측정해 봄으로써 그 일치성 또는 차이점이 나타나게 되는 일치성이 클수록 평가도구의 신뢰도가 높다고 볼 수 있다.

객관도란, 평가도구의 적절성에 대하여 다른 사람들도 같은 입장으로 보는 정도를 의미한다. 즉, 일정한 내용을 측정하기 위하여 평가도구를 작성하였을 때 그 평가도구에 대한 가치판단이 일치하는 정도가 크면 객관도가 높다고 볼 수 있다. 객관도와 타당도는 매우 유사한데 타당도는 밝히고자 하는 내용파악의 정도에 대한 의미이고 객관도란, 평가도구에 대한 일치성의 정도를 의미한다고 볼 수 있다.

실용도란, 실제로 이용할 수 있는 정도를 의미한다. 평가도구가 타당도, 신뢰도 및 객관도가 높아도 실제로 활용하기가 어렵고 복잡하다면 아무 소용이 없을 것이다. 즉, 평가도구를 제작할 때 평가자가 다루기 쉽고 평가대상자가 대답하기 쉽게 해야할 것이며, 평가문항이 막연하거나 대답하기 애매하면 곤란하다. 그러므로 평가문항은 이해하기 쉽게 작성되어야 할 것이다.

4) 평가의 실시

평가도구가 만들어지고 나면 평가를 실제로 수행해야 하는데 평가실시방법에는 이미 평가 방법에서 제시된 방법과 같은 방법으로 전개하면 된다. 평가를 실시할 때에는 평가대상이 되는 기관 또는 피교육자가 평가실시에 관심을 갖도록 해야만 효과적인 평가를 실시할 수 있다. 만일 이들의 협조가 부족하게 되면 아무리 잘 만들어진 평가도구라 할지라도 평가하고자 하는 내용을 제대로 밝혀내지 못하게 될 것이다.

5) 평가자료의 처리 분석 및 절차

평가를 실시하여 수집된 자료는 일정한 기준에 따라 처리되어 분석하게 되는데 이러한 과정에는 다음과 같은 절차가 요구된다.

첫째, 자료의 편집(editing) : 수집된 평가자료를 검토하면서 보충할 점이나 잘못된 점을 점검, 보완 및 수정하는 과정.

둘째, 부호붙이기(coding) : 평가의 내용을 일정한 범주로 나누어 번호를 붙이거나 일정한 점수를 주어 자료 전체를 계량화하는 과정

셋째, 통계분석(computing) : 평가자료에 대한 계량화가 끝나고 나면 각 집단

의 특성을 비교분석할 수 있도록 통계처리를 하게 된다. 통계분석 방법에는 빈도, 백분비, 평균, 유의성검증 등 다양한 방법이 도입될 수 있는데 평가도구의 항목특성에 따라 적용 방법이 각각 다르다.

넷째, 평가결과의 활용 : 평가가 통계적으로 이루어지고 나면 그 평가내용을 다음의 평생교육계획 수립에 활용해야 한다. 즉, 평생교육은 반복적이면서 연속성의 특성을 지니고 있기 때문에 계획, 수행, 평가과정은 계속적으로 이루어진다. 그러므로 하나의 평생교육에 대한 평가가 최종적으로 이루어지고 나면 그 결과를 다른 평생교육 전개과정에 적절히 활용할 수 있어야 하며 아울러 그러한 내용을 다른 평생교육 전개과정에도 이용될 수 있도록 해야한다. 따라서 지금까지 수행되었던 평생교육법을 반성하면서 이를 바탕으로 한 좀더 바람직한 평생교육 프로그램이 만들어 질 수 있게끔 잘 이용되어야 한다.

제4장 평생교육방법의 형태

제4장 평생교육방법의 형태

제1절 개인중심의 평생교육방법

1. 개인중심 평생교육방법의 특성

개인중심 평생교육방법은 교수가 아닌 학습 위주의 개인중심 학습방법이므로 페다고지(pedagogy)의 방법론과는 달리 학습계획의 설계와 학습활동 및 평가에 이르기까지 학습자의 주도적 특성에 의존한다.

학습계획의 설계에 있어서도 학습자 자신의 학습준비도에 따른 학습 내용의 선택과 학습 프로젝트(learning project)에 의존한다. 그러므로 안드라고지(andragogy)방법론은 대개 개인중심 학습 프로젝트, 질문 또는 의문 중심의 탐구 프로젝트(inquiry project), 독립적인 연구(independent study), 그리고 경험적인 기법 등이 주가 되는 개별학습방법이라 할 수 있다.

또한 학습성과나 결과의 평가에 있어서도 자기주도적인 성숙된 여가를 위주로 하고 있다. 그러므로 프로그램이나 학습의 주제에 따라서는 학습 경험위주의 방법론이 선택되기도 한다.

1) 자기주도학습법

Knowles(1975 : 18)에 의하면 자기주도학습은 학습자가 자기의 욕구를 진단하고 목표를 설정하며, 학습자원과 학습전략을 선정하며, 진전도를 평가함에 있어서 다른 사람의 도움을 받거나 또는 받지 않고 주도권을 갖는 과정이다. 이러한 과정을 기술하기 위해서 나타난 용어들이 자기계획학습(self-planned learning), 독학(independent learning), 자기교육(self-education), 개인학습(individual study) 등이며, 이러한 형태의 학습을 수행하는 사람을 독학자(autodidacts), 자율학습자(autonomous learners) 등으로 부른다. 이러한 용어들이 가진 대부분의 문제점은 고립적인 상태에서 이루어지는 학습이라는 점에 있으나 자기주도학습은 고립적인 상태에서 이루어지는 것이 아니라, 교사나 개인교사(tutor), 지도자(mentor), 자원인사(resource people), 동료(peer) 등 다양한 형태의 조력자들(helpers)과 협력하여 이루어진다는 것에 많은 학자들이 동의한다.

이러한 자기주도학습의 핵심은 학습의 자기주도성(self-directedness)과 학습자의 자기관리이다. 이것은 세 가지 개념을 내포하고 있다. 첫째로 자기학습의 목적과 수단에 대한 다른 삶의 통제로부터의 "독립성", 둘째로 다른 사람의 원조를 받는 경우나 그렇지 않은 경우에도 자기가 주도권을 가지고 자기의 학습욕구를 진단하고 학습목표를 설정하며 학습자원을 파악하고 학습전략을 실행하고 학습경과를 평가하는 학습과정 전체에 있어서의 "주도성", 셋째로 학습의 의미 이해와 학습을 통해서 실현되는 가치와 관련되는 학습을 스스로 선택할 수 있는 "자율성"을 내포하고 있다. 이것은 학습계획과 방법에 있어서 자기주도성과 자기결정성 이상의 의미를 갖는다.

2) 자기주도학습의 필요성

자기주도학습이 필요한 이유는 학자에 따라서 이견이 있지만, 그 주요한 내용과 의미를 간추리면 다음과 같다.

첫째, 학습에 있어서 주도권을 가진 사람들(proactive learners)은 가만히 앉아서 가르쳐 주기만을 기대하는 사람들(reactive learners)보다 더 많은 것을 더 잘 학습하게 된다는 것이다. 그들은 뚜렷한 목적의식과 동기를 가지고 학습에 임한다. 또한 수동적 학습자보다 학습한 내용을 더 오래 인지하고 그것을 더 잘 활용하는 경향이 있다.

둘째, 자기주도학습은 자연적인 심리학적 발달과정이라는 것이다. 인간이 처음 모체에서 날 때는 의존적 존재에 불과하다. 그때, 인간에게는 보호해 주고 먹여주며 결정을 해줄 부모가 필요하다. 그러나 자라서 성숙해 짐에 따라 인간은 처음에는 부모, 교사나 다른 성인들의 통제로부터 독립하려는 심리적 욕구를 개발하게 된다. 성숙의 본질은 자신의 삶에 대해 보다 많은 책임을 지는 능력, 즉 점차적으로 자기주도적이 되고자하는 능력을 개발하는 것이다.

셋째, 인간은 급속한 변화를 특징으로 하고 있는 미지의 세계를 살아가야 하는데, 이러한 세계에 원만하게 대처하기 위해서는 자기가 필요한 지식이나 기술을 스스로 습득하는 능력이 필요하게 된다. 결국 자기주도학습을 하는 이유는 인간으로서 생존하기 위함이다.

3) 자기주도학습의 유형

Grow(1991)는 형식적 학습과정의 학습에서 학생이 보다 자기주도적이 되도록 교사가 어떻게 도와줄 수 있는지를 개관한 단계적 자기주도학습(staged self－direct learning)모형을 제안했다. Grow모형은 학습자의 자기주도성 단계에 기초하여 학습자 특성과 그에 적합한 교수방법을 제시한다. 그는 학습자 특성을 각각 의존적 학습자(dependent learner), 관심 있는 학습자(interested learner), 참여적 학습자(involved learner), 자기주도학습자(self－direct learner)로 나누고 그에 적합한 교수방법 및 교사의 역할에 대해 논의하였다.

제1단계는 의존적 학습자이다. 의존적 학습자는 학습해야 할 내용과 방법, 시기에 대한 분명한 방향을 제시해 줄 수 있는 권위적인 인물을 필요로 한다. 그들은 교사는 학습자가 무엇을 할 필요가 있는지를 아는 전문가로 취급한다. 학습자는 모든 주제에 의존적인 학습자가 있는 반면, 일부 주제에서만 의존적인 학습자도 있다. 의존적 학습자 중에는 어떤 특정 영역에서는 우수한 학생이 되는 부류도 있고 지속적으로 의존적인 경우도 있으며, 일시적으로 교사에게 의존적인 경우도 있다. 이 단계에 있는 학습자들은 앞으로 자기 자신이 학습해야 할 것이 무엇인지를 결정하기 위해서 교사에게 의존한다. 교수방법으로는 주제, 구조화된 연습, 매우 구체적인 과제, 철저한 개인교수 등을 강조하는 형식적 강의(formal lecture)를 포함한다.

2단계는 관심있는 학습자이다. 이 단계의 학습자들은 학습에 관심을 갖고 있으며 동기부여적인 기법에 반응한다. 또한 목적이 될 수 있다고 생각하는 과제를 기꺼이 수행한다. 교사는 학습자들이 열정적으로 학습하도록 하기 위해 교실에 열광과 동기를 불어넣는 일에 힘쓴다. 교사는 학습자의 자발성과 열의를 강화하는 지시적이지만 매우 후원적인 접근을 사용한다. 이 단계에 있는 학습자들은 교수자가 방향과 도움을 제공해 준다면 앞으로 나아가게 된다. 동기를 부여하고 격려해 준다면 학생들은 스스로 학습을 계속하게 된다. 교사는 학생들이 보다 자기주도적이 되도록 각 과제를 설명하고 과제의 가치에 대해 설명한다. 그러나 이 단계에서의 교수활동 역시 매우 지시적이다. 교수방법은 교사주도적 토론, 전문가의 시범, 결과를 예견할 수 있는 구조화 된 프로젝트, 철저한 감독, 피드백, 격려 등이 활용된다.

3단계는 참여적 학습자이다. 이 단계에서는 학습자는 기술과 지식을 가지고 있고, 스스로 교육에 참여하는 사람이라고 본다. 그들은 훌륭한 안내자와 함께 어떠한 주제를 탐구할 준비가 되어 있다. 그들은 스스로 그 중 일부를 탐구하기도 하지만, 다른 사람들과 함께 학습할 수 있는 능력이 있다. 참여적 학습자는 자신의 생활경험을 파악하고 가치를 부여하는 학습을 할 뿐 만 아니라 다른 사람의 개인적 경험에 가치를 부여하는 학습을 한다. 그들은 동료집단과의 온정적인 상호작용을 통해 학습하는 것을 행복해 하며 스스로 학습을 창조하는 것을 배우게 된다. 교수방법은 교수와의 세미나, 학생의 집단 프로젝트, 감독을 받지 않고 학생들이 개발한 집단 프로젝트 등이다.

제4단계는 자기주도적 학습자이다. 자기주도학습은 전문가의 도움을 받거나 또는 받지 않고 자신의 목표와 기준을 설정한다. 그들은 목적을 추구하기 위해 전문가나 기타 자원들을 활용한다. 독립적이 된다는 것은 고독한 사람이 되는 것을 의미하지 않는다. 이 단계의 학습자들은 자신의 학습결과에 대해 책임을 진다. 그들은 시간관리, 과제처리, 목표달성, 자기평가, 정보수집, 활용 등이 있어 기술을 행사한다. 대부분의 학습자들은 자율적인 분위기에서 성장한다. 교사는 교과를 가르치는 것이 아니라 학생의 학습능력을 배양해 준다. 교사는 학생들이 개발한 각 프로젝트에 대해 기준, 평가방법, 시간표 등을 자문해 준다. 학생들이 진척도를 논의하고 문제점을 토론할 수 있도록 정기적인 회합을 개최한다. 교사는 격려자, 조언자로서 학생주도적 토론, 팀 프로젝트 등으로 참여한다.

2. 개인중심 평생교육방법의 유형

개인중심 평생교육방법은 일반적으로 학습보조자의 도움을 받는 형태, 완전히 독자적인 학습형태, 교육자료 중심 학습형태 등으로 구분할 수 있다.

1) 학습보조자의 도움을 받는 형태

① 도제제도 : 주로 기술습득과 관련된 영역으로서 경험 있는 숙련자로부터 개별적 습득을 하는 형태

② 통신교육 : 교수자(instructor)와의 통신을 통한 개별 학습방법.

③ 카운슬링 : 성인상담자의 도움을 받는 개인 평생교육방법으로 주로 개인의 심리적 문제해결에 도움을 받는 유형이다.

④ 직접개별학습 : 일정한 교수에 의존하여 수시로 직접 교수학습하는 형태이다.

⑤ 감독 및 장학 : 감독자의 지도나 장학에 의존하는 개인중심의 사회교육의 형태로서 계속적인 자기발전을 위한 감독훈련 형태이다.

⑥ 개인지도 및 코치 : 교육자와의 일대일로서의 학습형태이다.

2) 독자적 학습형태

① CAI : 자기주도적인 학습의 대표적 형태로서 컴퓨터 보조학습이다. 이 개인중심 학습방법은 프로그램화된 컴퓨터와 상호작용을 통해 학습하는 형태이다.
② 현장경험 : 조직적이고 계획적인 현장 경험중심의 개인학습 형태이다.
③ 독립적인 독서 연구 : 학습자 주도의 체계적인 독서의 연구형태이다.

3) 교육자료 중심의 학습형태

① 개인학습 프로젝트 : 특수영역의 학습을 달성하기 위한 교육자원 활용 등을 포함한 학습자 주도적인 형태이다.
② 관찰·모방 : 모방 및 관찰 중심의 학습형태로서 견학도 포함된다.
③ 다중 미디어 학습 : 개인중심의 평생교육방법으로서 인쇄자료, 진단적 도구, 시청각 자료, 마이크로 필름, 실습을 위한 책, 그리고 평가도구 등을 활용하는 복합된 학습형태이다.
④ CBT : 컴퓨터를 활용한 개인중심 평생교육형태로서 주로 기술과 실습중심의 컴퓨터중심훈련이다.

3. 개인중심 평생교육방법의 절차

1) 개인교육욕구의 진단

교육욕구의 진단을 위해서는 우선 바람직한 행동이나 요구되는 이해 또는 능력을 개발하기 위한 중심모델을 설정한 후 자기 진단적 평가에 의한 교육욕구를 진단해야 한다.

그 진단의 내용은 대체로 학습내용, 학습기간, 학습활동, 학습평가와 요구되는 기법 또는 이해수준의 영역에 이르기까지 포괄적인 진단이 포함된다.

2) 개인교육목표의 설정

목표설정과 관련된 내용에는 내용관련요소, 주제, 개념 등의 성취수준을 설정하고 이를 조직하고 계획을 수립하는 것이다. 이때 개인중심의 평생교육방법을 활용한다는 점을 고려해야 하기 때문에 자기 개발을 위한 자기 결정적 방향에 의해야 한다.

개인 중심의 평생교육 프로그램을 위한 목표설정에서 유의해야 될 요인은 다음과 같다.

① 개인 중심의 교육의도를 기술하는 내용
② 개인 중심의 성취와 이러한 성취의 인지와 관련된 내용
③ 학습자 최종행위에 관련된 내용
④ 각 목표를 위한 별개의 목표설정 등이다.

제시된 목표설정을 위한 체크리스트를 활용하여 개인 중심의 학습활동을 위한 학습목표를 기술하고 각 목표에 따른 목표 체크리스트를 작성하여야 한다.

3) 개인교육경험의 형태설계

일반적으로 학습경험을 조직하기 위해서는 세 가지 요인을 고려해야 한다. 즉, 지속성(continuity), 절차성(sequence) 및 통합성(integration)을 고려해야 한다.

지속성은 주된 커리큘럼 요소의 시간의 경과에 따른 수직적인 반복을 의미하며 절차성이란, 각 개개인의 지속적인 학습경험의 처리를 의미한다. 그리고 통합은 각 커리큘럼 요소간의 수평적인 연계성을 뜻한다. 이러한 교육경험의 내용설계에 있어서의 유의점은 주체의 논리적 조직에 적용되는 것이 아니라 학습자의 심리적 조직에 적용된다는 점이다.

4) 개인학습결과의 평가 및 개인학습 욕구의 재진단

교육경험의 형태가 설계되고 나면 즉, 개인학습계획이 이루어지고 나면 이에 따라 개인학습이 일어나게 된다. 이러한 학습은 학습 설계에 따라 계획대로 전개되는데 그러한 과정이 끝나면 그 학습에 대한 평가를 해야 하며 이러한 평가를 바탕으로 다음 개인학습을 위한 욕구를 다시 진단해야 한다.

개인학습결과를 평가하고 개인학습욕구를 진단하기 위해서 대개 목표, 설계, 과정 및 결과 등의 영역에 따라 검증하게 된다.

개인중심 평생교육방법에서는 모든 학습이 자기주도적으로 이루어지므로 평가 또한 자기주도적 평가를 하게 된다. 대개 평가는 형성평가와 종합평가를 하게 되는데 학습경험내용과 주제에 따라 표준화된 개인중심 평생교육 프로그램의 평가자료를 활용하거나 평가기관에 의존하는 경향이 있다.

제2절 집단중심의 평생교육방법

1. 집단중심 평생교육방법의 특징

집단중심 평생교육방법은 집단 내에서 적극적인 상호학습을 통해서 개인적인 욕구를 충족시킴과 동시에 공동체 의식을 기르거나 과제를 해결하며 집단 목표를 달성해 나가는 평생교육방법이라 할 수 있다. 대부분의 청소년 및 성인을 위한 평생교육프로그램은 상호학습의 원리를 특징으로 하는 집단중심방법을 통해서 이루어지고 있다.

여기에서의 집단은 일방적으로 구성원의 수에 따라 소규모 집단과 대규모 집단으로 구분하는데, 이를 구분 짓는 합일된 기준이 있는 것은 아니며, 대체로 소규모 집단이 대규모 집단에 비해 개인적 욕구와 특성 반영, 역동적 상호작용, 적극적인 참여, 학습자의 높은 책임의식 등의 측면에서 우월하다고 알려져 있다.

집단중심방법은 체계적이고 조직화된 교육방법으로서 다음과 같은 장점을 가지고 있다.

첫째, 일시에 많은 인원의 교육이 용이하다. 둘째, 집단효과 등을 통하여 학습동기의 유발이 용이하다. 셋째, 학습자간 또는 학습자와 교육자간의 친교와 만남을 통하여 정서적·인격적 성숙에 보다 큰 영향을 받을 수 있다. 넷째, 다양한 사고와 의견의 접촉을 통하여 시야를 확대하고 민주적인 의사결정과 생활태도를 쉽게 형성할 수 있다. 그러나 이러한 장점은 그것이 잘못 활용되었을 때 부정적 효과를 초래할 수도 있다. 예를 들어 교육의 질보다 학습자 인원 수 위주의 실적에 얽매인 다거나 학습자 특성이 고려되지 않은 집단구성으로 학습동기와 상호작용을 오히려 저해하는 경우를 생각해볼 수 있을 것이다. 또한 교육기관의 권위주의적이고 일방적인 프로그램의 운영으로 비판적이고도 창의적인 사고를 방해할 수도 있고 나아가 민주적인 태도형성에 비효과적일 수도 있다.

2. 집단중심 평생교육방법의 유형

1) 강의식 평생교육방법

(1) 강의식 평생교육방법의 특징

강의식 평생교육방법은 다수를 대상으로 설명에 의한 교수방법을 말한다 즉, 문제형식으로 제시된 사항 또는 관념을 피교육자에게 이해시키기 위하여 해설의 방식으로 실시하는 교수기술의 한가지 방법이다.

강의식 평생교육방법이 전개되는 이유로는 관련된 서적이 없거나 적어서 교육자만이 책을 가지고 있기 때문에 강의 이외의 다른 교육방법도입이 어려울 때 많이 이용되고 있으며 특히 교육대상자가 많을 때, 토론식 방법도입이 어려울 때 이러한 강의식 방법이 많이 이용된다. 그리고 시간적 또는 공간적으로 다른 교육방법보다 학습효과를 더 향상시킬 수 있을 때 많이 쓰여지는 보편적인 학습방법의 하나이다.

교육자는 피교육자로 하여금 학습목적과 소기의 교육성과를 성취하도록 하기 위하여 강의식 교육방법을 일반적으로 많이 사용하고 있다.

현대의 교육 특히 평생교육에서는 강의식 교육방법을 탈피하여 피교육자 중심의 교육방법으로 전환되는 경향이 많이 있으나 아직도 강의식 방법이 많이 사용되고 있다.

강의식 방법은 근본적으로 피교육자에게 새로운 과목내용을 소개하기 위하여 이용되고 있다. 그리고 간단한 내용과 이론의 요점을 설명하는 데에는 강의식 방법이 많은 장점을 지니고 있다. 그러므로 강의식 방법도 많은 가치를 지니고 있다고 볼 수 있다. 따라서 교육자는 이러한 방법의 장점을 최대한 이용하여 교육효과를 증진시키도록 해야할 것이다. 그러나 평생교육에서는 강의식 방법보다 토론식 중심의 평생교육방법을 더욱 선호하는 경향이 있기 때문에 여기서 강의식 방법의 장·단점을 제시해보기로 하겠다.

강의식 방법의 장점은 다음과 같다.

① 강의식 방법은 교육자가 비교적 단시간 내에 여러 가지 구상을 제시할 수 있다.
강의식 방법은 교육자료를 피교육자에게 제시하는데 필요한 시간을 기준으로 할 때 여러 가지 교육방법 중 가장 경제적인 방법이다.

② 강의식 방법은 논제를 소개하는데 적합하다. 강의식에서는 교육자가 서로 상이한 경험과 배경을 가진 피교육자에게 원리와 제 사실에 관한 공통적 이해를 증진시킬 수 있다.

③ 강의식 방법은 대집단을 교육하는데 유익하고 편리한 방법이다.
④ 강의식 방법은 다른 교육방법으로 얻기 곤란한 정보를 제공하기 위하여 사용될 수 있다. 피교육자가 사용하는 교과서나 참고서에 기재되어 있지 않은 사실의 전달이나 이해하기 곤란한 사항을 설명하거나 동기부여가 필요한 것에 유효하다.
⑤ 강의식 방법은 일어났던 사실이나 여러 가지 생활상태 등을 생생하게 재현시키는데 적당한 방법이며 이를 위한 보조 자료를 제시할 경우에 유효한 방법이다.
⑥ 강의식 방법은 교과서내의 소재에 대한 취급방법의 결함을 명백히 하여 이것을 재조직하고 수정 보완하는데 좋은 역할을 한다.

그리고 강의식 방법의 단점은 다음과 같다.
① 피교육자의 참여도가 떨어져 교육자로 하여금 모든 일을 처리하도록 한다.
② 교육자가 피교육자에게 시험을 부과하기 전에는 학습 성취도를 측정하기가 매우 어렵다.
③ 교육자가 강의를 하는 모든 시간동안 피교육자의 주의를 집중시키기가 곤란하다.
④ 문제해결에 대한 능력을 연마할 기회를 부여하지 못하게 된다.
⑤ 교육자가 위주가 되는 관계로 피교육자가 강의내용을 분석하지 못하므로 그 중점요약을 파악하지 못하는 점이 있다.
⑥ 강의식은 극단적인 경우에 계속적인 받아쓰기 연습에 그칠 수 있다.
⑦ 강의식은 개인차를 기초로 한 학습지도가 곤란하며 교과서의 설명에만 치중되어 폭넓은 학습기회가 적어진다.
⑧ 피교육자의 교육욕구와 너무 거리가 먼 교육으로 치중될 염려가 있다.

(2) 강의식 평생교육방법의 형태

가. 낭독식 강의

낭독식 강의는 사전에 준비된 교육내용을 그대로 낭독해 가는 교육방법을 의미한다. 이러한 교육방법을 선택하는 이유로 전달할 내용이 매우 중요하다든가 설명식으로 전달할 경우 피교육자에게 잘못 전달할 오류가 있을 때 사용하게 되는데 이 방법은 장점보다 많은 단점을 지니고 있다. 즉, 낭독식 강의는 매우 무미건조하여 피교육자의 교육참여욕구를 유발시키기가 매우 어렵기 때문에 교육적 효과를 나타내기 보다 내용전달 자체로서 끝나 버리게 되는 경우가 많다.

나. 암기식 강의

암기식 강의는 교육자가 교육내용에 대하여 미리 암기해 놓고 그대로 피교육자에게 전달하는 교육방법으로 낭독식과 매우 비슷하나 낭독식은 현장에서 교육내용을 읽어 가는 형식이지만 암기식은 암기된 내용을 구두로 전달하는 교육형태로서 역시 많은 단점을 지니고 있는 교육방법이다. 즉, 암기식은 피교육자의 반응을 파악하기가 매우 어렵기 때문에 피교육자의 교육내용에 대한 이해정도를 알아내기가 어렵다. 따라서 암기식은 교육자의 교육행위로 끝나 버리게 되는 경우가 많다.

다. 요점식 강의

요점 강의식은 강의 해야할 내용에 대한 골격을 피교육자에게 설명해주고 이에 관련된 자세한 내용을 추가적으로 설명해 주는 방법으로써 매우 효과적인 강의식 방법이다. 즉, 그 시간에 알아야 내용의 대강을 이해시킨 다음 아직 덜 이해된 피교육자를 위해서 그 요점에 대한 설명을 보충해 줌으로써 교육내용을 보다 효과적으로 전달해 줄 수 있게 된다.

라. 즉흥식 강의

즉흥식 강의는 교육자가 교육내용을 미리 준비하지 않고 갑작스런 요청에 의해 피교육자의 관심사항에 대해 강의하는 방법으로서 이것은 교육자의 많은 지적 수준을 요구하게 된다. 즉, 교육자가 그 분야에 대하여 많은 전문지식으로 알고 있어야 하기 때문에 보통 이러한 강의는 잘 이루어지지 않고 있다. 왜냐하면, 교육자가 그 분야에 대하여 전문지식을 갖추고 있다고 하더라도 사전에 준비를 하지 안으면 그 지식을 체계적으로 전달하기가 매우 어려우며 또한 피교육자의 교육수용 태도파악도 되지 않은 상태에 있기 때문에 교육자와 피교육자와의 관계는 상식적 내용의 전달 수준에 머물러야 되는 경우가 많다.

(3) 강의식 평생교육방법의 단계

가. 강의목적 설정

강의는 교육가 일정한 교육내용을 피교육자에게 전달해 줌으로써 피교육자의 지적수준을 향상시키는데 있으므로 우선 피교육자에게 어떤 교육내용을 전달해야 하는가를 결정해야 한다. 즉, 일정한 강의목적으로 설정하게 되면 이에 관련된 교육내용을 체계있게 조직하게 된다. 이러한 강의목적을 설정하는데 생각해야 할 점은 교육자의 능력범위 안에서 소화할 수 있어야 하며, 일정한 시간 내에 전달가능 해야 한다. 특히 피교육자의 수용정도를 고려해야 한다.

나. 자료수집

강의목적이 설정되고 나면 이러한 강의목적을 달성하는데 필요한 강의자료를 수집해야한다. 강의 자료는 강의가 원만하게 이루어지도록 하는 중요한 수단이 되기 때문에 가능한 많은 자료가 수집되어 교육효과를 증대시키도록 해야한다. 특히 강의자료에는 각종 시청각 교재도 등장되어야 하는 경우가 많기 때문에 강의 내용에 따라서 자료준비는 매우 다양하다고 볼 수 있다.

만약 강의자료가 불충분하게 되면 피교육자가 교육 내용을 이해하고 수용하는데 매우 어려움이 따르기 때문에 비효율적 강의가 되기 쉽다. 또한 강의 시간도 매우 지겹게 여겨지기 때문에 다음에의 강의에도 매우 부정적 영향을 미치게 될 것이다.

자료를 선정할 때 유의해야 할 사항을 보면 다음과 같다.

첫째, 수집된 자료 가운데 강의 내용과의 적합성을 검토해야 한다.

둘째, 강의내용에 적절하고 중요한 것부터 체계적으로 수용해야 한다.

셋째, 자료는 신뢰성, 객관성이 있어야 하며 또한 피교육자의 수용능력에 부합되어야 한다.

넷째, 지나친 흥미본위의 자료수용은 삼가야 한다.

다섯째, 수집된 자료간에는 유기적인 관계가 이루어 질 수 있도록 짜임새 있게 조직되어야 한다.

다. 자료조직 및 강의연습

일정한 자료가 수집되어 필요한 강의 내용 구성에 부합한 자료를 주어진 시간에 강의목적을 달성하기 쉽도록 체계적으로 조직해야 한다. 강의조직은 대체로 피교육자가 쉽게 이해할 수 있도록 귀납적 접근법으로 짜여지는 것이 좋다. 즉, 상식적이고 경험적 내용으로부터 차츰 체계적이고 본질적 내용으로 접근하여 필요한 교육목적을 달성하여야 한다. 이러한 강의자료 조직은 일정한 강의노트 또는 도안을 만들어 이용하는 것이 바람직하며 이렇게 만들어진 강의 내용은 강의를 하기 전에 미리 실습해 보는 것이 보다 효과적으로 강의에 임할 수 있게 되며 또한 강의에도 자신감을 갖게 된다.

2) 토론식 평생교육방법

(1) 심포지움(Symposium)

가. 심포지움의 개념

심포지움은 일정한 공통의 주제 혹은 관련된 주제에 대하여 관계되는 2~5명의 전문가가 그 주제에 대하여 자기의 의견을 청중들에게 발표하는 형태의 일종의 토론식 평생교육방법이다.

즉, 심포지움은 집단토론 방식으로 실제 평생교육방법에서 많이 활용되고 있는 것으로 동일한 주제 혹은 상호 관련되어 있는 몇 가지 소주제를 중심으로 소수의 사람들이 공식발표 형태로 각자의 전문적 지식과 의견을 제시하고 토론하는 일종의 공식적 좌담토론 형태를 취한다.

심포지움은 해당분야에 권위 있는 2~5명 정도의 전문가로 구성되며 이들은 각각 특정주제에 대하여 20~30분간 공식발표를 하게 된다. 이때 발표자간의 상호토론 또는 의견교환이나 청중들과 발표자간의 의견교환이 이루어지지 않는다. 심포지움은 청중간에 또는 각 발표자간에 상호의견교류가 허용되지 않는다는 점에서 토론형 학습기법으로 생각하기 어렵다는 지적도 있을 수 있다. 그러나 심포지움 방식은 한 주제에 대하여 다양한 지식, 정보가 체계적, 논리적으로 여러 사람에 의해 제시될 수 있다는 점에서 토론형 평생교육방법으로 분류될 수 있다.

그리고 발표자가 발표시간이 짧으므로 과연 그 시간 내에 얼마나 심도 있는 전문적 논의가 가능할 것이냐 하는 문제도 제기될 수 있으나 이것은 그 분야에 대한 전문가의 경험과 지식으로 주어진 시간에 적절히 자신의 의견을 발표할 수 있을 것으로 판단된다.

나. 심포지움의 특성

심포지움은 다른 토론식 평생교육방법과 비교할 때 그 특성이 뚜렷하게 나타난다. 즉, 심포지움은 다음과 같은 조건일 때에 이용하는 것이 다른 평생교육방법보다 유리할 것이다.

즉, 어떤 일정한 분야에 대한 정보 및 지식을 조직적인 방법으로 제시하려할 때, 어떤 논쟁적인 주제에 대하여 권위 있는 의견을 요구할 필요가 있을 때, 하나의 논쟁적인 주제에 대하여 여러 각도에서 설명할 필요가 있을 때, 상호 밀접하게 관련된 주제에 대하여 분명한 구분을 요할 때, 일정한 주제에 대하여 많은 사람들이 광범위한 지식을 알아야 할 필요성이 있을 때 요구된다.

위와 같은 조건이 요구되는 내용에 대한 토론 형식에는 심포지움 방법이 많이 이용되고 있으며 오늘날과 같은 다양한 정보를 요구하는 산업사회에서 특히 많이 이용되고 있는 평생교육방법의 하나이다.

다. 심포지움의 장·단점

심포지움의 장점으로는 첫째, 짧은 시간 내에 특정 주제에 대하여 체계적인 지식을 청중들에게 전달 할 수 있으며 둘째, 집단의 규모가 커서 청중들이 토론에 직접 참여하기 어려울 때 효과적으로 이용될 수 있다. 셋째, 관련 주제에 대하여 논쟁의 여지가 많은 것에 대하여 전문가를 통하여 그 쟁점을 해소시킬 수 있게 된다. 넷째, 관련 주제의 상호관련성을 분명하게 제시할 수 있다. 다섯째, 짧은 시간 내에 많은 지식을 전달할 수 있다.

단점으로는 첫째, 피교육자 즉, 청중들의 피동적, 수동적 참여가 이루어지게 된다. 둘째, 일정한 주제 또는 관련된 주제 발표로 인해 발표자간 사전 조정이 없으면 내용상의 중복이 많아진다. 셋째, 내용중복이 많아 질 땐 지루한 시간이 된다. 넷째, 일정한 주제에 대하여 발표자간 의견이 상반될 때 이에 대한 판단기준이 흐려진다. 다섯째, 판단기준의 흐트러짐으로 인해 지식체계의 혼돈을 가져올 수 있다. 여섯째, 청중들에 의해 발표효과를 측정해 내기 어렵다. 마지막으로 관련된 전문가를 여러 명 확보하기가 어렵다.

라. 심포지움의 진행

심포지움 진행에 참여하는 사람은 의장(사회자), 발표자, 청중 등이다. 이들은 각자 그들의 역할이 있으며 그 역할에 따라 심포지움이 진행되도록 한다.

심포지움을 진행하는 참여자의 역할로서는 첫째, 의장은 사회를 보고 심포지움을 이끌어 간다. 의장은 발표주제에 대하여 어느 정도 알고 있어야 하며 유머감각과 리더쉽이 있어야 한다. 그리고 발표가 시작되기 전에 발표자와 발표내용 및 발표시간에 대하여 잘 조정해야 한다. 그리고 발표도중에 주어진 시간의경과에 대하여 신호를 보냄으로써 주어진 시간 내에 마칠 수 있도록 유도하는 등의 심포지움 진행상의 전체적 분위기를 진지하게 한다.

둘째, 발표자는 자기가 발표해야 하는 주제에 대하여 명확히 알고 있어야 하며 주어진 시간내에 전달할 내용을 가장 효과적으로 전달할 수 있도록 체계적인 내용조직이 요구된다. 그리고 발표자는 의도적으로 다른 발표자를 포함하려 해서는 안 된다.

셋째, 청중들은 발표될 주제에 대하여 관심 있는 사람들로 구성되어 있어야 하며 발표과정에는 발표가 충분히 자기의 의견을 발표할 수 있도록 조용한 분위기를 조성하여야 한다. 특히 전문적인 주제발표에는 너무 많은 청중은 곤란하다.

심포지움 사회자는 토론에 앞서 먼저 발표자들과 사전 모임을 갖고 주제의 선정 및 발표자별 하위주제의 선정 즉, 주제의 논리적 하위영역 구성과 발제영역의 분담, 발제순서 등 필요한 내용을 사전 조정한다. 다음으로 개회사에서 토의될 주제의 성격과 선정배경, 중요성 등을 간략하게 설명함으로써 학습자(청중)들의 관심을 제고시키고 또한 각 하위 주제영역의 구성과 하위주제별 발표의 시작과 끝을 알리고 주제에 대한 필요한 내용을 부연 설명한다.

단상의 발표자들은 사회자와 사전 협의시에 발표주제와 하위주제 구성 및 발제순서, 발제시간 등을 협의하며, 발표시에는 사전에 준비된 발제내용을 중심으로 정해진 시간 내에 주어진 내용발표를 다해야 한다.

그러므로 사회자는 청중들의 발표가 진행되는 동안에는 발표내용에 최대한 관심을 기울여야겠으며 발표자의 발표가 끝난 다음에는 경우에 따라서 사회자는 토론분위기를 활성화시키거나 청중의 이해와 관심을 고조시키기 위해 관련된 내용에 대하여 청중들이 발표자에게 질문을 하여 이에 응답할 수 있는 기회를 가질 수도 있다.

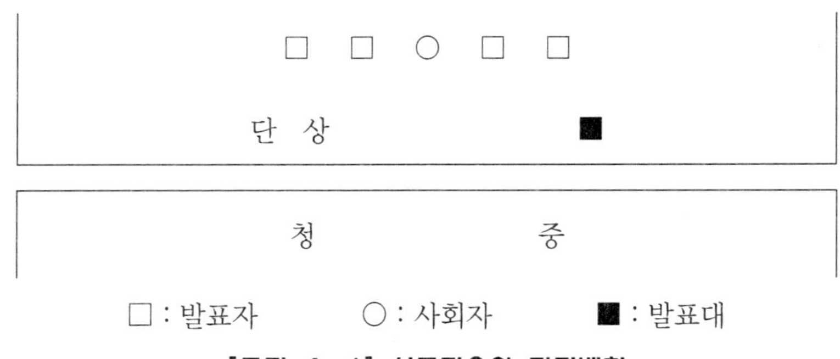

[그림 4-1] 심포지움의 자리배치

(2) 세미나(Seminar)

가. 세미나의 개념

세미나란, 50여명 이하 또는 5~30명 정도의 소수집단원을 참여자로 구성하며 구성원은 대부분 당해 주제분야에 관해 권위 있는 전문가나 전문적인 연구관련자로 구성된다.

세미나는 특정의 전문연구사업과 관련하여 전문연구기관의 주도 하에 수행되는 경우가 많으며 발표자는 물론 참석자 전원이 당해 분야에 관해 높은 관심을 보유하고 있으므로 공식적 발제내용과 공개적 질의 및 토론이 매우 전문적이면서도 활발하게 진행된다. 따라서 전문적 식견과 배경이 없는 일반청중이나 관찰을 위한 참석자들은 세미나 내용을 거의 이해하기 어려우며 동일 분야가 아닌 다양한 전공분야 구성원들의 경우에도 세미나방식으로는 학습효과를 기대하기 어렵다.

세미나는 세미나를 주도해 나갈 주제발표자나 공식 발표자의 공식 발제보고에 대한 참석자들의 준비된 관련 보고나 의견개진, 질의 등 공개토론 형태로 운영되며 그 주된 목적은 참여자들에게 권위 있는 전문연구진의 주도 하에 당해 분야에 관한 전문적 연수가 훈련의 기회를 제공하려는 데 있다. 따라서 참석자 전원은 공식 발표자가 아니더라도 구두로 또는 문자화된 약식 보고서의 형태로 자료를 상호교환 할 것이 요구된다.

나. 세미나의 특징

세미나는 대학이나 전문연구기관에서 많이 이용되는 토론형 평생교육방법으로 쓰여지고 있으나 실제 세미나 운영과정을 보면 순수한 세미나 형태의 토론과정이 아니고 다른 토론형 평생교육방법과 혼합된 방법으로 전개되는 경우가 많다. 여기서는 순수한 세미나 형태의 평생교육방법의 특성을 제시해 보았다.

첫째, 세미나 참석자 전원은 고도의 전문적 식견을 지닌 의장의 주도 하에 자신들의 전문분야에 관련하여 새로운 아이디어나 경험, 지식, 정보 등을 세미나 발표와 질의 응답을 통해 충분히 얻게 됨으로써 당해 분야에 대한 연구의 심화와 개별적인 자질향상 및 전문연수, 훈련의 기회를 갖게 된다.

둘째, 세미나 참석자 전원은 발표자의 발표내용 및 공식 보고내용에 대해 구두나 문서형식의 개별토의내용을 준비하여 서로 발표하고 의견을 교환하는 임무를 부여 받게된다.

셋째, 전 구성원간의 적극적인 참여가 가능하다. 이 때 참여는 세미나가 진행되고 있는 집단토론 시간뿐만 아니라 사전보고서 작성 및 조사연구기간, 주제발표내용 및 발표준비 시기 등에 걸쳐 지속적으로 전 구성원에 의해서 이루어진다.

넷째, 주제 및 하위주제에 관련된 각종 참고자료와 관련자원을 활용함으로써 세미나 활동의 학습효과 향상은 물론 세미나 참석자들의 관심분야 확산과 전문성제고, 관련주제에 대한 학습흥미와 동기유발을 일으킬 수 있다.

다. 세미나의 진행

세미나는 관련분야에 대해 전문적인 지식과 경험을 지닌 사람들로 구성되기 때문에 세미나에 참석하는 사람 즉 의장, 발표자 및 청중 모두가 각자의 역할을 충분히 수행함으로써 효과적인 세미나 토론이 이루어 질 수 있다. 세미나에서는 일반적으로 주제발표자가 있고 이 주제에 대한 좀더 자세한 내용 또는 주제를 세분화하여 참여자들이 토론하여 어떤 결론을 내리게 된다.

세미나를 총괄 진행하는 의장은 먼저 세미나 진행 및 효과를 증대시키기 위해 각 절차에 따라 단계별로 시간 배정 및 시간준수를 발표자 또는 질의자가 지킬 수 있도록 해야하며 또한 각 구성원들의 역할수행 및 의견교류 등을 활발하게 촉진시켜 나가야 한다. 다음으로 의장은 세미나 진행에 필요한 관련참고자료 및 시청각교재를 준비하고 이를 효과적으로 이용할 수 있도록 분위기 조성을 해주어야 한다. 또한 효율적인 세미나 진행을 위해서 관련 고(古)자료나 문헌 등을 배포하여 사전지식을 충분히 갖도록 배려해 주고 중요한 토론안건에 대해 미리 암시해 주는 경우도 있다. 의장 자신 또한 세미나를 통해 스스로의 학습기회를 얻을 수 있도록 교육자 또는 학습자로서의 자세를 지녀야 한다. 의장은 세미나 참석자들 위에 군림하는 권위적인 지도자나 일방적 또는 수직적인 관계 하에 지시·교도하는 교육자의 입장에 서면 안 된다. 상호 수평적 관계 하에서 상호 공동학습의 원리에 입각하여 세미나를 진행하여야 한다. 세미나 구성원들은 효과적인 세미나 진행을 위해 의장과 협력하여 사전 세미나 준비단계나 사전협의 단계에서부터 수시로 모임을 갖고 관련 자료 준비 및 보고서 작성, 발제안건 준비 등을 돕고 이에 적극 참여하여야 한다. 세미나 구성원들은 준비된 개별적 연구보고서를 주제발표에 이어 구두 또는 서면으로 발표하여야 하며 이를 제 주제에 관한 집단토론에 적극 참여하여 질의응답 및 의견을 개진하여야 한다.

세미나 진행방법은 세미나의 주제, 장소 및 내용 등에 따라 약간씩 다르게 접근될 수 있지만 대체로 다음과 같은 방법으로 세미나가 진행된다.

첫째, 의장 또는 주제발표자에 의해 일정한 주제를 발표하게 되는데 여기에서 다루어지는 중요한 내용은 주제에 대한 개괄적 정보 또는 지식을 구성원들에게 제공하게 된다. 이때 소요되는 시간은 보통 15～30분 정도이다.

둘째, 주제발표에 대한 내용 또는 주제에 관련된 분야별 내용에 대해 구성원 모두가 함께 참여하거나 구성원이 분야별로 몇 명씩 참여하여 주제발표내용에 대하여 좀더 자세하면서 다양성 있게 토론하여 일정한 내용으로 합의점을 도출시켜 구성원 전체가 모인 가운데서 발표한다. 여기에 소모되는 시간은 일정하게 하기는 어렵지만 대체로 약 10～30분 정도 걸리게 한다.

셋째, 세미나 구성원들이 한데 모여 각 분야별로 토의된 내용에 대해 집단토론을 다시 하여 각 분야에서 나타난 내용이 전체 주제와 연계될 수 있도록 조정해 나간다. 여기에서 소모되는 시간은 약 20～30분 정도 걸린다.

넷째, 분야별로 토의된 내용을 주제발표와 연계시켜 종합정리를 해야한다. 즉, 각 분야에서 제기된 내용을 좀더 보완하고 명확히 하기 위하여 종합정리 및 발표를 하게되는데 여기에 소모되는 시간은 보통이 약 10～15분 걸린다. 종합발표는 의장이 하는 때도 있고 참석자 중 관련 전문가가 하는 수도 있다.

라. 세미나 토의 유의사항

세미나 토의는 매우 전문성을 지니고 있기 때문에 토의 분야에 대하여 많은 지식과 경험을 갖춘 사람들로 구성되어야 하지만 실제로 그렇지 못한 경우가 많다. 그러므로 세미나 토의를 좀더 효과적으로 전개시키기 위해서 다음과 같은 유의사항이 필요하다.

첫째, 의장의 독단적 운영이 되어서는 안 된다. 세미나에 있어서는 무엇보다도 의장이나 발제자의 세미나 진행능력과 기술 그리고 의장과 기타 세미나 참석자간의 유기적인 긴밀한 협력관계가 중요하다. 따라서 세미나의 전반적인 진행이나 주제발표, 발제 강연 등에 있어서 지시나 독단적인 입장을 보이지 않도록 해야한다.

둘째, 발표간의 발표내용이 서로 연계되어 있어야 한다. 각 구성원들이 발표하는 하위주제의 내용이 상호 단절되지 않고 전체 대주제 내용과 유기적으로 연계되어 있어야 한다. 이런 요소가 고려되지 않으면 세미나는 이미 전문적인 연수나 훈련의 의미를 상실하게 된다.

셋째, 의장의 전문성이 요구된다. 세미나에서 다루어지는 내용은 매우 전문성을 지니고 있으므로 세미나를 총괄하는 의장은 그 분야에 대해 권위가 있거나 풍부한 지식과 경험을 갖춘 인물이어야 한다. 뿐만 아니라 의장은 지도성, 통솔력, 자원동원능력 및 언어구사력 등이 풍부해야 한다.

넷째, 세미나 단계별 과정이 유기적으로 연계되어야 한다. 세미나 본회의 진행과정과 사전 세미나 준비 및 협의과정 그리고 평가 및 사후계획 수립과정 등의 단계별 요소가 함께 이루어져야만 실효를 거둘 수 있다. 따라서 이 세 단계 모두가 유기적으로 관련을 맺으면서 총체적인 참여와 계획 하에 진행되어야 하며 이 중 어느 한 요소만이 중시되거나 균형을 잃게 되면 세미나의 의미를 약화시키게 된다.

다섯째, 공식적인 보고서나 발표내용이 준비되어야 한다. 세미나 진행시에는 주제에 관한 공식 연구 보고서나 발표내용이 준비되어야 하며 이에 관한 하위 주제 또는 관련주제들로 이루어지는 각 구성원들의 개인 발표물이 함께 준비 및 제시되어야 한다. 또한 발표내용이나 보고서에 관한 심도 있는 이해와 토론을 돕기 위한 다양한 관련 참고자료들과 시청각 기자재 등이 제시되고 충분히 활용되어야만 세미나식 평생교육방법이 효과를 거둘 수 있게된다.

(3) 배심토론(Panel discussion)

가. 배심토론의 개념

배심토론(Panel)이란, 주어진 주제에 대하여 유목적적인 대화를 가지는 3~6명의 사람들의 집단이다. 패널의 구성원은 토론이 되어질 주제에 흥미와 지식이 그리고 학습자들 앞에서 주제에 대해 이야기할 수 있는 능력 등을 근거로 하여 이루어진다. 패널의 구성원은 보통 학습자들 앞에 있는 테이블에 앉는다. 패널 구성원들간에 대화는 사회자가 미리 준비된 질문에 따라 진행한다.

학습자들은 그들의 대화를 보고 듣지만 참여하지는 않는다. 패널토의는 보통 15~45분간 지속되는데 내용에 따라 시간차이가 많이 나는 수가 있다.

나. 배심토론의 특징

배심토론은 오늘날 사회적으로 문제시되는 내용 또는 주요 관심분야에 대하여 많이 이용되는 집단토의 형태로서 TV매체를 통하여 많이 볼 수 있다. 그리고 배심토의는 매우 다양하면서도 청중들로 하여금 폭넓은 정보를 구할 수 있는 형태로서 그 전개방법에는 다음과 같은 특징이 있다.

첫째, 배심토론은 특정의 문제나 논쟁점에 관련된 주제에 대한 관심을 증대시키거나 이해를 증진시키고 이에 대한 다양한 의견을 광범하게 수렴하여 지침을 제시하는 학습기법이다. 따라서 학습자들은 직접대화나 토론에 참여하지는 못하지만 경청을 통한 배심토론 진행과정에의 간접참여로서 특정주제에 대한 관심의 제고와 함께 다양한 견해에 접하게 되고 문제와 논쟁점을 명료화할 수 있으며 이러한 과정에서 주제에 관한 관련지식·정보를 부수적으로 습득하게 되므로 충분한 학습효과를 얻게된다.

둘째, 전문적 지식을 갖추고 있지 않은 학습자들에게도 높은 학습효과를 기대할 수 있다. 비교적 자유롭고 비형식적인 분위기 속에서 공식적 발표와 토론보다는 자유롭게 다양한 의견이 활발하게 교류되기 때문에 학습자들의 이해를 높이게 된다.

셋째, 배심토론 구성은 사회자, 토론자 및 청중으로 이루어진다. 이때 사회자는 논리 정연하고 체계적인 질의나 발제를 통해 산만해 지기 쉬운 토론 분위기를 잘 조정해 나가야 한다.

넷째, 배심토론자는 대담식 토론 전에 공식적인 자신의 의견을 제시할 수 있다. 배심토론의 효과를 제고시키기 위해 각 패널 구성원들은 대담식 토론의 개진 이전의 약 5분 이내의 간략한 공식적 진술이나 다소 공식적인 의견 발표시간을 먼저 가질 수도 있다. 경우에 따라서는 공식적 진술이나 의견 개진 외에 관련주제에 관한 영화나 슬라이드 등을 보여 줄 수 있다.

다섯째, 배심토론 후 포럼형태의 토론을 진행시킬 수 있다. 배심토론이 끝난 뒤에는 보통 그 후속 프로그램으로 청중들이 모두 폭 넓게 직접 참여할 수 있는 포럼형태의 공개토론회를 갖는 경우가 많다. 공개토론회에서는 배심토론의 주제에 관한 후속적 의견의 제시와 수렴, 논쟁 등이 심도 있게 이루어지게 되고 이 시간에는 청중들이 토론에 직접 참여할 수 있게 되어 많은 학습효과를 올리게 된다.

여섯째, 배심토론은 다양한 의견수렴을 통해 문제해결을 용이하게 한다. 배심토론은 집단 스스로가 주어진 문제를 명료하게 인식하고 이에 관해 체계적인 방식으로 다양한 아이디어와 의견을 수렴함으로써 문제를 해결해 나가는 과정으로 이해될 수 있다. 따라서 배심토론은 특히 집단구성원 전체가 집단의 문제에 깊은 관심과 해결의 의지를 갖고 있으나 그에 대한 해결 대안에 있어서는 의견의 합치를 보지 못하고 충분한 토론과 의견수렴을 요하는 상황이 있을 경우 보다 효과적인 학습기법으로 작용할 수 있다.

다. 배심토론의 진행

배심토의는 약15~45분간 지속되는 것이 보통이며 각 배심토의자는 1회에 1인당 약 2~3분 이상의 시간을 소요하지 않는 범위 내에서 간결하게 의견을 개진함으로써 다양하고 빈번한 의사교환이 이루어지도록 해야 한다.

패널토의 구성원은 반드시 관련주제분야의 전문가일 필요는 없다. 단지 토론될 관련주제에 대한 충분한 관심과 흥미, 지식 그리고 많은 청중들 앞에서 주제에 관한 대담, 토론을 할 수 있는 능력 등을 지니고 있으면 된다.

이와 같은 입장에서 배심토론을 구성하는 사회자, 배심토론자 및 일반청중 학습자 등이 배심토론을 진행하는 과정에서의 역할이 무엇인가를 중심으로 제시해 보고자 한다.

첫째로 사회자는 진행에서의 주도적 역할을 한다. 배심토론의 사회자는 배심토론의 사전협의 및 준비·진행에 있어 주도적인 역할을 해야한다. 즉, 사회자는 배심토론 개회 전에 배심토론 구성원들과 함께 토의주제나 배심토론 개회 전에 배심토론 구성원들과 함께 토의주제나 안건을 협의하고 프로그램을 계획하며 토의범주의 조정과 각 토의안건별 시간 배정, 특수한 분야에 관한 개인별 토론 및 과제할당, 진행윤곽의 양식, 대담내용의 개요나 계획서 등 제반사항을 협의, 결정하고 준비해야 하며, 토의가 자발적으로 일어나도록 유도한다. 그래서 배심토론 구성원들이 충분히 그들의 이질적이고 다양한 의견들을 깊이 있게 개진할 수 있도록 하는 질문을 제기해야 하며 가능한 한 자유롭고 자발적인 배심토론 참여가 이루어지도록 분위기를 조성 및 배려해야 한다. 다음으로 사회자는 토의에 깊이 개입하지 않는다. 사회자는 가능한 한 발의만 할 뿐 토론내용이나 대담에는 깊이 관여하지 말아야 한다. 즉, 배심토론 진행시 특별한 경우를 제외하고는 자신의 의견을 직접 표출시키지 말아야 한다. 이때 특별한 경우란, 청중의 이해를 위해 또는 주제와 토론 내용의 명료화를 위해 발언내용에 대해 부수적인 설명이나 재진술을 요할 경우, 빗나간 토의주제를 다시 본 주제 관련 범주로 환원시키고자 할 때, 토의의 한 부분을 끝내고 다음 토의사항으로 이행하고자 할 때, 추가 토의를 요하는 부분이 발견되었을 때, 극히 상반된 의견이 계속 논쟁점으로 부각되고 있을 때 이에 관한 일단의 결론을 짓고자 할 경우 등이 이에 속한다.

라. 배심토론 참가자는 관련토의에 관한 지식을 지니고 있어야 한다.

배심토론 참가자는 해당 주제에 관해 전문가는 아니더라도 그 주제에 대해 어느 정도의 지식, 정보, 경험 및 관심을 지니고 있어야 한다. 배심토론 참가자는 사전협의와 준비단계에서부터 참여하여 사회자와 함께 배심토론의 전반적인 진행과 효율적 수행을 위한 제반사항 계획, 검토, 결정해야 한다.

둘째로 배심토론 구성원들은 비공식적이고 자유로운 대화 분위기를 유지하면서도 동시에 간결하고 명확하게 발의된 문제에 대한 자신의 의견을 개진하여야 하며 다른 토론자의 의견을 경청하고 그에 관한 반응적 의견과 토론을 교환함으로써 합치된 결론이나 토의 주제에 접근하고자 노력해야 한다.

셋째로 청중학습자들은 배심토의가 어떤 합일점을 도출하는데 도움을 주어야 한다. 청중학습자들은 배심토론 주제에 관한 깊은 관심과 흥미를 지니고 있는 일반인들로 구성되는 것이 보통이므로 그들의 지적수준과 능력은 매우 이질적이고 다양하게 나타난다. 따라서 학습자들은 배심토론에서 제시되는 다양한 의견과 논쟁점에 대해서도 다양한 반응과 의견을 보이게 된다. 이때 학습자들은 의견의 상이성과 유사성 그 가능성과 한계 등을 숙고하면서도 어떤 합이로운 방향으로의 결론에 이르도록 배심토론자들의 의견과 토론과정을 경청하고 주의깊게 관찰함으로써 이에 간접 참여하여야 한다.

마. 배심토론의 유의사항

배심토론을 효과적으로 수행하기 위해서는 배심토론 구성원 즉, 사회자, 배심토론자 및 청중모두가 토론에 적극적으로 협조해야한다. 이를 위해서 필요한 조건을 몇 가지 제시해 보면 다음과 같다.

첫째, 배심토론에 필요한 계획을 사전에 충분히 준비해야한다. 즉, 배심토론의 효율적인 수행을 위해서는 충실한 사전 토론 계획수립과 사회자의 발의 및 토론 진행능력, 다양한 패널토론자의 구성이 매우 중요한 변수로 고려되어야 한다.

둘째, 배심토론상에 일부인의 독점적인 토론을 자제시켜야 한다. 배심토론이 소수구성원에 의해 독점되거나 한 토론자가 5분 이상의 과잉발언으로 인해 일정한 시간에 토론 참여자 모두가 고르게 참여할 수 있는 기회가 박탈되지 않도록 한다.

셋째, 배심토론자 선정에 주의해야 한다. 배심토론에서 토론하는 사람의 발언은 학습효과에 매우 중요한 영향을 미치기 때문에 배심토론 주제에 적합한 사람으로 구성되어야 한다. 즉, 가능한 한 토론주제나 논쟁점에 대하여 서로 다른 의견과 논지를 보유하고 있으며 다양하고 충분한 경험을 가진 사람들로 선정 및 구성되어야 한다.

넷째, 청중들로 하여금 다양한 학습경험을 익히도록 학습목표가 설정되어야 한다. 배심토론은 패널 구성원간에 공식적, 체계적인 보고나 발표가 아닌 다소 비공식적인 대화를 중심으로 이루어지므로 체계적이고 논리 정연한 지식·정보의 제시는 어려울 때가 많다. 따라서 패널을 학습기법으로 활용하고자 할 때는 청중에게 지식·정보를 체계적으로 전달하려는 목적보다는 주제에 대한 전반적인 관심의 제고와 학습동기 유발, 특정 주제에 관한 다양한 의견과 경험의 수용, 합리적인 문제해결 방향에로의 근접 등과 같은 학습목적이 설정되어야 한다.

다섯째, 배심토론은 청중의 학습흥미를 유발시키도록 전개되어야 한다. 배심토론은 단순히 사회자와 패널 구성원들만의 관심과 흥미에 의해서 진행되지 않도록 배려하여야 한다. 즉, 청중의 학습효과와 그들의 학습욕구, 관심이 최대로 반영되어야 하며 그들의 간접참여로 인해 배심토의에 흥미를 읽고 소외되거나 무관심해지지 않도록 계속적으로 학습동기가 유발되는 토론 과정을 전개하여야 한다.

바. 배심토론의 장·단점

배심토론은 다른 집단토의 형식에 비하여 약간의 독특한 특성을 지니고 있지만 큰 범주 내에서는 그 전개과정이 집단화된다는 측면에서 공통성을 지니고 있으며 또한 이러한 토론은 다음과 같은 장·단점을 지니고 있다.

장점으로는 첫째, 여러 자원인사가 학습자들의 흥미를 불러일으킬 수 있다. 둘째, 학습자들에게 여러 가지 다른 견해들이 표명되어질 수 있다. 셋째, 학습 분위기가 부드럽다. 넷째, 잘 진행된 패널토의는 학습을 촉진시키는데 매우 효율적이다.

단점으로 첫째, 패널의 토의를 활성화하고 이끌어 가는데 유능한 사회자를 필요로 한다. 둘째, 능력 있는 패널구성원을 구하기가 쉽지 않다. 셋째, 학습자들이 토론으로부터 유익한 것을 얻을 수 있을 만큼 충분한 관심과 지식 또는 경험을 가지고 있지 않을 수가 있다. 넷째, 무책임한 배심토론 구성원은 학습을 촉진시키기 보다 사적인 일에 더 관심을 가지는 경우도 있다. 마지막으로 패널은 대화를 통해 이루어지므로 체계적이고 논리 정연한 정보제시가 어려울 때가 있다.

배심토론을 위한 시설물 배치는 사회자, 배심토론자 및 학습자들의 상호 협조적인 분위기를 조성할 수 있게끔 배치되어야 하는데 대체로 시설물 배치는 학습자들이 사회자와 배심토론 구성원들을 볼 수 있어야 하고 그들의 말을 들을 수 있도록 이루어져야 한다. 이를 위해 집단의 크기와 회합의 성격에 어울리는 방이나 강당을 선택하는 것이 좋으며, 사회자와 패널구성원을 확인할 수 있도록 이름표를 준비해야 한다.

배심토론을 위한 시설물의 배치형태는 다음 [그림 4-2]와 같다.

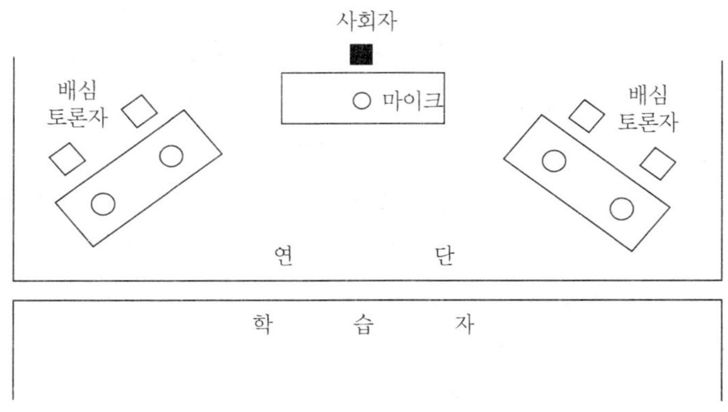

[그림 4-2] 배심토론의 배치도

(4) 대담토론(Colloquy)

가. 대담토론의 개념

대담토론은 배심토론(panel discussion)의 한 일종으로서 콜로키라 불리우는 학습기법으로서 대담토론은 보통 6～8명 정도의 인원이 토론자로 구성되며 이중 3～4명은 학습자 대표이고 다른 3～4명은 전문가나 자원인사이며 한 명의 사회자가 대담토론 과정을 총괄하여 이끌어 나가게 된다.

대담토론 시간은 학습자 집단과 전문가 집단 양측에 거의 동등하게 주어진다. 이때 주된 의사소통과 참여는 전문가와 학습자 대표집단에 의해 이루어지나 일반학습자(청중)들도 사회자의 사회에 의해 직접 대담토론과장에 참여하게 된다.

즉, 전문가나 자원인사들이 주어진 주제에 대해 의견을 발표 및 개진하면 학습자 대표들이 이에 관해 질의를 하거나 의견을 개진하게 되는데, 이때 사회자의 지도하에 일반 학습자들도 토의에 참여하여 질의하거나 의견을 개진할 수 있다.

나. 대담토론의 특성

대담토론은 패널토의와 매우 유사한 방법이지만 몇 가지 측면에서 독특한 특성을 지니고 있을 뿐 아니라 그 외에도 대담토론만이 갖는 특성이 있다. 이에 관하여 몇 가지 제시해 보면 다음과 같다.

첫째, 대담토론구성이 전문가와 학습자로 구성된다. 대담토론은 구성원이 학습자 대표집단과 외부 전문가가 반반이라는 점과 학습자 대표집단이나 학습자가 직접 토의에 참여하여 쌍무적 의사소통을 하게 된다는 점에서 배심토론과 차이가 있다.

둘째, 일반청중도 토의에 참여할 수 있다. 대담토론에는 학습대표뿐만 아니라 일반학습자인 청중들도 토의에 참여할 수 있고, 연사(발표자)가 3～4명 정도의 다수 전문가로 이루어지면 이들과 학습자들간의 대담형식으로 토론이 이루어진다는 점에서 학습대표집단 참여제 토론과도 차이가 있다.

셋째, 학습자의 능동적인 참여를 유발시킬 수 있다. 대담토론에는 학습자의 자유로운 참여를 보장하기 때문에 학습자의 학습참여를 가능케 함으로서 그들의 학습흥미와 동기를 크게 고취시킬 수 있음은 물론 실제적인 학습효과도 제고시킬 수 있는 기법으로 평가된다.

넷째, 학습자 욕구를 최대한 충족시킬 수 있다. 전문가나 자원인사도 또한 소수의 학습 대표집단뿐만 아니라 학습자 전체집단의 참여를 통해 그들 질의와 의견을 접하게 됨으로써 충분한 학습자 반응을 환류 받을 수 있고 학습자 욕구

충족에 보다 근접하는 토론을 진행할 수 있게 된다.

다섯째, 학습자는 풍부한 지식과 경험을 접하게 된다. 여러 명의 전문가와 자원인사도 토의에 참가하게 되므로 학습자들은 주제에 관한 다양한 의견을 접하게 되고 풍부한 관련 지식·정보를 습득하게 되며 자신의 질의사항에 관해서도 다양한 견지의 응답과 견해를 접할 수 있게 된다.

여섯째, 학습자의 학습효과를 높일 수 있다. 전문가와 학습자간에 그리고 학습자 대표와 학습자간에도 매우 자연스럽고 자유로운 의사소통이 가능하며 그로 인해 삼자간의 공식적인 진행의례에 따른 간격이나 거리감이 해소되며 학습효과가 더욱 제고 될 수 있다.

일곱째, 모든 참여자들의 의견을 수렴할 수 있다. 사회자의 체계적이고 논리정연한 진행만 전제된다면 매우 다양하면서도 심도 있는 논의들이 자유롭게 전개될 수 있으며 모든 참석자 집단들의 의견이 수렴되어 한 주제에 관해서 라도 폭넓고 융통성 있는 학습이 이루어질 수 있다.

다. 대담토론의 구성 및 진행

대담토론은 사회자, 전문가, 자원인사, 학습자 대표 및 학습자로 구성된다. 먼저 사회자는 전문가 및 자원인사, 학습자 대표 그리고 학습자들의 토의를 이끌어 가는 사람이다. 그는 토의기법을 사용하는데 능숙한 사람이며 학습자의 참여를 고무한다. 또한 사회자는 이 기법의 장점을 최대한 융통성 있게 활용하여 토의를 진행 할 수 있어야 한다.

또한, 자원인사들과 전문가들은 토의될 주제에 대해 전문지식과 관심을 가진 1명 내지 4명의 사람들로 구성되며 토의에 참여할 수 있는 능력을 갖춘 사람이어야 한다.

학습대표자들은 주제에 관심이 있고 학습자들에게 주제를 명백하게 설명하기 위해 논리적인 논평과 질문을 할 수 있는 능력을 갖춘 사람들로 구성된다.

학습자들은 주제에 관심이 많은 사람들로 구성된다. 대담토론에서 학습자의 태도는 그들의 관심의 정도를 나타내 준다, 그들의 지적수준 및 관심은 매우 다양할 것이다. 가능한 한 학습자들의 관심과 요구에 맞추어 주제를 선택하는 것이 필요하다.

사회자는 토론을 구성하고 적절한 토론구성원을 선정하여야 하며, 이는 전문가나 자원인사 그리고 학습자 집단의 대표들로 골고루 구성한다. 사회자는 적절한 시간 안배 및 구성원 역할을 분배한다. 사회자는 대담토론의 특성을 충분히 이해하고 있어야 함은 물론 모든 구성원들의 역할과 임무에 따라 토론시간을 적절하게 안배·조정하여야 하며 이 기법의 특성을 최대한 이용하여 융통성 있고 다양한 논의가 이루어지도록 해야 한다.

전문가와 자원인사는 효율적인 토론을 주도해 나간다. 전문가와 자원인사들은 해당주제에 관한 전문지식과 관심을 지니고 있어야 하며 대담토론의 특성을 충분히 이해하여 학습자 집단의 욕구충족과 학습효과 제고를 위해 효율적인 토론 전개를 주도해 나가야 하며, 주어진 범위 내에서 질의 응답한다. 전문가와 자원인사 집단은 사회자의 토의주제에 따라 학습자 대표집단은 물론 일반 학습자 집단과도 충분한 의견교환과 질의 응답시간을 가져야 한다. 이때 주의할 사항은 질의 응답이 본 주제에서 이탈하지 않도록 한다.

학습자 대표는 일반학습자의 욕구를 파악해야 한다. 학습자 대표는 토의주제에 관심이 있어야 하며 또한 주제를 명백히 인식하고 있어야 하며 일반학습자들의 학습욕구 수준, 그리고 그들의 견해를 사전에 파악함으로써 이들의 욕구를 충족시킬 수 있게끔 발언, 질의 및 응답을 해 나간다.

학습자는 능동적으로 토론에 참여해야 한다. 학습자 집단도 주제에 관심이 있는 사람들로 구성되어야 한다. 그리고 자신들의 견해를 학습자 대표자들에게만 위임하지 말고 적극적이며 능동적으로 토론에 참여해야 한다.

라. 대담토론의 유의사항

첫째, 대담토론 참가자는 대담토론 방법을 미리 숙지해야 한다. 대담토론에 참가하는 사람은 학습기법의 특성 및 각 구성원들의 역할을 충분히 숙지해야 한다. 그렇지 못할 경우 대담토론은 일반적인 집단토의나 자유토의로 흐르게 되며 그 본래의 학습기법으로서의 의미를 상실하게 된다

둘째, 참여자의 적극적 참여를 유도한다. 학습자 집단의 참여가 적극적이지 못할 때 대담토론은 배심토론의 패널방식과 차이가 없게된다. 대담토론의 특성은 전문가의 의견과 학습자의 반응학습이 조화롭게 교차, 접목된다는 점에 있으므로 충분히 학습자의 학습토론 참여가 이루어지도록 각 구성원들이 노력해야 한다.

셋째, 발언기회가 균등화 되도록 해야한다. 제한된 시간 내에 제한된 주제에 관한 토의가 다양하게 이루어지기 위해서는 발언 기회가 특정집단이나 특정인에게만 편중, 제공되지 않도록 해야 한다.

넷째, 대담토론에 참여하는 구성원들의 배치 또는 다음 [그림 4-3]과 같이 해야 한다.

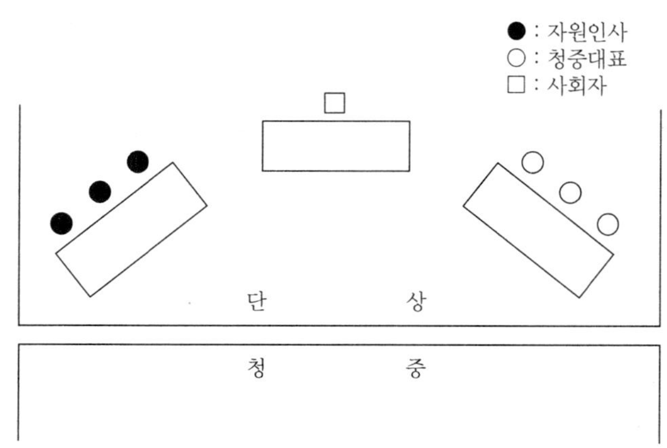

[그림 4-3] 대담토론 배치도

(5) 포럼(forum)

가. 포럼의 개념

포럼은 자유토론형의 학습기법으로 보통 25명 이상의 집단구성원들과 한 명 이상의 전문가들간에 진행되는 15~60분간의 공개적인 토론을 의미한다.

포럼에는 다양한 기술이 사용되고 학습자들이 직접적으로 참여하는 대단위 공식적 회합을 의미한다. 포럼은 단순히 질문하고 대답하는 것만이 아니라 청중이 논평하도록 자극하고 논쟁점을 토론하여 정보를 제공하며 또한 모든 구성원이 질의 응답형태로 자신의 의견을 발표하고 직접토론에 참여하게된다는 점이 특징적이다.

즉, 포럼은 다양한 유형의 토론기법들이 활용될 수 있는데 토론의 장으로서, 학습자들이 직접 참여하여 공식적 발표를 한 전문가나 자원인사들에게 질의응답을 함으로써 자유롭게 상호 의사소통을 하고 의견 개진과 토론을 하게되는 대단위 토론회합이다.

이때 청중 학습자들은 단순히 질문만 하는 것이 아니고 전문가나 자원인사와의 상호교환을 통해 포럼의 논평과 의견개진에 적극 참여하도록 동기유발되며 동시에 주제에 관련된 적절한 지식, 정보를 얻게 됨으로써 자연스럽게 토론의 장에 유입되게 된다.

포럼은 보통 다음과 같은 시기에 사용된다.

첫째, 다른 기법에 의해 사전에 제기된 논쟁점이나 제시된 정보를 명백히 하거나 조사하고자 할 때. 둘째, 학습자로 하여금 아이디어와 의견을 내놓게 할 때. 셋째, 질문과 대답보다 토의를 하고자 할 때. 넷째, 전문가들로 하여금 토의에 나타난 요구와 관심사항에 대해 언급하도록 하고자 할 때. 다섯째, 보다 나은 프로그램에 의해 접해질 수 있는 요구와 관심사항을 확인하고자 할 때 등의 시기에 포럼형식의 자유토론이 많이 이용된다.

나. 포럼의 특징

첫째, 포럼은 모든 참여자가 토론 참여를 통해 학습성과를 기대할 수 있다. 단순히 특정 소수의 전문가나 자원인사의 공식적 보고 또는 발표에 의한 간접 의사소통 학습이 아니라 전 포럼 참여자들의 직접적인 토론에의 참여를 통한 토론학습이라는 점에서 보다 직접적이고 효과적인 학습성과를 기대할 수 있게 된다.

둘째, 포럼은 제기된 주제에 대한 포괄적인 정보를 획득하게 된다. 포럼은 강의, 강연, 심포지엄, 패널 등의 공식적인 토론회합에서 제기된 주제나 문제를 보다 명확히 하고 이에 관한 전 집단구성원의 심층적인 의견개진이나 토론을 유도하고자 할 때 효과적으로 많이 활용되는 기법으로서, 제기된 주제 문제에 대한 확인작업과 추가정보 등에 효과를 거둘 수 있다.

셋째, 포럼은 참여자의 포괄적인 지혜를 제시 및 습득할 수 있다. 포럼은 학습자 전체집단이 제시한 아이디어나 의견은 소수의 전문가나 자원인사들만의 공식적 발표내용보다 다양하고 유용한 것일 수 있으며 특히 집단지혜의 수렴이라는 점에서 효과적일 수 있다.

넷째, 포럼은 학습자의 욕구를 충족시킬 수 있다. 포럼은 구성원이 제시한 의견이나 질의를 중심으로 진행되기 때문에 학습자의 학습욕구와 필요를 충족시켜주는 방향으로 토론이 진행될 수 있다.

다섯째, 포럼은 논리 정연한 주제토론이 가능하다. 포럼은 특정주제에 관한 전문가나 자원인사의 공식적 발표가 있은 후에 이 주제와 관련하여 일반토론회 참석자들의 질의 응답과 의견개진, 논평이 계속되기 때문에 일반적인 공식토론형보다 체계적이고 논리 정연한 주제토론이 가능하다.

다. 포럼 참여자의 조건과 진행

포럼 참여자의 조건으로는 첫째, 사회자는 토의를 이끌어 가고 대규모 학습자들의 참여를 유도하는데 익숙해야 한다. 둘째, 전문가는 주제에 대해 많은 지식과 관심을 지니고 있어야 한다. 셋째, 전문가는 보다 나은 토의를 위해 질문하고 정보를 주고 논평과 아이디어를 제공한다. 그는 미리 준비된 장황한 연설이나 해설을 하지 않고 간단하고 그 상황에 알맞은 직접적인 말을 할 수 있도록 주제에 대해 풍부한 지식을 가지고 있어야 한다. 넷째, 학습자들은 지적인 토의가 되도록 주제에 대한 충분한 자식을 갖추고 있어야 한다.

포럼의 사회자는 참여자를 소개하며 대주제를 소개하고 주제에 관해 발표해 줄 전문가나 자원인사를 소개한다. 이때 사회자는 주제와 관련하여 대규모 학습자로서의 일반구성원들의 토론참여를 적극 촉진 및 유도해 내야한다. 전문가와 자원인사의 발표는 논리 정연하며 간결하게 한다. 전문가나 자원인사들은 사전에 포럼 참여자들 즉, 학습자들의 학습욕구와 필요를 충분히 고려하여 지루하지 않게 관련된 간단한 논의 형식의 의견을 발표한다. 이때의 발표는 간결하면서도 논리 정연한 것으로 주제에 직결 된 것이어야 한다. 전문가와 자원인사는 참여자의 질의 응답에 간단명료하게 대답한다. 전문가나 자원인사들은 간단한 논의나 의견개진 후 포럼 참석자들의 포럼 토론에 질의 응답형식으로 참여해야 한다. 이때 자신들의 주관적인 생각이나 전문적인 지식을 지루하게 설명하기보다는 질의자의 학습욕구와 논쟁점을 명백히 파악하여 그 문제의 핵심에 적합한 응답을 간결하게 제시해주어야 한다. 포럼에의 일반참여자 모두는 포럼에 대한 사전지식을 지니고 있어야 한다. 포럼 참석자로서의 일반 토론자들은 포럼토의가 체계적이고 효율적이 될 수 있도록 사전에 주제에 관련된 내용을 충분히 숙지하고 있어야 한다. 그리고 토론에 적극적으로 관심을 표명하면서 참여할 수 있도록 해야한다. 학습참여자는 적극적인 질의와 답변유도를 통해 자신의 학습욕구를 충족시키도록 해야한다. 포럼 참석자들은 자신들의 학습욕구와 토론주제에의 관심, 흥미 영역에 따라 질의를 하고 논평하되, 특히 주제에 관한 전문가나 자원인사의 발표 내용을 중심으로 해당인사를 지적하여 질의, 토론함으로써 문제의 핵심을 보다 명료히 하고 자신의 학습욕구도 충족시켜야 한다.

라. 포럼의 유의사항

첫째, 포럼에서는 주제와 토론자의 발표가 사전에 충분히 고려되어야 한다. 즉 주제선정 과정과 전문가나 자원인사의 주제에 관한 공식적 논의 및 발표가 학습자들의 욕구와 어떻게 부합되는지 사전에 충분히 검토해야한다.

둘째, 사회자는 포럼을 효과적으로 이끌어 나갈 수 있는 사람이어야 한다. 다른 토론기법과는 달리 공개토론으로서의 포럼은 대다수의 토론참석자가 모두 토론에 직접 참여하게 되므로 이를 체계적이고 성공적으로 이끌기 위해서는 상황에 따라 적절한 발의자와 질의 응답자의 선정 및 시간배정, 중재역할, 종합정리 등을 주도해 나갈 사회자의 역할이 매우 중요하다.

셋째, 전문가와 자원인사는 융통성이 있어야 한다. 융통성 있게 제반 질의와 응답에 대처할 수 있는 전문가와 자원인사 선정은 포럼 상태에 크게 영향을 미친다. 주제에 관한 일부 특정부분에 대한 지식과 관심만을 지닌 전문가나 자원인사들이 선정되었다면 포럼 참석자들이 제기한 다양하고 이질적인 질의와 논쟁점에 대처해 나가기 어렵기 때문이다.

넷째, 토론내용이 주제와 동떨어지지 않도록 유의한다. 참석자의 수가 다수이고 토론의 참여범위 또한 전체집단이므로 토론이 주제로부터 너무 이탈되거나 산만하고 비체계적으로 흐르지 않도록 모두가 유의해야 한다. 포럼이 진행될 수 있는 체계를 그림으로 표시하면 다음 [그림 4－4]과 같다.

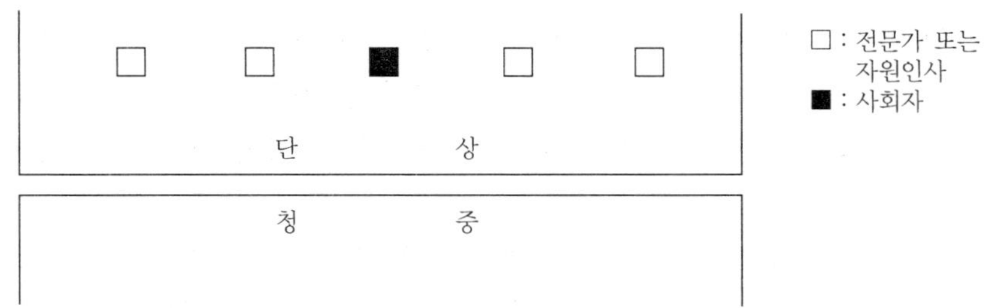

[그림 4-4] 포럼의 배치도

(6) 소집단 원탁토론(Small Group Round Table Discussion)

가. 원탁토론의 개념

원탁토론은 보통 5～20명 정도의 토론자가 원탁형의 탁자에 둘러앉아 주어진 주제에 대하여 사회자의 진행에 따라 자유롭게 토의하는 양식을 의미한다. 즉, 소집단 원탁토론기법은 토론모임의 구성단위가 5～20명 정도의 소집단이라는 점과 모든 구성원이 상호 대등한 토론회 구성원의 자격으로 참여하여 원탁에서 직접 대면하여 정해진 주제에 대해 자유로이 서로의 아이디어를 교환하는 모임이다.

그러나 집단 원탁토의는 몇 사람이 모여 자유롭게 산발적인 대화를 주고받는 비조직적인 집단 자유토론의 형태와는 다르다. 소집단 원탁토의는 논의될 주제가 미리 선정되어 있고 그것에 관해 의미 있는 토론을 하게 된다는 점에서 완전히 자유롭게 비공식적인 성격의 집단토론과는 차이가 난다.

소집단 원탁토론기법은 전체 참여자가 모두 토론의 구성과 과정에 직접적으로 참여하며 그 결과에 대한 책임 또한 균등하게 공유한다는 점에서 매우 민주적인 토론방법이다.

나. 원탁토론의 특징

원탁토론은 평생교육기관에서 최근에 많이 활용되고 있는 평생교육기법의 하나로서 매우 효과적인 교육방법중의 하나이다. 이와 같은 평생교육기법은 여러 가지 측면에서 다른 평생교육방법과는 독특한 특성을 지니고 있는데 그 내용을 제시하면 다음과 같다.

첫째, 토론참여자 학습의욕을 충족시킬 수 있다. 원탁토론은 집단의 규모가 작고 그 형식이 자유로우며 전체구성원의 대등한 공동참여와 토론에 대한 책임의 공유를 전제로 하므로 모든 토론 참여자의 학습욕구 충족에 적합한 학습효과를 기대할 수 있다.

둘째, 집단전체의 학습효과를 증진시킬 수 있다. 원탁토론은 주로 소집단으로 구성되기 때문에 이 집단구성원은 대부분 토론에 참여할 기회를 가지게 되기 때문에 집단 구성원 상호간의 학습동기를 자극시킬 수 있어 집단 에너지를 극대화시킬 수 있다.

셋째, 구성원들의 집단 소속감을 강하게 느끼게 된다. 원탁토론 구성원들은 상호 자극적이고 협조적인 토론으로 인해 상대방을 기능적으로 이해할 수 있는 기회가 부여되기 때문에 구성원들간의 협조관계가 원만하게 나타날 수 있게 한다.

넷째, 주어진 문제를 확실히 파악하여 이를 해결하는데 적극적이다. 원탁토론은 구성원 상호간의 협력적 관계를 통해 이루어지기 때문에 주어진 문제에 대해 적극적으로 대처하려는 노력을 기울이게 된다. 즉, 다른 토론처럼 토론자가 너무 많은 경우에는 서로간의 책임회피성 때문에 문제인식을 소홀히 할 수도 있겠지만 원탁토론은 소수인에 의해 전개되는 평생교육방법이기 때문에 주어진 문제에 대하여 책임감을 공유하게 됨으로써 문제해결에 적극적이게 된다.

다섯째, 원탁토론은 민주의식을 함양시킬 수 있는 기회를 제공한다. 원탁토론 구성원들은 다른 구성원의 토론에 대하여 긍정적으로 존중하고 비판할 수 있는 기회를 가지게 되기 때문에 상대방에 대한 의식을 많이 가져야만 협력적으로 전개될 수 있다. 그러므로 이러한 과정에 의하여 원탁토론 구성원들은 민주적 학습을 경험하게 된다.

다. 원탁토론의 진행

원탁토론의 구성은 사회자, 토론 참여자 및 토론 기록자 등으로 구성되는데 이들은 각기 주어진 역할을 충실히 수행함으로써 원탁토론이 원만하게 진행될 수 있는데 이에 대한 내용을 제시해 보면 다음과 같다.

먼저 사회자는 합리적 방법으로 토론주제를 선정하도록 유도한다. 사회자 또는 토론 지도자는 집단 구성원들이 토론해야 할 주제 또는 토론내용이나 목적을 명확히 인식하도록 도와 주어야 하며 전 구성원이 자유롭게 자신들의 필요와 흥미 욕구에 따라 토론주제를 선정하도록 돕는다. 사회자는 반드시 일정한 사람이 전담하는 것은 아니다.

원탁토론을 진행할 때 사회자는 반드시 주어진 한 명에 의해 계속적으로 주지되는 것은 아니다. 필요에 따라 참석한 다른 구성원이 사회를 맡아 계속적으로 주어진 주제에 대하여 토론하기도 하기 때문에 매우 융통성을 가지고 진행한다. 사회자는 토론이 주제에서 벗어나지 않도록 한다. 사회자는 토론이 지나친 사견이나 편견, 논쟁, 논박으로 흐르지 않도록 잘 조정해 나가야 하며 특히, 본 주제에서 벗어난 토의에 대해서는 적절하게 통제해 나가야 한다. 또한 사회자는 토론구성원들의 상호 의견충돌을 방지하며 토론자들간에 상호의사 소통이 잘못되어 오해가 빚어지거나 토론이 순조롭게 진행되지 않을 경우 필요한 중재·조정 역할을 하여 토론분위기가 협조적이고 우호적 관계로 형성되도록 유도해야 한다.

토론 참여자들은 토론시간을 지켜야 한다. 토론 참가자들은 자신의 의견개진을 함에 있어서 주어진 시간에 간결하게 표명해야 한다. 즉, 의견진술은 가능한한 2~3분 이상을 초과하지 않도록 하는 것이 좋다. 또한 의견개진에 자신의 사견이나 개인적 감정을 표출하는 등의 주제 외의 발언을 삼갈 수 있도록 해야 효과적인 결론을 도출할 수 있게 된다.

토론 기록자는 토의내용을 체계 있게 기록하여 토론이 끝난 후 토론 참가자들에게 확인한다. 토론 기록자는 토론 종료시 토론의 진행과정과 핵심논제, 논의결과, 합의점과 불일치점, 결정사항 등을 전체에게 집약, 보고해 주는 것이 좋다.

라. 원탁토론의 유의사항

원탁토론은 매우 높은 질적 결과를 가져올 수 있는 평생교육방법의 하나로서 오늘날 많이 이용되고 있다. 특히 민주적 토론이 요구되는 지적수준이 높은 계층에서 더욱 이용되고 있는 토론 방법으로서 이를 좀더 효과적으로 전개하기 위해서는 다음과 같은 점에 유의해야 한다.

첫째, 주제에 대하여 참석자 모두가 사전준비를 철저히 해야한다. 원탁토론을 하기 전에 충분한 준비와 학습이 없이 소집단 원탁토의를 진행할 경우에는 추상적이고 문제해결을 하기 어려운 탁상공론으로 그칠 우려가 많다. 그러므로 선정된 주제나 해결해야 할 사안에 관한 충분한 지식·정보를 사전에 수립 검토해야한다.

둘째, 원탁토론 구성원의 공동체의식이 요구된다. 원탁토론은 소수의 구성원으로 이루어지기 때문에 구성원간의 공동체의식이 다른 토론유형보다 많이 요구되고 있다. 즉, 원탁토론 구성원간의 충분한 협조와 우애심, 공동체의식 등이 형성되어 있지 못할 경우에는 원탁토론을 심각한 언쟁이나 반목의 형태로 악화될 우려가 있다. 이러한 경우에는 자신의 위치확보에만 급급함으로 본래의 토론목적을 달성하기가 곤란하다.

셋째, 원탁토론구성원은 토론주제에 대하여 평균적 지식을 지니고 있어야 한다. 원탁토론구성원들의 지적수준이 너무 차이가 나거나 그 성격도 차이가 클 경우에는 한 두 명의 구성원에 의해 토론이 독점되어 나머지 구성원들의 소외가 나타날 수 있기 때문에 구성원들의 지적수준이 고르게 형성되어 있어야 바람직한 결과를 도출해 낼 수 있다.

넷째, 원탁토론구성원은 항상 결과 도출을 위해 협조적 관계여야 한다. 이를 위해서는 구성원의 의식이 매우 민주적으로 형성되어져야 한다. 민주적 의식과 진행은 토론형태 및 배치도에 있어서 매우 중요한데 원탁토론 배치도는 [그림 4－5]과 같다.

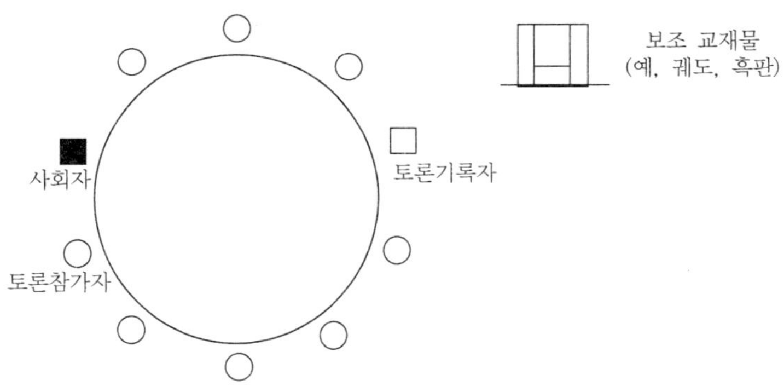

[그림 4-5] 원탁토론 배치도

(7) 분과토론(Huddle Group, Buzz Group)

가. 분과토론의 개념

분과토론이란 한 모임에 많은 사람이 참여하였을 경우 많은 사람들의 아이디어를 모두 수렴하기가 곤란하므로 몇 개의 분과로 나누어 그 분과에서 토론된 내용을 전체 모임에서 각 분과의 대표자가 대신 발표하여 전체토론의 중지를 모아 가는 토론형태이다.

즉, 분과토론이란 활발한 토의진행을 위해 모든 구성원이 다함께 토의에 직접 참여하기 어려운 대집단을 약 5～12명 정도의 소집단으로 나누어 분과형태의 토론을 진행하게 하는 것이다. 최종적으로 전체집단이 다 함께 모여 각 분과 소집단들의 토론결과를 결집시켜 정리 및 결론에 이르게 함으로써 대집단 종합토론의 성과를 얻게 된다.

소집단 분과토론은 허들그룹 또는 버즈그룹의 기법으로 전개되는데 이 두 가지는 거의 같은 방법으로 이용되고 있기 때문에 여기에 분과토론이란 개념으로 동시에 소개하고자 한다.

나. 분과토론의 특징

분과토론은 대규모 토론모임에 참석한 사람들 모두가 토론에 참여하기가 어려우므로 이것을 몇 개의 분과로 나누어 토론하게 함으로써 모든 참여자가 학습기회를 가지게 되어 학습효과를 증대시키게 되는데 여기에는 몇 가지 특징이 있다.

첫째, 모든 구성원의 토론참여를 가능하게 한다. 분과토론은 대규모 집단을 소집단으로 나눔으로써 대집단 토론시 참여가 불가능한 전체 구성원을 토론에 직접 참여시킬 수 있게 된다. 따라서 집단 구성원 모두가 토론주제 또는 학습주제에 참여하여 직접적인 학습성과를 얻게 된다.

둘째, 토의를 심층적으로 할 수 있다. 소집단 분과 토론은 대주제가 여러 개의 소주제로 분류되어 진행되기 때문에 소주제에 대한 토의를 참여자 모두의 발언으로 심도있게 진행될 수 있게 한다.

셋째, 전체토의 결론을 용이하게 이끌어 낼 수 있다. 분과토론을 통해 나타난 결론을 전체 토의에 제시함으로 인해 대집단의 결론을 내리는데 매우 효과적이게 된다. 따라서 대집단 구성원 전체의 집단 역동을 통한 참여의식과 공동체 의식을 제고시킬 수 있으며 동시에 분과별의 결집을 통해 전체의 의견을 신속한 방식으로 얻어낼 수 있게 된다.

넷째, 민주적인 학습방법을 익히게 된다. 대규모 토론회는 일정한 규칙과 제한으로 인해 매우 공식적 토론이 이루어지는데 비해 이것은 몇 개의 분과로 나누어 토론하게 되며 적은 인원으로 구성되기 때문에 토론분위기가 자유롭고 부드러우며 참여자의 자발적인 참여를 유도할 수 있게되어 학습자의 민주의식을 함양시킬 수 있게된다.

다섯째, 일부 토론자의 독단을 방지하여 전체 토론목표를 쉽게 달성할 수 있다. 분과 토론은 대규모 토론에서 자주 일어나는 일부 토론자의 토론독점을 방지할 수 있게 된다. 따라서 참여자 모두의 토론참여를 통해 전체 집단목표를 용이하게 달성할 수 있다. 즉, 다양한 배경과 지식, 견해를 보유한 집단 구성원 전체의 생각이 폭넓게 표출, 수렴되는 기회를 갖게 됨으로써 제기된 사안에 대한 최선의 해결대안 탐색 가능성이 높아짐은 물론 개인의 전체 집단과정에의 참여가 최대한 독려, 조장되고 개인의 학습욕구 충족과 집단의 목적성취가 동시에 이루어질 수 있다.

다. 분과토론의 진행

분과토론은 대규모 집단으로 토론의 효율성을 높이기가 어렵기 때문에 몇 개의 소집단 즉, 분과로 나누어 토론하게 하여 각 분과에서 나타난 결과를 전체 토론에서 설명하게 함으로써 모든 참여자의 고른 참여기회를 확대시키게 된다.

이와 같은 분과토론에 참여하는 구성은 우선 전체집단의 사회자, 분과토론의 사회자, 분과토론 기록자 및 분과토론 참여자 등으로 구성되는데 그들의 역할을 제시해 보면 다음과 같다. 먼저 전체 집단의 사회자는 몇 개의 소분과를 나눈다. 사회자는 분과에 관련된 주제를 알리고 그 주제에 관심 있는 참여자가 선택하도록 하여 한 분과에 보통 5~12명으로 구성되게 한다. 만약 어느 일정한 분과에 참여자가 몰리게 되는 경우에는 적절하게 배분해야 한다. 다음으로 사회자는 각 분과에 대하여 역할분담을 하게 알려준다. 전체 사회자는 분과를 구성하고 난 뒤에는 각 분과를 이끌어 갈 분과 사회자와 분과 토론을 체계 있게 기록할 분과 기록자를 자율적으로 선출하도록 알려준다.

전체집단의 사회자는 각 분과에서 토론해야할 내용에 대해서 그 배경과 주제 선정 이유 등을 설명하고 각 분과가 그 주제에 맞추어서 주어진 시간 내에 마치도록 한다. 분과별 책임자를 자율적으로 선정한다. 일정한 장소에 분과별로 모이게 되면 우선 가장 연장자의 주도 하에 분과사회자를 선출하고 분과 사회자는 분과 기록자를 참여자들의 의견을 존중하여 임명한다. 분과별 사회자는 주어진 주제에 대하여 토의를 주재하고 주어진 시간 내에 주어진 주제에 대하여 어떤 결론이 나도록 토론 분위기를 활성화하며 모든 참여자의 발언기회를 균등하게 배분한다.

그리하여 그 분과에 참여한 사람은 모두 그 분과의 주제에 관심을 가지고 참석한 사람이라는 것을 명심하고 참여자 모두가 자기의견을 솔직하고도 진지하게 제기할 수 있도록 토론 분위기를 유도한다.

분과 기록자는 분과활동을 체계 있게 기록한다. 분과 사회자의 주도 하에 주어진 시간에 주어진 주제에 대한 토론이 일어나게 되면 분과 기록자는 그 발언자와 발언내용을 상세하게 기록해야 하며, 분과 기록자는 분과 사회자와 협의하여 분과토론 내용을 정리한다. 분과 기록자는 분과토론이 끝난 다음 전체 토론에서 발표하기 위하여 분과 토론에서 토의된 내용을 분과 사회자와 협의하여 체계 있게 정리한다.

마지막으로 전체 집단의 사회자는 분과토론이 끝난 후 각 분과별 발표를 진행시킨다. 주어진 시간에 주어진 토론내용에 대하여 각 분과에서 토의된 내용을 분과 사회자 또는 분과 기록자가 전체토론에서 발표한다. 그 발표내용은 간결하고 핵심적이어야 한다.

그러므로 각 분과에서 발표된 내용을 종합정리 하도록 한다. 각 분과에서 발표 된 내용을 종합적으로 정리하고 이것을 보고서로 만들 수 있도록 집단 사회자는 그 내용에 대하여 분명한 결론이 도출될 수 있도록 발표 분위기를 유도하여 일정한 합의점을 찾도록 한다.

라. 분과토론의 유의사항

분과토론은 모든 구성원이 토론에 참여할 수 있는 민주적 방법의 형태이기 때문에 잘못하면 본래의 취지와 어긋나는 결과를 초래할 수도 있기 때문에 분과토론을 진행할 때에는 다음과 같은 몇 가지 점에서 유의해야 한다.

첫째, 분과토론 내용은 전체토론 주제와 별개의 것이 되어서는 안 된다. 분과토론은 어디까지나 전체토론 내에서 이루어지는 소집단 토론이기 때문에 각 분과에서 토론되는 내용이 전체주제와 전혀 어긋나는 토론주제를 갖게 되거나 그러한 방향으로 전개되어서는 안 된다.

둘째, 분과토론 사회자는 분과토론의 주제를 잘 파악해야 한다. 분과토론의 진행은 분과토론 사회자의 진행에 의해 전개되기 때문에 사회자는 분과토론의 핵심을 잘 파악하여야만 토론 내용이 다른 방향으로 전개되는 것을 방지할 수 있으며 또한 효과적으로 결론을 도출해 낼 수 있다.

셋째, 분과토론시에는 모든 참가자가 발언할 수 있도록 해야한다. 분과토론의 주요 목적이 참여자 모두의 의견을 최대로 반영하는데 있으므로 몇 사람이 분과토론을 주도하여 일방적인 결론을 내리도록 유도해서는 안되며 모든 토론참여자가 고르게 발언할 수 있는 기회를 주고 이에 대한 결론을 내리도록 한다.

넷째, 기록자는 참가자 모두의 발언을 기록해 종합정리 한다. 기록자는 분과토론에서 토의되는 모든 내용을 기록한 뒤 이것을 체계적으로 정리하여 분과토론이 끝나기 전에 전체 모임에서 발표하게 될 내용을 분과토론 참가자가 동의할 수 있게 정리요약 발표하는 것이 좋다.

다섯째, 분과별로 토의된 내용을 전체모임에서 발표할 때는 핵심적인 내용만 발표한다. 분과별로 토의된 내용은 분과 사회자 또는 분과 기록자가 전체모임에서 발표하게 되는데 그 발표내용이 장황하거나 개인의 의견을 반영시켜서는 안 된다. 즉, 분과 발표자는 분과에서 토의된 내용을 집약시켜 그대로 전달해 주는 역할을 해야 한다.

제3절 기타 평생교육방법의 형태

평생교육방법은 대상, 내용, 장소 및 기타 관련변인에 따라 여러 가지 형태로 적용되는데 그 적용 형태가 일정하게 정해져 있는 것은 아니다. 그러므로 앞에서 제시한 여러 가지 평생교육법 유형도 일정하게 제시되고 있으나 실제의 적용상에는 그대로 적용되지 않고 응용되어 나타나든가 아니면 다른 평생교육방법과 혼용되어 적용되기도 하기 때문에 평생교육방법적용을 획일화시킬 수는 없다. 뿐만 아니라 최근에는 기존의 평생교육법을 약간씩 변용하거나 독특한 새로운 기법으로 평생교육을 전개하는 유형이 개발되어 여러 분야에서 효과적으로 적용되고 있다. 여기서는 이러한 분야의 평생교육방법을 몇 가지 소개하고자 한다. 그러나 여기에 제시된 평생교육방법이 앞에서 제기한 방법과 동떨어진 방법이 아니고 상호 보완적이거나 혼용적으로 쓰여지는 경우가 많기 때문에 독립적 성격으로만 보아서는 안된다.

1. 브레인스토밍(Brainstorming)

1) 브레인스토밍의 개념

브레인스토밍이란, 집단의 구성원들이 어떤 문제나 요청에 대하여 집중적으로 적당한 해결방안을 모색하기 위하여 스스로의 두뇌를 쓰도록 하는 집단사고의 한 방법이다. 이 방법은 보통 12～15명 정도의 집단에서 이용되는데 브레인은 본래 두뇌를 스톰은 폭풍(우), 격정, 급습, 소동 등을 의미하는 데서 출발한다.

참여자들은 일정 시간동안 어떤 문제에 대해 떠오르는 모든 생각을 기록하고 이러한 생각에 대해 어떤 판단을 내리지 말도록 요청 받는다.

브레인스토밍은 한 집단 내에서의 자유롭고도 제한 없는 의견 또는 대안의 교환인데 한 의견이 다른 의견을 불러일으키는 암시의 역할을 하게 되고 이러한 것들이 연속되어 개인적으로 도저히 생각하지도 못했던 기발한 아이디어들이 속출되게 하는 방법이다.

2) 브레인스토밍의 특성

브레인스토밍의 평생교육방법은 매우 독특한 특성을 지니고 있는데 그 내용을 살펴보면 다음과 같다.

① 브레인스토밍의 토의방법은 비형식적이다.
참여자들은 아무런 제약조건 없이 자유롭게 자기의 생각을 발표함으로써 상대방을 의식하거나 상대방의 의견에 대하여 찬반을 하지 않는다.

② 구성원들에게 어떤 제약을 가하지 않는다.
주어진 내용에 대하여 자유롭게 토론하게 함으로써 가능한 한 많은 내용이 나오도록 유도한다.

③ 안정된 분위기 속에서 마음놓고 아이디어와 의견을 교환함으로써 집단의 사기와 단결심을 높일 수 있다.

3) 브레인스토밍의 이용

브레인스토밍은 다른 토의방법과 매우 다른 독특한 방법이기 때문에 이 방법을 이용하고자 하면 이에 따른 사전 분위기 조성과 그 조건이 어느 정도 맞아야 그 이용상의 가치를 향상시킬 수 있게 될 것이다.

그래서 여기서는 브레인스토밍 평생교육방법을 이용함으로써 좀더 바람직한 결과를 도출시킬 수 있는 관련내용을 제시하였다.

① 집단 구성원의 창의성을 최대한 보장하고 집단 구성원 상호간의 자극을 최대한으로 허용하고자 할 경우에 이용하면 효율적이다.

② 지금까지의 토론방법을 과감히 탈피하여 새로운 평생교육방법의 가능성의 최대한 발굴하려고 할 때 이 방법을 이용하면 효과적이다.

③ 구성원 각자의 독특한 사고를 형성하게 하고 나아가 전체구성원의 독특한 사고를 공통적으로 이끌어내고자 할 때 브레인스토밍을 이용하면 바람직하다.

④ 구성원들이 가지고 있는 주제관련 모든 아이디어를 수렴하고자 할 때 브레인스토밍을 이용하면 바람직하다.

⑤ 주제내용에 대하여 일정한 한계를 두지 않고 바람직한 의견으로 통합시키려 할 때 이 방법을 이용하면 바람직할 것이다.

4) 브레인스토밍의 진행

브레인스토밍은 매우 독특한 평생교육방법으로서 그 구성원은 사회자와 기타 참여자로 구분하여 설명할 수 있다.

그래서 여기서는 사회자와 기타 참여자가 해야할 내용을 제시하였다.

(1) 사회자

브레인스토밍의 사회자는 많은 양의 발언 속에서 중요한 질적 내용이 도출될 수 있다는 확신을 가지고 다음과 같은 점에 유의하면서 진행시켜 나가야 할 것이다.

① 참여자가 브레인스토밍 할 논제에 대하여 정확히 숙지하였는가를 확인할 필요가 있다.

② 사회자는 참가자의 발언을 체계적으로 기록 및 정리할 수 있는 기록자를 1~2명 정도 선출 또는 임명하도록 한다.

③ 참여자의 아이디어 표출을 최대한 보장해야 한다.
사회자는 참여자가 주어진 주제 내에서는 어떠한 아이디어를 표출하더라도 그 분위기를 보장해 주어야 한다.

④ 사회자는 참여자 모두가 발언할 수 있도록 토론 분위기를 조성해야 한다. 즉 일정한 몇 사람이 발언을 독차지한다든가 하면 많은 참여자의 아이디어를 표출할 기회가 없어지기 때문에 가능한 일정한 규칙을 세우고 그 기준에 따라 자유롭게 토론하도록 하는 것이 좋다.

⑤ 주어진 시간 내에 나온 토의 내용을 최종적으로 기록자와 참여자가 협의하여 일정한 결론을 내릴 수 있도록 유도한다.

(2) 참가자

① 참가자는 브레인스토밍에서 토의될 주제를 잘 파악해야 한다.

② 참가자는 다른 참가자가 발언한 내용에 대해 비평하거나 논쟁을 하지 않는다.

③ 참가자는 서로 자유롭게 상대방의 아이디어가 최대한 많이 나올 수 있도록 무언중에 격려하고 상대방의 의견에 대하여 의심을 하지 말아야 한다.

④ 다른 토론에서와 같이 형식에 얽매이지 말고 일정한 규칙 내에서 가장 효과적으로 자신의 의견을 최대한 많이 표출하도록 한다.

⑤ 주제의 내용에 벗어나거나 자신의 인기에 치중한 의견제시는 삼가야 한다.

⑥ 참가자는 다른 참가자의 의견에 관계없이 자신의 의견을 주장하고 이를 관철시키려 해서는 안된다.
⑦ 참가자는 다른 참가자의 의견 주장이 최대한 보장되도록 해야 한다. 즉 일방적이고 독점적인 발언분위기를 조성해서는 안된다.
⑧ 참가자는 가능한 한 다른 참가자가 제시한 내용을 중복적으로 제시하지 말아야 한다.
⑨ 참가자는 다른 참가자의 의견이 재미없고 지루하더라도 끝가지 들어주는 자세를 갖추어야 한다.

5) 브레인스토밍의 유의사항

브레인스토밍이 잘 이루어져 좋은 결론을 내리기 위해서는 여러 가지 방안이 있겠으나 여기서는 브레인스토밍식 평생교육방법이 이루어질 수 있는 조건을 중심으로 해서 필요한 유의사항을 제시하였다.

① 집단 구성원들끼리 서로 잘 알고 있거나 자유스럽게 이야기 할 수 있는 구성원들로 형성되면 좀더 효과적인 브레인스토밍식 평생교육방법을 전개할 수 있다.
② 집단 구성원 모두가 자유롭게 의사표현을 할 수 있어야 한다.
③ 집단 구성원 각자의 사회적 지위는 무시되어야 하며 각자의 아이디어 모두가 가치 있다고 여겨져야 한다.
④ 당장 어떤 결론을 내려야 하는 주제가 아니고 장기적 또는 융통성 있게 결론을 내릴 수 있는 주제가 좋다.
⑤ 한 주제에 대하여 토론할 시간은 보통 40～60분 정도로 하는 것이 좋다.
⑥ 토론 장소는 자유롭고 진지하게 토의할 수 있는 곳이어야 한다.

2. 역할연기(Role Playing)

1) 역할연기의 개념

역할연기란, 인간관계의 일반적 영역에서 어떤 상황이나 문제를 극화한 것으로 소집단원에게 개인별로 서로 다른 역할을 주고 어떤 가상적 상황에서 서로 협의하여 어떤 결정을 하게 함으로써 다른 역할을 맡은 사람들과 원만한 타협을 보도록 하는 기법이다.

역할연기는 성인교육에서 비교적 새로운 도구이지만 아동에게는 수세기에 걸쳐 사용되어 왔다. 이 기법이 성인교육에서 처음으로 사용된 것은 1900년대 초에 환자들의 정신건강을 회복시키기 위하여 정신병리학자들이 만들어낸 것일 것이다. 이 과정은 심리극으로 알려지기 시작했다.

심리극에서 가장 강조되는 것은 특정 개인의 문제이며, 그들 개인에게 맡겨진 역할은 개인적 특성에 대한 것들로 이는 오직 훈련된 치료자의 지도 아래서만 시도되어야 한다.

역할연기와 사회극은 흔히 동의어로 쓰여지는 바 사회극은 사람들과 개인들 또는 집단간의 상호작용을 다룬다.

2) 역할연기의 특성

역할연기는 실제적인 상황에서 집단성원의 역할대행을 효율화하기 위하여 가상적인 상황을 설정해 놓고 짤막한 인간관계의 장면을 연출하는 기법으로서 연기자는 2명 이상으로 구성된다.

연기의 주제는 집단성원의 실제상황에 적용할 수 있는 것이 좋으며 연기내용을 구성하는 자료는 보통 연기자와 관찰자 및 그 밖의 집단성원으로부터 즉각적으로 얻어진다. 이때 자료가 역할내용에 적절한지 유의해서 고려해야 한다.

이와 같이 역할연기법은 다른 평생교육방법과는 매우 독특한 특성을 지니고 있는데 그 특성을 제시해 보면 다음과 같다.

① 다른 토의기법보다 적극적인 참여를 마련한다.

② 집단성원간의 친근감을 증대시킬 수 있다.

③ 토의 운영에 있어서 융통성이 있고 연습이 가능하며 연습자체가 교육효과를 나타내기도 한다.

④ 문제에 대한 참여자의 흥미를 유발시킨다.

⑤ 역할연기자는 다른 사람으로 변장하여 자신의 감정이나 태도, 신념 등을 자유로이 표출함으로써 심리적 억압을 풀 수 있다.

⑥ 역할연기는 시간을 요한다. 촌극과 그에 뒤따르는 적절한 집단토의를 위한 충분한 시간적 여유가 없이는 시도하지 않아야 하며, 1회의 모임에서 강연, 역할연기, 연시, 토론 등을 병행한다는 것은 지나친 것이다.

⑦ 역할연기는 목표달성을 위한 하나의 방법으로서가 아니라 그것이 결론을 내리는 종결에 의미한다면 매우 비효과적인 방법이 될 수도 있다.

⑧ 일반적으로 효과적인 역할연기 장면은 짧다.

장면이 오래 걸리게 되면 비효과적인 방법으로 되어 버리기 때문에 실연

장면은 적절한 때 끝내도록 해야 한다.

⑨ 분담된 역할 몫이 부적격자가 배역을 받았을 때는 비효과적인 되거나 아예 없는 것보다 더 못할 수도 있다.

⑩ 역할연기는 답이 하나밖에 없을 경우엔 효과가 없다.

3) 역할연기의 이용

역할연기의 평생교육방법도 다른 평생교육방법과 마찬가지로 그 장·단점을 지니고 있기 때문에 이러한 방법을 적용하려 할 때에는 여러 가지 상황을 고려해야만 소기의 목적을 효과적으로 달성할 수 있으리라 생각된다. 그래서 여기서는 역할연기법이 이용되면 보다 효과적이라 여겨지는 상황 또는 조건을 제시하여 그 이용가치를 좀더 확인하고자 한다.

일반적으로 역할연기법을 이용할 경우 보다 효과적인 경우를 제시하면 다음과 같다.

① 집단구성원들이 자신의 감정이나 의견 등을 표현하기를 꺼려할 때 이용하면 효과적이다.

② 집단의 역할연기자들간의 관계가 원만하고 의사소통 기술이 좋을 때 이용하면 효과적이다.

③ 집단구성원들간의 감정을 완화시킬 필요가 있을 때 이용하면 효과적인 방법이 된다.

④ 집단구성원들간의 평가가 매우 생산적으로 나타날 때 이용하면 효과적인 방법이 된다.

⑤ 집단구성원들 특히 역할연기자들이 집단 앞에서 자신을 노출하는데 거리낌이 별로 없을 때 이용하면 효과적인 방법이 된다.

4) 역할연기의 진행

역할연기법은 평생교육에서 많이 이용되는 방법의 하나로서 그 진행과정은 약간씩 다르게 설명될 수 있으나 대체로 다음과 같은 과정으로 진행시키면 보다 효과적으로 전개할 수 있을 것이다.

(1) 문제의 규정

문제의 규정은 역할극에서 해야할 내용을 일정하게 한정화시키는 것을 의미한다. 역할극에서 해야할 내용을 선정할 때에는 역할극에 참여하는 사람은 물론 일반 관찰자들도 적극적으로 참여하도록 해야한다.

특히 역할극에 참여하는 사람은 자신이 해야할 내용이 무엇인가에 대하여 분명히 알고 있어야만 자신의 역할을 제대로 수행해 낼 수 있을 것이다.

(2) 상황설정

상황설정은 역할연기자와 일반참여자들이 역할연기에서 이루어지는 내용이 어떤 목적으로 진행되고 있음을 알 수 있게 짜는 과정을 의미한다. 그러나 일반참여자들은 역할연기자의 각자 역할이 무엇인가에 대해서는 알 필요가 없다.

즉, 역할연기가 일어나는 과정이 그 역할연기 목적을 위한 어떤 과정인가를 역할연기자와 일반참여자들이 이해하기 쉽게 하도록 계획을 짜는 과정을 의미한다고 볼 수 있다.

(3) 배역결정

배역결정은 역할연기에 참여할 사람을 결정하는 것을 의미한다. 배역결정은 역할연기의 성공 또는 실패에 중요한 영향을 미치기 때문에 주어진 역할을 담당해낼 수 있는 사람을 찾기란 매우 어려운 문제이다.

보통 역할연기를 주도하는 지도자가 선정하는 경우가 많지만 역할연기에 참여한 일반 참여자들이 스스로 결정할 수도 있다. 평생교육방법적 입장에서 보면 참여자들의 의사를 존중하는 방향으로 배역자가 결정되는 것이 보다 바람직하다고 볼 수 있다.

(4) 브리핑(briefing)

역할연기를 할 배역이 결정되고 나면 역할연기자에게 자기의 역할이 무엇인가를 확인시키기 위하여 브리핑한다. 그러나 사전에 계획 없이 임의적으로 실시되는 역할연기에서는 브리핑을 할 필요가 없다. 하지만 미리 계획되고 할당된 역할연기에 대해서는 브리핑을 함으로써 역할 담당자의 임무를 명백히 하게 된다.

역할연기자에게 그들의 역할을 확실히 알게 함으로써 역할연기의 목적을 효과적으로 달성할 수 있다. 그리고 브리핑은 역할연기자들이 각자의 임무를 알아두기 위해서 상황에 따라 공개 또는 비공개로 시행할 수 있다.

그러나 어떤 경우에 있어서도 역할연기자들로 하여금 무슨 말을 해야 하고 어떤 동작을 해야 한다는 식의 브리핑 내용이 되어서는 안되며 역할수행도 미리 연습될 수 없다.

(5) 연기(Action)

연기는 짜여진 계획대로 역할연기를 실천에 옮기는 과정을 의미한다. 일반적으로 일반참여자 즉 관중들에게는 각 연기자의 역할이 무엇인지를 모르게 하는 것이 좋다. 그리고 연기는 주어진 시간에 맞추어서 자연스럽게 진행되도록 한다.

공연자가 여러 명일 경우에는 그들 모두가 동시에 연기하며 중단시킬 때까지 계속 수행되어야 한다.

(6) 중단(Cutting)

중단은 연기자의 역할을 일정한 조건에 맞추어 끊어 버리는 과정을 의미한다. 연기자의 역할이 너무 빨리 끝나거나 장황하게 길어지는 것은 역할연기의 효과를 감소시켜 버린다. 그러므로 연기 중단의 시기는 매우 중요하다. 역할연기는 대체로 몇 분만에 끝내버리는 경우가 알맞다. 즉, 역할연기는 그 집단이 상황과 방향을 분석하기에 충분하다고 여겨지면 연기는 중단되는 것이 바람직하다.

또한 연기자가 매우 어려운 곤경에 처하게 되었거나 부적절한 배역인 브리핑으로 난처하게 되었을 때에도 중단시켜야 한다.

(7) 분석과 토론

역할연기의 최종단계는 연기가 분석되는 토론단계이다.

배역이 적절히 연기되었다면 관찰자들은 문제를 건설적이고도 바람직한 방향으로 이해하게 될 것이다.

토론은 역할연기자에 대한 내용보다 나타난 사실이나 원칙에 초점이 맞추어져야 한다. 그리고 역할연기자들로 하여금 자신의 견해를 이야기하도록 하는 것도 좋은 생각이다.

의장 혹은 지도자는 역할연기 중에서 토론 중에 제시된 사실과 문제를 해결하는데 필요한 결론들을 종합화할 책임이 있다.

3. 감수성 훈련(Sensitivity training)

1) 감수성 훈련의 개념

감수성 훈련이란 집단과정에 의하여 인간의 심성을 바꾸어 주는 평생교육방법으로 가장 많이 쓰이는 유형이다. 감수성 훈련은 20~30여명의 소집단원에게 서로 감정을 소통시킬 수 있는 분위기를 조성해 주고 그 상황에서 어떻게 처신하고 행동하는지를 살피면서 자기 스스로를 반성하고 객관적인 입장에서 자기를 평가하게 하여 무엇인가를 깨닫고 고치도록 결심케 하면서 생활에 적응하도록 훈련시키는 일종의 임상심리치료의 방법이다.

감수성이란 심리적인 자극이나 자극변화에 대한 감각의 반응정도를 말한다. 감수성 훈련을 받는 집단원 중에는 감수성이 예민한 사람이 있고 둔한 사람이 있다. 그런데 감수성 훈련을 여러 가지 상황에 대하여 노골적으로 감정을 표현하는 것만으로 이해해서는 안될 것이다.

감수성 훈련은 인간관계 훈련의 하나인데 여기에는 사교회, 스포츠, 레크레이션, 극기훈련 및 봉사직업 등 여러 가지가 있다.

감수성 훈련은 원래 인종적 편견을 없애기 위하여 미국에서 실시하였던 것인데 최근에는 우리나라에서도 교육계, 산업계 및 종교계 등에서 활발하게 실시되고 있다. 감수성 훈련은 상대방의 기분을 정확하게 읽는 수련이며 상대방이 표현하는 언어를 정확하게 이해하는 훈련이라 할 수 있다.

2) 감수성 훈련의 특성

감수성 훈련은 집단 구성원간의 협력증진과 상호이해를 증진시키기 위하여 각종 평생교육프로그램에 도입되는 평생교육의 한가지 방법으로서 다음과 같은 특성을 지니고 있다.

① 감수성 훈련을 위해서는 10~15명 정도의 소집단이 형성되어야 하는데 이것은 모든 회원이 충분히 의견교환을 할 수 있는 조건을 만들기 위해서이다.

② 감수성 훈련에 참가하는 사람들의 특성은 될 수 있는 한 이질적인 성향을 지니고 있어야 그 훈련의 효과가 증대한다.

③ 감수성 훈련집단의 화제는 일정하게 정해져 있지 않아야 하며 그 계획도 꽉 짜여져 있지 않아야 한다.

④ 감수성 훈련이 진행되면서 참여자의 감정표현이 자유롭게 될 수 있도록 보장해 주어야 한다.

⑤ 감수성 훈련은 대개 1주일 내지 2주일동안 집중적이고 지속적으로 이루어져야 한다.
⑥ 감수성 훈련은 이것에 대한 전문적인 기술을 가진 훈련자가 필요하다.

3) 감수성 훈련의 진행

감수성 훈련은 매우 이질적인 구성원들이 모여서 상호간의 협력과 이해를 도모하고자 노력하는 평생교육의 한 방법으로서 그 진행 절차는 다음과 같다.

① 소집단을 구성한다.
감수성 훈련을 하기 위해서는 우선 집단을 구성해야 하는데 집단구성원의 수는 일반적으로 10～15명 정도가 적당하다. 이러한 집단을 T(training group)집단이라고 한다.
인원수가 많을 때는 몇 개의 소집단으로 나눈다. 소집단의 구성원은 서로 인연도 없고 전에 알지 못하는 사람들이 모여서 만들어진 집단이다. 인원수를 적게 하면 모든 회원이 자유롭게 대화를 충분히 할 수 있다.

② 소집단 구성원의 특성은 다양하게 이루어져야 한다.
소집단으로 구성된 사람들은 직업, 연령, 지위, 성별, 인종 등의 모든 면에서 그 성질이 상이한 사람들이 모이는 것이 원칙이다. 즉, 훈련희망자를 조사해서 가급적 이질적인 사람들로 구성하여 성질이 다른 사람들이 모여서 잘 적응해 나가도록 한다.

③ 집단구성은 집단구성원들이 스스로 하게 하는 것이 좋다.
감수성 훈련을 위해서는 집단을 주최측에서 미리 만들어 놓은 경우가 많은데 참가자에게 동질집단과 이질집단에 대하여 대충 설명한 다음 집단원 스스로가 집단을 구분하거나 나누게 하는 방법이 바람직하다.

④ 감수성 훈련의 지도자는 표면에 나타나지 않으며 또한 비회원이면 더욱 바람직하다. 감수성 훈련이 진행되면서 지도자 관계에 대해서 일어나는 과정의 예를 하나 들어보면 다음과 같다. 누군가가 "지도자를 한사람 정하는 것이 어떻습니까?"하고 제안하면 "그게 좋겠습니다"하고 두 번째의 사람이 찬성한다. 그러면 이번에 다시 첫 번째 제안할 사람이 "누가 좋겠습니까?"라고 묻는다. 다시 "○○씨께 부탁했으면 합니다."라고 두 번째 사람이 말한다. 이러한 과정 속에서 다른 회원들은 침묵을 지키고 있는데 이것이 바로 찬성으로 간주되어 의사가 진행되는 경우가 흔히 있다. 즉, 회원이 10명 혹은 15명인데 실제 발언하여 집단을 지배하고 있는 것은 두 사람뿐인 경우이다. 대개의 집단에서는 이러한 "맞장구치기"가 나타난다. 앞의

상황을 알아차리고 "지도자는 정하지 않는 것이 좋다고 생각합니다."라고 발언한 사람이 있다. 그러나 이러한 의견은 무시되고 시종일관 두 사람의 의견만으로 전체의 운영이 이끌려갈 때 훈련자는 "지금까지의 진행상태가 어떤 식으로 진행되고 있는지 한번 돌이켜 생각해보시기 바랍니다."라고 발언을 이렇게 해서 지도자가 정해지지 않는다. 따라서 감수성 훈련집단은 일정한 지도자가 없는 집단이라고 말할 수 있다.

⑤ 감수성 훈련 집단은 화제가 정해져 있지 않다. 누군가 "모두 공통적인 화제(Topic)를 정해서 이야기합시다." 하고 제안한다. 그러나 이 집단은 이질적 집단이므로 전원이 찬성하는 화제는 좀처럼 없을 것이다. 결국은 오늘 아침의 강의 내용에 대하여 토의하자고 하게 된다. 이 내용은 모두가 듣고 있었기 때문에 강의에 대한 의문이 토의 거리가 된다고 생각하는 것이다. 하지만 그렇게 되면 강의 내용에 관심이 집중되어 버리고 인간관계의 수련은 어디론가 사라져 버리고 만다.

감수성 훈련에서는 화제의 내용에 관심이 집중되어서는 안된다. 화제가 되는 것은 그것에 대해 자기는 어떠한 느낌을 가졌다든가 , 당신은 어떻게 느꼈냐든가, 집단의 분위기가 어떻다든가 하는 것 등이다. 즉 외부의 화제에 몰두하는 것은 허용되지 않는다. '지금여기'에서 구체적으로 일어나고 있는 것이 화제의 중심이 되지 않으면 안된다. 그것이 어떤 것인지 짐작이 가지 않아서 난처해하는 경우일지라도 상관없다. 이와 같이 감수성 훈련집단은 화제에서부터 막연하다는 것을 느끼게 되는 것이 좋다.

⑥ 감수성훈련은 일정하게 짜여지는 것이 아니다. 감수성 훈련을 어떻게 할 것인가 하는 것은 전적으로 회원들의 자유이다. 지도자에게 물어도 "이것은 여러분의 집단이기 때문에 아무쪼록 자유스럽게 해주십시오"라고 말을 하게 된다. 답을 얻을 곳이 없는 것이 감수성 훈련을 위해서 좋다.

감수성 훈련의 간단한 예

다음은 감수성 훈련의 간단한 사례 중의 하나이다. 어느 종교인들의 연수회에서 한 회원이 "이런 짓을 해서 뭘 해!"하고 별실에서 타자기를 가지고 와서 또닥또닥 두드리기 시작하고 또 다른 회원은 책을 펴서 읽기 시작한다.

그 장면을 본 제 삼자가 화를 내며 다가와서 그 책을 마루바닥을 향하여 던져 버린다. 그렇게도 온순하던 종교가들이 미친 듯이 화를 내기 시작한다.

이 사례에서는 타자기와 독서로 도피하려는 사람을 다른 사람이 거부하는 것이다. 그러나 거부당한 사람은 어떤 느낌이었을까, 거부한 사람은 어떤 느낌이었을까 등은 분명하지 않다. 이때의 감정을 서로 교환하여 어떻게 하여 그와 같이 되었는가를 토의하게 되면 감수성 훈련이 되는 것이다.

4) 감수성 훈련의 유의사항

감수성 훈련에서 주의해서 고려해야 할 사항은 다음과 같다.

① 감수성 훈련은 참여자들의 변화를 일으키기 위한 시간적 여유가 필요하다.

② 참여자들은 서로 문화적으로 독립성을 가진 경험자일수록 좋은 결과를 맺을 수 있다.

③ 감수성 훈련은 같은 직장 또는 동료들로 구성되어 이루어지게 되면 좋지 못하다.

예를 들어 T-집단 경험에서 억압된 심리를 제거하도록 하게 되는 것은 자칫 참여자에게 그의 동료를 무자비하게 비판하는 원인이 될 수도 있기에 T-집단의 "여기-지금" 경험에 있어 이러한 참 만남의 유형은 반드시 구성원들로 이루어지는 것이 좋다.

④ 감수성 훈련은 산업체나 학교, 교회를 비롯한 모든 조직체에서 일어나는 변화에서 빚어지는 저항과 폐쇄적인 태도를 버리게 할 수 있도록 해야 한다.

5) 감수성 훈련 프로그램의 예

감수성 훈련에는 그 내용에 따라 약간의 차이가 있는데 여기서는 신뢰실습, 의사전달놀이, 나의 장단점 및 좋은 결정과 나쁜 결정에 대한 예를 제시하여 그 구체적인 방법을 보여주겠다.

(1) 신뢰실습

가. 목적

신뢰실습은 신뢰로운 분위기를 조성하여 서로가 마음의 문을 열게 하기 위한 프로그램인데 이것은 신체적 무언의 대화를 통하여 일치감과 타인을 신뢰할 수 있는 믿음을 갖게 하는 것이 목적이다.

나. 준비물

눈가리개, 종이나 딸랑이, 탬버린

다. 진행절차

① 두 사람씩 짝을 지어 한사람의 눈을 가리고 다른 한사람이 종이나 딸랑이로 안내를 한다.
② 여분 정도 돌면서 손에 닿는 물건을 만져 보기도 하고 발로 흙, 돌, 풀 등을 밟아 본다.
③ 역할을 바꾸어 해본다.
④ 세 사람씩 조를 편성한다.
⑤ 그 중 한 사람은 눈을 가리고 선채로 그대로 뒤로 쓰러진다 이때 그 사람이 땅에 떨어지지 않도록 뒤에서 부드럽게 받쳐 준다.
⑥ 역할을 바꾸어서 경험을 한 후에 첫 번째와 두 번째 실습을 통해 각 역할에 따른 어려움이나 경험에 대해 느낀 점을 발표하고 서로의 의견을 교환한다.

라. 유의사항

① 될 수 있는 한 서로 모르는 사람끼리 짝을 지운다.
② 너무 심한 장난스러운 안내 및 보조 동작을 금하고 안전사고에 세심한 주의를 한다.
③ 모든 동작의 도중에 말을 해서는 안된다.
④ 눈 가리고 걷기를 할 때는 계단이 있는 야외가 좋다.
⑤ 처음에는 안내자 없이 구성원 모두가 눈을 가리고 손으로 더듬어 가면서 걸어보고 난 후 이 과정을 시작하면 더욱 효과적이다.
⑥ 평소에 공포증이나 신경불안증이 있는 사람은 처음에는 얕은 각도에서 받쳐 주다가 점차로 각도를 깊게 해간다.
⑦ 부득이 실내에서만 할 경우 장애물(의자, 책상, 주전자 등 소도구)을 적당한 간격으로 배치한다.

(2) 의사전달놀이

가. 목적

의사전달놀이는 의사소통 기술증진을 위한 의사소통의 정확성을 확인하고 그 중요성을 깨닫게 하기 위한 프로그램으로서 어떤 의사가 전달되는 과정에서 어떻게 변질되어 가는가를 체험해 봄으로써 친밀감과 협동심을 기르고 경험하는 성실성을 기른다.

나. 준비물

카드(구체적인 사실을 설명한 1~2문장의 글이나 그림)

다. 진행절차

① 5~7명이 한 조가 되어 일열 또는 원형으로 앉는다.
② 각 조의 맨 앞사람이 나와서 제시하는 카드를 읽은 후, 다음 사람에게 귓속말로 카드의 내용을 전해준다.
③ 앞사람에게 전해들은 사람은 옆사람에게 전달한다.
④ 맨 마지막 사람은 들은 내용을 발표한다.
(각 조에서 제일 첫 번째 전달한 사람이 원문장(그림)을 발표하여 얼마나 차이가 났는가 비교한다)
⑤ 이 놀이를 통하여 어떻게 느꼈는지 순서 없이 발표한다.

라. 유의사항

① 문장의 난이도와 논리성을 생각해서 설명카드를 작성한다.
② 인간에게는 어떤 사물을 보거나 들었을 때 강조화, 단순화, 정형화시키려는 경향이 있음을 체험하고 사실을 제대로 전달하지 않을 때 인간관계가 어떻게 될 것인가를 정리해 주어야 한다.

(3) 나의 장·단점

가. 목적

나의 장단점은 자기 자신의 느낌과 정서상태에 대한 정보를 상대방에게 명확한 언어로 전달할 수 있는 능력을 기르며 건설적인 방법으로 피드백을 할 수 있는 능력을 기를 수 있는 프로그램이다. 즉, 인간의 내면세계 깊숙한 곳에 깔려있는 단점을 표면화한다는 것은 어려운 일이나 이 저항감을 극복한다는 것이 정의적 영역에서는 매우 중요한 일이므로 자기 스스로가 자기에 대한 장점과 단점을 발견하여 솔직하게 표현하고 각자의 느낌을 서로 주고받음으로써 타인의 행동을 긍정적으로 이해하는 태도를 함양한다.

나. 준비물

8절 모조지 1장(개인별), 필기도구(색연필, 칼라펜), 스카치 테이프

다. 진행절차

① 지금부터 잠시 눈을 감고 다른 것만 보던 눈을 나의 안쪽으로 돌려 나의 장점과 단점을 생각해 본다.
② 글로 표시하든지 그림을 그려도 좋다.
③ 다 된 후에 모두 붙여 놓고 한 사람씩 자기 것을 설명한다.
④ 다 끝난 후에 자신이 발표하는 동안 그리고 다른 사람의 발표를 듣는 동안 자신이 느낀 점을 순서 없이 골고루 발표한다.

라. 유의사항

① 모든 구성원이 정숙하고 진지한 분위기를 유지하는 것이 좋다.
② 솔직하고 구체적인 것을 지적하되 스스로 깨달은 것으로 한다.
③ 외적인 것이나 성격, 습관, 특징 등 본인의 자율에 의해 선정한다.
④ 가능하면 타인이 말해준 장점이나 단점이 아닌 것으로 생각해 본다.
⑤ 준비물 없이 언어만으로도 할 수 있다.
⑥ 겸손이 지나쳐서 단점만 발표하는 일들이 없도록 한다.

(4) 좋은 결정과 나쁜 결정

가. 목적

좋은 결정과 나쁜 결정은 대인관계 강화 프로그램으로서 대인관계의 갈등과 문제를 규범을 통해 건설적으로 해결할 수 있는 능력을 키우는 의사결정에 관한 프로그램인데 이것은 과거에 내렸던 결정의 과정을 탐색해 봄으로써 문제해결의 방식을 습득하고 개인의 의사결정이 개인을 비롯한 인간관계의 성장과 발달의 지속에 중요한 요인임을 알게 한다.

나. 준비물

16절 갱지, 필기도구

다. 진행절차

① 16절 갱지를 반으로 접어 반 페이지를 '좋았던 결정' 밑에는 '나빴던 결정'이라고 제목을 상단에 적는다.
② 최근에 결정했던 중요한 사항들을 생각해 보고 그 사건들을 분류하여 해당 영역에 그 결정의 내용을 간략하게(1~2단어) 적어 넣는다.
③ 상·하 영역별로 자신에게 다음과 같은 질문을 해본다.

- 왜 이런 결정을 하게 됐나?
- 이 결정에 영향을 준 사람은 누구인가?
- 이것을 결정하는데 다른 사람의 충고를 어느 만큼 받아들였나?
- 구성원끼리 돌아가면서 발표한다.
- 현재 이 활동의 느낌을 논의해 본다.

라. 유의사항

① 사건을 보다 구체적으로 육하원칙에 의하여 발표하며 듣는 사람으로 하여금 궁금하지 않도록 주의하여 발표하도록 한다.
② 나빴던 결정을 탐색함에 있어서 자신의 행동을 합리화하지 않도록 하고 솔직한 심정으로 분석하도록 한다.

4. 연시방법(Demonstrative Method)

1) 연시방법의 개념

연시방법이란 어떤 새로운 정보 또는 기술을 적용하는 과정을 피교육자가 직접 관찰해 봄으로써 그것에 대한 새로운 가치를 믿게 하고, 새로운 기술을 적용할 수 있는 능력을 길러서 새로운 기술을 채택하는 방법이다.

연시방법은 평생교육방법 중에서 가장 실증적으로 그 과정 및 결과를 피교육자가 직접 보고 평가하는 방법이기 때문에 연시방법이 평생교육방법에서 적절하게 사용하면 매우 효과적인 교육효과를 증진시키게 될 것이다.

2) 연시방법의 이용

연시방법은 적절하게 선정되고 활용된다면 훌륭한 효과를 나타낼 수 있다. 그러나 그것은 보편적인 평생교육방법이 아니기 때문에 모든 평생교육상황에 사용되기는 어렵고 일반적으로 ① 수공기술과 조작기술의 교육 ② 이해력 개발 ③ 새로운 기술을 실천할 때 ④ 어떤 일을 하는데 있어서 새롭고 개선된 방법의 수용탐색 등에 있어서 가장 성공적으로 채택된다.

평생교육에 있어서 연시방법의 장·단점을 제시해 보면 다음과 같다.

(1) 장점

① 연시는 사람들의 눈을 끈다. 즉, 재미가 있다.

② 연시는 쉽게 이해될 수 있는 방법이다. 즉, 공허하고 무의미하지 않게 무엇이든 명백히 한다.
③ 의혹을 지닌 피교육자들에게 스스로 그렇게 할 수 있음을 확신하게 한다.
④ 연시는 실천에 따른 이론교육을 가능케 하며 지식의 실제적 적용을 실제로 보여준다.
⑤ 연시는 실평에 따른 이론교육을 가능케 하며 지식의 실제적 적용을 실제로 보여준다.
⑥ 지역적 수준에서의 특성을 제시하게 된다.

(2) 단점

① 좋은 연시를 제공하는데는 상당한 기량의 소유자가 요구되는데 훌륭한 연시자를 발견하기 어렵다.
② 연시방법은 일부 교육상황에서만 가능한데 어떤 교육자는 굳이 연시방법을 채택하려 하는데 문제가 발생하는 때도 있다.
③ 학습방법상 결과형에 속하는 연시는 상당한 시간과 경비가 소모된다.

3) 연시의 종류

연시평생교육방법은 적용하는 과정에 따라 방법연시와 결과연시로 나누어 생각할 수 있다.

(1) 방법연시

방법연시는 어떻게 하는지를 보여주는 연시방법이다. 즉, 어떤 기술에 대하여 교육하는데 무슨 재료가 필요하며 그 재료를 어떻게 사용하는지에 대한 단계적 행동을 설명하면서 그 하나하나를 보여주는 방법이다.

방법연시는 비교적 짧은 시간 내에 끝낼 수 있고 비용이 많이 들지 않는다.

가. 방법연시의 과정

① 교육자의 준비
- 연시를 할 순서와 단계를 정하고 매 단계마다 강조해야 할 요점을 추려서 치밀하게 계획을 세워야 한다.
- 필요한 도구, 기계 및 재료 등을 손쉽게 쓸 수 있도록 준비하되 어떤 것을 어디에 쓸 것인지를 미리 정해두어야 한다.

- 장소를 미리 정하고 필요한 준비를 해야 하는데 장소는 될 수 있으면 그 지역을 대표할 수 있는 곳으로 정하는 것이 좋다.
- 관찰자들에게 나누어 줄 안내장인 연시내용을 설명하는 인쇄물을 준비하는 것이 좋다.

② 방법연시의 진행

- 모든 피교육자 또는 참가자들이 연시를 잘 볼 수 있도록 좌석을 배정하고 참석자들도 연시순서에 따라 해볼 수 있도록 하는 것이 좋다.
- 참가자들의 흥미를 유발시킬 수 있도록 내용을 소개하고 그 중요성을 설명한 후에 참가자들의 경험이나 문제를 말하게 하여 연시할 기술을 생활에 적용하는 구체적인 실례를 말해 주는 것이 좋다.
- 연시를 도울 사람이 필요하면 참가자 중에서 협력자를 구하고 책임을 부여하는 것이 좋다.
- 매 단계를 주의깊게 연시해 보이며, 설명으로 연시를 보충하고 각 단계마다 왜 그렇게 하는지 언제, 어떻게 동작을 하는지를 분명하게 설명해 주어야 한다. 가능하면 각 단계의 요점을 추려서 강조하는 것이 좋다.
- 참가자들이 질문을 할 수 있도록 격려해 주고 연시자도 가끔 질문을 하는 것이 좋다.
- 인쇄물, 모델, 시청각교재 등을 이용하여 연시를 보충하여야 한다.
- 각 단계에서 다음 단계로 넘어가기 전에 각 단계를 완성하고, 각 단계간의 관계에 대해 명확히 설명하여야 한다.
- 안전사고 원인이 있을 때에는 이에 대하여 주의를 시켜야 한다.
- 이해하지 못한 점이 있는 것으로 느껴질 때에는 질문을 하여 분명히 하도록 하여야 한다.

(2) 결과연시

결과연시는 보일 수 있거나 들리거나 느낄 수 있는 증거를 직접 보여주는 방법이다. 상업 텔레비전은 다분히 이러한 결과연시를 토대로 하여 연출한다.

결과연시는 상당한 시간과 경비를 절감케 한다.

가. 결과연시의 과정

① 교육자의 준비

- 교육자는 결과연시의 전 과정을 미리 준비하고 계획하여야 한다.
- 결과연시를 보여줄 사람에게 교육자는 무엇을 어떻게 해야 하는지에 대

해 자세히 설명하고 필요한 장비와 자재를 지원하여야 한다.

② 결과연시의 진행

- 결과연시는 문제가 있는 지역에서 실시해야 한다.
- 결과연시에서는 새로운 사실을 발견하려하기보다 연시에서 보여주는 내용에 대해 그 가치를 증명하는데 관심을 두어야 한다.
- 새로운 기술과 비교하도록 비교되는 예를 제시한다.
- 결과연시를 할 수 있기까지 기록된 자료를 잘 보관해야 한다.
- 논의할 시간을 제공한다.
- 가능하다면 끝날 때에 연시결과에 대한 사본을 배부하는 것이 좋다.

5. 현장견학

1) 현장견학의 개념

현장견학이란, 한 집단이 특별한 목적으로 일정한 장소를 방문하여 일이 진행되고 있는 현장을 직접 목격하여 배우고 확인하는 행동을 말한다. 현장견학의 근본 취지는 실제 있는 그대로의 상태에서 일어나는 활동·기술 등을 관찰하는데 있다. 현장견학의 평생교육방법은 생생하고 실제적인 경험을 얻을 수 있을 뿐만 아니라 피교육자들에게 흥미를 유발시켜서 생활과 관련을 맺는 교육을 할 수 있다.

2) 현장견학의 특성

현장견학은 교육자가 피교육자에게 교육시키기가 곤란한 문제나 교육효과를 더욱 증대시키려 할 때 주로 사용하는 평생교육방법으로서 다음과 같은 특성을 지니고 있다.

① 현장견학은 새로운 경험과 정보획득의 기회를 마련해 준다.

② 현장견학은 배우려 하는 대상을 있는 그대로 볼 수 있다.

③ 입체적, 자연색 그대로 또는 움직임이 있는 그대로 살펴볼 수 있다.

④ 피교육자의 흥미와 관찰력을 자극시킬 수 있다.

⑤ 피교육자로 하여금 행함으로써 배우는 기회를 가지도록 한다.

⑥ 피교육자들이 배운 그대로 이용할 수 있게 한다.

⑦ 교실이나 정규 모임 장소에서는 찾기 어려운 구체적이고 실제적인 요소를 제공할 수 있다.

⑧ 피교육자들이 말로는 이해하기 곤란한 문제를 직접 관찰을 통해 이해할 수 있게 된다.
⑨ 현장견학이 적절하게만 수행된다면 참여자들간의 협동적인 사업을 해낼 수 있다.

3) 현장견학의 계획

현장견학 평생교육방법의 성공 또는 실패는 이러한 평생교육방법에 필요한 계획을 얼마나 체계적으로 짜임새 있게 짜느냐에 따라 좌우된다. 여기서는 이러한 교육방법이 좀더 효과적으로 교육효과를 증대시킬 수 있는 과정을 중심으로 설명해 보겠다.

(1) 현장견학 목적

현장견학의 목적은 견학에 관한 구체적인 목적을 정하여 이를 수행하고자 하는데 있다. 현장견학의 목적은 반드시 심사숙고한 후에 정해져야 한다.

현장견학은 제한된 시간 내에 주어진 내용을 피교육자가 충분히 학습할 수 있도록 그 목적이 분명해야 한다.

즉, 견학목적이 분명하지 않을 때에는 피교육자의 학습목표가 일정하지 않기 때문에 본래의 목적을 달성하기가 어렵게 된다.

(2) 피교육자의 계획참여

현장견학에 대한 계획을 세울 때는 교육자 혼자서 수립하는 것보다 피교육자의 참여하에 계획을 수립하는 것이 교육효과를 증대시키게 된다. 왜냐하면 피교육자 즉, 학습자가 견학 계획수립에 참여하게 되면 견학 목적과 그 과정을 미리 알게됨으로써 견학 학습과정이 보다 적극적이고 능동적으로 이루어질 수 있을 것이다.

(3) 견학지 선정

견학지 선정은 견학 목적의 일부분으로서 매우 중요한 변수가 될 것이다.

견학지는 피교육자의 교육효과를 최대로 올릴 수 있는 곳을 선정해야 하는데 여기에는 견학의 목적, 교육적인 가치, 교통편, 현지의 사정 등이 고려되어야 한다.

그 외에도 선정된 지역이 바람직한 관찰과 경험을 보장할 것인가, 찾아갈 대상이 견학 목적에 부합되는지, 견학자가 건강이나 안전에의 위협은 없는지 등도 함께 고려해야 한다.

(4) 견학지 책임자와의 협조

현장견학은 현장책임자의 적극적인 협조가 없으면 본래의 교육목적을 달성하기가 어렵다. 그러므로 현장견학을 준비할 때에는 현장 책임자와 사전에 그 계획에 대하여 같이 논의하고 그 결과에 따라 현장견학을 하게 되면 효과적인 교육효과를 얻을 수 있게 될 뿐만 아니라 현장 교육과정에 모두가 적극적으로 참여하게 된다.

따라서 불필요한 시간과 예산 낭비를 줄일 수 있고 교육효과를 증대시키기 위해서는 견학 계획에 견학지 책임자의 의견이 최대로 반영되도록 하는 것이 좋겠다.

(5) 견학시간 계획

견학을 하기 위해서는 견학에 필요한 시간 즉, 출발시간, 도착시간, 견학시간, 견학마감 시간 등에 관하여 체계적으로 계획을 세워야 한다.

4) 견학의 실시

현장견학에 대한 계획이 체계적으로 잘 짜여 있으면 그 계획대로 진행하면 훌륭한 견학이 될 것이다. 그러나 아무리 잘 짜여진 견학계획이라도 실제 견학을 실시할 때에는 여러 가지 문제가 따르기 마련이다. 그러므로 여기서는 이러한 문제를 사전에 방지하기 위하여 견학실시에 필요한 몇 가지 관련 내용을 소개하였다.

(1) 소개

소개는 피교육자가 현장견학에 필요한 내용을 교육자로부터 사전에 충분히 익히게 되는 과정을 말한다. 즉, 피교육자가 현장견학에 대하여 이미 잘 알고 있으면 그 소개활동이 간단하게 끝날 수도 있으나 만약 그 계획을 잘 모르고 있는 피교육자가 많으면 이에 대한 자세한 내용을 교육자가 소개해야 한다.

따라서 피교육자들로 하여금 현장견학에 대한 적극적이고 능동적인 동기유발이 일어나도록 한다.

(2) 피교육자의 교육분위기조성

피교육자 집단의 규모가 커서 전체 집단을 대상으로 현장견학 효과를 얻기가 곤란할 경우에는 피교육자 집단을 8～12명 정도의 소집단을 만들어 소집단마다 리더나 안내자를 배치한다.

왜냐하면 만약 현장견학지가 공장내부와 같이 시끄러운 곳이라든지 좁은 통로일 때 피교육자 집단 모두에게 현장교육을 효과적으로 전개하기가 어렵기 때문에 소집단으로 나눔으로써 이러한 문제를 해결할 수 있게 될 것이다.

(3) 피교육자의 능동적 교육참여

피교육자들은 질의와 대상에 대하여 토론하거나 또는 관찰한 대로 행동화하도록 동기유발이 되어야 한다. 이에 따라 질의는 견학 계획 중의 한 부분으로서 미리 그 가능성을 예상하고 있어야 하며 상황이 허락한다면 가능한 한 피교육자들이 활발하게 교육에 참여(예 : 질문)하도록 하는 것이 좋다.

이를 위해서는 피교육자들은 교육에 적극적이어야 하며 최소한 필기 노트 등은 준비해야 한다.

예

아래에 예를 든 것은 어떤 제조공장에 현장견학을 갔을 경우 토론하기 좋은 질문이다.

① 이 회사는 어떤 생산품을 만들며 주요 판로는 어디인가?
② 어떤 부품이 사용되며 누구로부터 납품 받는가?
③ 이 기업은 자영업체인가 아니면 대기업의 종속업체인가?
④ 얼마나 많은 고용자가 있는가?
⑤ 고용자들은 노동조합에 가입했는가?
⑥ 고용자의 안전을 위한 설비로는 무엇이 있는가?
⑦ 생산품의 품질관리는 어떻게 이루어지는가?
⑧ 연구책임자는 누구이며 그의 교육경력 및 직업경력은?

(4) 피교육자의 신체적 편의 고려

현장견학은 피교육자 집단이 단체로 이동해야 하거나 단체로 머물러 있어야 하므로 신체적 불편이 뒤따르게 된다. 그러므로 피교육자가 신체적으로 매우 불

편하거나 교육환경이 좋지 않을 경우에는 교육효과를 증진시키기가 매우 어려워지게 되는 경우가 많다.

따라서 현장견학의 원만한 진행을 위해서는 피교육자가 신체적으로 편하게 교육활동에 참여할 수 있도록 배려해 주어야 한다. 예를 들면 농장, 공원 또는 건설부지 등에 견학할 경우에는 그 지역의 자연환경과 날씨 등을 고려해야 한다. 또한 피교육자들도 날씨에 대비하여 별도의 옷을 준비해야 하며 한 곳에서 상당한 시간을 보낼 경우에는 좌석을 마련해야 한다. 특히 현장에 대해 설명을 해주는 교육자는 그 설명이 장황하게 되면 피교육자가 신체적으로 매우 불편해하는 경우가 많기 때문에 그 설명을 간결하게 해야 한다.

(5) 현장견학의 종결

현장견학의 목적이 달성되었다고 생각되면 현장견학을 마치게 된다. 견학이 끝나게 되면 피교육생들은 현장 설명자 또는 안내자에게 고마움을 표시해야 하며 그 표시 방법은 물질적 또는 인사 등의 방법이 있다.

5) 추후 지도

현장견학이 끝나면 돌아와서 회합을 갖는 것이 좋다. 현장견학의 가치는 참가자들의 흥미를 유발시키고 이해를 도와 확신의 정도를 높이는데 있으므로 견학 후에는 평가회를 개최하여 견학한 사항에 관하여 반성해 보고 재확인하도록 하여야 한다. 현장견학의 평가는 리더나 교육자에 의해 ① 합의한 목적 ② 피교육자들이 보여준 관심 ③ 질의의 횟수와 종류 ④ 피교육자들의 태도와 반응 ⑤ 관찰한 것을 실제 행동으로 옮기기를 원하는 피교육자의 비율 등과 같은 변인을 고려하여 이루어진다.

6. 시청각 교육방법

1) 시청각 교육의 의의

(1) 시청각 교육의 개념

「시청각교육」이란 용어는 영국의 Audio－Visual Education 혹은 Instruction의 번역어로서 우리 나라에서는 6·25사변을 전후로 사용되기 시작하였다.

시청각 교육이 자리잡게 된 가까운 이론은 전통적 교육방법인 교과서 위주의 이른바 언어주의에 대한 비판을 한데서 출발되어 오늘날 평생교육에서 많이 이용되고 있다. 그것은 종래와 같이 단순히 글과 말만을 갖고 교육을 하면 피교육자들은 학습에 대한 흥미를 상실하게 된다.

시청각 교육은 이러한 경험적 사실을 지적하면서 비서정적 또는 비언어적인 수단을 활용하여 피교육자들에게 풍부한, 구체적 경험을 주어야 한다고 주장하였다.

영국의 시청각 교육학자 Edgar Dale박사가 시청각 자료는 「의미를 전달하는데 있어서 주로 읽기에 의존하지 않는 것들」이라고 규정한 것도 바로 이러한 생각에서였다. 이에 따라 시청각 교육은 언어적인 추상적 경험에 대하여 비언어적인 구체적 경험을 주기 위한 방법으로 이해되고 실천되기에 이르렀고, 그 이론은 추상과 구체라는 개념을 중심으로 전개되었다.

이러한 이론에서 시청각 교육의 의미를 생각하면 「쓰여진, 그리고 인쇄된 언어 이외의 보다 구체적인 시청각 교재나 교구를 가지고 사람의 감각기관에 호소함으로써 학습의 성과를 더욱 능률적으로 거두려는 교육방법」이라고 할 수 있을 것이다. 이러한 의미를 좀더 구체적이고 세분화시켜 설명하면 다음과 같다.

① 학습지도의 능률화에 있다.
  현실적이고 구체적이며 경험적인 감각수단을 이용하여 교육활동에 있어서의 능률화를 꾀하는 것이 시청각 교육의 중요한 의미이다. 결국은 교육상의 전달수단으로서의 새롭게 근대화된 그리고 과학화된 시청각 교재를 종합적으로 활용하고 아울러 과학기술에 관심을 높이는 동시에 창의적으로 이것을 사용함으로써 보다 많은 학습효과를 거두자는 것이다.
② 고도로 발달된 사회의 복잡한 사항을 정리하여 습득하는데 유리하다.
③ 현대생활에서 떼어버릴 수 없는 "매스 커뮤니케이션"속에서 정당한 것을 파악하는 능력을 갖게 한다는 점이다.
  따라서 매스 커뮤니케이션에 휩쓸려 들어가지 않고 그 원리, 법칙을 완전히 이해하여 유목적적으로 주체적인 사용을 꾀할 수 있다.
④ 학습장소에 대한 고립성을 타파하게 된다.
  본래 학교는 그 자체가 교육전문기관이기는 하나 너무나 판에 박힌 형태를 고정화함으로써 그 곳에서 얻은 지식이나 기능, 그리고 태도는 자연히 제약되고 제한된 범위 속에서 파묻혀서 탄력성 있는 구체적 생활 속에 유기적인 경험으로 이끌어내는 데는 도움이 안될 경우가 있다.
  학교와 교외와는 동떨어져 연관성을 갖기 어려운 측면에서 교외의 자유로운 상태에서 상호 교류되어 산 경험을 할 수 있는 시청각 교육은 평생교육에서도 틀에 박힌 교육장소에 대한 고정관념을 타파할 수 있게 될 것이다.

⑤ 교육의 근대화를 촉진시키게 된다.

좁은 교실에서 이루어지는 평생교육에 참여한 피교육자를 수용하고 지도하려는 교육내용이 지나치게 복잡하여 교육자와 피교육자간의 접촉의 기회가 적어지고 개인적, 주관적 생활 적응문제가 전혀 무시되고 마는 측면을 시청각 교육으로 부드러운 환경과 공통된 경험을 피교육자들에게 공급해 줄 수 있다.

생활 지도적 측면에서는 피교육자의 일상생활의 기본적 행동양식을 이해시키며 몸에 배이게 하고, 개성의 신장 및 생활태도의 확립으로 사회에 대한 판단능력을 향상시킨다.

⑥ 피교육자로 하여금 자주적 활동을 자극시켜 자주적 활동을 조장시킬 수 있게 된다.

시청각 교육에 의하여 각자 연구하고 제작하여 각자 표현하려는 의욕을 북돋고, 따라서 자주적 활동을 조장시켜 나갈 수 있다.

그러나 시청각 교육의 의의는 최근에 와서 많이 달라지고 있다. 그것은 프로그램 학습이나 가르치는 기계(Teaching Machine)의 출현에 자극된 것으로 믿는다. 다시 말하면 「의미를 전달하는데 있어서 주로 읽기에 의존하지 않는」 자료를 활용하는 데서부터 시청각 교육은 이제 주로 읽기에 의존하는 프로그램 학습을 새 도구로 맞아들임으로써 비언어적 특징을 상실하게 되었으며 여하한 교재의 사용도 학습과정의 통제와 구체적으로 연관되지 않는 한 무의미하다는 사실을 깨닫게 되었다.

시청각 교육이 50여년간의 실천과 연구를 통하여 재발견한 근본문제는 결국 학습과 통신이었다. 학습을 지도한다는 것은 학습과정을 통제하기 위한 통신을 한다는 뜻이 되며, 따라서 학습과정과 통신과정에 대한 과학적 지식을 토대로 하지 않고서는 효과적인 학습지도의 방법과 기술을 체계화할 수가 없다. 그러므로 시청각 교육은 「시청각 통신」이라는 말로서 그 의의를 찾게 될 것이다.

「시청각 통신은 학습과정을 통제하는 각종 메시지(Message)의 고안과 사용을 주대상으로 하는 교육이론과 실천의 한 분야이다.」 이것을 좀더 구체적으로 설명해 보면 시청각 교육의 목적은 「학습자의 가능성을 완전히 발달시키는데 도움이 되는 커뮤니케이션(Communication)의 모든 방법과 수단을 능률적으로 이용하는데 있다.」 시청각 교육의 이론 분야는 「그 어떤 목적이라도 학습과정에 이용되는 시각적(Pictional)또는 언어적(Non Presentational)인 메시지 하나하나의 특징과 상호 비교하여 장·단점을 연구하는 것이다.」

시청각 교육의 실천분야는 교육적 환경 속에서 인간 또는 기재에 의해서 제공되는 메시지의 구조화와 체계화 즉, 기획, 선택, 관리 또는 이용으로 시각적 그리고 언어적인 모든 학습지도적 체계의 전 분야에 걸쳐 있다.

위에서 언급된 설명에 의하면 시청각 교육은「어떤 사물」의 개념이 아니고「어떤 과정에 의한 것이며 목적과 수단의 두 부분으로 되어 있다. 즉, 시청각 통신의 목적은 학습과정을 통제하는데 있으며 이 목적을 달성하기 위한 수단으로서 메시지가 고안되고 사용되는 것이다.」

여기서 우리가 유의할 점은 'Message'라는 말인 것이다. 이것이 과거에는 'Material' 즉, 교재라 부르던 것이며 교재라는 것은 필름의 내용이냐, 필름 자체냐, 또는 필름을 비치는 영상기나 '스크린'까지도 포함해서 하는 말이냐를 명확하게 밝히지 못했던 것을 이번의 설명으로 교재를 교육공학(Instructional Technology)적 측면에서 둘로 나누어서 Message(즉, Communication을 운반하는 것)와 Media(즉, communication을 보내는 발송기구)로 구별하게 된 것이다.

이와 같은 이론은 시청각 교육의 학습이론과 통신이론의 성과를 받아들인 것이라 하겠다. 그리고 시청각 통신은 이제 특수한 자료를 사용하는 교육방법의 좁은 범위에서 벗어나 학습과정을 통제하기 위한 평생교육방법을 발전시키고 있다.

이상과 같이 시청각 교육의 이론이 발전해 온 의의를 간추려 본다면「시청각 교육이란 시청각 자료를 교육과정에 포함시켜 적절하게 활용함으로써 학습과정을 효과있게 해 주는 것이다.」종래 시청각 교육의 이론적인 근거는 구체성 및 추상성에 관련해서 감각경험을 중심으로 하던 것이 그 시점을 돌려 교육의 이론과 실천을 통신이론의 체제에서 다루고 있다. 특히 교육에 있어서의 학습과정을 통신과정에 비해서 교육자와 피교육자간의 의사전달 또는 소통을 보고 설명하고 있다. 즉, 누가(전달자－교육자), 무엇(전달내용－교수내용)을 어떠한 통로(매개체－방법)로, 누구에게(피전달자－피교육자) 전달 또는 소통하느냐라는 테두리 속에서 재구성하는 것이다. 따라서 시청각 교육이란 용어도 시청각 통신(Audio－Visual communication)으로 부르고 있다. 즉, 시청각 교육은 학습과 통신을 통합한 교육방법으로서 체계화되기에 이르렀다.

(2) 시청각 교육의 의의

시청각 교육의 일반적 개념에 대해서는 이미 앞에서 자세히 살펴보았기 때문에 여기서는 시청각 교육이 포함하고 있는 시청각 학습, 시청각 자료 및 시청각 교육의 가치에 대하여 살펴보았다.

가. 시청각 학습의 의의

① 평생교육은 언어에 의해서는 충분한 학습효과를 증진시키기가 어렵다.
이미 습득한 지식이나 경험이 언어라는 개념으로 상징화되었을 경우에 비로소 언어가 학습도구로서의 구실을 할 수 있지만 전혀 생소한 학습상태에 부딪쳤을 경우에는 보다 구체적인 생각(Image)이 없이는 효과적인 학습을 기대하기가 어렵다. 따라서 시청각 교육은 구체적인 생각을 통한 학습을 하는데 중요한 역할을 한다.

② 시청각 교육은 언어로서 하는 교육을 올바르게 이끌어 나간다.
언어와 행동이 일치하지 않을 경우를 흔히 볼 수 있는데 이것은 언어적 상징과 구체적인 사물이나 행동경험 사이에 필연적인 관계가 존재하지 않기 때문이다. 언어에 의한 학습에서 그 상징화의 기반을 이루고 있는 구체적인 경험을 줄 수 없다면 그것은 결코 생생한 지식이나 쓸모있는 지식은 될 수 없는 것이다.

③ 복잡한 평생교육현장에서 언어적 방법으로는 한계가 있다.
평생교육학습 내용이 복잡 다양해지면서 끊임없이 변화해 나가는 현대사회에 있어서 한정된 교육기간 중에 많은 언어나 개념 모두를 일반화하기란 매우 불가능한 일이며 또 그렇게 할 필요도 없다. 그보다는 개념형성의 힘과 일반화의 능력을 길러주는 것이 중요한 일이며 그러기 위해서는 학습단계를 고려해서 기능적으로 학습할 수 있는 상태를 제공해주는 문제가 보다 절실하다.

현대의 교육이 학습자로 하여금 사물의 원리나 의미를 파악하는 데에 보다 중점을 두는 이유도 바로 여기에 있는 것이다. 시청각 교육은 학습자에게 정리되고 재구성된 구체적인 경험을 풍부하게 제공해 줌으로써 학습자가 상징화나 일반화를 쉽게 할 수 있도록 그 과정을 도와주며 아울러 의미나 원리를 파악하는 능력을 길러주는 데에 그 의미가 있는 것이다.

나. 시청각 자료의 의의

① 시청각 자료는 학습자에게 구체적인 경험을 줌으로써 학습의 다양성과 능률성을 도모할 수 있다.
구체적인 경험 없이는 학습의 충실을 기할 수 없는 까닭에 개념의 형성을 위해서도 또는 개념을 바탕으로 하는 일반화를 위해서도 생생하고 구체적인 경험을 풍부하게 해야 한다.
학습자의 생활경험은 한정되어 있다. 이 한정된 생활경험을 넓혀 주는데 시청각 교재가 없어서는 안될 입장에 있다. 사진이나 영화를 통해서 외국의 풍물과도 접하게 하고 육안으로는 관찰할 수 없는 신비로운 경지에 이르기까지 영화의 특수한 기능에 의해서 학습자의 지적 범위를 확대시켜 주는 것이다. 그러므로 시청각 교재는 구체적인 것에서부터 추상적인 것에 이르기까지 여러 단계에서 재구성된 것으로 제시되어야 하며, 이를 필요로 하는 학습활동에 없어서는 안될 필수조건인 것이다.

② 시청각 자료는 학습에 대한 동기를 유발함으로써 자발적인 학습활동을 자극시키며 학습결과의 지속성을 기할 수 있다.
언어에 의한 학습보다 시청각 자료를 통한 학습은 학습자의 흥미를 환기시키고 그들의 주의를 집중시킬 수 있기 때문에 강한 학습동기를 유발하여 학습자로 하여금 자발적이고 능동적인 학습에 임할 수 있도록 한다. 따라서 학습자의 질과 양의 폭을 넓혀서 학습의 효율화를 도모하고 학습결과를 오래도록 기억할 수 있게 하며 학습결과의 지속성을 높여준다.

③ 시청각 자료는 정확한 사고와 그 발전을 도와준다.
시청각 교재는 서적이나 교실의 테두리에서 벗어나 구체적인 경험을 주기 때문에 문제해결을 위한 사고 과정에서 그 문화의식을 높여주고 명확히 해줌으로써 정확한 사고를 할 수 있는 소재를 마련해 주는 동시에 사고의 지속성을 발전시켜 준다.

④ 시청각 자료는 바람직한 인성과 태도 형성에 도움을 주며 현대사회에의 적응을 도와준다.

시청각 교재를 통한 학습은 능동적이고 의욕적인 생활태도와 인성을 길러주며 나아가서 급속히 변하는 현대사회에 보다 효율적으로 적응할 수 있도록 도와 줄 뿐만 아니라 특히 영화, 라디오, 텔레비전 등이 효과적으로 평생교육에 이용되게 하면 학습자의 정서순화에 많은 영향을 미친다.

다. 시청각 교육의 가치

과거의 학습은 주로 교육자 중심주의 또는 교과중심주의의 교육형태였다. 이러한 형태의 교육으로 인해 교육은 언어제일주의, 문자주의, 암기주의, 지식주의 또는 주입교육이 만연하게 되었는데 이것은 평생교육이 지향하는 피교육자의 주체의식 형성과는 매우 거리가 먼 교육방법이고 한편으로는 비민주주의적인 교육방법이었다.

개념형성의 과정에 있어서 그 기초가 되는 여러 가지 경험을 풍부하게 부여하지 않으면 그 개념은 공허한 것이 되며 단순한 기억이 될 뿐이다. 그러므로 학습에 있어서 피교육자에게 모든 수단을 동원하여 경험의 기회를 주어야 한다.

과거 교과 또는 교육자 중심의 언어편중주의(verbalism)에서는 추상적인 개념을 언어문자로서 표시해 놓은 교과서를 가르치는 언어편중의 교육이었다.

이러한 교육은 경험의 분류, 결합, 조직 및 이를 생활화하는데 그다지 도움을 줄 수 없었다.

학습은 학습자가 의도적일 때 효과를 나타낼 수 있는 것이다. 즉, 학습자가 학습하고자 하는 내적 동기와 외적 자극이 있어야만 학습의 효과를 기대할 수 있게 된다.

특히 개념의 형성과정에 있어서는 더없이 중요한 위치를 차지하고 있음을 강조하고자 한다. 이러한 의미에서 시청각 교육은 단순히 지식을 확실하게 하기 위한 수단만도 아니며 단순한 행동표현의 도구만도 아닌 것이다. 그것은 경험의 장을 표현하고 행동의 현실로서 피교육자로 하여금 그것을 보고 듣고 생각하고 판단하고 통찰하게 하며 흥미를 유발시키는 교구로서 다음과 같은 가치를 지니고 있다.

① 학습경험의 내용을 풍부하게 한다.
② 학습활동을 활발하게 한다.
③ 학습의 목표를 명확히 한다.
④ 학습에 관한 흥미를 유발시킨다.
⑤ 학습한 것을 요약하는데 유효하다.
⑥ 기억을 오래가게 한다.
⑦ 많은 피교육자들에게 같은 경험내용을 동시에 줄 수 있다.
⑧ 학습을 이해하는데 시간이 절약된다.
⑨ 피교육자의 개인차에 상관없이 유효하다.

시청각 교육의 가치는 현대교육구조에 포함되어 있는 요소 즉, 피교육자 자신의 경험을 쌓아가려는 발전적이고 자발적인 활동능력의 함양과 풍부한 제경험에 대처하여 이것을 파악, 이해, 정리, 개념화 및 유효화 할 수 있는 구성적이고 실천능력을 체득케 하는 방법이라 할 수 있다.

2) 시청각 교육의 제이론

(1) 호오반(Hoban)의 교육과정의 시각화

호오반(Hoban)은 미국 펜실바니아주의 시청각 교육장이었고 영화교육가였던 그의 아버지 호오반과 건축가인 S. B. Zisman의 협력을 얻어 자신의 학위논문으로 「교육과정의 시각화(visualizing the curriculum)」란 논문을 1937년에 발표하여 처음으로 시청각 교육의 이론체계의 기틀을 마련하였다.

호오반은 이 책에서 교육의 목적은 경험의 일반화에 있다고 말하고 있다. 즉, 우리가 교육하는 것은 피교육자로 하여금 그의 모든 경험을 추출하여 가까운 데서부터 일반적인 원리 원칙을 발견할 수 있도록 근본적인 추상화의 힘을 길러 주어야 한다는 것이다.

그러나 이와 같은 주장은 단지 행동적인 실제 경험만을 존중한다는 것이 아니라, 언어자체의 추상성도 가치 있는 것으로 인정한 것이며, 단지 의미없는 말, 실제 없는 공허한 수사적 언어의 과용을 배격했을 뿐이다.

그러므로 언어와 실 경험의 양극을 잘 조절하고 결부시켜 추상과 구체의 양극을 조화있게 역동적으로 다루기 위해 어린이들에게 반구체적이며, 반추상적인 교재를 의미있게 제공함으로써 교육이 실제적으로 이루어진다고 주장한 것이다. 이런 의미에서 그는 그의 저서에서 여러 가지 시각교재의 교육활동을 강조해서 시청각 교재는 ① 산 경험을 준다. ② 복잡한 자료를 단순하게 만들어서 제공한다. ③ 지리적으로 먼 정경이나 사건을 인격화한다. ④ 과거의 현상을 현실화한다. ⑤ 시간을 절약할 수 있다.

이와 같은 관점에서 Hoban은 시각교재를 보다 구체적인 것으로부터 보다 추상적인 것으로 배열하여 ① 실지 견학, ② 박물관 자료, ③ 영화, ④ 사진, ⑤ 슬라이드, ⑥ 지도, ⑦ 도표의 순으로 만들어 그 모든 것의 특징과 이용법을 상세히 설명하고 있다. 이것을 그림으로 나타내면 [그림 4-6]과 같다.

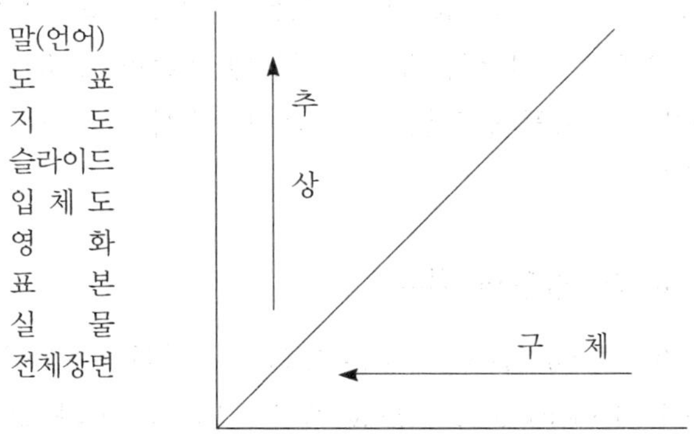

[그림 4-6] 시각교재의 추상단계

① 전체장면 : 학습경험으로 보아 실재적인 현실·현장을 관찰하는 것이므로 추

상성이 가장 적고 구체성이 강한 직접경험에 버금가는 학습경험이다.

② **실물·표본** : 3차원의 교재로 사진이나 그림보다는 약간 구체성이 강한 것으로 현실환경을 재현하기는 하였지만 현실 그 자체는 아니며 현실경험 그대로의 구실은 못하더라도 그 반면 거기에는 학습상 요점이 강조되고 이해를 돕게 의도적으로 조형되었다는 특질이 있어 이러한 박물관 자료는 이해를 돕게 의도적으로 조형되었다는 특질이 있어 이러한 박물관 자료는 학습상 중요한 교재가 된다는 것이다.

③ **영화** : 2차원의 교재로 현실을 충분히 재현할 수 있고 또 현실을 교육적으로 변형 편집하였다는 뜻에서 교재로서 특이한 가치를 가지고 있다는 점이다.

④ **사진·슬라이드** : 정지된 교재로 움직임이 없어 독해력이 필요한 교재로서 상당히 추상성이 강하다.

⑤ **도표·지도** : 추상성이 사진보다는 더 높은 것이나 실물과 언어와의 중간적 입장에 있는 것으로 언어의 무의미성을 보충하고 사물의 관련성을 이해시키는 데는 더없이 유용한 교재이다. 다만 도표는 그 읽는 법을 알려 주어서 현실을 각기 어떤 기호로 추상화한 일반적 약속을 이해함으로써 학습이 이루어진다는 것을 잊어서는 안된다.

이상으로 서열별로 각 특질을 고찰하였는데 여기에서 시각교재란 교실에 있어서 ① 추상적 개념을 도입하여 형성하고 그 내용을 풍부히 하여 명확히 한다. ② 바람직한 태도를 발달시킨다. ③ 학습자의 발전적 활동을 자극할 만한 모든 시각교재를 포함하여 생각하고 있다. 더욱이 Hoban은 시각교육의 일반을 다음과 같이 제시하고 있다. ① 시각교재의 가치는 현실도에 의존한다. ② 시각교재의 가치는 피교육자의 전 경험의 범위와 특질에 의존한다. ③ 시각교재의 가치는 교실환경과 지도의 목표에 의존한다. ④ 시각교재의 가치는 학습자의 지적 성숙도에 의존한다.

(2) 데일(Dale)의 경험의 원추

미국의 교육학자인 Edgar Dale 박사는 그의 저서 「학습지도에 있어서 시청각 방법(Audio Visual Methods in Teaching)에서 [그림 4-7]와 같이 경험의 삼각추를 제창하였다. 이것은 구체에서 추상에 이르기까지의 모든 경험을 하나의 도식으로 총괄한 것이다.

Dale은 Hoban의 이론을 발전시켜서 교육의 목적은 개념의 형성인데 이것을 말만 가지고 행하려면 구체적인 경험의 뒷받침 없이 언어편중에 빠지기 쉬우므로 교육에서는 먼저 개념형성의 기초로서 풍부한 경험을 주지 않으면 안된다고 주장하였다.

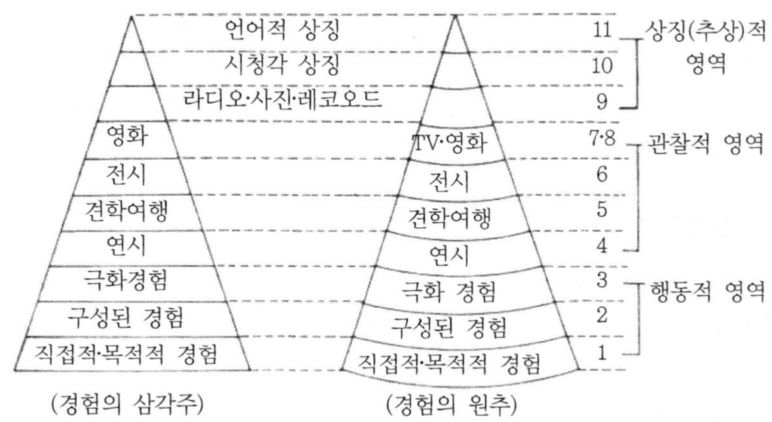

[그림 4-7] 경험의 원추형

경험이 개념화되려면 일정한 중간단계를 거치지 않으면 안되므로 구체적 경험에서 추상적 경험에 이르는 단계를 제시한 것이 경험의 삼각추이다.

이것은 Hoban의 도식에 비하여 청각(라디오, 레코드)이 첨가되어 있고, 더욱이 구성된 경험·연극·연시가 첨가되어 있는 것이 특징인데 Dale 자신은 이 도식이 결코 절대적인 완전무결한 것이 아니고 학습에 있어서 모든 시청각 교재가 갖는 위치나 상호관계를 도식화 한데 지나지 않는다고 말하고 있다.

이 분류의 약점은 경험에 있어서 수동성과 능동성의 구별이 없는 것, 원리에 일관성이 결여되어 있다는 것이다.

Dale은 1954년 경험의 삼각추를 그림과 같이 변경하여 제시하였다.

텔레비전을 영화와 관련지어 포함시킨 것, 극화체험으로서 연극의 수동능력, 쌍방의 면을 생각하였다는 것이 주목된다. Dale은 또한 그 내용이 일반화되어야 한다는 것, 일반화와 경험과는 기능적인 상호작용이라는 것, 독서는 시청각적 학습경험의 통합적인 부분으로 되지 않으면 안된다는 것을 주장하고 있다. 그림에서 보는 바와 같이 Dale은 제1단계에서 행동적 계열을 한 묶음으로 하였고 제2단계에서 관찰의 계열, 제3단계에서 상징적 계열을 도시하였으며, 상승함에 따라 구체성 또는 직접성이 감해지도록 학습경험을 정리해 놓았다. 이에 대한 내용을 좀더 영역별로 자세히 설명해 보면 다음과 같다.

가. 직접적·목적적 경험

직접적·목적적 경험은 현실의 생생한 경험 그 자체로서 직접적 또는 구체적으로 경험을 하되 목적을 가지고 행하는 모든 경험을 Dale은 학습상 매우 중요시하였다. 그는 이러한 경험이야말로 모든 학습의 기본이 된다고 하였다. 즉, 실험실에서 꽃을 변색하거나, 물을 수소·산소로 분리하는 것, 가사 실습을 한다거나 은행에 돈을 찾으러 간다거나 하는 경험으로 이것은 경험이 이루어진 결과에 대해서 어디까지나 본인이 책임을 지는 목적 있는 경험을 학습상 중요시하여 이것을 제1단계로 하였다.

나. 구성된 경험

구성된 경험은 한마디로 구성되고 설계된 계획적 경험을 말한다. 즉, 현실 그대로는 경험하기 어렵거나, 위험하거나, 비용이 많이 든다거나, 거리상, 위치상 그 크기로 보아 직접 경험할 수 없는 것 등을 다른 형태로 바꾸어 경험하는 것을 말하는 것으로 모델같은 것이 좋은 예이다. 우리가 학습을 할 때는 현실 경험 가운데서 특별히 학습의 요점이 되는 것을 알기 쉽게 강조하여 학습할 필요를 느낀다. 또 우리는 위험이 뒤따를 것이나 육안으로는 현실을 그대로 경험하지 못하는 것이 있으며 그 외에도 경비문제, 기술상의 문제로 현실 경험을 그대로 하지 못하는 것이 있다. 구성된 경험의 예를 들어보면 어린이에게 시계를 만들어서 시간에 대한 경험을 주는 것이 그 예에 속한다.

다. 연극참가

피교육자들로 하여금 즉흥극을 연출케 하여 피교육자들의 관심을 도와 역사적 인물이나 사건을 인상적으로 학습하는 것 등의 예가 연극참가이다. 이것은 제3단계의 경험이다. 물론 현실 그대로는 아니지만 현실을 무대라는 공간에 압축시켜서 학습상 중요한 대목을 강조해서 나타내는 학습경험이다.

라. 연시

연시는 피교육자가 배우고자 하는 내용을 직접 관찰하는 것을 의미하는데 그 예를 들어보면 축구 코치가 공 차는 방법을 보여 주는 것, 빵을 만드는 방법을 보여주는 것 등이 있다.

연시는 중요한 부분이나 과정을 강조하고 천천히 알기 쉽게 되풀이 함으로써 어떤 기술적 지도를 하거나 원리를 설명하는 것 등인데 이것은 피교육자 자신이 움직이는 것이 아니라 남이 하는 것을 보고 배운다는 의미에서 관찰의 영역에 속한다.

마. 견학, 여행 및 기타

Dale은 구체성이 강한 것부터 추상성이 강한 측면으로 원추형을 설명해 놓았다. 견학, 여행 다음으로는 추상성이 강한 것은 현실을 재편성한 전시이고, 그 다음이 TV, 라디오, 영화, 레코드, 그래프, 지도, 괘도 등 시각적 상징물이고 맨 마지막에 위치하고 있는 것이 언어 상징 즉 말이나 문자이다.

Dale은 이 경험의 원추형에서 어떤 시각적 방법이나 자료의 영역을 보이고자 한 것이 아니라 교육에서는 항상 구체와 추상간의 역동적 관계를 조절하여 상징적 경험을 어디까지나 그 기본이 되는 현실적·직접적·구체적 경험을 토대로 해야 되고 또 현실경험은 어디까지나 상징적이며 추상화된 경험으로 이를 원리화하여 조절해야 된다는 것을 강조한 것이다.

(3) 올센(Olsen)의 시청각 자료

Olsen(Edward G. Olsen)은 학교와 지역사회란 책에서 오늘날의 학교가 제 구실을 못하고 있는 것은 오로지 학교가 사회와 너무도 유리되어 있다는 점을 지적하고 학교와 지역사회를 연결짓는 교량을 생각해냈다.

그런데 그의 교량 10여 종류 가운데 현실을 기계조작에 의해서 변형하여 다시 편집해서 제시하는 자료를 생각하여 이것을 시청각 교재로 묶어 놓아 시청각 자료를 하나의 대리경험으로 학습상 중요시한 것이다.

Olsen은 직접경험에 의한 직접학습과 완전히 현실이 변형되어 상징화한 기초학습적 대리학습과 또 그 중간에 현실을 기계적 조작에 의해서 재현한 것을 대상으로 학습하는 대리학습이 있다고 생각한 것이다.

Olsen은 학교와 지역사회라는 책에서 시청각 자료에 대하여 다음과 같이 말하고 있다.

① 시청각 교구는 신체적인 여러 감각 특히 시각과 청각에 직접 호소하는 기계적인 교육의 도구이다.

② 그 시청각 교구의 가치는
- 산 경험을 준다.
- 복잡한 자료를 단순하게 만들어서 제공한다.
- 지리적으로 먼 정경이나 사건을 인격화한다.
- 과거의 현상을 현실화한다.
- 시간을 절약할 수 있다.

③ 시청각 교재를 성공적으로 이용하기 위해서는 다음과 같은 조건이 필요하다.

- 시청각 자료는 어디까지나 학습지도를 위한 보조물로서 이용될 것이지 교육의 대용물로서 이용되어서는 안된다.
- 선택된 시청각 자료는 예상되는 정확한 교육목표를 달성하기 위하여 최대한으로 직접 공헌하는 것임을 확신해야 한다.

④ 시청각 자료의 이용방법은 다음과 같다.

- 시청각 자료나 설비는 교육목적에 비추어 주의깊게 선택될 것.
- 교육자는 상이한 교구가 가지는 특수한 기능에 대하여 충분히 이해하여 둘 것.
- 자료를 이용하는 피교육자의 흥미나 관심, 능력이나 경험 등 그 발달 단계에 따라 적절한 것을 선택하여 이용할 것.
- 시청각 자료는 보충적인 것이고 완전한 교육경험 그 자체는 아니므로 단지 보여주는데 그치지 말고 명확한 교육목표를 달성할 수 있도록 효과적으로 통합하여 이용할 것.
- 교육자는 자료의 기능이나 효과에 대한 이해·평가 혹은 그 조직에 대하여 사전에 철저한 계획과 준비를 하여 둘 것.

이와 같은 내용과 더불어 Olsen은 다음 [그림 4-8]과 같이 시청각 자료를 통하여 대리학습을 할 수 있다고 말하고 있다. 그러나 시청각 자료는 기계적 특성 때문에 그 특성은 있으나 일정한 한계를 지니고 있다고 주장하고 있다.

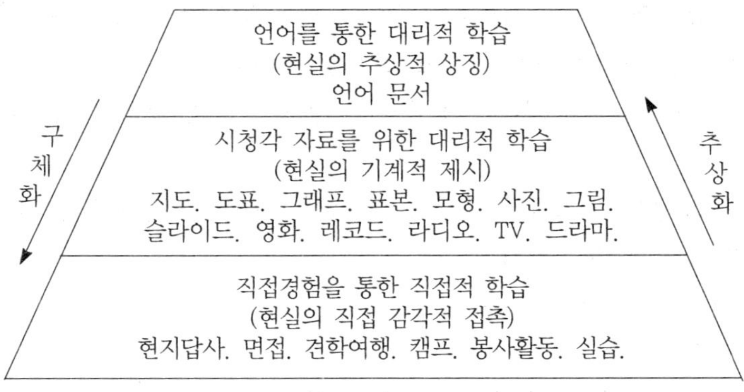

[그림 4-8] Olsen의 시청각 자료의 관계

⑤ 시청각 자료의 특성과 그 한계점은 다음과 같다.

- 시청각 자료는 교육수단의 목적으로 사용되거나 오락목적으로도 사용된다.

- 보충적 경험의 대용물이 된다.
- 복잡한 사태를 지나치게 간략화 한다.
- 편집에 따라 무의식적으로 선전도구가 된다.

(4) 킨더(kinder)의 시청각 자료와 기술

킨더(J. S. Kinder)는 시청각 교육은 결코 새로운 교과가 아니고 교육의 한 방법에 불과하며 다른 교육기술과의 차이는 모든 교육계획이나 지도방법을 확대하고 풍부하게 해주며 피교육자들의 학습을 용이하게 해줄 뿐만 아니라, 학습과정에 있어서 효과적으로 학습을 수행할 수 있게 해준다고 보고 있다.

이제까지의 교육은 지나치게 언어나 기호, 상징적 경험에 치중하여 언어와 구체적 경험과의 역동적 관계를 무시하였다는 것이다.

즉, 학습의 궁극목적은 개념형성에 있는 것이며, 이것을 달성하기 위해서는 그 개념형성의 과정과 피교육자의 발달단계에 알맞게 시청각적인 자료를 제시해야 한다고 주장한 것이다.

Kinder가 생각한 정신적 과정과 학습과정을 그림으로 표시해 보면 다음 [그림 4－9]과 같다.

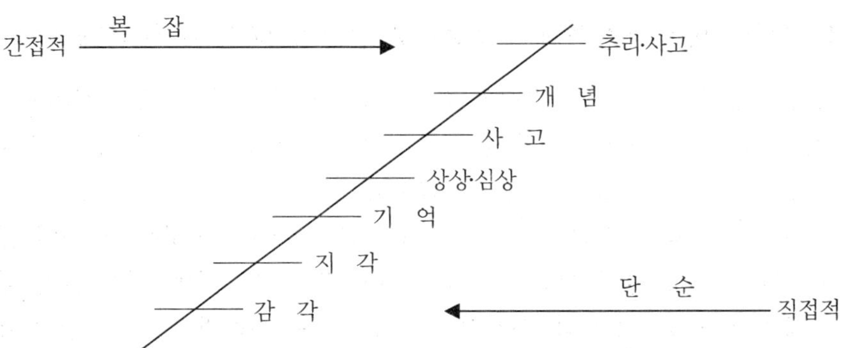

[그림 4-9] Kinder의 학습과정

이 그림에서 보는 바와 같이 하부 기초는 그 과정이 극히 구체적이며 그 위에 있어서는 추상적으로 되어 있어서 상부층은 결국 개념의 적용과정으로 볼 수 있게 되어 있다. [그림 4－9]도 앞의 학자들의 이론과 본질에 있어서는 동일한 것으로 정상부의 과정은 하층의 과정에 근거하고 있으며 이는 일반화된 사상이나 개념이 그 구체적 현실과 분리되어 성립할 수 없다는 것을 말하고 있다.

따라서 시청각적 방법이나 시청각 교재의 기능상 깊은 의미를 내포하고 있는 것이다. 그러므로 시청각적 방법은 결국 이러한 학습에 있어서의 정신 상승과정 다시 말해서 사물에 대한 감성적 인식으로부터 논리적 인식으로 발전되어 가는 단계에 있어 이를 촉진하고 촉매하는 역할을 한다는데 교육적으로 뜻이 있다는 것이다.

그러므로 Kinder는 개념의 형성을 ① 각 교구의 기능에 따라 종합적으로 이용하여야 한다. ② 동시에 과다한 교구를 사용하여 사고를 혼란하게 하는 것과 같은 심리학적 풀이로서 설명하여 개념이란 다른 것이 아니라 어떤 감각 대상에 의미와 경험이 부가된 것이고 이러한 의미와 경험을 부가하는 것이 바로 시청각적인 방법과 교재라는 것이다.

3) 시청각 교육의 제한점

지금까지 시청각 교육을 체계적인 이론으로 발전시킨 여러 학자들의 견해를 알아보았다. 그들의 견해는 언어 편중주의에 대한 반발이 주요한 원인이 되었다. 결국 언어적인 것이 아니라 비언어적인 것 즉, 구체적인 자료에 관심을 두고 발전시킨 이론들이다. 그러나 이러한 이론과 방법에도 교육적 측면에서 제한점을 지니고 있는데 그 제한점을 제시해 보고 설명하면 다음과 같다.

(1) 학습문제를 추상성과 구체성으로 단순화시키는 것은 문제가 있다.

학습과 학습지도의 문제를 경험의 추상성과 구체성이라는 단순한 관계에서만 다룬 것은 매우 소박하고 잘못된 생각이다. 학습과정에는 많은 변인들이 관계되며 경험은 그 중의 한 변인에 지나지 않는다.

또한 구체적 경험을 직접적·감각적 경험이라고 하지만, 이것은 별 뜻이 없는 말이다. 우리가 글을 읽을 때는 시각을 통해서 직접 경험하며, 말을 들을 때는 청각을 통해서 직접 경험한다. 직접성과 감각성은 구체적 경험만의 특징이 아니라 모든 경험의 공통적·감각적 성질이다. 따라서 외부적으로 어떻게 경험하느냐 하는 형식이 중요한 점이 아니라, 무엇을 경험하느냐 하는 내용이 중요하다. 시청각 자료는 풍부한 감각적 경험을 준다고 하지만 그 교육적 또는 학습상의 의의와 의미는 무엇인가? 사람의 경험에 있어서 추상과 구체는 분명히 양분 대립되어 있는가? 시청각 교육 자료들이 가장 널리 갖고 있는 개념적 원리는 그림으로 나타내는 원리가 아니라 일종의 합리화이다. 「추상적 언어 기호」는 풍부한 감각적 경험 없이는 공허할지 모르나 추상과 구체 사이의 의심스러운 양분을 기계적으로 적용하여 통신매체들을 위계적으로 갈라놓는다는 것은 명철한 사고를 방해하는 일종의 원시적 양식이다.

이러한 비판의 결과로 추상·구체는 시청각 교육의 공식적 이론의 자리에서 물러나게 되었으며 시청각 자료의 활용은 학습과정에 대한 지식을 토대로 하여 이해되고 실천되어야 한다는 점이 우세한 입장이다.

(2) 학습지도는 일반적으로 교육목적을 달성하는데 필요한 경험의 선택, 조직 및 제시 등으로 이루어진다.

어떠한 시청각 교재일지라도 교육목적을 기준으로 선택되고 사용되지 않는 한 여하한 효과도 기대할 수 없다.

새로운 기계와 자료들의 기술성에 현혹된 초기의 시청각 교육자들은 「무엇을」, 「왜」 전달하느냐 하는 교육의 근본문제를 파악하지 못하고 「어떻게 전달할 것인가」 하는 기술문제에만 관심을 가졌고, 심지어는 시청각의 기술성이 자동적으로 교육효과를 가져다주는 것이라고까지 생각하였다.

이러한 그릇된 생각은 당연히 다음과 같은 비판을 받아야 했다. 「목표에 앞서 기계를 내세우고 교육목표와는 전혀 분리된 사고를 하여 단순한 기술성에 어떠한 마술이 들어 있다고 믿게 되기가 쉽다. 이러한 과오는 교과서, 강의, 영화, TV 그리고 그 밑의 여하한 기술에 있어서도 일어날 수 있다. 우리는 마땅히 기본적인 교육문제를 파악하고, 그 다음에 새로운 기술들이 이 문제를 어떻게 해결하는가를 검토해야 한다.」

예를 들면 소를 수레의 앞이 아니라 뒤에 세우는 격이 되었던 기재자료 중심적 시청각 교육은 이제 교육의 목적과 내용의 문제로 돌아와 전 교육체계 내에서 차지하는 그 위치와 기능을 재검토하지 않으면 안되게 되었다.

(3) 언어의 문제가 단순히 추상과 구체의 차원에만 다루어질 수가 없는 것이다.

실물 자동차와 자동차의 언어기호 사이에는 양적인 차이가 아니라 질적인 차이가 있다. 실물과 그것의 구상물들(예, 사진·그림 등)을 포함한 전자는 모두 유상적이며 상의 다소에 의하여 구체와 추상의 정도가 결정되지만 언어는 무상적이기 때문에 전자와 동일한 차원에서 추상과 구체를 따질 수가 없다.

언어는 구상적이 아니라 상징적이기 때문에 전혀 다른 각도에서 그 추상성이 이해되어야한다.

인간이 자기의식을 하게 된 이후의 인간학습은 정도의 차이는 있을지언정, 어느 단계에 있어서나 언어의 매개작용을 받게 된다. 사실상 인간의 경험과 학습에 있어서 언어적인 부분과 비언어적인 부분을 흑백으로 구분한다는 것은 불가능한 일이다. 또한 시청각 교재를 비언어적이라고 하지만 실제로는 전적으로 비언어적인 교재는 거의 없다.

예를 들면, 영화에는 해설이 따르고, 사진에는 설명문이 있으며, 모형에는 교육자의 설명이 가해진다. 문제의 핵심은 언어와 비언어의 양분이나 대립에 있는 것이 아니고 양자의 적절한 결과와 상호보충에 있다.

또한 언어에도 언어체계 내에서 구체성과 추상성이 있는데 그 내용을 제시해보면 다음과 같다.

① 여객열차가 역을 내일 출발한다.
② 급행열차가 서울역을 내일 오후에 출발한다.
③ 통일호가 서울역 제1홈에서 내일 오후 3시에 출발한다.

위 예문을 자세히 읽어보면 ①② 및 ③의 순서로 그 내용이 점차로 구체화된다. 이 구체화는 일반적인 문장에 특수한 한정을 가하여 의미의 범위를 계속 좁혀 나감으로써 실현된다. 이것은 오직 언어체계 내에서의 추상과 구체의 체계이며, 비언어적 요소는 전혀 들어있지 않다. 사실상 위의 세 문제를 비언어적인 문장으로 표현한다는 것은 불가능하며, 가령 가능하다 하더라도 그럴 필요가 없다. 따라서 언어만의 적절한 사용도 학습지도에 있어서 중요한 문제가 된다.

(4) 평생교육에서의 교육과정은 교육자와 피교육자 사이에서 일어나는 통신에 의해서 진행되며 교육방법은 곧 통신방법이 된다.

시청각 교육이 새로운 통신매체들의 활용을 주장하는 것도 교육과 통신의 밀접한 관계를 이해하고 있기 때문이다. 그러나 이러한 매체의 효과적인 사용은 통신과정에 대한 충분한 지식이 바탕으로 되어 있을 때만 가능해진다.

매체의 단순한 기계적인 사용은 학습지도의 효과를 자동적으로 보장하는 것이 아니다. 시청각 교육은 여러 매체들의 사용방법과 기술에 관한 유용한 경험 등을 쌓아 올리기는 하였으나 보다 정연하고 자신있는 실천의 기초가 될 수 있는 이론적 체계를 구상하지는 못했다.

칠판에서 영화나 TV에 이르는 갖가지의 매체들을 시청각이라는 개념에 의해서 억지로 묶어 놓고, 그 사용 기술들을 경험적으로만 다루어 나갈 것이 아니라, 통신과정에 대한 과학적 이해를 바탕으로 한 이론체계를 세워야 한다.

교육자에게 먼저 필요한 것은 학습과 학습지도라는 통신과정에 관한 이론과 실천의 체계이지, 각각의 매체에 대한 단편적인 지식이나 특수한 기계조작 기술이 아니다.

(5) 실험실 속에서만 머물러 있었던 학습심리학은 1950년대에 들어서면서부터 빠른 속도로 교육현장에 침입하기 시작했다.

학습심리학은 학습과정의 성질을 이해하여 그 과정을 효과적으로 통제하는데 필요한 원리를 발견하기 위한 연구를 하고 있지만 아직까지는 많은 학설들이 난립해 있는 실정이다. 그러나 작동적 조건화(operant conditioning)라는 원리에 의해서 주로 동물을 대상으로 학습에 관한 연구를 해온 한 이론은 프로그램 학습 또는 자동수업, 작동적 조건화라는 명칭으로 인간학습에 널리 응용되기 시작하였다.

이 프로그램 학습의 내용이 반드시 그런 것은 아니지만 대체로 글로 작성되어 있다. 의미를 전달하는데 있어서 주로 읽기에 의존하지 않는 자료들을 활용하는 데서부터 출발한 시청각 교육은 이제 주로 읽기에 의존하는 프로그램 학습을 새로운 식구로 맞아들임으로써 그 언어적 특징은 상실되게 되었다.

시청각 교육은 더 이상 언어와 비언어를 양분할 수 없게 되었다. 우리는 이상의 몇 가지 사실을 시청각 교육의 이론적 제한점으로 지적함에 따라 이와 같은 제한점을 극복할 수 있는 다른 명칭과 이 명칭이 포함하는 분야를 개척하지 않으면 안된다는 것을 알 수 있다.

4) 시청각 교육의 종류와 활용

시청각 교육에 활용되는 시청각 교구는 시각 교구, 청각 교구 및 시청각 교구로 분류할 수 있는데 이러한 교구는 그 나름대로의 특성을 지니고 있기 때문에 평생교육에서 적절하게 이용만 된다면 그 교육효과를 크게 증대시킬 수 있게 될 것이다. 여기서는 특성별로 즉 시각 교구, 시청각 교구 및 청각 교구로 분류하여 각 교구에 관련된 종류와 그 활용방법을 제시하였다.

(1) 시각 교구

가. 칠판

칠판은 일반교육에서 뿐만 아니라 평생교육의 여러 가지 방법에도 많이 이용되고 있는 시각 교구로서 가장 기본적인 교구라고 할 수 있다.

① 칠판의 특성

- 재생할 수 있어 피교육자들의 이해를 돕는다.
- 시각적 교구 중 가장 다방면으로 사용할 수 있다.
- 학습의 계획, 수행 및 평가활동에 가장 일반적으로 사용된다.
- 집단적인 평생교육방법을 수행하는데 매우 효과적으로 활용된다.
- 다른 교구의 보조물로서 사용된다.
- 분필의 활용기술에 따라 피교육자의 학습효과를 크게 증진시킬 수 있다.
- 피교육자들의 학습결과 및 자기의견, 생각 등을 발표하는데 사용될 수 있으며 또한 피교육자들로 하여금 노트필기를 할 수 있도록 사용되어진다.
- 값이 싸고 그 사용이 쉽다.

② 칠판의 종류

- 고정칠판(대형)
- 이동칠판(소형)
- 회전칠판(양면)
- 승강식 칠판(2중 칠판)
- 오선 및 그래프 칠판
- 게시용 칠판(메모 및 생활기록)
- 자석칠판

③ 칠판활용상의 유의점

- 요점만을 판서하여 강한 인상을 주도록 하고, 한꺼번에 너무 많이 쓰지 않도록 한다.
- 미리 계획하고 조직적으로 되어 있어야 한다.
- 교육이 시작되기 전에 판서도구가 준비되어 있어야 한다.
- 야간 또는 흐린 날에는 눈이 부시지 않도록 광선을 잘 조절해야 한다.
- 이해와 흥미를 돋우기 위해 색분필을 적절히 이용한다.
- 글씨는 정확하고 바르면서 가능한 크게 쓰는 것이 좋다.
- 판서는 위에서부터 밑으로, 좌측에서 우측으로 해야 한다.
- 관계없는 내용은 판서하지 않는 것이 좋다.
- 시간을 필요로 하는 그림이나 글은 미리 준비해 놓아 시간을 절약하는 것이 좋다.
- 판서도구는 일정한 곳에 두고 지우개 사용은 상하로 하는 것이 좋다.

나. 융판

융판을 다른 말로는 벨트 보오드(Felt Board), 프래널 보오드(Flannel Board), 또는 플록 보오드(Flock Board)라고도 하며, 일반적으로 융판이라 할 때에는 융판과 융판에 붙일 교재물을 포함해서 말한다.

융판은 베니아판이나, 카드 보오드에 융을 덮어 씌워 만든 판이며 그 위에 그림이라든가 문자 또는 숫자 등의 교재물을 임의로 붙였다 떼었다 함으로써 효과 있게 활용하는 시각교재의 하나이다.

① 융판의 장·단점

- 장점
  - 간단한 교재물이다.
  - 융통성이 있다.
  - 시간절약이 된다.
  - 적응성이 있다.
  - 다색 다양하다.
  - 주의를 집중시킨다.
  - 비용이 적게 든다.
- 단점
  - 자세한 설명을 할 때 어렵다.
  - 사전 준비가 필요하다.
  - 바람이 불 때에는 떨어지기 쉽다.

② 융판 사용상의 유의점

- 융판이 피교육자의 눈 높이에 있어야 하고, 윗부분을 뒤로 약간 기울이는 것이 좋다.
- 제시한 내용을 어디서나 다 잘 볼 수 있게 실내광도를 고려하는 동시에 제시할 교재도 충분히 커야 한다.
- 제시 전에 그 자료를 순서대로 잘 정돈해 두어야 한다.
- 한 번에 너무 많은 종류를 제시하지 말아야 한다.
- 제시할 때는 아래서 위로 밀면서 붙여야 한다.
- 색의 조화를 고려해야 한다.

다. 괘도

괘도란 선이나 기하학적 형태 또는 회화적 표상이다. 시각교구로서의 괘도가 가지고 있는 기능은 문자에 표현된 것을 시각화함으로써 더욱 간략하게 하고 계통을 세우고 알기 쉽게 분류하고 정리하는데 있다.

그러므로 괘도는 시각적인 표상으로서 대조·대비·요약·설명의 보조적 자료로 생각할 수 있다.

① 괘도의 교육적 가치

복잡한 사물이나 문장으로서는 이해하기 곤란한 개념이나 아이디어를 시각화하여 간소화함으로써 보다 이해를 용이하게 해준다.

사물이나 사상이 체계적으로 분석되어 알기 쉽게 설명된다.

체계적으로 분류 및 정리되어 있으므로 그 내용이 일목요연하게 나타난다.

이와 같이 괘도가 차지하고 있는 교육적 가치는 학습에 있어서 학생들의 이해를 깊게 하고 사고과정이나 학습의 내용을 용이하게 하며 흥미를 일으키고 더욱 효과적으로 진행시키는데 있다고 볼 수 있다.

② 괘도사용상의 유의사항

괘도에서 나타내고자 하는 내용은 가능한 한 간략하게 통합적으로 나타내야 한다.

그림이나 색을 사용하여 괘도의 효과를 높일 수 있으나 이로 인하여 복잡하지 않도록 해야 한다.

수량을 나타내는 경우 숫자를 필요로 할 때는 간략화 시켜야 한다.

글씨의 크기나 서체, 배색 등은 보기 쉽고 이해가 쉽도록 해야 한다.

피교육생들이 이해하기 어려운 특별한 기호 등은 될 수 있는 대로 사용하지 않는 것이 좋다.

자료의 근거는 명확하고 정확해야 하며 자료는 새로운 것이어야 한다.

괘도 작성시 질이 좋은 종이를 택하여 여러번 학습활동에 쓸 수 있도록 하는 것이 경제적이다.

라. 실물

학습현장을 사회의 현장에 진출시켜 사회의 문제를 강의실에 이끌어 들여 현장학습을 방불케 하는 유익한 요소를 가진 교재를 자원으로 하여 유효적절하게 활용할 수 있는 것이 실물이다.

① 실물의 장·단점

- 장점
  - 시각의 대상이 되는 사물을 자연의 상태로서 관찰하는데 좋다.
  - 구체적이고 직접적·입체적인 관찰을 할 수 있다.
  - 형태·색채·음식·맛 및 견고 등의 정도를 직접 조사할 수 있다.

– 자연물에 의한 산 교재를 주어 실생활과 결부시켜 준다.
– 시간적 여유를 가지고 충분한 관찰과 실험·실습이 가능하다.
– 교과의 학습상황을 종합적으로 체험할 수 있어 실생활에 기여할 수 있다.
– 영화나 환등기와 같은 특별한 교구나 시설이 필요 없으며 다른 시청각 교재가 하지 못하는 효과를 지니고 있다.

• 단점
– 실물을 강의실로 옮겨 놓기가 곤란한 경우가 많다.
– 실물에 대한 교육자의 지식이 부족할 때, 학습자에게 혼돈을 일으키게 하는 경우도 있다.
– 학습자가 실물에 대해 사전 지식이 없게 되면 실물 이해에 대한 편견이 생길 수 있다.
– 실제 학습하고자 하는 실물을 찾기가 어려운 경우가 있다.

마. 모형

실물이나 표본과 같이 현장학습에 가장 적당한 학습자료로서 거대한 사물이나 미생물의 생태 혹은 실물로서 등장시킨다해도 관찰이 용이하지 않아 여기에 모형이 필요하다.

복잡한 것을 단순화하고 중요한 부분만을 노출시킴에 따라 피교육자로 하여금 원리원칙을 빨리 납득시키도록 함이 모형의 중요한 목적이다.

① 모형의 종류

• 단면모형 : 실물의 내부구조를 볼 수 있게 종이나 횡으로 단면이 드러나게 해서 만든 것으로 자동차의 엔진 단면모형이나 인체의 내부 등을 들 수 있다.
• 조립모형 : 실물의 부분을 단순화하고 또한 이들의 부분모형을 조립함으로써 전체나 부분 상호간의 관계를 쉽게 알도록 만들어진 것으로 조립식으로 된 기계나 인체 등의 모델을 말한다.
• Mock－up : 실물을 모방한 모형으로 실물의 필요한 부분만을 강조하여 동작도 가능하게 만들고 필요하지 않은 곳은 생략하는 형식이다.
• 활모형 : 실물과 동일하게 조작할 수 있게 만들어진 모형으로 과정이나 조작운동의 원리를 회복시키는데 도움이 되는 모형이다. 펄프나 자동차나 그 밖의 엔진 및 핸들의 움직임 등을 나타내는 것 등이 이것이다.

바. 슬라이드 및 환등기

슬라이드 및 환등기는 움직이지 않는 화면을 확대하여 다수인에게 동시에 관찰할 수 있게 한 것으로 시각상의 효과적인 방법이다.

① 슬라이드의 특성

- 확대된 영상을 정지한 상태로 볼 수 있다.
- 다수의 학습자에게 동일경험을 동일시간 내에 인상적으로 줄 수 있다.
- 영사상의 시간적 제약이 없는 일, 학습의 필요에 따라서 동일화면을 언제까지나 투영할 수 있으며 또한 영사한 화면을 즉석에서 역전하여 보여 줄 수 있다.
- 개인차나 발달정도에 적응해서 이용할 수가 있다.
- 슬라이드의 자작이나 복제가 간단하며 제작비가 저렴하다.
- 다양한 표현방식을 구사할 수 있으며 정서적, 오락적, 홍보적 효과가 있다.
- 활용이나 관리가 유리하다.

② 환등기의 종류

- 투사 환등기(Over Head Projector)

  교육자가 학습자와 마주 앉아 교육자는 자료를 OHP(Over Head Projector) 위에다 놓으면 자료내용 그대로 머리 위로 넘어 배면의 Screen에 비치어 학습할 수 있어 교육자는 학습자의 반응을 보면서 교육할 수 있는 기재이다.

  OHP는 영화나 Slide 원리와 비슷한 시각 교재로 흑판과 Slide의 영사기의 특성을 합한 기계라고도 볼 수 있다.

  Slide, Chart에 비교하면 여러 가지 특성을 가지고 있고 학습자와 교육자가 서로 마주 보면서 학습을 진행할 수도 있거니와 밝은 실내에서 활용이 가능하므로 학교교육에서도 많이 이용되고 있다.

- 실물환등기(Opaque Projector)

  오패 프로젝트는 실물환등기 또는 불투명체 투사기로 불리우며 이름대로 불투명체인 실물 그대로를 확대해서 투사할 수 있는 것이며 그 용도의 범위가 넓다.

  슬라이드나 영사기에 비하여 실물환등기는 인쇄된 교재 즉 책, 잡지, 신문 등에서 오린 기사 및 사진, 그림, 도표, 지도 등을 비롯해서 평면적인 제실물은 물론 모형 기구의 부속품 등 크지 않은 입체실물도 확대 및 투사할 수 있다.

실물환등기는 반사광선을 이용하여 제실물을 투사하기 때문에 화면을 선명하게 하기 위해서 실내의 암도가 상당히 강해야 한다.

- 실물환등기의 특징
  - 다루기가 쉽다.
  - 사용하는 비용이 적게 든다.
  - 제실물의 범위가 넓으며 색채도 그대로 나타난다.
  - 실물이 하나 밖에 없거나 또는 작아서 여러 사람이 보기 힘드는 것을 투사함으로써 여러 사람이 동시에 확대된 것을 관찰 연구할 수 있다.
  - 칠판이나 종이에 투사된 것을 그대로 옮겨 그릴 수 있어 편리하다.
  - 학습자의 흥미를 집중시킨다.
- 실물환등기의 조건
  - 조명도가 높아서 선명한 화면을 볼 수 있는 것이어야 한다.
  - 어느 정도의 큰 교재도 사용 가능한 것이어야 한다.
  - 냉각장치가 잘 되었고 또한 진동이나 소음이 없는 것이 좋다.
  - 소재가 용이하며 관리가 간편한 것으로 택해야 한다.

(2) 시청각 교구

가. 교육영화

영화는 지식전달에 매우 유용하게 사용되고 있다. 왜냐하면 영화는 암실성, 연결성 및 극화성을 지니고 있기 때문에 교육영화는 피교육자의 모든 감각기관을 동원할 수 있는 교육적 능력을 지니고 있다.

① 영화의 교육적 특성

- 동적인 제시물이다.
- 주의력을 집중시킨다.
- 흥미로운 학습을 전개한다.
- 사실적인 표현이 가능하다.
- 운동체의 시간적인 조절이 가능하다.
- 시간적인 제한을 받지 않는다.
- 현장학습과 다름없는 교육장면을 만든다.
- 확대 또는 축소하여 강한 인상을 준다.
- 많은 사람들에게 동시에 시청각화시켜 공동경험을 제공해준다.

② 활용시의 유의사항

- 영화는 강한 감정의 유발력을 내포하고 있으므로 비교육적인 모방력이 강하지 않도록 해야 한다.
- 영화는 현실을 재구성한 것인데 이것을 현실로 착각해서는 안된다.
- 영화의 유동적 서술은 학습자의 수용태도가 안이하게 흐르거나 수동적으로 작용치 않도록 해야 한다.
- 교재로서 이용할 수 있는 적절한 영화를 구해야 한다.
- 속도가 빠르므로 여러번 반복해서 충분히 이해시켜야 한다.

나. VTR

VTR은 Video Tape Recorder의 약칭이며 자기 테이프에 의하여 영상신호에 의한 영상과 음성신호에 의한 음성을 기록하고 재생시키는 기능을 가지고 있는 녹화기를 말한다. 녹음기는 음성만을 기록하지만 VTR은 소리와 영상을 함께 기록하고 모니터 TV를 통하여 영상을 볼 수 있고 음성을 들을 수 있으므로 촬영카메라와 녹화기 그에 따른 모니터용 TV 수상기를 합쳐서 VTR 세트라 한다.

① VTR의 특징

- 기록재생성 : 영상과 음성을 있는 그대로 녹화하여 보존하고 필요한 때에는 재현시켜 줌으로써 시간적 제한을 극복하게 한다.
- 반사반영성 : 자신의 현상을 거울과 같이 반사시켜 준다. 특히 교육자 자신이 수업한 과정을 기록한 Video Tape를 재생시켜 봄으로써 결함을 파악하고 자기 평가에 의한 수정으로 교수-학습방법의 개선에 많은 도움을 줌으로써 교육자의 자질을 높이는데 이바지할 수 있다.
- 즉시성 : 바로 그 자리에서 기록하고 재생할 수 있다.
- 보존성 : 녹화된 비디오 테이프는 반영구적으로 보관할 수 있다.
- 반복성 : 계속해서 되풀이하여 볼 수 있다.
- 분배성 : 케이블로 연결하면 여러 곳에서 볼 수 있다.
- 명암 : 밝은 곳에서도 볼 수 있다.

② VTR의 교육적 기능

- 교재의 녹화이용
  - ㉮ TV 프로그램의 녹화이용 : 녹화해 두었다가 학교활동 또는 교재진도에 맞게 편리한 시간에 재생해서 시청시킬 수가 있다.
  - ㉯ 녹화교재의 자작이용 : 필요에 따라 교육자 자신이나 학습자들이 자작해서 교재로 활용할 수 있다.

㉰ 시범적인 기능과 연기의 녹화이용 : 체육이나 기계기구의 사용법 실험과정 등 시범적인 것을 녹화하여 반복 시청시킴으로써 효과를 올릴 수 있다. 특히 클로즈업 또는 슬로우 비디오를 보게 함으로써 더욱 효과적일 수도 있다.

㉱ 녹화재생의 반복기능 : 카메라 앞에서의 동작을 녹화해서 바로 그 자리에서 봄으로써 자기의 동작을 스스로 수정하게 할 수 있다. 또한 교육자의 수업을 그대로 녹화해서 교육자의 교육태도와 능력 또는 자료준비 등 여러 가지 면에서 검토·분석할 수 있다. 녹화를 하면 교육자의 설명이나 질문하는 음성이나 표정까지도 분명히 기록될 수 있을 것이며 학습자의 반응까지도 자세히 정확하게 재생시킬 수 있기 때문에 교육연구에 매우 좋은 방법이 된다.

③ VTR의 종류

녹화테이프 폭에 따라서 2인치, 1인치, ¾인치, ½인치 및 ¼인치 등이 있다. 자가헤드의 상태에 의한 분류로는 고정헤드식, 회전헤드식으로 분류되며 외형상의 분류로는 오픈릴식, 매가진식 등이 있다.

7. 연설식 방법

1) 연설의 개념

웹스터(Daniel Webster 1772~1852)는, 「내 개인적 자질 중에서 어떤 하나만을 꼭 택해야 된다고 하면 나는 서슴치 않고 연설의 힘을 취하겠다」라고 하였다.

웹스터는 연설로서 한때 대통령 못지않은 위력을 지니고 정치가의 큰 긍지를 가졌었다. 요컨대 연설이란 사회생활을 하는 평등한 만인간의 생활기술인 것이다.

연설이란 한마디로 말해 <사상의 구두 전달>(Oral Communication of Ideas)이라고 정의할 수 있다.

그런고로 연설은 반듯이 <말>이라는 매개물이 사용되어야 하며, 행동이나 표정이나 글만으로써 의사를 전하는 것은 연설이라 할 수 없다.

오늘날 연설은, 종래의 개념으로부터 탈피하여 <이야기>라는 개념으로 취급되어 오고 있다. 연설하는 연사중심이 아니라 청중중심에 역점을 두고 있기 때문이다. 그러므로 연설 그 자체는 어디까지나 의사전달의 과정이므로 상호적 의사전달(Two way Process Communication)에 기점을 두게 된다.

2) 연설의 종류

연설의 유형은 여러 가지로 분류하여 살펴볼 수 있다. 일정한 분류방법에 따라 연설의 유형을 기술하면 다음과 같다.

(1) 연설형식에 의한 분류

가. 낭독식 연설

연설자가 연설할 내용을 미리 원고로 작성하여 이것을 읽는데 그치는 연설형식을 낭독식 연설이라고 한다. 이 연설형식은 청중을 전혀 고려할 수 없기 때문에 융통성 있는 연설이 되지 못한다.

다만 중대한 연설로서 문구 하나하나 커다란 파문을 일으킬 만한 신중한 연설을 할 때에는 미리 충분히 검토하여 연설을 할 수 있기 때문에 그런 경우에 채택될 만한 연설형식이다.

나. 암송식 연설

미리 준비한 연설내용을 연설자가 암기하여 연설하는 것을 암송식 연설이라고 한다.

대개 중·고등학교 학생들이 웅변대회에서 하는 양상이 바로 이 암송식 연설의 형식이다. 이것은 낭독식 연설이 가지는 성격과 비슷하며 다만 연설도중에 암기한 내용을 잊으면 다시 회상하기 어려워서 실패하기 쉽다.

그뿐 아니라 연설 도중에 암기한 내용을 잊기 않고 그에 급급하게 되어 청중에 대한 반응을 고려할 수 없고, 연사가 취하는 제스처나 태도 등 모두가 꾸며진 형식을 탈피할 수 없으므로 어색한 연설이 될 수도 있다.

따라서 여러 가지 연설형식 중에서 이 암송식 연설형식은 별로 권할 수 없는 단점이 많은 형식이다.

다. 즉흥식 연설

즉흥식 연설은 연설자가 연설 준비를 하지 못한 경우 연단에 임하여 생각나는 대로 즉흥적으로 연설을 하는 것이다. 따라서 즉흥연설을 하는 사람은 대개가 연설을 잘 한다고 자신을 갖는 사람이 사전 준비없는 연설을 하게 되는데 청중의 반응에 가장 신속히 적응할 수 있는 융통성 있는 연설로서 특이한 장점이 있다.

경험이 적은 연설자는 상당한 준비를 한 연설일지라도 연단에 서면 기억을 할 수 없어 잊어버리게 되는데, 오히려 최소한 연단의 공포심이 적은 경험 있는 연설자는 보통 연설을 하는 중에 준비하지 않았던 새로운 <아이디어>가 떠오르게 되는데, 즉흥 연설을 하는 연설자는 반드시 하여야 할 연설을 하는 것이 아니라 지역적인 문제를 상세히 다루는 등 횡설수설하게 되어 소기의 성과를 거두지 못하게 될 가능성이 크다.

이와 같이 즉흥식 연설이 가지는 단점 역시 치명적이다.

라. 요점식 연설

요점식 연설은 낭독식 연설의 장점과 즉흥식 연설의 단점을 종합한 가장 효과적인 연설형식이다.

요점식 연설은 미리 준비한 연설내용의 요점을 미리 외우거나 간단히 적고, 특히 하고 싶은 예문이나 통계숫자 등 잊어버리기 쉬운 내용을 요약해서 그것을 가지고 연설을 하는 것이다. 그러므로 간단한 메모를 가지고 연설을 하게 되므로 청중의 반응에 융통성이 있으면서 소기의 성과를 달성할 수 있는 효과적인 연설이 될 수가 있다.

흔히 연설의 요점을 작성하게 되면, 자연히 연설 전반에 대한 사전 준비의 과정을 반드시 거치게 되므로, 완전히 작성해 놓은 원고나 다름없을 것이다. 그러므로 이상에서 다룬 네 가지 연설형식 중에서 우리들은 가장 이상적인 형식인 요점식 연설에 대한 연구를 할 필요가 있다.

우리가 흔히 말하는 <브리이핑(Briefing)>도 이 요점식 연설의 형식임을 부언해 둔다.

(2) 연설내용에 의한 분류

가. 환영연설

우리는 축사, 식사, 기념사 등 여러 가지 사교적 연설을 하게 되는데, 이것은 대개 어떤 사람의 축복, 격려 등을 표현하기 위하여 행해지는 연설이다.

나. 보고연설

견학, 시찰, 현황 등을 상관 또는 외부 인사에게 전달하기 위하여 연설하는 수도 있다. 따라서 이 연설은 연설자가 보고 느낀 것을 그대로 발표해서 청중으로 하여금 그 현상을 그대로 그려볼 수 있도록 보고하는 연설을 보고연설이라고 한다. <브리이핑> 또는 기행담, 강연회, 경험담 등은 전형적인 보고 연설이다.

다. 설득식 연설

설득식 연설을 할 필요를 느낄 때에는, 보통 청취자를 감동시켜 어떠한 행동으로 발전되도록 하는 경우이다. 환영연설이나 보고연설이 많이 활용되고 있지만, 일반적인 관념으로는 연설을 듣는 사람으로 하여금 연설자가 원하는 상태에 도달되도록 하기 위한 연설이 많다. 그러므로 연설자는 청취자를 설득시키지 않으면 안된다. 그러므로 연설자는 청중의 심리를 자극하여 그가 의도하는 상태로 만들도록 할 필요가 있으며, 그러한 심리상태에서 청중들은 소극적이거나 적극적이거나 어떠한 행동으로까지 이르도록 하여야 한다. 따라서 청취자는 스스로 감동되어서 심리적으로 자극되어야 하며 연설자는 내용은 물론 행동, 태도 모두가 청취자를 설득할 수 있어야 한다.

(3) 연설형(Type)에 의한 분류

연설을 그 형에 의하여 분류하는 것은 완전히 연설자의 객관적인 형태에 의한 것이다. 다음에 소개하는 연설이 주로 사용되는 형식이다.

가. 웅변형

웅변대회에서 볼 수 있는 형식으로 연설을 고정적이고 형식적인 틀이 있는 것으로 생각하고, 가락을 높여 자기의 본래 가지고 있는 음성이 아니고 변화시킨 것으로 하고, 몸은 딱딱하고 주먹으로 책상을 치는 등의 연설을 웅변형이라고 한다.

나. 미문형

고전적 미문형 연설이란 고전적인 어려운 문장이나 멋진 소설식의 문체 또는 유명한 문구를 인용하여 풍부한 지식을 과시하는 연설형식이다. 그러나 이러한 연설은 무엇을 이야기하는지 즉시 이해가 되지 못하며 애매한 내용이 되기 쉽다. 예컨대 오랜 세월이란 말을 구태여 유구 반만년이니, 노했다는 말을 천인공노라는 등의 표현을 쓰는 연설이다.

다. 독선형

대학 교수나 어떤 분야의 지식이 많은 사람들이 청중이야 듣건 말건, 이해하건 말건, 혼자 어려운 전문어를 사용하면서 하는 연설이다.

라. 횡설수설형

연설자는 “즉”, “다시 말하자면”, “환언하면” 등을 되풀이하다가 무슨 뜻인지 자신도 모르게 되는 수가 있다. 주로 준비 없는 연설자 중에서 많다.

마. 호소형

연설자 자신의 기분이나 주관은 고려하지도 않고 무조건 청취자에게 호소하는 식의 연설이다.

바. 설교형

교회 목사들에게 이런 경우가 많은데 독선형과는 달리 청취자를 무시하고 유아독존격으로 연설한다.

사. 회담형

회담연설이란 마치 여러 사람들과 친밀하게 대화하는 식으로 하는 연설을 일컫는다. 이는 청중에게 친밀감을 주고, 연설에 감정을 넣어 청취자를 감동시킬 수 있으며, 연설자나 청취자가 하나로 동화될 수 있는 이상적인 연설형식이다. 또 이 연설법은 웅변형의 연설을 탈피하여 새로이 우리들이 연구할 만한 소재를 가진 연설형식이다.

이상에서 설명한 여러 가지 형식의 연설은 개별적이며 독단적인 것이 아니고 서로 관련되어 대개의 경우 복합적으로 적용되므로, 여러 종류의 연설형식의 장점을 선택 응용함으로써 연설에 도움이 되도록 할 것이다.

3) 연설의 준비단계

유명한 설교가 「H. W 비쳐」에게 청중의 한 사람이, “그 설교를 준비하는데 얼마나 오래 걸렸어요?” 하고 질문을 하니, 그는 간단히 「40년」이라고 대답하였다. 「다니엘·웹스터」는 즉석 연설을 잘하는 비결을 묻는 사람에게 “젊은이여, 세상에 그런 법이 있을 수 있나”하며 무안을 주었다고 한다.

(1) 연설의 목적 및 제목 결정

가. 목적의 결정

연설의 일반적인 목적은 다음과 같다.

① 어떤 것에 대하여 감명이나 인상을 깊게 하기 위하여,

② 어떤 것을 설득시키거나, 납득시키기 위하여,
③ 말하는 연사의 의도에 따라 행동시키기 위하여,
④ 보고 및 설명을 하기 위하여 등의 필요에 따라 연설의 목적을 결정한다.

나. 제목의 결정

연설 제목의 결정은 연사 자신이 잘 알고 있고, 참고자료를 손쉽게 구할 수 있는 것이어야 한다. 또한 연사 자신이 흥미있는 제목을 선택하여야 한다.

만약 흥미없는 제목이라면 연설준비에 자연히 열의가 없고 맥빠진 연설이 될 것이다.

다음으로는 청중에게 흥미있는 제목의 선택이 중요하다. 청중의 생활에 근본적으로 중대하고 유익한 내용이며, 새롭고 그 시기에 알맞은 제목을 선택해야 한다.

또한 제목의 범위가 한정된 것으로, 연설시간 내에 소화할 수 있는 것을 결정하여야 한다.

(2) 청중 및 상황분석

가. 청중분석

연설이란 연사와 청중이 있어야 이루어지는 것이라는 것은 이미 앞에서 설명하였다. 보다 효과적이고 성공적인 연설을 하기 위해서는 청중의 분석이 중요하다.

이 청중분석의 요건은 다음과 같다.

① 청중 수의 다소.
② 성별.
③ 연령정도.
④ 교육정도.
⑤ 직업분포.
⑥ 사회적 배경.
⑦ 경제적 배경.
⑧ 문화적 배경.
⑨ 주제에 대한 지식 여부.
⑩ 청중의 분위기.

이상의 제 요건을 충분히 분석하면, 연설을 준비할 때 그 내용은 좀더 현실적이고 효과적인 것이 될 것이다.

나. 상황분석

나치스 독일의 「히틀러」는 저녁이 아니고서는 연설을 하지 않았다 하며 재치 있는 신부가 장례식 미사를 아침 일찍 또는 저녁에 드린다는 것은, 연설에서의 상황이 중요하다는 것을 말해주고 있는 것이다.

즉, 효과적인 연설을 하기 위해서는 연사에게 주어진 시간이 얼마이고 시기는 언제인가를 고려하여 연설에 임해야 하며, 연설할 장소가 어디이며, 그 크기는 얼마나 되는가를 미리 분석하는 것은, 연설의 준비과정에서 빼놓을 수 없는 일이다.

(3) 연설 개요의 작성

연사가 연설의 제목과 목적을 결정하고 누구에게 어디서 얼마동안 연설할 것인가를 분석하고 나면, 개요작성에 들어가게 되는 것이다.

연사는 연설할 내용의 골자를 3~4개 작성하여 전체적인 연설내용을 일목요연하게 알 수 있게 해놓는다. 즉, 연설의 중요 내용이 되는 것이 바로 개요작성인 것이다.

(4) 자료수집

연설 개요에 따라 자료를 수집하게 된다. 이 수집된 자료는 연설의 피가 되고 살이 되는 것이며 성공적인 연설의 관건이 된다.

자료수집의 방법은 광범위하다. 따라서 연설을 준비하는 자는,

첫째로, 이미 설정한 목적과 제목, 그리고 개요작성에 준하여 조금이라도 관련이 되는 자료는 다 수집할 필요가 있다. 왜냐하면 성공적인 연설을 위해서는 다방면에 걸쳐 광범위하고 충실한 내용이 되어야 하기 때문이다.

둘째로, 자료수집은 사실에 의한 수집을 위주로 할 것이며, 연사의 경험으로 충분히 소화할 수 있는 것이어야 한다. 아무리 훌륭한 자료라 할지라도 연사가 이 자료를 충분히 활용하지 못하면 불필요한 자료가 되고 만다.

연설자가 다방면으로 광범위하게 수집한 자료를 욕심부려 전부를 사용하려고 한다면 연설의 내용은 무질서해질 것이다. 따라서 수집된 자료를 분석해서 첫째로, 연사가 알고 있는 경험의 정도를 참작하여 작성하며 둘째로, 가장 과학적이고 논리적인 자료를 선정할 것이며 셋째로, 타당성 있는 자료를 선정할 것이며 넷째로, 너무 자료에 구속받지 말고 내용보강을 위해 사용할 수 있는 자료를 선택해야 한다.

즉, 수집된 자료는 충분히 검토하여 연설에 활용하여야 한다.

(5) 내용의 조직

내용의 조직단계는 연설준비 중 가장 핵심이 되는 것인데, 수집된 자료를 분석 검토하여 실제로 연설구성에 들어간다.

또 내용을 조직하는데 있어 고려해야 할 것은, 재료의 배열과 논점을 유기적으로 전개하는 법이다. 내용의 조직에는 일정한 원칙이 있는 것은 아니지만 자연스러운 순서로 조직하여야 한다. 연설내용을 명확히 하고 청중의 이해를 도모하기 위해서는, 다음의 다섯 가지 순서를 고려하여 조직한다.

① 시간적 순서
② 공간적 순서
③ 원인 결과의 순서
④ 문제해결의 순서
⑤ 중요성의 순서

연설내용의 조직은 다섯 가지의 순서를 염두해 두고 서론, 본론, 결론의 단계로 연설내용을 논리적으로 조직한다.

(6) 보조재료 사용의 준비

지난 날의 연설은 언어표현 능력과 풍부한 지식만 구비하면, 훌륭한 연사로서 인정을 받았으나, 현재의 풍부한 의사전달 능력이란, 단순히 말로 표현하는 능력만을 뜻하는 것이 아니고, 오히려 말로 표현할 수 있는 능력에 한 걸음 앞서서 보조물을 사용할 수 있는 능력도 겸비하고 있어야 훌륭한 연설을 할 수 있다고 한다.

연사가 청중에게 연설내용을 용이하게, 또 나아가서는 흥미있게 이해시키기 위해서 객관적이며 과학적인 신뢰성을 주는 보조자료를 사용해야 한다. 또한 보조자료는 청중의 주의를 집중시킬 수 있는 동기부여의 역할도 한다. 일반적으로 연설에서 많이 사용되고 있는 보조 재료는 시청각 보조 재료이다.

(7) 연습

연습이란 연설준비의 마지막 단계로서, 체계적으로 분석 검토되어 조직된 내용을 종합적으로 실제 실시해 보는 것이다. 특히 시간 조정에 관한 검토단계라고도 할 수 있다.

연습이 부족하면 연단 공포의 원인이 된다. 충분한 사전연습은 성공적인 연설의 관건이라는 것을 연사는 명심해야 한다.

4) 연설의 전개요령

연설의 전개요령에는 <3단계법>과 <5단계법>이 있다.

(1) 3단계 전개요령

과거부터 많이 사용해 오던 방법으로 서론, 본론, 결론의 3단계 전개법이 있다.

가. 서론

서론은 청중들로 하여금 연설을 들어야 할 필요성과 중요성을 인식하게 하여 흥미있게 경청할 수 있도록 자극하는 단계이다.

그러므로 서론은 본론에서 취급할 내용을 말해 주고 청중의 청취의욕을 고취할 수 있어야 한다.

서론에서 다루어야 할 사항은 다음과 같다.

① 주의집중
서론에서는 무엇보다도 우선하여 청중의 주의를 집중시켜야 한다. 즉, 동기를 부여하여 청중에게 흥미있는 마음으로 경청할 수 있는 분위기 및 기분을 조성해 주어야 한다.

② 중요성을 강조한다.
연사는 연설내용에 대한 중요성을 강조함으로써 청취의욕을 북돋아 줄 수 있다. 그러므로 자기가 하는 연설은 대단히 유익한 것임을 암시해 주면서 중요성 내지는 필요성을 강조하여야 한다.

③ 연설의 개요를 소개한다.
개요라 함은 연설에서 취급될 내용의 개괄적인 범위를 청중에게 미리 알려주는 역할을 한다. 개요를 소개하지 않으면 청중은 앞으로 전개될 내용에 대한 의심이 생겨 주의가 산만하게 될 우려가 있다. 청중이 연설의 내용을 어렴풋이 나마 알면 청취 의욕이 고취되는 것이다. 또한 개요를 소개하는 것은, 연사에게 있어서는 자기가 연설할 내용의 지침이 되며 청중에게는 반드시 필요한 것이다.

나. 본론

연설의 중추적인 내용이 되는 것이 바로 본론이다.

본론 작성에는 다음과 같은 유의점이 있다.

① 연설내용 그 자체가 충실해야 한다.

② 내용에서 다루어지는 요점은 3개 내지 4개가 이상적이다.

아무리 오랜 시간에 걸쳐서 연설하더라도 중추적인 요점은 몇 가지 밖에 되지 않는다. 또한 청중에게 연설내용을 기억시키는 데에도 요점은 3~4개가 적합하다.

③ 내용이 논리적이어야 하며 단계별 전이가 자연스러워야 한다.

연설 내용의 전개에서 가장 중요한 것은 논리에 부합되도록 내용을 조직해야 한다.

또한 내용의 전달요령에 있어서도 중요한 것부터 덜 중요한 것으로, 고대로부터 현대로, 기지의 사실로부터 미지의 사실로 이런 순으로 내용을 조직하여야 한다.

그리고 내용과 내용간의 전이에도 신중한 주의가 요구된다. 전이가 어색하거나 전이에 모순이 있을 경우에는 청중에게 웃음의 대상이 되며. 청중이 이해하는 데에도 많은 곤란이 야기된다.

④ 내용의 흐름이 계속 청중을 자극할 수 있어야 한다.

연사는 청중의 심리를 최대한으로 이용할 수 있어야 한다.

⑤ 청중에게 친근감을 주는 참신한 내용이어야 한다.

다. 결론

결론은 연설의 마지막 단계로서, 본론을 명확하게 회상시켜 기억의 편의를 도모하는 것이 주된 역할이다. 그러므로 결론에서는 본론에서 다루었던 내용을 전반적으로 요약해 주어서 청중의 이해에 도움을 주고 유익한 내용을 청취했다는 인상을 줄 수 있어야 한다.

① 본론의 주요 내용을 요약한다.

② 제 동기부여를 한다.

③ 본론에서 취급하지 않은 새로운 사실을 말해서는 안된다.

(2) 5단계 전개요령

가. 주의를 끄는 단계

연사가 청중의 주의를 집중시키는 단계라 하겠다. 즉, 청중들로 하여금 연사가 하는 말에 흥미를 가지고 경청할 수 있는 분위기를 조성하는 단계이다. 주의를 집중시키는 방법으로 다음과 같은 것을 사용함이 효과적이다.

① 대담하고 기발한 표현
② 청중의 반응을 위한 수사적 질문 사용
③ 주제와 관계되는 속담 소개
④ 실물, 참고물, 증거물의 이용
⑤ 유머나 개인적 경험담
⑥ 청중에 대한 인사

나. 필요를 보이는 단계

이 단계에서는 연사가 연설을 하게 된 이유와 청중이 본 연설을 들어야 하는 이유를 제시하여 청중에게 주제에 대한 중요점을 강조하는 단계이다.

즉, 주제의 줄거리를 제시하고, 주제의 목적을 암시해 줌으로써 청중에게 흥미있고, 유익한 문제라는 점을 인식시켜 필요를 느끼게 하는 단계이다.

다. 필요를 만족시키는 단계

앞의 단계에서 제시한 문제들을 하나하나 해결해 가는 단계이다. 즉 제시된 문제들을 하나하나 설명하고 증명하는 단계이다.

라. 구체화의 단계

설명되고 증명된 문제들에 대하여 전문가의 말을 인용하거나, 명확한 사실을 말함으로써 문제를 명확하게 마무리 해주고 구체적인 해결방안을 결정짓는 단계이다.

마. 행동화의 단계

연설의 마지막 단계로서 청중에게 연설내용이 중요하고 유익한 것이라는 것을 재강조하고, 해결된 문제들을 요약해 주는 단계이다.

이상에서 설명한 5단계 전개요령을 3단계 전개요령과 비교하면, 주의를 끄는 단계와 필요를 보이는 단계는 3단계 전개요령의 서론이며, 필요를 만족시키는 단계와 구체화의 단계는 본론이고, 행동화의 단계는 결론에 해당되는 것이다.

5) 연설 태도

(1) 연단공포

가. 연단공포의 원인

① 경험이 부족한 경우

② 신체적 조건이 불량한 경우
③ 준비를 하지 않은 경우
④ 음성 조절을 못하는 경우
⑤ 청중으로부터 도전이 있는 경우
⑥ 청중을 장악하지 못한 경우

연단공포의 원인 가운데서 신체의 조건이 불량한 경우는 약을 먹거나 휴식을 충분히 취하면 될 것이고, 준비를 하지 않은 경우는 연설 준비에 충실하면 해결이 된다.

위에 열거한 모든 연단 공포의 원인은 그것을 역으로 생각하면 해결될 수 있다. 그러나 노련한 연설자도 함께 당하는 연단공포는 우선 발성 조절과 몸가짐으로 어느 정도 공포심을 극복할 수 있다.

예를 들면 연단에서 공포심을 가질 때에는 음성이 떨려 나오며, 또 음성이 떨리면 몸이 떨려서 당황하여 실패하고 마는 경우가 있다. 그럴 때면 숨을 마음껏 들이마시고 천천히 내어 쉬는 것을 몇 번 계속하면, 음성이 떨리는 정도의 공포는 어느 정도 제거할 수 있다. 또한 연단에서의 공포심은 자연스러운 자세와 아랫배에 힘을 주어 마음을 가라앉힘과 동시에 몸짓과 태도를 의식적으로 천천히 함으로써 이들을 제거할 수 있다.

(2) 연단에서의 발성법

음성은 적절한 성량으로 청중에게 고루 들릴 수 있어야 하며, 속도는 내용에 적응하게 하여야 한다. 따라서 "인토네이션"(Intonation)을 내용과 합쳐 할 수 있도록 음성에 감정을 넣어 발성하여야 한다.

연단에서 적절한 발성을 위해서는 다음과 같은 방법이 효과적이다.

① 호흡 조절
② 목청을 가다듬는다.
③ 입을 크게 벌린다.
④ 간단, 명료하게 발음한다.
⑤ 고저, 강약, 속도를 조절한다.

(3) 연단에서의 의사전달 기술

가. 첫인상을 잘 보일 것.

연설자는 청취자에게 첫인상을 잘 보여야 한다. 청취자는 연설자의 출현에 관심이 크며, 기대를 하게 되므로 많은 호기심을 가지고 있다. 따라서 연설자는 이 때에 첫인상을 잘 보이어 그들의 호기심에 영합하면서 좋은 인상으로 시종 연설을 들을 수 있게 해야 한다.

나. 동작을 자연스럽게 한다.

연설자의 자연스러운 행동으로 청취자를 완전히 장악할 필요가 있다. 또 연설자는 연단도 완전히 장악하면서 자유자재로 최대한의 활용할 필요가 있다.

그러므로 우선 연설자의 차렷 자세가 아니라 반 발 정도 옆으로 벌리고, 가슴을 펴고, 다리에 힘을 주어 자연스러운 자세로서 연단을 완전히 잡아야 할 것이며, 그 다음으로 미소를 지으면서 안정된 마음으로 서서히 평안하고 자연스러운 자세를 유지하고, 위치를 지나치게 이동하지 말고, 심호흡을 계속하게 되면 공포심도 제거할 수 있고, 청중에게 신뢰감을 주게 된다.

다. 시선(Eye-Contact)

청중은 연설자의 행동과 언어를 마치 공 치기하는 것을 참관하듯 한다. 그리고 청중은 마치 극장에서 소리는 다 들을 수 있는데도 연기를 실재로 보려고 머리를 기웃거리는 심정과 똑같다. 그러므로 연설자는 자기의 시선에 유의하여야 한다.

연설자가 시선을 모든 청중에게 골고루 돌림으로써 위에 설명한 청취자의 욕구를 만족시켜 준다.

고른 시선은 첫째, 청중의 주의를 집중시키고 둘째, 청취자에게 친밀감을 주어서 연설자에게 호감을 주며 셋째, 청취자를 감독할 수 있는 역할을 한다.

즉, 연설 도중에 연사가 청취자를 자주 쳐다봐서 그들로 하여금 적극적인 참여를 할 수 있게 하여야 한다. 연설자의 시선이 고르지 못하게 되면 주의가 산만하게 되고 친밀감이 없어지며 청취자에게 압박증을 조성하게 되므로 특히 유의하여야 한다.

만약 연설 도중에 아래를 자꾸 내려다보면 청취자들도 함께 아래를 내려다보면서 무엇이 떨어져 그러는가? 하는 심정을 일으켜 주의가 산만하게 되어, 연설자의 연설내용을 이해하려 하지 않게 된다. 이와 같은 예는 얼마든지 있다.

연설자가 연설도중에 시계를 쳐다보았다고 가정하자. 그러면 청취자들도 함께 자기의 시계를 쳐다보면서 거의 다 끝날 때가 되었나하는 생각을 갖게 되며, 이제까지 아무런 생각 없이 청취하던 사람들이 빨리 끝나기만 기다리게 되는 결과가 된다.

원고를 볼 때에도 청취자에게 감지되지 않도록 살짝 보아서 주의를 산만하게 하지 않고, 고루 시선을 배분해서 청중의 반응을 그때그때 감지함으로써 성공적인 연설을 할 수 있다.

라. 얼굴 표정과 몸가짐에 주의를 해야 한다.

(4) 제스처(Gesture)의 사용법

제스처라는 것은 신체 일부의 움직임을 말하며, 연설의 보조적 역할을 해주는 도구이다.

① 제스처는 연사의 열의를 가일층 효과적으로 높여준다. 아울러 제스처는 연사의 성실성을 표시하는 행위가 되어 그 의의가 크다.
② 제스처는 연설 내용을 설명하기 용이하게 하며 강한 표현을 하는데 유효한 보조역할을 한다.
③ 제스처는 청중의 주의를 이끄는 수단이다.

제스처의 사용에 있어서는 다음 몇 가지를 유의하여야 한다.

첫째, 제스처는 자연스럽게 하여야 하며, 조작된 제스처가 되어서는 안된다.
둘째, 제스처는 힘있고, 크게 적극적으로 하여야 한다.
셋째, 강하게 강조할 때에는 힘을 넣은 강한 제스처를 사용할 것이며, 부드러운 자연 현상을 표현할 때에는 부드럽게 하여야 한다.
넷째, 제스처는 적절한 시기에 하여야 하며, 시간적으로 부합되는 제스처이어야 한다.
다섯째, 청중에 따라 적절히 조절하여야 한다. 즉, 남녀노소, 학력의 배경, 직업 등 청취자의 배경에 따라서 적절히 조절하여야 한다.

8. 면담식 방법

1) 면담식 방법의 의의

우리는 지금까지 강의식 및 토론식과 같은 여러 가지 교수방법에 관하여 학습하였다. 이러한 교육방법들은 대부분 한 명의 교육자만이 강당 내에서 요구되고 있으며, 실제로 한 명의 교육자로도 충분한 학습성과를 얻을 수 있다. 그러나 이제부터 소개하고자 하는 <면담식 방법>(Teaching Interview)은 반드시 두 명의 교육자가 필요하다. 한 사람의 교육자는 직접적으로 학과를 담당하고 있는 교육자이며, 또 한 사람은 학과내용과 밀접한 관계를 가지고 있는 전문가(Expert)로서 특별히 초청되어온 사람이다. 이 두 사람이 상호협조에 의하여 질문을 통해서 요망되는 학습결과를 달성하고자 하는 것이 면담식 평생교육방법이다. 바로 이 점이 다른 평생교육방법과 다른 점이다.

대화는 우리 일상생활의 주요한 일부로서 이루어지고 있다. 둘 이상의 사람들이 각자가 소유하고 있는 지식, 경험 또는 의견 등을 서로 교환함으로써 대화가 성립된다. 그런데 면담 즉, 인터뷰(Interview)는 특정한 목표에 목적을 두고 대화를 조절해 나가는 특수한 형태인 것이다. 이러한 대화는 인터뷰를 주관하는 면담자(Interviewer)에 따라서 대화의 내용이 다양하게 변할 수 있다.

흔히 TV나 Radio에서 볼 수 있는 인터뷰 또는 토론회 등에서 사회자는 대개 어떤 목적을 가지고 그 목적에 도달하도록 대화를 이끌어 나간다. 또한 그는 대화 중에 시청자들의 이해를 돕기 위하여 적절한 질문이나 해설을 해주기도 한다. 그리고 사회자와 이야기를 나누는 피면담자는 어떤 분야의 특정한 지식이나, 기술·경험 등을 가지고 있기 때문에 그 분야에 있어서는 다른 사람보다 나은 전문가라고 할 수 있다.

이와 같이 사회자, 피면담자, 시청자의 관계를 학습에 도입한 것이 <면담식 방법>인 것이다. 보다 구체적으로 설명한다면 앞에서 예를 든 내용 중에서 사회자는 학과를 담당하는 교육자가 되고, 피면담자는 학과와 관계된 분야의 전문가가 되며, 그리고 시청자들은 학과교육을 받는 학습자들에 비교되는 것이다.

여기서 교육자의 역할은 면밀한 학습계획을 세운 다음 학과내용에 일치하는 전문가를 선택하여, 그가 소지하고 있는 정확한 지식, 사실적이고 가치있는 경험, 또는 기타 학과에 유익하다고 생각되는 것을 전문가로부터 끌어내서 학습성과를 높이는 것이다. 한편 학습자들은 전문가와 교육자 사이에 진행되고 있는 면담식 학과내용을 적극적으로 경청함으로써 새로운 지식을 배우게 되는 것이다. 이처럼 면담식 방법은 학생들의 교육을 위하여 계획된 학습성과를 만족시키는데 적합한 자격과 경험을 가진 사람을 효과적으로 이용하자는 것이다.

2) 면담식 방법의 활용

어떻게 보면 면담식 학습은 인류사상 최초의 학생이 최초의 질문을 최초의 선생에게 던져올 때, 그 질문에 답변을 해줌으로써 하나의 교육적인 기술로 탄생되었다고 생각된다. 그러나 면담식의 학습이 실제적인 교육방법으로 형식화된 것은 철학자들의 일방적인 강의식 교육방법에 대신하는 교사와 학생간의 대화식 교육으로 <소크라테스>가 처음 시작했을 때부터라고 볼 수 있다. 이 <소

크라테스>식 대화법은 직관적인 지식을 보유하고 있는 여러 사람이 각자가 질문하는 기술을 통하여 지식의 상호교환이 이루어질 수 있다는 것을 전제로 하고 있다. 여기에 참가하는 학습자는 그가 모르고 있던 지식을 대화를 통하여 이해함으로써 배우게 되는 것이다. 현재도 이 대화법은 경영관리, 지휘통솔 및 집단역학의 원리를 발전시키는데 사용하고 있으며, 또한 이것은 회의와 토론 학습법의 기초를 이루고 있다. 이와 같이 교육방법의 하나로서 Teaching Interview는 <소크라테스>식의 대화법이 그 근원이 되고 있다.

면담식 방법은 계획된 학습성과를 얻기 위한 하나의 가치있는 방법으로서 교육자에게 제공되고 있다. 또한 면담식 방법은 어떤 특정 문제분야에 대하여 교육자의 부족한 경험과 지식을 보완해 주는데 사용된다. 그 문제분야의 과목이 매우 전문적이거나 광범위할 때, 외부로부터 역량 있는 전문가(Expert)를 교육의 장으로 끌어들여 부족한 지식의 공백을 보충하는데 이용할 수 있다. 실제로 구미 선진국에서는 초등학교 평생교육에 그 지역사회의 특수 전문직에 종사하는 전문가들(소방관, 경찰관, 은행가)을 직접 초청하여 면담식 교육방법으로 성공하고 있으며, 일반 관리분야에서는 회의토론 지도에 경험을 가진 전문가와 인터뷰를 함으로써 효과를 얻고 있다.

면담식 방법은 교과과정을 새롭고 풍성하게 한다. 항상 똑같은 교육자에 의하여 가르쳐 지고 있는 교육의 장에 전문가 또는 권위자가 나타남으로써 새로운 활력을 불어넣어 주는 경향이 있다. 다시 말하면 교육자가 항상 강의식으로만 가르치다가 면담식 방법으로 변경함으로써 학습에 변화를 줄 수 있다. 이 기술적인 변화는 학습의 성과를 저하시키는 단조로운 형식을 탈피하는데 도움을 준다.

면담식 방법은 한가지 동기부여의 방법으로도 쓸 수 있다. 학과교육의 한 과정으로 소개함으로써 학습자들의 흥미를 유발시킨다. 예를 들면 최근에 월남전선으로부터 실전의 경험을 쌓고 귀환한 용사를 대공산 게릴라전에 대한 학과의 일환으로 초청할 수도 있으며, 응급 처치법에 관한 학과에 외과 군의관이나 위생 하사관을 소개함으로써 보다 효과적인 학습성과를 얻을 수 있는 것이다. 이 외에도 면담식 방법은 문제해결에 관한 학습활동에도 사용할 수 있다. 교육자는 주어진 문제를 해결하기 위하여 어떤 특정 학습분야의 전문가와 인터뷰를 함으로써, 그 인터뷰하는 과정에서 문제에 대한 해결의 실마리를 학습자들에게 제공해 줄 수 있기 때문이다.

3) 학습계획

교육자는 먼저 면담식 방법으로 학습계획을 세우기 전에 학과내용이 면담식 방법에 적합한 것인가를 면밀히 검토하여 그 필요성을 결정하여야 한다. 어떤 과목은 강의식 교수법이나 실습식 또는 토론식 등이 더 적합할 것이며, 어느 일부과목은 면담식 방법이 학습자들 교육에 보다 더 큰 성과를 줄 수도 있기 때문이다.

면담식 방법은 사실적인 지식을 전달해 주는 것보다는 좀더 학구적 태도나 경험 또는 의견 등을 연구하는데 있어서 가장 적합한 교육방법이다. 교육자는 전 교과과정을 검토하여 필요성을 결정함에 있어서 전문가의 초청이 학습성과에 가치가 있다는 확신이 있어야 한다. 그는 기대되는 전문가가 전반적인 학습성과에 절대적으로 요구되는 공헌을 하리라고 믿어야 한다. 동시에 그는 전문가를 초청함으로써 학습목적과 부합시키도록 치밀한 학습계획을 세워야 한다. 학습계획에 필요한 몇 가지 내용을 제시해 보면 다음과 같다.

교육자는 우선 면담학습의 목표를 세워야 한다. 목표가 없는 면담은 전문가와 대화를 나누는 동안 그의 전문적 이론에 너무 깊이 빠질 수도 있으며, 또 결론에 도달하기까지 이론적으로 너무 어려워져서 학습자들이 이해하기 곤란해질 수도 있다는 것을 염두해 두어야 한다. 학습에 목적을 둔 인터뷰는 무엇을 생각하고 있는 마음속에서 "왜"와 "어떻게"들을 세밀히 조사하고, 전문가의 학구적 태도와 견해의 철학적인 바탕을 표면으로 이끌어내야 하는 것이다. 면담식 방법은 어떤 학과의 원리원칙 또는 어떤 사건에 대한 행위 자체보다도 그것이 주는 "중요성", "가치", "원인", "영향" 등을 이해시키는데 보다 더 효과적이다. 그런데 교육과정에 있어서 이들 여러 가지 중요한 부수적 요소들은 학습목적에 영향을 준다.

교육자는 학습목적(Lesson Objective)을 설정한 다음에 그 목적을 달성시킬 학습성과(Desired Learning Outcome)를 몇 가지 세워야 한다. 학습성과는 1시간 교육시간에 둘 내지 셋 정도가 적당하다.

이와 같이 학습성과를 세운 후에 교육자는 <면담학습>에 필수적 요소인 전문가를 찾아내야 한다. 우선 어떤 과제를 연구하는 첫째 단계로서 우리 스스로가 보유하고 있는 인적자원을 개발하는 것이다.

그래서 면담학습에 관계되는 전문가를 선택하는 가장 손쉬운 방법은 평생교육기관 내의 다른 교육자나 동료들을 이용하는 것이다. 아마 훌륭한 전문가는 바로 당신의 옆자리에 있을지도 모른다. 그것이 불가능하면 전문교육기관이나 인접 대학기관, 민간 사회단체 또는 지역사회로부터 전문가를 선택하는 것이 좋을 것이다.

교육자는 할 수만 있다면 잘 알려진 전문가를 선택하는 것이 보다 효과적이다. 일반적으로 유명한 명사들은 학습자들에게 깊은 인상을 주며, 그들의 말을 쉽게 받아들이는 경향이 있다. 더욱이 학습자들은 전문가의 학위정도에 대해서 강한 인상을 받기도 하고, 전문가의 증언내용을 액면 그대로 받아들이는 경향이 있다. 확실하게 설명할 수는 없으나, 다만 교육장 내에 전문가가 왔다는 사실만으로도 진지한 학습분위기를 만들 수 있다. 그러나 전문가란 일반적으로 어느 한 분야에 국한된 전문가이지 모든 분야에 걸친 전문가는 아니다. 따라서 전문가는 어떤 특수분야의 전문지식을 가진 사람이며, 특정분야에 있어서의 권위자이다. 정치학 전문가가 반드시 경제학 전문가는 될 수 없는 것이다. 그러므로 전문가를 선택하는데 있어서 교육자는 신중을 기해야 한다.

일단, 면담학습에 요구되는 전문가를 선택한 후에는 그에 관한 인적사항과 저서 등에 관하여 면밀한 조사를 해둘 필요가 있다. 교육자는 그 전문가가 확실하고, 정확한 학습자료를 제공할 수 있는지 조사하여야 하며, 동시에 그가 자기 견해를 허심탄회하게 발표할 수도 있고, 또한 그의 견해에 대한 논거를 명확하게 설명할 수 있는지 알아보아야 한다. 만일 그 전문가가 정말로 진짜 전문가가 아니거나, 또는 학습에 장애를 줄지도 모르는 건전한 성격을 갖추지 못한 사람이라면, 교육자는 다른 전문가를 찾아내도록 해야 한다.

교육자는 면담식 방법으로 가르칠 수 있는 학과내용을 연구하는 데에 많은 시간을 보내지 않으면 안된다. 교육자는 전문가의 경력을 조사하여 만일에 그 전문가에 관한 저서가 출판되었거나, 사회적으로 알려진 일이 있었다면, 그의 소견이 어떤 것인가를 이해하기 위하여 조사하는 것이 좋다. 여기서 그의 의견이나 연구사실에 무엇인가 중요한 내용이 있다면 학생들에게 가장 가치있는 것이 될 수 있도록 발췌하여 두는 것이 좋을 것이다.

교육자는 <면담학습>의 과목을 연구하는데 있어서 세밀한 부분까지 폭을 좁혀 나가야 한다. 즉, 면담 진행 중에 어떠한 과목내용을 어떻게 세분화시켜 나가야 할 것인가? 어떠한 질문이 가장 바람직한 대답을 끌어낼 수 있을 것인가? 전문가의 응답에 면담자로서 어떤 반응을 보여주어야 할 것인가? 등과 같은 면담자체에 대해서 연구하지 않으면 안된다. 사실상 교육자는 전문가처럼 인터뷰의 과목내용을 깊이 알고 있을 필요는 없는 것이다. 만일 교육자가 면담과목에 대하여 아주 잘 알고 있게 된다면, 그 인터뷰는 지나치게 깊은 부분까지 몰입되기 쉬울 뿐만 아니라, 오히려 학습자들의 이해에 혼란을 야기시킬 수도 있다. 그 외에도 교육자가 면담과목을 유난히 잘 알고 있음으로 해서 전문가의 의견에 주의를 집중시키지 않고, 인터뷰 도중에 교육자의 의견을 개입시켜 면담 조정자로서의 역할을 이탈할 우려도 있다.

면담식 방법을 준비함에 있어서 교육자가 해야 할 최종단계는 학과 내용을 이론적으로 대략 구성하는 것이다. 이 과목의 내용구성은 학습성과(D. L. O)와 밀접한 관련이 있어야 한다. 교육자는 전체의 학습목적을 만족시키기 위하여 어떻게 하면 전문가의 지식을 가장 효과적으로 끌어낼 수 있는가를 연구해야 한다. 교육자는 과목내용 구성을 할 때에 학습목적 이외에도 과목의 제한사항이 있는가를 찾아내는 것이 필요하다. 또한 학과에 배당된 시간과 설명의 깊이와 요망되는 이해도를 고려함으로써 면담의 범위를 제한할 필요성을 알게 될 것이다. 일반적으로 면담식 방법은 강의식 교육법보다 깊이 있는 지식을 다루기에는 적당치 않다.

이와 같이 과목의 내용을 구성함으로써 교육자는 면담질문의 범위를 명확하게 알 수 있다. 그는 스스로 학습자의 입장에 설 수 있으며, 전문가의 태도나 경험에 관한 이해를 높여주기 위하여 학습자들이 알아야 할 것이 무엇인가를 결정할 수 있다. 그러므로 교육자는 이러한 점에 있어서 면담학습에 필요한 특정의 질문을 기록해 두어야 한다. 동시에 그는 전체학습을 지도하기 위하여 일반적인 질문을 기록해 두어야 한다. 동시에 그는 전체학습을 지도하기 위하여 일반적인 질문의 범위를 마음속에 세워 두어야 한다. 면담식 학습 준비를 위한 다음의 논리적인 단계는 교육자와 전문가가 사전에 서로 만나서 학과내용에 관해서 구체적으로 협의하는 것이다.

4) 학습준비

면담식 방법의 학습준비는 앞 절에서 계획한 것을 토대로 하여 실제로 학습 진행을 하기 전에 전문가와 학습자들의 중간에 위치하여 준비하는 과정을 말한다. 학습준비는 다음과 같이 세 가지 주요한 협조 단계로 진행된다.

첫째, 전문가와 같이 과목을 검토한다.

제일 먼저 교육자는 전문가를 찾아가 만나는 것이 좋다. 서로 만나는 목적은 <면담학습>의 과목내용을 검토하고, 또 학과의 주요사항과 특징의 과제나 과목 전반에 걸쳐 의논하는데 있다. 여기서 서로 토의되고, 약속된 내용은 면담학습을 위한 확정된 학과 내용이 되는 것이다.

상호 만남으로서 얻어지는 또 하나의 이점은, 과목내용을 검토하는 동안 전문가는 학과내용을 효과적으로 이해하게 될 것이며, 동시에 그는 토론에 적합하지 않은 것이거나, 또는 공개토론을 하고 싶지 않은 내용을 삭제토록 요청할지도 모르며 어떤 경우에는 교육자가 생각지 못했던 훌륭한 내용을 추가토록 건의할 수도 있다. 이렇게 하여 교육자와 전문가 사이에는 상호 신뢰하여 Rapport가 형성될 것이다. 이러한 상호이해는 실제 학과시간에 학습진행을 더욱 자연스러운 분위기를 조성할 수 있는 것이다. 만일 부득이한 사정으로 교육자와 전문가가 서로 만날 기회가 없다면 서신이나, 전화연락으로도 충분히 학과내용을 의논할 수 있다. 이와 같이 상호 친밀관계를 유지하고 학과내용에 대한 의논을 마친 다음에는 학과가 시작되기까지 기다려야 한다.

둘째, 전문가의 학과참여를 예고한다.

두 번째의 준비과정은 학습자들에게 전문가의 학과참여를 알려줌으로써 학생들 자신의 학습의욕을 높여주는데 있다. 교육자는 배우게 될 학과내용을 간략하게 설명하고 전문가의 간단한 약력도 소개하여야 한다. 그러므로 학습자들에게 흥미와 호기심을 일으켜 주며, 동시에 동기부여도 될 수 있다. 교육자는 전문가를 참석시킨 <면담학습>에 있어서 학습자들이 취해야 할 태도는 무엇이고, 또한 학습자들이 요구하는 사항이 무엇인가를 파악하고 있어야 한다.

셋째, 전문가를 초청한다.

준비과정의 최종단계는 교육하는 날에 전문가를 초청해서 학과 진행 전까지 전문가로 하여금 안심하고 학과에 참여할 수 있도록 교육자가 돌보아 주어야 하는 과정을 말한다. 전문가가 평생교육기관에 도착하면 그를 기관의 책임자와 동료 직원들에게 소개하며, 학습 보조장비 등을 보여줌으로써 교육 시간 전에 학교 전반에 걸쳐 적응이 될 수 있도록 배려하여야한다. 만일, 이 때가 상호 처음 만나는 기회라면 <면담학습>을 성공시키는 데에 더욱 중요한 계기가 되는 것이다. 여기서 최종적으로 학과내용의 일부를 변경하고자 한다면 상호협의에 의하여 바꿀 수도 있고, 또 학과의 시작과 종료의 신호나 면담 진행 중에 필요한 행동들을 약속할 수 있다.

5) 면담 학습 진행

Teaching Interview는 짧은 연설을 하는 시간이 아니며, 교육자는 혼자서 질문도 하고 대답도 하는 시간이 아니다. 면담식 방법은 한가지 교육방법으로서 교육의 장내에서 두 사람(교수와 전문가)이 계획된 학과내용에 따라 대화로서 수업을 진행하는 것이다. 교육자는 학과 진행의 주최자로서 전문가와 학습자들 사이에 서서 기술적으로 학과수업을 이끌어 나가야 한다. 교육자는 학과시작 전에 2인용 책상과 두 개의 의자를 교단 위에 준비해둘 필요가 있다. 두 사람이 대화를 나눌 때 서있는 자세로 한시간씩 하기는 곤란하다. 역시 대화는 앉아서 편한 자세를 가지고 이야기를 해야 분위기도 부드러워질 뿐만 아니라 대화 진행도 잘 된다. 따라서 교육자는 전문가를 안내하여 교육의 장에 준비된 의자에 앉아서 수업을 시작한다. 학습자들은 처음 보는 방문객에 대하여 호기심을 가지게 될 것이며, 전문가는 긴장된 상태일 것이다. 이와 같은 양자의 분위기를 부드럽게 조정해 나갈 책임이 교육자에게 있다. 그러므로 면담학습 진행에 있어서 교육자로서 알아둘 필요가 있는 몇 가지 기술적인 문제를 살펴보자.

(1) 인터뷰의 시작

내용조직이 잘된 어떤 다른 교육방법과 마찬가지로 면담식 교육방법의 시작도 학습생들에게 학과내용에 대한 주의를 집중시키고, 면담학습을 어떻게 진행한다는 것을 소개함으로써 시작된다. 교육자는 학습자들에게 주의집중, 동기부여 및 학습개요의 세 가지 단계와 각 단계별 목적을 강조하여야 한다. 그러므로 학습자들은 전문가의 학습참여와 학과내용의 중요성을 인식하게 된다.

실질적인 대화의 시작은 학과내용에 처음부터 직접적으로 돌입하는 것보다 전문가가 답변하기 쉬운 것부터 유도하는 것이 보다 효과적이다. 예를 들면, “당신의 전문분야에 대하여 어떻게 흥미를 갖게 되었습니까?” 등으로부터 시작하는 것이 좋다. 여기서는 농담이나 유머보다 좀더 면담 목적에 가까운 이야기를 하는 것이 보다 바람직하다.

(2) 질문요령

교육자는 <면담학습>의 각 단계별 학과내용에 질문을 집중시켜야 한다. 교육자의 임무는 대화에 활기를 불어넣어 전문가의 지식을 끄집어내는 데에 있다. 교육자의 질문은 학습성과를 얻기 위한 지식을 도출해내는데 있다. 교육자는 계획된 학과내용을 정해진 학습성과에 만족시키기 위하여 어떤 대화의 선을 따라서 대화를 전개시킨다. 그래서 학과를 반구조적이라고 한다. 이 반구조적 학습에 있어서 교육자는 비지시적 상담자로서 활동하지는 않으나, 비지시적 상담술은 활용하여야 한다. 그는 너무 직접적으로 대화를 이끌면 대화가 중단된다는 것을 알아야 한다. 필요한 경우에는 전문가의 설명을 중지시키는 일이 있을지라도 인터뷰 진행을 조정해야 한다. 다시 말하면 <면담학습>에 있어서 교육자의 역할은 지휘자의 역할보다는 학과진행을 조절하는 조정자의 역할이 더욱 중요한 것이다.

교육자의 태도는 항상 자연스럽고 친밀하고 포용적이며 담화하는 태도를 유지하여야 한다. 그는 전문가가 무엇을 말하고 있으며 특별히 강조하고 있는 것이 무엇인가를 잘 들어야 한다. 필요하다면 중요내용을 메모해 두는 것도 좋다 그는 좀더 명확한 것과 여러 가지 예와 좀더 상세한 설명과 기타 보조자료 등에 관하여 다음에 질문한 것을 미리 생각해 두어야 한다.

그리하여 교육자는 전문가와 학습자들 사이의 교량적 역할을 하는 것이다.

교육자는 <면담학습>의 진행에 따르는 학습자들의 반응을 자세하게 관찰하고, 학습자들이 요구하는 것이 무엇인가를 예측하며, 그것을 어떻게 만족시켜 줄 것인가를 결정해야 한다. 따라서 질문은 학습성과를 만족시키는 것 외에도 학생들의 요구사항을 만족시켜 주는 매개체라고 할 수 있다. 성공적인 교육자는 과목의 중심적인 주제와 학습목적에 관련하여 그의 질문을 명확한 순서로 조직한다. 질문순서는 어떤 만족스러운 조직적인 형식을 갖추어야 한다. 즉, 연대순으로, 논리적으로, 또는 주요 내용순서 등과 같이 그 형식은 가능한 한 학습자들에게 명확하게 이해될 수 있으면 된다.

각각의 질문은 전문가와 교육을 위해서도 명백해야 한다. 교육자의 질문에 전문가로 하여금 이해를 잘못함으로써 전문가 스스로 추측해서 답변을 하도록 해서는 안된다. 만일 전문가가 어떤 질문에 대해서 곤란을 느끼거나 잘 알아듣지 못한 것처럼 보이면, 교육자는 똑같은 말로 반복해 주는 것보다는 차라리 다른 말로 쉽게 알아듣도록 바꾸어 질문하는 것이 좋다. 질문이 길고, 의미가 깊고, 애매한 질문은 전문가로부터 훌륭한 대답을 끌어낼 수 없다. 질문내용이 간단명료하고 이해하기 쉬운 것은 전문가로 하여금 기대했던 바를 끌어내는데 더욱 효과가 있다. 어려운 용어나 기술적인 어휘가 내포된 질문은 전문가나 학습자들이 잘못 이해할 수도 있으므로 이러한 질문은 회피해야 한다.

질문은 전문가가 답변할 수 있는 범위 이내의 것이어야 한다. 만족스러운 면담학습은 전문가가 완전한 답을 적절하게 해 줄 수 있을 때 이루어지는 것이다. 학습계획 단계에서 교육자는 전문가와 함께 어떤 질문이 가장 효과적인 학습성과를 얻을 수 있을 것인가를 협의하였을 것이다. 그리고 학습자는 어느 특정의 과목에 있어서 전문가가 가지고 있는 지식이나 정보의 양에 대하여 지나치게 평가를 해서는 안된다. 학습자는 냉철한 판단으로 전문가의 전문지식을 과대평가하거나, 그와 반대로 과소평가 해서는 안되며, 단지 그가 가진 지식의 범위 내에서 질문내용을 작성하여야 하는 것이다.

학습자의 질문요령에 따라서 학생들의 학과내용을 이해하는 데에 영향을 줄 수 있다. 질문이 "……이냐?", "……하느냐?", "……있느냐?" 등으로 끝맺는 질문은 대개 간단한 "예", "아니오"로 끝나기 쉽다. 그러므로 전문가의 지식이 설명되어 나오고, 그의 의견을 전개할 수 있게끔 기술적인 질문을 하여야 한다. 말을 유창하게 잘하는 전문가와 학습을 진행하는 교육자는 대화를 계속 유지시켜 나가는데 별로 문제가 없으나, 말이 없고 과묵한 전문가와 진행할 경우에는 대화의 선이 중단되지 않도록 세심한 주의를 기울여야 한다. 그러나 어떤 경우에는 말을 잘하는 전문가보다 과묵형의 전문가에게서 더욱 신중한 대답을 얻을 수도 있다. 대화를 시작할 때에 흔히 사용되는 질문의 예를 들면, "……에 대하여 귀하의 생각은 어떻습니까?", "……에 관하여 전문가로서 어떻게 생각하는지요?", "……을 왜 그렇게 생각하십니까?".

교육자는 <면담학습>의 목적이 학습자들의 학습성과를 높이는 데에 있다는 것을 잊어서는 안된다. 그러므로 교육자는 학습자들의 이해에 기반을 두고 전문가의 반응을 평가해야 하며, 전문가의 설명이 모호하고 복잡하거나 불명확할 때에는 필요에 따라 적절한 보충질문을 해야 한다. "그 점에 대하여 좀더 상세히 설명해 주십시오.", "어떠한 경우에 그것을 적용시킬 수 있는지 예를 들어 주셨으면 좋겠습니다.", "그와 같은 귀하의 의견은 어디에 근거를 두고 계십니까?" 등과 같은 부차적인 질문은 내용을 명확하게 이해시키는데 아주 유효하다.

또한 교육자는 전문가가 설명한 내용을 학습자들에게 알기 쉽도록 설명해 주고 중요한 내용은 반복 강조하거나 요약해 주어야 한다. 교육자는 전문가가 설명하는 동안 긍정적인 태도로서 머리를 끄덕여 준다던가, "음"과 같은 비어구적 표현을 보여줌으로써 전문가로 하여금 자신감을 가지고 자기 의사를 충분히 표현할 수 있도록 분위기를 만들어 주어야 한다.

교육자는 전문가로 하여금 질문에 대한 방향과 대답을 결정하고 대답할 말을 생각하도록 적절한 시간적 여유를 주면서 <면담학습>을 이끌어 가야 한다. 대화 중의 이러한 짧은 시간적 여유는 전문가나 학습자들 어느 쪽에도 해로운 것은 아니다. 실제로 전문가에게 그의 생각을 집중시킬 기회를 주고 부차적인 질문을 연속적으로 하는 것보다 좀더 완전한 답변을 얻는 것이 효과적이다.

(3) 면담학습의 끝맺음

면담식 방법의 완결단계에 있어서 교육자의 역할은 중요하다. 이제까지 학습내용을 듣고만 있던 학습자들에게는 많은 질문이 있을 것이다. 학과시간이 제한되어 있으므로 한정된 몇 사람만이 질문을 할 수 있을 것이다.

질문에 대한 답변은 교육자나 전문가 어느 편이 해주어도 좋으나 가급적이면 전문가가 하는 것이 효과적일 것이다. 학습자들의 질문이 끝나면 교육자는 직접 전 과정을 통한 주요점을 요약하거나, 전문가에게 요약해 줄 것을 요청한다. 그런 다음 학습자들의 학습활동에 기여해 준 것에 대하여 전문가에게 감사한다.

끝으로 교육자는 학습자들에게 재 동기부여를 해주고 학과를 끝맺는다.

9. 문제해결식 방법

1) 문제해결식 방법의 의의

인생은 실로 문제의 연속이라고 할 수 있다. 이렇듯 반복 연속되는 문제는 천태만상이다라고 할 수 있다. 예컨대 진학문제, 인간관계문제, 연애문제, 취직이나 보직문제, 진급문제, 재정문제 그리고 각종 능률향상 문제 등 실로 다종 다양하다. 죤·듀이 박사는 "인간활동은 계속적으로 다가오는 문제에 포착되고 제압된 투쟁의 과정이다."라고 하며 인생과 문제와의 밀접한 관계를 표시하였다.

그러나 우리는 일상생활을 통하여 여러 가지 문제에 시달린 나머지 이를 회피하려는 경향이 있음을 체험하게 된다. 이러한 회피태도는 말할 필요조차 없이 우리의 생활을 극도의 침체와 타성 속으로 몰아 넣게 마련이며 나아가서는 생활의 발전 향상이란 기대하기 곤란할 것은 분명하다. 여기서 우리는 문제에 보다 적극적으로 도전하는 태도와 나아가서는 문제를 보다 합리적으로 혹은 독창적으로 해결할 수 있는 능력을 갖추어야 할 필요성을 절감하게 된다. 문제야말로 인간의 사고력을 활발히 자극시켜 주는 촉진제이며 새로운 경험 영역과 지식을 증대시켜 주는 역할을 하고 있다. 인류의 문화는 생존경쟁이 심한 북반구에서 주로 발달되고 있으며 또한 북방으로부터 월남한 자유민들의 생활력이 일반적으로 강하다는 것을 우리는 잘 알고 있는 터이다.

<데카르트>는 "필요는 발명의 어머니"라고 하였지만, "문제는 사고의 어머니"라고 할 수 있다.

2) 문제의 구성요소와 사고의 기능

(1) 문제의 구성요소

가. 동기 혹은 필요성

동기는 내적 욕구로서 개인이 적극적으로 어떤 욕구를 가지는 것인데 반하여 필요성은 외적 요구(External Demand)로서 외부에서 어떤 자극이 가하여 짐으로써 반응이 일어나게 되는 것이다.

나. 목표 또는 결과의 성취

동기 혹은 필요성이 충족되기 위하여서는 어떠한 목표가 설정되어지게 마련이다. 또한 이러한 목표가 도달됨으로써 문제가 해결된다.

다. 장애의 발견

동기와 목표간에는 보통 어떠한 장애가 개재하는 것이다. 이러한 장애가 없으면 어떠한 동기나 필요성이든 문제로서 대두되지 않아도 된다. 따라서 문제의 해결은 필연적으로 발견된 장애의 제거 극복 혹은 이용전환의 형태가 되는 것이다.

(2) 사고의 기능

사고는(Thinking) 인간 특유의 능력으로서 만물의 영장이 되는 근본이 되고 있다. 사고는 인간의 두뇌를 쉴 사이 없이 통과하는 관념을 뜻한다. 사고력이 좋은 사람을 두뇌가 좋다고 말하고 있으나, 이러한 사고력에는 여러 가지 기능이 있다.

가. 흡수력

주의를 집중시킨다든지 혹은 오관으로 감지하여 두뇌에 전달하는 기능으로서 가장 초보적인 능력이다.

나. 기억력

과거 경험을 보존 및 재생하는 기능이며 보통 머리가 좋다는 경우는 이에 속하는 바 암기력도 이 곳에 포함된다.

다. 추리력

지각의 분석, 결합 능력, 및 판단 능력이다.

라. 상상력

예견하고 구체화하며 <아이디어>를 생산하는 능력이다. 종전까지 머리가 좋다는 것은 대체적으로 기억력과 추리력의 우열에 관한 이야기였던 것이다. 왜냐하면 지금까지의 학교 교육에 있어서는 관찰, 기억, 추리, 판단 등에 관하여서만 주력하여 왔을 뿐 상상력이나 <아이디어>를 생산해내는데 관하여서는 아무 것도 가르치지 않아 왔던 것이다. 따라서 머리의 좋고 나쁨은 대체적으로 학교에서 배운 학과 과목의 내용과 관련하여 생각하게 되므로 가르쳐지지 않은 사항에 관하여서는 비록 그것이 우수하다 하더라도 나타나지 않았고 따라서 개발되지도 못하고 말 것이다.

예컨대 복잡한 수학 문제를 술술 풀게 되면 머리가 좋다고 하지만 무슨 문제가 생겨서 그 문제의 해결안을 <아이디어>의 형식으로 제출해 봤댔자 기지가 있다고는 하지만 머리가 좋다고는 하지 않는다. 뿐만 아니라 아이디어를 제출하면 그 <아이디어>가 좋다든가 나쁘든가 하는 비판이 앞서기 때문에 비판가만 늘어나는 반면 좀처럼 <아이디어>를 제출하지 않으려는 경향을 띄게 된다. 그럼에도 불구하고 세상에는 <아이디어>를 구하는 문제가 끊임없이 제기되고 있다.

(3) 문제의 발생형태 및 유형

가. 발생형태

문제의 발생형태는 여러 가지 측면에서 볼 수 있겠지만 발생원인에 의하여 구분하여 보면 대체적으로 다음과 같다.

① 부여되는 문제

상부에서 하달된다든지 혹은 학교에서의 문제처럼 문제 해결자에게 제3자로부터 던져지는 경우로서 문제 해결자는 순전히 피동적이어서 의욕이 없다고 할 수 있다.

② 부닥치는 문제

운명적으로 불가피한 문제나 혹은 우발적인 사고로 인하여 시간적 여유가 거의 없는 긴급한 문제이다. 예컨대 전자로서는 사망이나 재난이 있고, 후자로서는 버스 속에서 갑자기 무일푼 상태를 발견하게 된다든지 혹은 질병에 걸린다든지 하는 경우가 있다.

③ 발견 혹은 자작하는 문제

문제를 마음속으로 오래 간직하고 있다가 우연한 기회에 문제점의 암시를 발견한다든지 혹은 신제품의 발견이나 창작활동과 같이 스스로 문제해결자가 문제를 찾아내는 것이다. 따라서 가장 의욕적인 문제가 된다.

예컨대, 〈뉴톤〉이 사과가 떨어지는 것을 보고 직감적으로 만유인력을 발견하였다. 하지만 이것은 낭만적인 표현이고 사실은 16년이란 장구한 세월이 걸렸다고 한다.

나. 문제의 유형

문제의 성질에 따라 유형을 구분하여 보면 논리적 문제와 창조적 문제로 나누어 볼 수 있다.

① 이론적 문제

분석과 추리 등의 논리적 절차에 의하여서만 해결 가능하므로 비약이 허용되지 않는다. 따라서 해결방안이 유일무이하고 기타 해결방안은 결정적으로 있을 수 없다. 종전까지 학교 교육에서 주력한 방향이라고 할 수 있다.

② 창조적 문제

"아이들이 TV만 보고 공부를 잘하지 않으려 하니 이들로 하여금 공부케 하려면 어떻게 하면 좋을까" 하는 문제는 반드시 논리적 절차를 밟아 보았댔자 해답이 나오지 않을 것이다. 이러한 문제는 상상력에 의하여 〈아이디어〉를 생산해 냄으로써 해결이 가능하며 따라서 여러 가지 해결방안이 있을 수 있고 앞으로도 더욱 좋은 방안이 가능한 점에 있어서 논리적 문제와 근본적으로 다르다.

전술한 문제의 해답으로 가능한 것을 열거해 보면 다음과 같다.

- TV 자체를 판다.
- 일정 시간만 보인다.
- 풍부한 시간만큼 보인다.
- 선생님에게 보지 않도록 설득을 부탁한다.
- 실컷 보도록 한다.
- 교육적인 내용만 보인다.
- 입장료를 받는다.
- TV 방송국에 충고를 부탁한다.
- 스위치에 관건 장치를 한다.
- 다른 흥미를 갖도록 한다.

(4) 문제 해결의 제 종류

문제해결의 접근 방법에는 과학적 해결법 이외에도 많은 것이 있다.

가. 본능적 해결

호흡, 순환, 소화, 신진대사 등과 같이 신체의 유기적 기능에 의하여 자연히 해소되는 경우와 생존 본능이나 생식 본능과 같이 선천적인 행동이 수반되는 경우가 있다.

나. 실습에 의한 문제해결

전통, 실습이나 풍속 등과 같은 기계적·반복적 고착 행위에 의한다. 따라서 무비판적 반복이나 모방적 해결이 되기 쉬우며 소위 문화적 장애가 크게 작용하는 방법이다.

다. 시행착오적 문제해결

애기치 않은 우연한 사태에서 수단과 목적의 연결이 발견될 때까지 가능한 방법을 반복하다가 우연히 해결을 본다. 따라서 귀납적 방법으로서 보편성이 없고, 분석 종합력은 물론 상상력이 부족한 경우가 많다. 예컨대 운동신경 발달에 있어서나 범죄수사, 탐정, 발견을 위한 실험이나 유전학 분야의 우생학적 실험 등에서 나타나고 있다.

라. 통찰적 문제해결

독일의 심리학자 <퀼러>(Kohler)의 원숭이 실험의 결과에 입각하고 있는 이론으로서 상황의 종합적 판단력과 직관적 통찰력이 크게 작용하는 종합적이고 연역적인 방법이다. <퀼러>는 "문제해결 목적을 이해하고 목적 달성을 위한 수단을 추리 판단함으로써 해결 가능하다"고 하였다.

마. 대행적 문제해결

부딪친 난점을 다른 방법이나 수단으로서 치환함으로써 본래의 난점을 대상으로 해소시키는 것이다. 예컨대 유리 대신에 종이를 바른다든지 전등이 고장날 때 촛불을 켠다든가 실연 당한 자가 신부가 되어 정신적 승화를 얻는 경우 등이 있다.

바. 과학적 문제해결

막연한 경험이나 지식 혹은 모방 판단적인 의견으로서가 아니라,

사실에 입각한 객관적인 지식의 힘.

현실적인 사태와 문제 현황의 성질, 한계, 방향, 요구수단 등을 수집 검토, 분석, 종합함으로써 가장 종합적이고 합리적이며 근원적인 해결책을 얻을 수 있다. 따라서 그 특징을 살펴본다면,

첫째, 논리적인 단계를 밟게 되므로 객관성을 보장할 수 있고,

둘째, 분석력이나 종합력뿐만 아니라 상상력을 최대한 활용할 수 있고,

셋째, 사고 장애 요소를 최대한 극복할 수 있고,

넷째, 적절한 문제 즉, 해결 가능하고 자료가 적절하며 문제 자체의 기여도, 신선미, 복잡성 등을 적절히 가지고 있어야 한다.

(5) 과학적 문제 해결의 단계

과학적 문제 해결은 추리력이나 상상력을 중시하는 죤· 듀이<John Dewey>의

반성적 사고(reflective thinking)과정에 그 이론적 근거를 두고 있다. 따라서 죤·듀이의 반성적 사고 과정을 간단히 살펴본다면,

첫째, 곤란을 느끼는 단계.
이 단계에 있어서는 장애나 부조화를 발견하여 긴장이 시작된다.
둘째, 곤란을 규명하는 단계.
장애의 내용이나 원인을 파악하는 단계.
셋째, 가능한 해결안을 제시
상상력이 가장 활용되어야 하는 단계.
넷째, 암시의 추리에 의한 전개.
해결안을 추리력에 의하여 취합 선택하는 단계.

이상과 같은 반성적 사고과정에 입각한 과학적 문제해결의 일반적 단계로서는
① 문제의 인식.
② 관련 자료의 수집.
③ 가능한 해결안 열거.
④ 비교 검토.
⑤ 최선 안의 선정.
⑥ 적용 및 평가의 6단계가 있다.

이러한 단계는 어디까지나 문제 해결의 뼈대가 되는 하나의 중추에 불과할 뿐이고 구체적인 사태하에서는 이것으로 문제해결의 구도를 삼아 여기에 풍부한 창조력과 예리한 분석 종합력을 발휘하지 않으면 안된다. 여기서 곧 정신적인 인내력과 상상력이 필요하게 된다.
그러면 각 단계에 관하여 간단히 살펴보기로 하자.

가. 문제의 인식(혹은 규정)

문제 해결의 출발점으로서 가장 중요한 단계라고 할 수 있다.
이 단계에서 해결해야 할 과제는 다음과 같다.

① 난점, 혼란, 결함, 모순 등을 그 성질, 범위, 깊이 혹은 정도 등에 관하여 명백하게 이해한다.
② 문제 상황을 한정, 정의한다.
  - 목표의 파악
  - 장애의 핵심과 상황의 이해
  - 문제의 명확한 정의와 서술

③ 목표를 이탈하지 않는 범위 내에서 문제의 범위를 한정한다.
왜냐하면 모든 문제는 독립해서 존재하지 않고 상호간 밀접하게 관련되어 있기 때문이다.

나. 관련 자료의 수집

문제 해결에 직접, 간접으로 영향을 미치는 모든 사실을 망라 기술하고 정리 분류함과 아울러 기준, 가정, 용어 정의 등에 뒤따르는 몇 가지 단계를 완료한다.

① 자료에는 사실, 의견, 가정이 있다.
- 사실은 자타가 공인하는 객관적 행위 사실과 사물 형성이다.
- 의견은 상반된 견해를 고려하여 충분히 추리 비판된 전문가, 권위자, 경험자의 견해나 신념이다.
- 가정은 발생 확률이 상당히 높음으로써 사실과 거의 동일시 할 수 있는 미확정 사실이다.

② 기준의 설정
문제 해결에 관련되는 제한요소, 조건, 필요성, 가치 등으로써 문제 해결의 방향과 범위를 제시하여 준다.

③ 자료의 분류
- 근원적 자료
- 부수적 자료

④ 수집 방법
- 관찰조사
- 면접
- 질문지법
- 실험법
- 통계 방법

⑤ 분류 방법
- 육하원칙
- 서열법
- 원천법
- 공통 요소별

⑥ 구비 요건
- 타당성
- 객관성

- 명확성
- 종합성

다. 가능한 해결안 열거

① 해결안의 원천
- 자료
- 상상력
- 분석 종합력

② 창조적 아이디어의 최대한 활용이 가장 요구됨.
문제의 재인식 및 자료의 충분한 소화가 필요한 단계이다.

라. 비교 검토

① 미리 설정한 기준에 입각하여 각 방안을 비교하는 단계
② 기준의 속성
- 적합성(목적 달성 정도)
- 가능성(기술, 자료·예산, 인원, 시설 등의 수단 방법)
- 수락성(경제성, 효율성)

③ 각 기준의 비중을 고려하여야 한다.

마. 최선 방안의 선정

① 비교 검토 단계의 연장
② 채택된 해결안이 현안 문제, 해결상 가장 합리적임을 재인식한다.
③ 어느 해결안도 불완전할 때에는
- 해결안을 절충하고,
- 문제를 관련 기관과 협의하여 목표를 재조정하거나,
- 기준의 수정 등이 불가피하다.

바. 적용 및 평가

① 적용 전
- 관련 기관과 사전 협의
- 해결안이 수반하는 조건 제한이 예상되는 부작용을 통보

② 적용 후
- 예리한 관찰과 분석으로 진행 감독
- 문제점의 평가(추후 계획자료)

• 계속적인 통제 조정에 의하여 본래 방향으로 지향시킨다.

이상 우리들은 문제 해결법에 관한 일반적인 지식을 생각해 보았다. 그러면 이러한 문제 해결법을 교육에 도입시켜서 항상 접하는 문제해결 능력을 신장하기 위한 문제 해결식 교육방법으로 생각해 보려고 한다.

(6) 문제 해결식 방법의 의의

일찍이 불란서의 대 문호<빅톨·유고>(Victor Hugo)가 말하기를 "인간은 자기의 문제를 해결하기 위하여 끊임없이 투쟁하는 동물이다" 라고 지적한 바 있다.

본래 인간은 사회적인 동물이기에 천부적으로 사회 공동 생활을 영위하지 않으면 안 되는 상황하에서 생활하고 있는 것이다. 이와 같은 생활환경 속에서 인간은 항상 문제 의식에 직면하면서 자기의 욕망을 충족하기에 온갖 노력을 경주하는 것이다.

그러나 한갖 인간이 자기의 목적을 가지고 있으면서도 그 목적을 어떻게 달성하는가를 모를 경우에 문제는 끊임없이 발생한다.

인간이 환경에 적응해서 그 생명을 존속시키고 발전시키기 위하여 끊임없이 새로운 욕구를 품는 것이다. 그 욕구의 충족을 위하여 온갖 행동을 취하는 경우 그것은 저절로 쉽게 해결되는 일은 별로 없고 일반적으로 다수의 욕구는 <곤란>이나 <장애>를 극복함이 없이 충족되지 못하는 것이 곧 <문제 해결>(problem solving)인 것이다.

실로 우리는 교육적인 입장에서 이러한 문제 상황을 학습환경에 도입함으로써, 학습자들에게 보다 현실적이며 실제적인 학습효과를 거둘 수 있는 것이다. 다시 말해서 학습자들이 아무리 많은 지식을 교육자로부터 습득했다 하더라도, 실제 생활면에 적응시킬 능력이 결여되어 있다면 참다운 산지식이라고는 할 수 없는 것이다. 문제해결 방법을 배웠다면 그와 비슷한 문제가 발생했더라도 그러한 방법을 효과적으로 해결할 수 있는 학습전이의 능력이 향상되어야 한다.

위에서 언급한 문제해결이란 하나의 목적에 도달하는 과정에 가로놓여 있는 장애를 제거 극복하여 목표점에 도달하기 위한 것이다. 따라서 문제 해결식 교수법이란 것도 문제해결 과정에 있어서의 어떤 동기와 욕구를 가진 "사람"과 그 욕구 대상으로서의 "목표"(Goal)사이에 가로놓여진 "장애"의 부분을 기술적으로 이용한 교수방법인 것이다.

즉, 교육자는 사전에 학습자들이 도달해야 할 학습성과를 문제상황으로 바꾸어 학습자들 스스로에 의한 해결을 시도함으로써 소기의 성과를 기하게 되는 것이다. 따라서 교육자는 이러한 목적달성을 위하여 문제해결 과정에 있어서의 장애의 학습 성과를 은폐해 두어서 학습자들이 상호 토론을 통하여 이러한 장애를 극복하게 되면 자연적으로 교육자가 의도한 소기의 학습성과를 달성하게 되는 것이다. 이 학습성과가 학습자들에게 가르쳐야 할 학습성과로서의 원리 원칙이라 하겠다.

즉, 교육자가 학습자들에게 가르치고자 하는 학습 내용상의 어떤 원리 원칙에 위배되어 있거나 혹은 전혀 도외시되어 있는 것과 같은 문제 상황(사실과 조건)을 사전에 교묘하게 설정하여 이를 학습자들에게 제시하면, 이들은 집단 토론을 통해서 문제상황을 분석, 검토하여 해결안을 탐색케 하는 과정에 있어서 교육자가 노리는 학습 성과를 찾아내는 것이다. 물론 이러한 경우 해결안이 올바로 되기 위하여서는 학습자들이 바람직한 원리 원칙을 적용하거나 응용함으로써 소기의 학습성과가 달성되는 것이다.

이리하여 교육자의 직접적인 강의나 혹은 유도적인 질문을 통하지 않고 교육자에 의해서 사전에 작성된 문제상황(이를 <사실과 조건>이라 함)에서 학습자 집단의 토론 과정을 거쳐 문제해결이란 목표에 도달함으로써 소기의 학습성과가 성취되는 것이다.

요컨대 문제 해결식 방법이란 것은 학습자들이 집단토론을 통해서 교육자로부터 미리 주어진 문제상황(사실과 조건)을 분석 검토하여 여기에 어떤 원리원칙을 적용하여 집단 스스로가 문제해결을 위한 방안을 발견 제시함으로써 소기의 학습성과에 도달하게 하는 교육방법인 것이다.

(7) 문제 해결식 방법의 특성

가. 학습의 전이(Transfer of Learning)

일반적으로는 학습과정에 있어서 학생들로 하여금 심사숙고케 하는 능력과 기술을 증진한다는 일은 매우 중요한 일이다. 학습자들이 교실에서 배운 상당한 문제를 이해하고 있다하더라도 이것을 자기자신이 해결하지 않으면 안될 현실적인 문제상황에 전이시킬 수 있는 능력(응용력)이 없다면 아무런 가치를 찾을 수 없는 것이다. 교실에서 학습한 것을 현실적인 문제 상황에 결부시킬 수 있는 능력을 <학습전이>(Transfer of Learning)라고 한다. 학습전이는 학습자들이 이전에 경험한 것을 토대로 동일한 종류의 새로운 환경에 대하여 신속하고 보다 효과적으로 적응하는 능력을 의미하는 것이다.

따라서 교육자는 학습한 바를 현실적 환경에 전이시킬 수 있는 능력을 학습자 스스로가 개발토록 도와줄 책임이 있다.

이러한 전이 능력을 강화하는 방법은 중요한 관계사항을 문제해결 환경으로 조직하는 일이다. 해결을 요하는 현실적 문제는 모든 정상적 인간의 생활 과정에 있어서 매우 중요한 위치를 차지하고 있는 것이다. 따라서 해결해야 할 문제를 학습환경에 도입하는 것은 학습자들의 학습경험을 보다 현실적이고 실제적인 것으로 만든다. 이와 같은 문제해결을 위한 접근방법은 또한 반성적 사고(Reflective Thinking)를 자극하고 나아가서 학습전이를 조작하는 것이다.

나. 의지의 개재(열의있는 반응 : Emotional Involvement)

<문제>라는 것은 문제해결자가 목표에 도달하기 위하여 극복하지 않으면 안될 장애물을 먼저 제거하지 않고서는 성취할 수 없다는 현실적 필요를 갖게 하는 상황(situation)인 것이다. 따라서 목표에 도달하기 위해서 장애물을 극복하지 않으면 안될 경우에는 언제든지 문제는 존재하는 것이다. 그 반면에 만일 목표에 도달하는 방법이 명확하고 직선적이라면 문제는 존재하지 않는다.

만일 장애물이 개인과 개인의 목적물의 중간에 존재하고 나아가서는 그 장애물이 자동적으로나 혹은 친숙성 있는 반응에 의하여 제거되거나 극복되지 않는다면 문제해결의 첫 단계가 시작되는 것이다.

일반적으로 학습은 학습자들이 학습될 내용에 대해서 의지(열의)적인 반응을 보일 때 가장 효과적이다. 학습내용에 대한 열의있는 반응은 학습자들로 하여금 학습성과에 대하여 진심으로 관심을 갖게 하는 것이다. 이렇게 함으로써 학습내용의 기억과 영구보존은 학습경험이 학습자들의 의지를 자극하는 경우에 비로서 증가하는 것이다.

학습자들의 열의에 자극을 주는 확실한 방법은 학습자들이 해결할 필요성을 느끼는 문제에 대하여 학습자를 직면케 하는 일이다. 학습을 장려하기를 원하는 교육자는 학습자들에게 실망하지 말고 학습자들에게 도전한 만큼의 충분히 곤란한 장애를 제공함으로써 얻어질 수 있다. 따라서 문제는 학습자들이 그들의 경험과 사고를 장애물 극복의 가장 좋은 길을 선택하도록 조직케 할 수 있는 동기를 부여해야 한다.

다. 문제해결(방법)법 활용상의 융통성 (Flexibility in using the problem Discussion)

문제해결식 교육방법은 여러 가지 형태로 활용될 수 있다. 사실 창의력 있는 교육자는 이 방법을 활용함에 있어서 현명한 방법을 모색할 수 있을 것이다.

문제해결의 토론이 활용되는 경우에 학습자의 목적은 어떠한 사실과 조건이 불만스러운 환경을 발생케 하므로 현재 존재하는 문제를 해결하게 된다. 이 문제를 해결하는데 있어서 학습자들은 아마 무의식 중에 교육자가 문제상황을 계획하는데 있어서 주의하였던 제원칙을 적용할 것이다.

다시 말하면 사전에 가상적인 문제상황을 전개하는데 있어서 교육자는 가상적인 문제상황을 목적에 대한 수단으로서 계획하는 것이다. 학습자들의 목적은 자기 자신을 위하여 문제를 해결하는데 있지만 교육자의 목적은 일층 광범위한 것이다. 교육자의 목적은 학습자들에 의해 선택된 수 개의 원리원칙의 적용을 이해한다는 것을 보장하는 일이다. 문제에 관련된 제반 사실 및 조건과 문제 자체 나아가서는 토론 사항은 교육자가 자기의 학습목적을 달성하기 위하여 사용하는 유일한 도구인 것이다.

예를 들면 어떤 교육자가 자기가 제시한 조직원리를 학습자들이 철저히 이해하기를 원할 것이다. 교육자는 강의하는 동안에 어느 정도까지 이해에 도달하고 있는가를 알게 된다. 그러나 그는 학습자들의 이해가 만족할 만하다는 것을 확인하기를 원하고 이를 확인하기 위하여 문제해결식 방법을 사용할 수 있다. 이 원리에 대한 학생들의 이해 정도를 확인하기 위하여 교육자는 학습자들로 하여금 조직원리에 위배된 문제점을 토론케 할 수 있다. 만일 학습자 집단이 전반적으로 조직원리의 원칙을 인식하거나 혹은 문제 해결을 위한 창안을 제공한다면 교육자는 자기가 교육하기 위하여 노력했던 것을 학습자들도 습득하고 있다는 것을 상상할 수 있을 것이다. 그러나 만일 학습자들이 조직원리에 대한 위장된 문제점을 인식하는데 실패하고 나아가서 원리 원칙을 시정하는 건전한 방안을 모색하지 못했다면 그들은 아마 추가 학습을 필요로 하게 될 것이다.

요컨대 교육자는 학습자들이 알고 있는 어떤 원리 원칙의 적용력을 기르기 위해 문제상황(사실과 조건)을 하나의 수단으로 사용하고 있으며 또한 그들의 이해도와 그 적용력을 측정하기 위해서도 이를 활용한다.

또한 문제해결식 방법은 학습자들의 학습에 대한 인상을 강화하기 위하여 실제 상황에서 볼 수 없는 있을 법한 가공적 상황을 임의로 설정함으로써 단기간 내에 많은 오류점의 시정을 기할 수 있게 한다.

(8) 문제해결식 교육방법의 준비 절차

가. 학습목적의 설정

학습목적을 명확히 설정하여 진술하는 것은 문제 토론을 포함한 어떠한 종류의 학습을 준비하는데 있어서나 제1차적인 문제이다.

문제해결식 방법을 활용하는 주요 목적은 학습자들이 현실적인 문제 상황에

다가 이미 얻은 지식이나 이해한 바를 응용할 수 있는 능력을 기르는데 있으므로 학습목적을 진술함에 있어서는 반드시 그 학습정도를 <적용>(To apply)의 단계에까지 제시하여야 한다. 예를 들면 만일 교육자가 자기 학습자들로 하여금 교안 계획상의 기본원리의 적용을 이해시킬 것을 원한다면 그 교육자는 광범위한 학습목적에 관한 명확한 기술로서 자신의 교안작성을 시작할 것이며, 그 교육자는 교육목적에 관한 기술로서. "이 학습의 목적은 학생들로 하여금 교안 작성상에 필요한 기본원리의 적용을 이해하도록 하는데 있다"라고 기술할 것이다.

나. 학습성과의 결정

<소기의 학습성과>는 학습자들이 문제를 토론하면서 해결점을 발견하는데 있어서 꼭 적용해 주기를 바라는 원리 원칙들이다. 이러한 원리원칙들은 기본적 혹은 일반적 진리나 활동에 관하여 수립된 규칙이라고 정의할 수 있다. 각 개의 학습성과는 일반적인 원리원칙이나 혹은 행동의 준칙이 될 단 하나의 요점이 명확히 포함된 것이어야 한다. 학습성과의 항목은 하나의 적합한 완결된 문장으로 표현됨으로써 학습자들이 원리원칙을 적용하는데 있어서 구체적으로 취하여질 특정한 행동을 제시하도록 명시하여 기술하여야 한다.

예컨대 <지휘권의 단일화>나 <통솔의 폭>이란 어귀는 평범한 규칙이나 학습성과의 어귀로서는 불명확한 기술인 것이다. 왜냐하면 이것들은 구체적으로 어떤 특정한 행동을 지시하는 문장이 아니기 때문이다. 따라서 이에 대한 명확하고도 구체적인 기술로서, "지휘관은 각급 예하 기관의 한 사람에게만 최종 의사결정 권한을 부여시킴으로써 부대 운영의 개선을 도모할 수 있다."라고 표시되어야 한다.

또한 주의할 점은 학습성과의 수는 교육자의 계획된 시간 내에 학습자들이 해결할 수 있도록 제시되어야 한다. 그 기준은 학습내용의 복잡성이나 학습자 수 등에 따라 다르나 통산 35분 내지 50분 수업에 2개로부터 4개까지의 학습성과를 제시함이 좋다.

다. 사실과 조건의 서술

이 교육방법의 실질적인 토대가 되는 문제의 "사실과 조건"은 토론을 위한 방편(Vehicles)이다. 이 단계에서 교육자는 어떤 원리원칙이나 혹은 학습성과가 상반된 환경을 설명하기 위하여 현실적 문제상황을 문장으로 작성하는 것이다. 물론 이러한 문제 현황 속에서 문제를 초래한 제사실과 조건을 포함해야 한다. 이 속에 교육자는 자기가 가르치고자 하는 어떤 원리원칙의 잘못된 적용 등 시정될 사항 즉, 소기의 학습성과가 무시된 가상적 문제상황을 구술적으로 작성하는 것이다.

여기에서 유의하지 않으면 안될 것은 첫째로, 문제상황(Situation)에는 반드시 문제에 관련된 <사실>과 <조건>이 포함되어야 하며, 둘째로 소기의 학습성과에 명시된 원칙들은 최소한 한번쯤은 무시되어 있어야 한다는 것, 예컨대 감독관은 부하 직원에게 정당한 상벌 조치를 해야 한다는 원칙이 있을 때 사실과 조건에는 어떤 직원이 그의 임무를 훌륭히 완수했음에도 불구하고 감독관은 적절한 칭찬을 표시하지 않았다고 한다면 정당한 상벌의 원칙이 무시되어 있다고 할 수 있다. 셋째는 이와 같이 위배된 원칙은 적절히 감추어져 있어야 한다. 그렇다고 명확한 위배나 혹은 완전히 숨겨버리는 모호한 표현은 삼가야 한다. 원칙의 적용에는 어느 정도의 곤란도가 있도록 문제상황(원칙의 위배)을 설정해야 한다. 즉, 원리원칙은 교묘하게 은폐된 채로 위배되어 있어야 하며, 교묘하게 감추어진 원리원칙의 위배는 꼬투리를 마련하고 있어서 이것을 실마리로 하여 학습자들이 사실을 세밀히 분석할 수 있도록 작성되어야 한다.

다만 교육자는 수업의 목적과 직접적인 관계가 없는 장애(위배)를 문제상황에 지나치게 설정하기 쉬움으로 교육자는 문제상황을 작성하기 전에 항상 소기의 학습성과(원리원칙)의 세목을 주의깊게 유의하여 그에 적절한 위배점을 문제상황 속에 설정해야 한다.

라. 문제의 진술

이것은 학습자들이 해결해야 할 사항(문제점)이 무엇인가? 환언하면 무엇이 해결되어야 하는가를 특수적으로 나타내는 것이다. 이것 역시 서술형식의 문장으로 기술하는 것이며 사실과 조건 속에 기술되어 있는 전체적으로 불만족한 조건의 원인과 이유를 학습자들이 찾도록 하는 문제상황의 제시이다.

훌륭한 문제의 진술은 거기서 얻은 해답이 문제 전체의 해결을 가져올 수 있도록 만들어진 것이다.

그러나 이때에 문제의 진술 그 자체가 은폐되어 있어야 할 위배된 원리나 원칙을 엿볼 수 있는 단서를 주어서는 안된다. 이러한 의미에서 다른 종류의 교육방법과 특이하게 다른 점은 학습자들에게 사전에 학습목적과 학습성과를 공개하지 않는다는 것이다. 따라서 소기의 학습성과를 표시하는 문제의 진술은 금물이다.

예컨대 “사범대학 중등교사 과정에 있어서 효과적인 교수계획은 여하히 교수기술을 향상시킬 수 있을까?” 혹은 “교육자가 자기의 교수기술을 향상시키고 그의 직책에 만족하도록 도와주려면, 우리는 어떻게 하면 좋은가?" 식의 문장으로 표현되어야 한다.

마. 계획된 토론 순서의 준비

계획된 토론 순서라는 것은 학습자들이 토론을 전개할 특정적인 주 질문(Key Question)의 배열을 의미한다. 그런데 의제(Agenda) 작성에서 주의할 점은 "잘못된 점은 무엇인가?" 등의 질문과 같이 너무 광범위한 의제를 피하는 것이 좋다. 따라서 의제는 문제의 진술보다도 더욱 구체적이며 특례적이어야 한다. 의제의 구성은 특정한 문제별로, 혹은 내용의 계열별로 특정화된 질문형식으로 구성해야 한다.

일반적으로 소기의 학습성과별로 의제 하나씩 결정하는 것이 좋다. 즉 문제상황의 한 특정한 분야의 분석이나 토론은 하나의 원리 원칙을 적절하게 적용함으로써 원칙의 위배점을 발견하고 향상을 위한 제안 또는 건의를 이끌어 내도록 되어야 한다.

(9) 문제 해결식 교육방법의 진행 요령

교육자는 주의깊게 토의사항 내에서 질문 사항을 준비한 다음에 문제 토론을 발전시키는데 기술을 활용해야 한다. 다음에 설명된 제 단계를 교육자가 준수한다면 그는 토론을 유도하고 나아가서는 학습목적을 지향하여 계속적으로 토론을 진행케 하는데 곤란이 없을 것이다.

가. 토론을 위하여 학생을 준비시킬 것.

학습자들이 토론에 대하여 공헌하도록 준비하기 위하여 교육자는 각 학습자에 대하여 문제 설명서를 배포해야 한다. 문제 설명서에는 문제에 관한 기술, 사실과 조건(문제상황) 나아가서는 제안된 문제 토론순서가 기록되어야 한다. 물론 이 문제 설명서는 학습목적 혹은 소기의 학습성과 원리를 설명해서는 안된다. 문제 설명서에는 학습자들이 새로운 사실을 기입하거나 혹은 제안된 토의사항을 수정할 수 있도록 공란이 있어야 한다.

나. 문제를 전개할 것.

집단에 대하여 문제를 전개하는데 있어서 교육자는 집단의 역할을 수립하고 학습자를 자극하고 사실과 조건을 심의하고 문제를 기술하고 나아가서는 계획된 질문 사항을 토론해야 한다.

다. 집단의 역할을 수립할 것.

교육자는 학습자들로 하여금 그들이 문제해결을 위하여 위원회 혹은 참관인과 같은 마치 직무 집단에 실제적 참여인과 같은 느낌을 갖도록 해야 하는 것이다.

이러한 현실적 기분은 교육자가 자기의 최종적 요약 설명을 할 때까지 토론하는 동안에 계속 유지되어야 한다. 교육자는 문제 전개 초에 행하는 현실적인 문제 해결자로서 집단의 역할 수립에 의하여 집단과 자기자신으로 하여금 학습자와 교육자의 견지에서 이 문제를 접근케 하기보다는 문제와 같이 "생활"하는데 돕는 것이다.

라. 토론에 참여하도록 학습자를 자극할 것.

교육자는 학습목적 혹은 소기의 학습성과를 발표할 수 없는 고로(불가능한 것은 아니지만) 그들이 학습하고자 하는 목적의 가치를 기준으로 하여 학습자를 자극하는 일이 곤란함을 알게 될 것이다. 그 이유로 인하여 교육자는 학습자로서보다는 문제해결 환경에 대한 참여자로서 그들에게 접근해야 한다. 그러기 위하여 교육자는 문제에 대한 직접 해결의 필요성을 강력히 주장할 수 있고, 혹은 문제해결책의 참가자와 나아가서는 그들이 대표하는 조직책에 대한 중요성을 설명할 수 있다.

마. 사실과 조건을 검토할 것.

교육자는 개개의 참가자가 문제의 사실과 조건을 심의하에 이해하고 있다는 것을 확인하고 있다 할지라도 그는 문제의 조건을 참가자와 같이 고찰해야 한다.

교육자는 참가 집단에게 제공된 상황을 수어적으로 읽거나 혹은 의역할 수 있다. 문제에 대한 이러한 고찰은 교육자로 하여금 문제의 해결에 있어서 집단 흥미를 강화하고 인쇄상의 모든 오자를 지적하고 나아가서는 시정하여 집단으로 하여금 문제를 토론하도록 준비하는데 돕는다.

바. 문제의 기술에 대한 합의를 볼 것.

교육자는 문제의 진술을 고찰할 충분한 시간을 집단에게 제공해야 한다. 그들은 기술된 문제를 분석한 다음에 이것을 용인하거나 혹은 사실과 조건에서 발생하는 문제를 정확하고 간명하게 의미가 표시되도록 수정하여야 할 것이다.

교육자는 참가자의 토론에 대하여 기초가 될 문제의 진술에 대한 그들의 승인을 표시하는 약간의 어귀와 표시를 집단으로부터 구해야 한다. 만일 그렇지 못하면 집단은 그들의 토론을 위한 공통적 출발점을 상실할 수도 있기 때문이다.

사. 부수적인 사실과 조건을 설명할 것.

집단에게 문제에 관하여 간단한 설명을 한 다음에 교육자는 어떤 토론 참가자가 추가적인 정보, 혹은 설명을 필요로 하는가를 물어야 한다. 만일 어떤 참가자가 문제에 관하여 직접적으로 관계를 가진 정보를 위한 필요성을 보인다면, 이 정보는 문제에 관한 배포물의 공란에 기록될 수도 있다. 또한 토론 참가자는 학습 도중에 어느 때나 추가 정보를 요청하여도 좋다. 만일 교육자가 문제에 관한 구체적 설명을 준비하였고 또는 참가자의 요청에 의하여 학습의 서론 단계에서 기타의 사실과 조건을 추가한다면 그는 토론단계에서 추가 정보를 제공할 필요성이 거의 없거나 혹은 전혀 없을 것이다.

아. 집단을 토의사항에 적용시킬 것.

교육자의 다음 관심사는 제기된 토론사항일 것이다. 교육자는 제 변화가 참가자로 하여금 문제에 대한 분석을 돕기에 필요하다면, 그는 사실과 조건을 명확히 하고, 다른 말로서 구체적으로 표현하고, 필요치 않은 것은 배제하고 혹은 토의사항에 포함될 질의사항을 추가한다. 만일 집단이 토의순서를 변경할 것을 제시한다면 교육자는 제안된 새로운 토의 순서가 그들로 하여금 소기의 학습성과를 달성하도록 돕는 경우에 한하여 그렇게 변경할 것을 허락해야 한다. 교육자가 문제토론의 준비를 위하여 초기에 기술된 단계를 고수한다면, 학습자들은 토의사항에 대한 하등의 변경도 제안하지 않기 쉽다. 문제의 기술과 마찬가지로 토의사항은 그것이 채택되고 고수되기 전에 집단에 대하여 용납될 만한 것이어야 한다. 집단에 의한 용납을 확증하기 위하여 교사는 그들의 승낙을 명시하는 구두 혹은 시각상의 표식을 요구해야 한다.

자. 집단으로 토론을 시작할 것.

이 시점에서 집단은 토의 사항을 통제 조정하여 문제를 토론하도록 준비되어야 한다. 문제의 검토와 분석에 입각하여 학습자들은 그들에게 부과된 과업을 수행하여야 한다. 이 시점에 이르기까지 학습자는 집단을 준비하기 위하여 소정의 학습 시간 내에서 10분쯤 이용하여도 좋을 것이다. 이 시간은 기타 대부분의 교육방법에서 필요한 시간보다 많은 시간이다.

학습자들이 토의사항에 제1차 질의사항을 토론하기 시작할 때에 교육자는 토론 목표를 지향하여 전진하고 있다는 것을 확인할 책임이 있고 조정자의 역할을 담당하는 것이다. 학습자들이 토의사항에 관련된 문제점에서 이탈할 때 언제든지 교육자는 그들을 원래의 논점으로 유도해야 한다. 그러나 토론을 지배해서는 안된다.

교육자는 유도토론을 시작하기 위하여 구두로 유도질문을 사용하지만 토의사항에 기록된 1차 질문은 문제상황에 관한 토론을 시작하는 것이다. 때때로 교육자는 토론을 단 하나의 논점에다 범위를 축소하기 위하여 특정된 논점을 확대하도록 추가질문을 사용할 수도 있다. 또한 일반적으로 교육자는 문제토론에 극히 소극적으로 참여하여야 한다. 그것은 토의집단의 구성원은 그들의 토론을 지원하기 위하여 기술된 문제를 가지고 있으며 나아가서는 그들의 의견을 조직하고 제시하기 위하여 하나의 토의사항을 가지고 있기 때문이다. 이 제시된 자료는 토론을 유도하고 통제하는 교육자의 책임을 교육자가 전혀 면하도록 하자는 것은 아니다. 집단은 논점을 이탈할 수도 있고, 어떤 참가자는 일반적인 것을 말할 수도 있으며, 다른 참가자는 침묵을 지킬 수도 있고, 나아가서는 또 다른 참가자는 문제 해결자로서 그들의 역할을 이행함이 곤란하다는 것을 발견할 수도 있는 고로, 교육자는 적절한 설명과 질문을 가지고 집단 토론을 유도하도록 준비하여야 한다.

교육자는 또한 단 하나의 원리로부터의 단서를 발견했다고 해서 성급한 건의를 하는 것을 중지하여야 한다. 교육자는 필요한 때 언제든지 중간요약을 해야 한다. 그러한 요약 설명은 설명을 심의하고 다음의 토의사항을 지향하여 토론을 전이하고, 중요한 논점 이탈을 마친 후에 집단을 또다시 원래의 논점에 지향하여 정비하고 주요한 구상과 관념을 설명 또는 강조하고 견해를 달리하는 구성원을 위하여 상담하고 혹은 현재까지 달성한 것을 요약하는 유익한 방법인 것이다. 또한 중간요약은 현재까지 달성한 것을 요약하는 유익한 방법인 것이다. 또한 중간요약은 토의사항에 포함된 개개의 항목에 관한 토론이 있은 후에 꼭 필요한 것은 아니다.

문제토론이 전개되고 나아가서는 집단이 해결을 지향하여 진전할 때만 교육자는 구성원들이 각각의 제안을 심사숙고하고 주의하여 평가하도록 고무해야 한다.

위에서 설명된 책임을 충족하면서 교육자는 동시에 아래에 기록된 사항을 수행하기 위하여 준비해야 한다. 공헌을 명확히 하고 요약할 것, 학생의 자부심 인정, 순응 및 자기보존을 위한 개인적인 사회적 욕구를 인정할 것, 실패감을 제거하고 해소해야 한다.

차. 집단건의를 요약할 것.

집단이 원리로부터의 단서(위장된 원리)를 발견하고 나아가서는 현실 시정책을 제외한 다음, 이 건의를 요약함으로써 토론을 결론으로 유도해야 한다. 이것은 문제를 토론하고 해결하기 위하여 한곳에 모이는 모든 집단의 지도자 책임이므로 교육자는 문제가 마치 현실적인 것처럼 요약을 제시하도록 해야 한다.

요약은 일반적으로 건의에 대한 간단한 심의와 나아가서는 건의가 문제에 대한 완전무결한 해결책을 제공하지 않는다 할지라도 해결책 발견을 위한 집단 노력에 대한 감사를 표하여야 한다.

카. 학습목적과 학습성과를 요약할 것

집단의 건의를 요약한 다음에 교육자는 집단토론 지도자의 역할에서 교실 내의 교육자의 위치로 변한다. 여기서 비로소 연극의 출현은 종결되는 것이다. 교육자는 학습성과를 요약하고 나아가서는 그 성과를 학습목적에다 연결시키는 것이다. 요약하는 동안에 교육자는 다음에 기록된 3개 목적을 기억해야 한다.

① 교육자는 자기가 교안에서 소기의 학습성과로서 기술한 학습목적과 근원적 원리를 발표해야 한다.

② 교육자는 집단이 제공한 설명, 제안 및 건의를 현재에 토론되고 있는 원리와 연계시켜 구성원이 어떻게 이해하고 있는가를 설명해야 한다. 만일 학습자가 소기의 학습성과를 달성하지 못하였다면, 교육자는 문제상황에서 위장된 원리를 적용할 수 있었는가를 설명해야 한다.
만일 집단이 소기의 학습성과 이외의 원리를 토론하였다면, 교육자는 학습자들에게 토론성과를 시정해야 하고 나아가서는 여하히 그들의 토론이 학습목적과 관계되는가를 설명해야 한다.

③ 교육자는 학습자들이 토론하여온 각 개의 원리를 적용하는 것이 가능할지도 모르는 최소한 2개의 상황을 예제로 인용하면서 학습전이의 단계를 시작해야 한다. 요약설명의 이 부분은 본질적으로 재동기 부여의 단계로 토론을 유도할 수도 있다.

타. 재동기 부여를 하고 결론을 지을 것.

학습자에게 재동기 부여를 하기 위하여 교육자는 토론된 원리의 중요성을 재강조하여야 한다. 그리고 난 다음에 교육자는 기타 모든 학습에 있어서와 마찬가지로 결론을 지어야 한다.

10. 프로그램 방법

1) 프로그램 방법의 개념

교육철학의 발전에 따라 교육 또는 학습 그 자체의 개념도 바뀌어졌으며, 학습과정을 연구해 나가는데 있어 교육방법도 많은 발전을 기하였다. 종래의 교육자 중심의 주입식 교육을 지양하는 다채로운 형태로 전개되어 나가는 가운데 비교적 근래에 발전된 교육방법의 하나가 프로그램 학습이다. 미 공군대학 학술교관 과정에서 채택하고 있는 교육방법을 살펴보면 강의식 시범실습식, 유도 토론식, 문제해결토론, 패널(Pannel)토의 및 극적 효과를 노리는 스키트(Skit)와 시청각 교육이 아울러 중요시되고 있다.

"Learning by doing"이라는 실천주의 교육철학의 명제에서 학습의 주체는 어디까지나 학습자 자신들이며, 교육자는 단순히 자기의 경험이나 지식을 전달하는데 그치는 것이 아니라, 학습자측에서 어떤 학습의 결과가 행동의 변화로서 기대되어야 한다는 것이다. 한편 오늘날 교육인구의 격증은 물론, 문화 또는 과학 기술의 급속한 발전은 교육의 계속성과 대량 생산의 형태가 요망되고 있다.

특히 군과 같은 특수사회에서는 나날이 변화, 발전되는 군사교리에 수반되는 과학병기의 전환에 따라 다수의 인원에 대한 계속적 교육이 전쟁시를 막론하고 커다란 과제로 되어 있다. 또 하나 특이한 점은 모든 병원은 실무에 종사를 하며, 교육을 병행하여야 한다는 점과 최소한의 어느 수준까지는 교육의 정도가 동등하게 유지되어야 한다는 것이다.

그러나 각 병원은 경험의 배경이 다르고 능력상의 개인차가 개재되므로 이러한 점을 극복하기 위해 이상적 교육방법으로서 교육의 오토메이션(자동화)을 생각할 수 있는 것이다.

인간은 규격화된 기계와는 달리 하나의 인격체이기 때문에 완전 자동화는 물론 상상 밖의 일이지만, 정도의 차이는 있어도 한번 고찰해 볼 가치는 있다고 생각된다. 수공업 상태에서 <오토메이션>화 과정은 막대한 기술과 자본 및 시간이 요구되나 일단 시설이 완성되면, 노동력, 생산원가, 생산시간에 반비례하여 생산의 완전규격화 및 대량생산이 가능해질 수 있다. 교육의 자동화도 학습자의 학습전 운영자 측의 준비과정에는 여러 가지 난관이 있다. 효과적인 학습성과를 확대하기 위해 제반학습의 원리, 기타 교수 기술을 동원하여 치밀한 학습계획을 수립, 학습자를 철저히 인도하여 규격화되고 대량생산의 형식을 채택한 것이 최초의 <프로그램학습>이다. 프로그램 학습은 1926년 오하이오(Ohio) 주립대학의 프레시<Pressy>교수가 창안한 티칭 머쉰(Teaching Machine)이 계기가 되어 1950년도 미국 교육계에서 연구개발이 활발하여 졌으며, 미 공군도 10여년간의 연구 실험단계를 지나 비로서 <프로그램 학습>에 관한 정책을 결정하고 실제 응용 단계로 전환하였다.

국내 교육계에서도 단편적으로 이 방법에 관한 연구 검토가 이루어지고 있으나 완전 실용화 단계에까지는 아직 거리감이 있다.

프로그램 학습이(Programmed Learning), Programmed Instruction 또는 Programmed Teaching 등으로 표현되는 것은 프로그램 학습 시스템의 일부분을 표시한다. 전반적 학습 시스템은 효과적인 학습성과를 획득하기 위해 활용되는 모든 교육기술, 교육장비, 교육매개물을 포괄적으로 뜻하는 프로그램 학습이라면 어떤 교육활동의 일부분 교육방법만을 뜻하는 것은 아니다.

프로그램 자체는 전달자, 매개물, 교재 및 교수 기술까지도 전부 망라하여 포함되어 있는 것이다. 좀더 구체적으로 부언하자면 사용 가능한 모든 교수법과 교육수단을 활용하여 모든 학습활동이 서식(Document of Design)에 의거 공학적 적용(Engineered Application)으로 계획되고 통제되는 일체의 활동을 의미하는 것이다.

(1) 학습의 원리

학습(Learning)은 지식(Knowledge)이나 기술(Skill)을 획득해 나가는 행위 또는 과정이라 생각되어 왔다. 그러나 오늘날 교육자들은 학습의 개념을 좀더 넓게 해석하고 있다. 이 자리에서 이러한 견해들을 상세히 논할 필요는 없지만 프로그램 학습의 성격을 규명하는데 도움이 될 정도로 검토해 볼 필요가 있다.

경험이 전혀 없는 사람이 교육자로 임명되었다고 가정하자. 어느 정도의 교육준비를 할 것이지만, 일단 교육의 장에 최초로 임하고 보면 당황하고 자신을 갖지 못하여 제반 교육활동에 있어 많은 오류를 범하게 될 것이다. 그러나 학교 연수과정과 같은 특정한 교육을 받고 난 후, 실무 부서로 돌아가 경험있는 타교육자의 활동을 관찰한 후라면, 좀더 자신을 갖고 교육에 임하여 효과적으로 임무를 수행할 수 있을 것이다. 그 교육자는 학습을 통해서 교육자활동에 관한 지식이나 교육기술이 전보다 바람직한 방향으로 변화되었기 때문이다.

이와 같이 학습이란 학습자의 측에서 바람직한 <행동의 변화>(Chage in Behavior)가 이루어지는 것을 말하며, 이러한 행동의 변화는 의식적으로 행하는 경험과 때로는 무의식 상태에서 경험-자극에 의해서 이루어진다. 행동의 변화를 구체적으로 살펴보면 생각(Meaning), 태도(Attitude), 기술(Skill) 등이 어떤 경험을 통해서 변화되어 전과는 다른 반응(Responce)이 어떤 조건 또는 상황하에서 나타나는 것을 뜻한다.

학습이란 <행동의 변화>를 기대한다는 목적의식을 염두에 둔다면 교육자의 학습 계획 수립의 태도 및 방향이 뚜렷해진다. “선생은 학생을 가르치는 것이지 과목을 가르치는 것이 아니다” 라는 말이 있다. 언제 누가 한 말인지는 몰라도 학습의 개념을 단적으로 표현한 좋은 문구라고 생각된다. 오늘날 교육에 있어 일반화되어 있는 학습자 중심의 원리는 학습 활동에 학습자가 적극적으로 참여함으로써, 학습과정에서의 주체의 소재를 바꾸어 놓는 것이다. 학습자 중심적이란, 신체적으로 활동면에서의 단순한 참여가 아니라, 학습자 자신이 자발적인 학습의욕을 가져 문제의식(Problem Oriented)을 자극하고 활발한 사고활동을 유발(Thought Provoking)함으로써 내외적으로 적극적인 참여를 기하여야 한다. 이때 교육자는 이상과 같은 학습조건 및 환경을 부여하고 학습의 바른 궤도로 유도(Guide)하는 역할만을 담당한다.

한편 군교육의 성격상 피교육자의 내재적 욕구나 필요와는 아무런 관련성이 없는 학습내용을 배워야 할 경우가 허다하다. 역시 어떤 필요에 의해서 학습에 적극적 참여를 하였다 하여도 학습 과정 중 약화되거나 전혀 상실해 버리는 경우가 발생한다. 따라서 이상적 학습이 이루어지기 위해서는 계속적인 동기부여로서 학습의 정착을 이루도록 하여야 하는데, 이를 강화의 원리(Reinforcement Theory)라 한다. 강화는 어떤 욕구(Need)를 느끼고, 이를 충족하기 위해 목표(Goal), 행동(Action)을 취하게 하는 조건 부여이며 자극 반응의 원리를 적용한다.

<프로그램 학습>에 적용되고 있는 또 하나의 특이한 원칙은 학습진행에 있어 교육자의 참여가 극소하거나, 자습의 형태를 취함으로써 학습자 중심의 학습이 보다 자동화되어 있음을 강조하여 둔다.

(2) 학습목표 설정의 명확성

<프로그램 학습>의 목적은 학습의 결과로서 기대되는 행동 변화의 상세한 내용 변화가 이루어지는 조건 및 실제적으로 측정될 수 있는 정도(Level)가 명확히 결정되어야 한다. 종래 교육 방법에 있어서도 학습목적 또는 학습성과 결정이 중요한 요소가 되고 있지만, 일반적 개념만으로 표현되어도 교육계획 작성과 교육진행에 커다란 문제가 야기되지 않는다. 어떤 교육자가 <A>라는 과목을 할당받아 교육준비에 임하였다고 하자. 일반적으로 과목의 범위, 방향 등이 명시된 학습목적에 따라 피교육자의 성분을 분석하고, 과목의 성격에 알맞은 교육방법을 설정하여 학습지도에 임한다 하여도 통상 기대되는 행동 변화의 구체적 내용이 무엇이며, 획득되어야 할 정도가 무엇인가를 고려함이 없이 <A>로 지칭

되는 과목명에 집착하여 관련된 자료를 수집하고, 자료의 한계와 자기능력의 한계에 따라 교육계획을 수립하게 되며 담당 교육자의 능력 또는 기술 여하에 학습성과는 좌우되어 왔던 것이다. 이러한 현상을 방지하기 위해 여하한 교육형태나 방법에서도 학습목적이 뚜렷이 결정되어야 한다는 것은 누누히 강조되어 오고 있는 것이지만, <프로그램 학습>에서는 결정되지 못하면 프로그램은 양호하게 작성할 수가 없다.

여기에서 <프로그램 학습>은 그 용어 자체가 뜻하듯 학습 이전에 은밀한 계획을 세운다는 데서 학습의 결과가 명확히 부합되는 목적설정이 요구됨을 이해할 수 있다. 실제학습 목적 서술의 예를 들어 검토해 보기로 하자.

일반적 개념으로 표현된 학습목적은 "정비도구 선정요령을 학습자들에게 이해시킴에 있다."

행동적 개념으로 정의 분석된 학습목적.

"제트엔진 정비에 통상적으로 사용되는 정비도구 List를 보고 학습자들은 명칭에 따른 도구 선정을 할 수 있고, 각각의 사용목적을 설명할 수 있게 된다."

위에서 보는 바와 같이 학습 목적은,

① 학습자가 이를 획득하였다는 것을 시범해 보일 수 있는 행동(위의 경우 "도구의 선정과 사용목적의 설명력")이 기술되어야 한다.

② 학습결과가 이루어지는 조건("도구의 List가 제시되었을 경우").

③ 수락될 수 있는 행동적 변화를 측정할 수 있는 기준(도구의 선택력과 사용목적만 설명할 수 있는 것은, 관찰되거나 또는 평가될 수 있는 수락성이 있다.)이 설정되어야 한다. 물론 이러한 형식의 목적 기술은 결코 새로운 것이 아니며, 기타 교육방법의 목적 설정의 새 요소들이 제3차 작업을 통해 프로그램에 포함될 세부적 사항으로 분석하여 이들 하나 하나가 일반적이며, 구체적 개념으로 정의된다. 학습목적만을 명확히 결정하는 의도는 다음 장에서 좀더 명백히 설명될 것이다.

(3) 학습의 정착화

학습자들이 학습목적에 내포된 의도를 알고 여기서 얻어지는 성과가 무엇이라는 것을 파악하면 학습동기 유발에 많은 작용을 한다.

그러나 내적으로 어떤 필요를 느끼게 되면 동기는 좀 더 강화된다. 동물을 실험할 때, 어떤 행동을 하고 난 후 칭찬을 하거나 다른 형태로라도 보상하여 주면 외적인 자극에 의해서 동기가 부여되는데 인간의 경우도 동일한 원리가 적용될 수 있다는 결론을 얻고 있다. 이러한 학습심리를 활용하면 학습은 좀더 즐거워지고 정착된다. 교육의 <오토메이션화>를 지향하는 프로그램 방법은 자습의 형태를 취하여 학습자 개개인은 자기 베이스에서 적극적 참여를 기하도록 하는데, 이때 개인은 보장이 되고 종래의 교실 집단 학습에서 일어나던 중압감에서 해방된다. 교육자나 타 학습자에 의해 학습의 정착화를 저해 당하던 제반 외적 자극을 기대할 수 있다는 말이다. 따라서 우수한 학습자와 학습자간에 일어나는 개인차를 상호 억제 당함이 없이 각자의 노력의 차는 있어도 성과의 차이는 그 간격을 매꿀 수 있다. 상위 그룹의 학습자는 하위그룹 학습자 때문에 학습진도가 억제되지 않으며, 하위 그룹의 학습자는 숨가쁘게 상위 그룹을 좇으려 허덕일 필요가 없고, 따르지 못할 때 생기는 열등의식 등에 의해서 학습 동기의 상실 내지는 학습의 정착을 저해 당할 일이 없다는 것이다.

프로그램 학습에서는 학습자 자신이 자기의 행동이 어떻게 변화되고 있다는 것을 알게 함으로써 정착을 강화하여 이러한 강화의 빈도를 최대한으로 한다. 강화의 빈도를 크게 하기 위해 학습내용을 가급적 많으나 적은 단계로 나누어 구성하게 된다. 또한 강화의 빈도는 무제한 반복을 통해서도 이루어질 수 있다.

교육자의 강의는 한 시간 청취하거나 교본을 읽고 난 다음, 학습결과를 즉시적으로 명확히 인식하거나 중요내용을 기억 재생하기란 어렵다. 강의 중 잠깐 다른 생각을 하였다던가, 교육자의 의사전달 능력이 좋지 못하여 주요점을 완전히 파악치 못할 때가 빈번한데, 상황에 따라 학습자는 질문이나 제의를 생략해 버림으로써 모르는 채로 지나치기 쉬우나, 프로그램은 그 자체가 교육이며 학습매개물이므로 학습자의 욕구에 따라 학습과정을 얼마든지 재생할 수 있다. 따라서 학습자는 어떠한 강제성이나 중압감을 느낌이 없이, 프로그램과의 부단하고 원만한 커뮤니케이션을 유지해 나감으로써 학습목표에 정착된 상태에 도달하게 된다.

원래 프로그램 학습은 다지 선택형의 객관식 문항형식을 발전시키는 데서 얻은 힌트에 의한 것으로써, 프로그램은 객관식의 문항으로 구성된 시험문제형의 형식을 취하는 경우가 많다. 문제를 풀어가기 위해서는 어떠한 지식을 가져야 할 필요가 있고, 답을 제시하는데 적극적 참여를 기하고, 문제를 해결하였다는 데서 어떠한 성과의 결과를 직접 관찰함으로써 학습동기를 계속적으로 유지해 나갈 수 있는 것이다. 따라서 프로그램 학습을 그 형식면에서 설문식 학습방법이라고 할 수 있다. 형식은 여하튼 그 목적하는 바가 학습자의 지식을 Test하는 것이 아니고 어디까지나 가르치는데 있음을 말해 둔다.

2) 학습 시스템상의 특성

학습 시스템은 교육계획-학습자 참여-교수법과 학습환경-학습자수료-추가 평가 등 타교육방법과 동일한 절차로 되어 있으나, 그 시행과정이 특이하다.

(1) 교육계획 수립

교육계획 수립의 최초단계는 전 장에서 언급한 바 있는 학습자의 행동 목표별 학습목적의 결정과 이에 대한 세부적 내용을 분석 정의하는 것이다. 이는 직무훈련 기준(Job training standard) 작성과정과 동일한 것이며 Program 작성의 절대적 지원이 된다. 명확히 결정된 학습목적에 따라 학습내용도 목표달성에 필요한 본질적인 것만을 선정하여 구성한다. 하나의 예를 들어, 강의를 의한 교육계획은 비격식 강의에 적합한 요점식이 좋다고 한다. 이러한 경우 강의내용 중 요점을 빠뜨리지 않고 신축성 있게 전개해 나간다 하는데 의사 전달의 융통성이 허용되는 만큼 강의내용도 항구성을 유지하기 어렵다. 이에 반하여 <프로그램>이란 어의 자체가 뜻하는 치밀한 계획성의 특징이 있다. 학습내용 구성상의 특성은 지식이나 행동의 계열성을 충분히 검토한 후 논리적 순서로 배열하는데, 다른 방법의 교육계획과는 달리 가급적 지식이나 행동의 요소를 적은 단계로 분할, 점차적인 학습과정을 기하고, 앞서 말한 강화의 빈도를 크게 하고 학습의 용량성을 지향한다. 이상과 같은 기초작업이 끝나면 프로그램 초안을 작성한다. 형식(다음 장 참조)은 과목의 성격, 학습목적을 고려하여 결정한다. 프로그램 초안은 교과서 또는 참고지침서와는 달리 학습의 전 시스템을 내포한 것이므로 실시 전에 표준집단(Sampling group)에 대해서 테스트하는 과정을 거쳐 이에 대한 학생의 반응을 분석하여 수정을 가한 다음 완전하다고 평가될 때 비로서 발행 적용하여야 한다.

(2) 학습자 참여, 교육방법 및 학습환경

교육계획, 즉 프로그램 작성이 완료되면 학습자를 선정하여 효과적으로 학습이 이루어지도록 학습방법을 선택할 것이며 새로운 행동, 지식, 경험 및 기술을 이해 습득할 수 있는 학습조건을 부여하게 된다.

프로그램 학습에 임할 때, 학습자는 학습목적과 학습성과를 충분히 이해토록 하며, 효과적인 학습이 이루어지도록 제반 학습원리와 교육기술을 활용한다. 프로그램 학습방법은 자습 방법이므로 교실활동(Class drill)이 없다. 정규과정에서 집단적으로 프로그램 학습을 한다 하여도 타학습자들과는 아무런 관계없이 개인별로 진행한다.

따라서 교실 학습 시간 중 90% 이상을 개인지도에 활용하게 된다. 학습자는 자신의 능력(His Own Pace)에 따라 필요한 만큼의 시간과 노력을 소비하여 학습을 시행하고, 하위 그룹의 학습자들이 상위 그룹 학습자의 진도를 동일시간 내에 추종해야 할 긴박성이 해소되게 된다. 이것은 프로그램 학습의 문제점으로서 생각할 수도 있는데 학습진도(학습량)차이에서 오는 개인차를 어떻게 조절할 것인가 이다.

어떤 일정한 집단에 대해 프로그램 학습을 적용할 때는 최저 한도의 시간을 지정하는 기한부제를 채택하여 진도의 차이를 어느 정도 통제하는 것을 원칙으로 하고 있다.

(3) 학습자 수료 및 평가

교육훈련이 의도하는 바는 특히 기업에 관한 한 균일화된 우수한 학습자를 배출하는데 있다. <프로그램 학습>도 이러한 의도에서 제외될 수는 없는 것이며, 학습자들이 프로그램에 대한 학습을 완료하면 학습목적에 규정되었던 사항을 행동적으로 시행할 수 있어야 한다.

따라서 프로그램 학습자체는 학습자와 학습 내용간의 긴밀한 유대를 강화할 수 있도록 학습과정을 확고히 해야 한다.

학습 성취도 측정방법은 일반적 교육평가의 원리 및 방법을 적용하는 것이며, 설문 응답식으로 짜여진 프로그램이라 하여도 그 자체는 평가에 목적을 둔 것이 아니라 어디까지나 가르치는데 목적이 있는 것이므로 학습평가는 별도로 실시한다. 특히 프로그램은 그 자체가 완전한 교육 시스템을 갖추고 있는 것이기 때문에 평가 결과 재교육이 필요시 될 때, 즉각적으로 학습과정을 반복(Feed back)시킴으로써 용이하게 소기의 학습목표에 도달할 수 있게 되어 있다.

(4) 프로그램 학습의 장점

프로그램의 원리를 전 교과과정에 적용하게 된 것은 비교적 최근에 이루어졌지만, 10여년 전 프로그램 형식을 취한 중·고등학생용 영어단어 암기용 카드집이 나온 적이 있다. 소형 카드 전면에는 영문단어가 기재되어 있고 후면에는 국문 해석이 되어 있어 포켓에 넣고 다니며 학습하도록 되어 있던 것이다. 또한 플라스틱으로 된 적은 궤짝에 두루마리로 된 문제집을 넣어 손잡이를 돌리면 전면 창구에 문제가 나오고 좀더 돌리면 문제는 넘어가고 동일한 창구에 답이 제시되게 한 것인데 이는 앞서 말한 Teaching machine의 원리를 응용한 것이었다. 말하자면 트랜지스터 학습이라고 명명할 수 있는 것이다. 이와 같이 프로그램 학습은 교육자와 교실이 있는 곳에 학습자들이 모여드는 것이 아니라, 학습자들이 있는 곳에 교육자 및 교실이 따른다고 할 정도로 언제 어디서나 학습자 개인 단위로 학습을 할 수 있다는 것이 큰 이점이 된다.

또한 프로그램학습의 교육방법은 기타 방법과 비교하여 시간, 노력 및 경비에 반비례하여 학습 성과도가 높다. 같은 양의 내용을 프로그램 학습에 의하면 ½~⅓ 시간으로 마스터할 수 있다는 것이 경험적 통계에 의해 증명되고 있다. 버지니아주 Reanoke 초등학교에서 수학 일년 과정을 1일 50분간 기타 과외공부 없이 6개월에 마스터하였으며, Kodak 필름 회사에서는 감독자에 대한 심리학을 재래식 교육방법을 실시한 그룹보다 프로그램 학습을 한 그룹이 2배의 기억력을 유지하였다 한다.

또한 IBM회사는 자료정리 과정을 교육하는데 재래식 교육방법으로는 15시간에 걸쳐 평균 86.2%의 성적을 나타내는데 비해, 프로그램에 의한 학습으로는 동일한 내용에 대해 11시간에 걸쳐 완료하여 평균 95.1%의 성적을 갖는 결과를 보았다 한다. 현재 미 공군이 실험에 의해서 얻은 결론은 학습성과의 10% 증가, 시간의 30% 절약을 최저기준으로 잡고 있다. 또한 프로그램학습은 자습 방법이기 때문에 많은 학생을 일시에 소수의 교육자로서도 교육시킬 수 있고, 어떤 경우 교육자는 학습활동에 전혀 참여를 않음으로써 연구활동과 특별히 필요로 하는 학습자들에게 개인지도를 하게 된다. 교육 운영자의 입장에서는 교육자의 다수 확보, 교육시설, 유지 등의 난 문제에 봉착하지 않게 된다. 아울러 생각할 수 있는 것은 정규과정을 설치할 필요가 없기 때문에(물론 정규과정의 일부 교과내용을 프로그램화하는 경우가 허다하지만) 생산 업무와 교육의 병행 실시가 가능하여 인력관리, 생산관리 등에 효율성을 높일 수 있다.

생산 공장이나 군대의 경우 교육요원 차출은 큰 문제점의 하나로 되어 있으며, 공원이나 병원들도 여기 저기 쫓아다니며 교육만 받다 보면 막대한 업무의 과중은 물론 실무 부서를 이탈하여야 하므로 사기 저하의 초래와 실제 업무 또는 생산 업무 등이 소홀히 되는 경향을 지양할 수 있는 것이다.

전장에서 열거한 제반 학습원리 및 조건들이 적용되어 있으므로 잘 만들어진 프로그램은 포괄적이며 정착된 교육의 질을 보장해 주는 반면 여하히 프로그램을 잘 작성하느냐 하는 것이 이 학습의 커다란 문제점이 되어 있다.

강의를 위한 교안 작성과 같이 비교적 간단히 이루어지는 것이 아니며 학습원리 및 학습심리를 잘 아는 심리학자, 학과내용에 정통한 전문가, 프로그램 작성의 경험이 풍부한 사람들이 공동으로 많은 시간의 작업을 하여야 한다.

경험자들에 의하면 한시간 학습용의 완전한 프로그램을 내놓기 위해서는 150 시간의 작업량이 소요된다고 한다. 이런 관점에서 프로그램을 전문적으로 작성하여 주는 전문기관이 미국에는 많이 설치되어 있어 사용처의 요구에 응하고 있다. 참고로 프로그램의 질적 판단을 위한 기준을 간략히 열거하여 보면 다음과 같다.

① 학습목적이 뚜렷이 결정되어 있어야 한다.
② Frame을 작성하기 전 프로그램에 포함될 전 내용이 완전히 계획되어 있어야 한다.
③ Frame은 불필요한 내용이나 어구가 내포되지 말아야 한다.
④ Frame은 "반응의 틀"이 일어나지 않도록 작성되어야 한다.
⑤ 흥미를 위해 다양한 Frame형식을 활용하여야 한다.
⑥ 실례가 자유로이 구사되어야 한다.
⑦ 발생 실시 이전에 반드시 사전 경험, 평가되어 수정된 것이라야 한다.

전개 요령상 재래식 교육방법과의 근본적인 차이점은 주제내용이 학습자 각자가 학습하는 프로그램에 전부 포함되어 있고, 그 자체가 전달자의 역할까지 담당하고 있는 점이다. 재래식 교육방법에 있어서는 교육자가 전달자이고 그의 말 또는 기타 교재들이 학습 매개물이 되어 교육자의 전달기술 또는 전개 요령에 따라 학습성과가 좌우되었다. 더구나 이런 관계 하에서는 교육자와 학습자간의 의사소통이 언어 개념상의 차이와 표현기술의 빈약성 때문에 단절이 되기 쉬웠고, 학습자측의 주의집중의 결여로 동일한 현상이 일어나게 된다.

또한 전달자가 주문내용과는 하등 관계가 없는 내용을 말한다거나, 같은 학습집단 성원들이 토론에 참여하여 그릇된 개념의 제시 또는 무책임한 발언을 할 때 여기에 현혹됨으로써 일층 학습의 정착화를 이룰 수 없게 되는 것이다.

그러나 프로그램 학습에서는 치밀하게 계획된 프로그램과 학습자간에 부단한 커뮤니케이션이 이루어지며, 일단 단절되거나 학습 궤도에서 이탈하였다 하여도 즉시 원상복귀가 가능하기 때문에 반복 재강화에 따른 학습의 정착화가 이루어지는 것이다.

한가지 문제점으로 고려해 볼만한 것은 인상의 강화에 따른 권위와 기억력의 정도에 관한 것인데, 상대성 원리에 대해 직접 아인슈타인 박사로부터 강의를 받았다 하면, 프로그램에 의한 학습과 비교하여 어느 쪽이 좀더 기억 재생에 효과적일 것이냐 하는 문제이다. 프로그램은 단지, 반복을 통해서 이해와 기억의 지속성을 기하려는 것으로 이 문제는 좀더 검토해 볼 여지가 있다고 볼 수 있다. 여기서 명백히 해두고 싶은 점은 <프로그램 학습>도 역시 여러 교육방법과

병용해 나갈 한가지 수단에 불과하며, 전 교과과정을 프로그램화할 수 없는 한계점을 가지고 있다.

3) 프로그램 작성의 형식

프로그램 작성자는 학습목적의 결정과 목적의 요소에 대하여 평가기준에 의거한 분석 정의가 끝나고, 학습내용을 목적에 부합되도록 선정한다. 학습내용 전개요령에 관한 프로그램 작성형식을 채택하면 비로소 프로그램 초안을 작성하게 된다. 본 장에서는 실제 학과내용을 프로그램화하는 방법들을 고찰해 보고자하며, 이는 프로그램을 어떻게 만들어 어떠한 절차에 따라 학습을 진행하게 되는가 하는 구체적 내용이며, 지금까지 언급한 프로그램의 개념을 좀더 뚜렷하게 이해하는데 큰 도움이 될 것으로 본다.

앞서 <프로그램 학습>은 학습자들이 자습 형식으로 적극적인 학습활동 참여에 의한 학습자 중심적 학습원리와 반복강화의 원리를 활용함으로써 빈번한 자극 반응의 과정을 통해 학습의 정착화를 기한다고 하였다. 또한 학습자들은 자기 능력대로의 학습원칙을 적용함으로써 학습량에 관한 개인차를 인정하고 일정량에 대한 질(학습성과)은 동등한 수준을 유지토록 하여야 한다. 그리고 프로그램 작성 및 실시요령을 검토해 보면 다음과 같다.

(1) Linear Programing(직선 또는 직지식)

하아버드 대학의 심리학 교수 B. Frederick Skinner씨가 발전시킨 방법인데 흔히 이 방법은 Pressy의 Teaching machine의 방법을 개량 발전시킨 것이라 한다. 그 개요를 살펴보면 첫째, 학과 내용을 다수의 적은 단계로 분할하여 논리적 계열에 따라 배열한다. 적은 단계로 나누는 이유는 일시에 단 한가지의 지식만을 부여하기 위한 것으로써 예를 들면 전 학습내용이 I am a boy라는 문장이라 하면 I am a boy의 3단계로 나누어 먼저 “I”라는 대명사에 관한 지식만을 제시하고 이를 이해하면 그는 a boy를 뜻하는 것이라는 제2의 지식을 부여한 다음 이를 연결하는 동사에 관한 am을 3단계로 하는 것이다.

둘째로, 학습자는 각 단계마다 즉각적으로 반응을 표시한다. 학습자의 반응표시는 각 단계에 제시된 설문에 대해 답을 기재하는 것인데 각 단계에는 문제와 답이 적접적으로 표시되어 있거나 힌트가 주어져 있기 때문에 용이하게 정답을 가려낼 수 있도록 되어 있다.

셋째로, 학습자들이 자기 반응(답)에 대한 적부를 검토할 수 있도록 다음 단계로 넘어가기 전에 정답을 볼 수 있게 한다. 이때 학습자는 자기의 답과 정답을 비교하여 자기의 지식을 얻었다는 사실을 관찰함으로써 학습동기가 강화되거나, 오답의 경우 반복(Feed back)을 하는 것이다.

반복 강화를 기하기 위해서는 일정량을 단계로 학습한 다음 중간요약을 하는 단계를 삽입하여 아무런 힌트 없이 지금까지 학습한 내용을 암기하여 기술하도록 하는데, 대부분의 학습자는 여기서 반복을 강요당하게 된다. Linear의 특징은 가급적 적은 단계로 나누기 때문에 어떠한 학습자나 거의 정답을 제시할 수 있으며, 학습자의 오류를 예측하지 않는다는 것이다.

단계가 지남에 따라 점차 어려운 문제로 접근하여도 학습자들은 쉽사리 이를 감지하지 못하여 항상 즐겁게 학습을 진행한다.

실시요령(예시)

이 프로그램 진행에는 먼저 답안지로 오른쪽의 정답란을 가리고 1번부터 순서대로 읽어 나가면서 해당 공란에 적합하다고 생각되는 말을 답안지에 적어 놓는다. 답을 기록하고 나면 정답란의 해당 문제만 보이도록 정답지를 내려서 당신의 답과 정답을 비교하여 정답을 선택하였을 경우에 같은 요령으로 다음 문제를 진행할 것이며, 오답을 선택하였을 경우에는 재검토한다.

	정답
① Linear 프로그램은, 주제 내용을 적은 단계로 분할 전개한다. 만일, 학습자들이 새로운 단계 학습 내용을 ________로 분할 학습하면 보다 용이하게 이해할 수 있다.	적은 단계
② Linear 프로그램의 각 단계는 Frame이라 부른다. 주제 내용이 _______로 전개되기 때문에 하나의 프로그램은 많은 ________으로 구성된다.	적은 단계 Frame
③ 각 Frame은 학습자들이 올바른 반응을 표시하도록 계획되어 있다. 각 _______의 공란은 학습자들의 _______을 표시할 수 있게 한 것이다.	Frame 반응 또는 답

④ **학습자들이 자기의 답을,**

직접 기술하기 때문에 이러한 반응은 <구성된 반응>이라 한다. Linear 프로그램의 각 _______에 대한 학습자의 반응은 ______이라 한다.

Frame
구성된 반응

⑤ ....

Linear 프로그램의 예 1

Linear 프로그램은 학습자의 능력을 고려하여 동일한 내용에 대해서 상, 중, 하 세 가지 종류로 나누는 경우도 있는데, 하급의 것일수록 좀더 용이한 용어의 사용, 추가적 설명의 부연 등으로 이해를 돕게 하는 대신 학습량도 많아진다. 여하한 형식으로 하든 Linear는 단순한 자극 반응에 의해 오류 없이 학습이 이루어지도록 한 것이다.

Linear Frame과 정답 배열 방법도 여러 가지가 있는데 상기 예문과 좀 다른 형식을 소개하면 다음과 같다.

① 교육은 Teaching과 Learning의 순환 과정이다. Teaching과 Learning 상호 긴밀한 연관성을 가진 것이므로 Teaching이 좋을수록 ______이 좋아진다. (정답 : Learning)

② Learning의 개념에 대해서는 사람에 따라 의견을 달리하고 있으므로 본 학습을 통해 이하 _______에 관한 개념의 명확한 개념을 규정하려 한다. (정답 : Learning)

③ 이전에 할 수 없었던 일에 대해서 어떤 경험을 체득함으로써 반응을 보일 때 학습이 이루어졌다고 한다.
예를 들어 "2+2=?"이란 질문에 "4"라는 답을 하였다면 학습에서 산수 공부를 한 경험에 의해서 _______을 표시한 것이다. (정답 : 반응)

④ 같은 모양으로 물의 화학기호는 무엇인가라는 질문에 대해서 "H_2O"란 답을 하였다면 _______을 보인 것이다. (정답 : 반응)

Linear의 예 2

상기 예의 배열방식은 정답이 다음 단계 상부에 표시되어 있는데 이러한 배열형식은 쉽사리 학생들이 정답을 컨닝하지 못하게 한 것이다.

5	다음 영문을 국문으로 번역하라 Do Mary and she speak French?	
	메리와 그 여자는 불어를 말하는가?	
6	“I speak”는 과거형인가? 영어로 대답하라	

Linear의 예 3

어떤 경우 정답을 답안지로 가리고 하는 번거로움을 피하기 위해 전면에는 문제를 제시하고 후면에는 정답을 기재하는 방법도 채택하는데, 이런 경우 학습자는 동일한 페이지에 오래 머물지 아니하고 문제별로 책장을 넘김으로써 지루함 없이 할 수 있는 장점도 갖고 있다.

또 한 가지 방법은 각 Frame의 간격을 동일하게 하여 답안지 대신에 정답을 가리는 마스크를 사용하도록 하는 것이다.

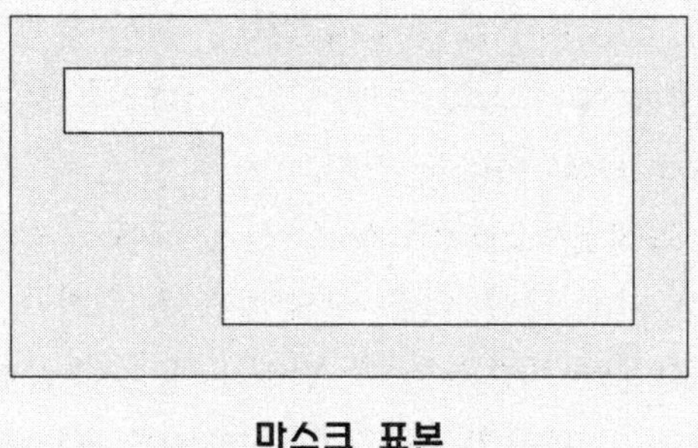

마스크 표본

상기 예문의 각 Frame 5번 6번의 간격이 동일하고 정답란은 어둡게 하여 놓았으며, 마스크 문제와 답 기재란만 보이도록 한 것이다.

(2) Branching Programming(분기식 또는 교정식 분습식)

이 방법은 US Industry Inc의 Norman A Crowder에 의해 창안된 프로그램 작성의 한 방법이다. Skinner의 Linear 형성에 비해 접근방법에 재래식 교육방법과 유사한 것으로 학습자의 오진을 예측 인정하며, 오류를 활용하는 것이다. Linear에서보다 각 Frame에 내포되는 지식량이 많으며 지식의 단위별로 일시에 학습자가 수요할 수 있는 정도의 지식을 부여한다. 따라서 각 Frame에는 내용을 설명한 부분이 있고, 설명문 밑에 다지 선택형의 문제를 제시하여 설명문을 해독하여 얻은 지식의 정도에 따라 정답을 선택하게 된다. 여기서 학습자는 오답을 선택할 가능성을 예측하고 있는데 단순한 자극 반응보다 학습자의 종합 판단력 내지는 통찰력을 요구하고 있다. 문항선택은 Teaching machine을 사용할 경우, 해당번호의 Key를 누르게 되어 있고 책자를 이용할 경우에는, 각 답지 옆에 기재되어 있는 Page를 찾아보도록 한다. 학습자가 정답을 선택하였을 때는, 해당 Page에 새로운 다음 단계의 지식이 설명되어 있고 전 문제와 동일하게 선택형의 문항이 제시된다.

그러나 학습자들이 오답을 선정하였다면 해당 Page에 오답을 고르게 된 이유를 설명하고, 즉시 원 문제로 돌아와 다시 정답을 선택하도록 Feed back 시킨다.

이와 같이 단계별로 충분한 이해를 한 우수한 학습자는 직선적으로 학습을 진행하여 나가고, 그렇지 못한 학습자는 이러한 직선적 학습 궤도에서 이탈시켜, 학습의 우회를 통해 목표에 도달하도록 능력별 분습을 하도록 한 것이다.

Branching방법에 있어, 각 Frame의 구성 요령은 Linear와 같이 1번 문제와 2번 문제가 책자의 Page 순서로 연결성 있게 되어 있는 것이 아니라, 1번 문제가 2번 문제에는 하등의 연관성이 없이 뒤죽박죽 혼합하여 편집한다. 따라서 어떤 문제에 정답을 고르기 전에는 임의로 넘어갈 수 없도록 한 것인데, 이러한 형식의 책자를 <Scrambled book>이라고 한다.

Scrambled book의 목적은 Linear의 경우, 전 단계에서 얻은 정답을 다음 단계로 진행할 때는 볼 수 있게 하여, 다음 답의 힌트를 주거나 해당단계 내용에 정답이 표시되어 있기 때문에 학습자는 각 단계 내용을 충분히 읽지 않고도 적당히 정답을 기재해 나가는 "반응의 틀"을 만들기 쉽고, 각 단계들은 동일한 내용을 반복 강조하고 있기 때문에 중간단계를 버리고 건너뛰는 현상이 일어나기 쉬우므로 Branching에서는 이러한 현상을 방지하여 학습의 철저를 기하도록 하고, 속임수를 쓰지 못하도록 한 것이다. 최근에 발간되는 성인용 프로그램은 대부분이 Branching의 형식을 채택하고 있다.

(3) 분석 종합식(Mathetics Programming)

TOR Industry Thomas Gilbert 박사에 의해 창안된 방법으로서 행위의 분석 및 기능화에 있어 강화의 원리를 적용한 것이다. Mathetics는 이론부분과 실습부분으로 나누어지며, 학습의 단계는 Linear나 Branching과 같이 가급적 적은 단계로 분할하는 것이 아니라, 하나의 학습단원을 일시에 학습을 하게 한 후, 다 단원으로 전이하기 전에 실습을 통해 완전히 단원별로 마스터하도록 한 것이다. Mathetics는 실험실 학습에서와 같이 행동의 연쇄적 계열성을 좀더 명확히 분석하여 여하이 효과적으로 배열하여 학습의 효과를 기하느냐 하는 기준 분석의 특징이 있다. 예를 들면 읽는 법부터 가르치고 쓰는 법을 가르치느냐, 아니면 쓰는 법부터 가르치고 그 다음에 읽은 법을 가르치는 것이 좋은가 하는 것을 결정하는 것이다.

이와 같이 행동계열의 역순으로 학습에 접근하는 것이 특이한 점이다.

이론부분 전개에 있어 Linear나 Branching 형식의 프로그램을 사용할 수도 있으나 전체적인 내용을 일시에 파악할 수 있도록 일반 교과서의 형식을 취하며, 특히 실습부분이 별도 계획되기 때문에 Teaching machine은 사용하지 않는 것으로 되어 있다. 학습의 접근원리로서는 전체－부분－전체(Whole－Part－Whole)를 적용하여 학습내용의 전체적 일시의 이해를 기하고, 그 하나 하나의 계열을 분석한 후 다시 전체의 계열을 습득할 수 있게 한 것이다.

4) 프로그램 철

지금까지 프로그램 학습의 개념과 그 형식 및 진행과정을 약술하였거니와 대개의 경우 <프로그램 학습>하면 프로그램 자체보다는 Teaching machine이 전부인 것 같이 생각하고 있는 분이 많다.

그러나 Teaching machine은 어디까지나 프로그램을 제시하는 하나의 수단에 불과한 것이며, 학습과정을 이루게 하는 것은 프로그램 자체인 것이다.

다음에 프로그램을 제시하는 방법을 고찰하여 본다.

(1) Teaching machine

미 공군은 Teaching machine이란 말 대신에 <자동 교수 기재>(Auto－Instructional－Devices)라 하고 있다. 이 기계는 프라스틱으로 만든 값싼 것으로부터 전자계산 장치가 되어 있는 2만불 이상의 고가한 것까지 있다. 프로그램의 각 Frame 또는 답안지를 카드화하여 기계에 장치해 놓고, Master Key를 누르면 자동적으로 창구에 Frame이 지나가고 해당 답지의 설명문이 나오게 되어 있다. 기계조작이므로 학습자들이 정답을 미리 보고 Frame을 읽어 나가는 등의 속임수를 철저히 방지하며, 오답을 선택하였을 때, 그 빈도가 자동적으로 체크되므로 학습자의 반응을 사후에 분석 검토하는데 도움이 된다.

학습자는 기계를 만진다는데서 신기로운 감을 갖는다든가, 흥미에 의한 동기를 부여받는 장점 등을 갖고 있다.

그러나 기계를 확보 유지하는데는 막대한 경비가 들고, 기계 고장이 일어나는 경우, 오히려 학습이 중단되는 폐단이 있기 때문에 실험용이나 전시물로서 사용하고 있는 실정이다.

(2) 책자

우선 제작 사용에 간편하고 경비도 적게 들어 운영자측에 이점을 주는 동시에 학습자들이 항시 교재를 지참할 수 있는 장점이 있다. 또한 기계의 경우와 달라 학습내용을 복습할 때, 일일이 key를 누르는 대신 간단히 책장을 뒤져 나갈 수 있다. 집단 학습의 경우 교육자가 어떤 문제에 대해서 종합 설명을 하고자 할 때도 해당 페이지를 용이하게 모두가 찾을 수 있다. 단점으로서는 학습자의 속임수를 방지할 수단이 마련되어 있지 않으며, 학습자들이 페이지를 마구 뒤져 나가는 동안 정당한 지식 계열의 순서를 지키지 아니하고, 단편적인 학습을 할 우려가 있다. 부피면으로도 기계의 경우 마이크로 Film을 사용하면 한 기계에 수 십종의 프로그램을 장치할 수 있는 반면, 책자는 그러한 특성을 갖지 못하고 있다.

(3) 기계와 책자의 병용

특히 어학 교육에서는 흔히 사용하는 것으로 시청각의 동시적 활용을 기하는 것이다. Frame에 포함되는 내용은 녹음기를 통해서 전달하고 답지의 선택은 답안지에 기재하며, 정답은 다시 녹음기에 수록된 육성으로 제시해 주는 것이다.

이러한 방법은 우리나라에도 일찍이 도입되어 군 및 민간대학 어학 Lab에서 실시하고 있는 것이다. 여하간 기계이든, 책자이든 간에 <프로그램학습>을 효과적으로 Master해 나간다는 목적에는 차이가 없는 것이다. 흔히 프로그램 학습은 Teaching machine이 있어야 비로서 이뤄질 수 있다고 생각하여, 경제적 또는 기술적 문제를 들어 쉽사리 우리나라와 같은 실정 하에서는 학습과정에 도입할 수 없다고 단정해 버리는 경향은 시정되어야 할 것이다.

책자의 다양한 배열방식, 그림책의 이용, 슬라이드나 Film Strip 사용 등, 현실 여건 하에서 적용할 수 있는 효과적인 방법을 개발해 봄직한 일이다.

5) 프로그램 사용원칙 및 적용

(1) 프로그램 작성의 특성

과거 여러 세기간 교육에는 많은 변화가 있었다. 예를 들면 낡은 재래식 좁은 교실에서 오늘날에는 현대식 교실로 대치되었으며 낡은 칠판 하나에만 의존하던 교수법이 최신식 교육 매개체인 영화, Film Strips, 슬라이드 프로젝터와 다종 다양한 시청각 교재로 대체되어졌다. 또 낡은 교육자 중심의 주입식 방법이 오늘날 학습환경에 있어서는 학습자 중심의 적극적인 새로운 개념으로 변화를 가져오게 되었다.

교육 및 훈련은 근래에 와서 크게 영향을 받게 되었는데, 그것은 다름아닌 새로운 공학적 프로그램 학습법인 것이다. 이 교육은 어떤 정해진 교육목적을 완전히 터득하기 위해서 학습자 중심이 되어 한 단계 한 단계 목표에 접근해 갈 수 있도록 유도하여 나가는 교육방법인 것이다. 학습이 제시되는 방법은 대개 계획된 단계와 분량으로 이루어지며, 이 계획된 단계마다 학습자가 적극적인 반응을 보이게끔 되어 있다. 한 단원이 끝날 때마다 학습자가 확인할 수 있도록 올바른 답이 제시됨으로써 학습자가 적극적으로 참여함은 물론 더 잘해 보겠다는 동기를 얻게 될 것이다.

처음에 프로그램 학습법의 연구 노력의 방향이 주로 <교수기계>(Teaching machine)나 <프로그램 교재>(Programmed Text) 개발에만 집중되었으나 <프로그램 교육>에 대한 경험이 날로 누적됨으로써 <프로그램 학습>의 원칙이 교수법 분야나 교육매개체를 이용하는 다방면에서 적용되게 되었다. 환언하면 최초의 노력이 주로 교육기기나 자습교재(Self-Instructional texts) 작성에 집중되었던 반면에 현대에는 완전한 프로그램 교육제도 설계에 더욱 집중되고 있는 것이다.

프로그램 교육제도의 기본적인 특색이 무엇이냐고 묻는다면, 또는 종래에 사용하던 교수법이나 교육매개체(수단)와 얼마나 틀리는가 묻는다면, 다음과 같은 기본적인 특색이 있다고 설명할 수 있다.

프로그램 교육제도의 기본특색은 동일한 교수법과 교육수단을 사용하지만 계획과 통제에 있어서 상당한 차이가 있다. 첫째, 교육목적과 훈련 요구량이 서식(Documents of Design) 안에서 신중히 분석되고 세분화되어 명기되어야 하며 둘째, 가르치고 배우는 활동, 학습 행위가 제도에 의해서 통제되고 형성되게끔 구조적으로 이루어진 공학적 응용(Engineered Application)을 말하는 것이다.

이러한 개념을 좀더 상세하게 재래식 학습과 학습환경에서 비교하여 설명한다면 다음과 같은 네 가지를 들 수 있다.

첫째, 과목은 과제중심으로 이루어진다. (The lesson Task Oriented)

수업이 시작되면 교육자가 학습자들에게, "나는 지금부터 무엇을 어떻게 하는가에 대한 방법을 말씀드리겠습니다." 대신에 학습자를 중심으로 한, "여러분이 이것을 하고 나면 어떻게 할 수 있다"는 것을 배우게끔 하는 것이다. 그러므로 후자의 경우는 어느 특정한 과제 중심의 목표에 대하여 조직되어 있으므로 프로그램 교육에 있어서 활동은 특정 과제중심의 목표를 달성하게끔 구조적인 공학적 조정이 되어져 있는 것이다.

둘째, 과목의 배열이 과제중심의 목표를 향하여 점진적 접근을 할 수 있게끔 전개되어 나간다. 최종적인 결과를 항상 명심하면서 교육자가 목표를 완수하기 위하여 학습자가 알고자 하는 것을 단계별로 가르쳐준다.

셋째, 하나의 안건이 제시될 때마다 학습자는 적극적인 반응을 보여야 한다.

넷째, 교육자는 학습자의 발전하는 단계를 즉각적으로 알게끔 하여야 한다.

어떤 행위나 조작이 완전히 끝났을 때, 학습자들이 이루어 놓은 결과가 확실하고 완전한 것인가를 점검할 수 있도록 교육자는 제시하여 주어야 하고, 학습자는 그 단원의 성과를 확인할 때까지는 기다려야만 한다. 이상에서 열거한 네 가지 특색을 종합하여 본다면 프로그램 학습은 재래식 학습과는 다음과 같이 다르다고 할 수 있다. 프로그램 학습은 정보의 제공이라기보다는 점진적으로 하나 하나 유동적으로 접근하고, 소극적 참여라기보다는 적극적인 활동을 요구하며, 간헐적인 지식의 등급이라기보다는 즉각적인 발전에 대한인지를 하여 주게끔 하는 교육제도인 것이다.

(2) 프로그램 학습의 원칙

다음과 같은 원칙들이 프로그램 학습에 적용된다.

가. 행동분석(Behavior Analysis)

행동분석이란 다음 사항을 결정하기 위하여 개별의 과제(TASK)나 주제분야(Subject Area)가 신중하게 분석되는 자료수집과정이다. 첫째, 교육이나 훈련종료시 학습자가 반드시 알아야 하거나 수행할 수 있는 것이 무엇이냐 하는 것과 둘째, 그 정도와 방법이 요구하는 수준에 도달될 수 있는가 하는 것과 셋째, 꼭 무엇을 배워야 하느냐하는 것이다. 그러한 분석에 의한 결과는 항상 교육 및 훈련에 대한 정밀하고도 과제 지향적 설명이 되는 것이다.

나. 가장 알맞은 단계(Optimum Steps)

형태가 분석되고 세분화되면 요망되는 과제나 주제가 완전히 이루어질 때까지, 교육이 가장 논리적인 단계로 점진적으로 발전하여 나갈 수 있도록 교육, 훈련이 공학적으로 조직된다. 이러한 의미에서 교육, 훈련이 프로그램 되었다고 할 수 있다. 오래 전에는 프로그램 학습에 있어서 자료가 매우 세분화된 단계로 제시되었다. 그러나 근래에는 자료가 반드시 그렇게 적은 단계로 제시되어야할 필요가 없게 되었다. 어떤 것은 단계가 크게도 되는데 그것은 학습자의 능력이나 주제의 비중에 따라서 좌우되는 것이다. 재래식 학습에 있어서도, 대부분이 교재에 있어서도 논리적인 순서를 따라서 가장 알맞은 단계로 이미 배열되어 있다. 그러나 <프로그램 학습>에서는 이러한 배열이 더욱 정밀하고 계몽적으로 되어 있는데 두 개의 규칙이 적용된다.

첫째, 좌절감 없는 끝맺임(Mastery Without Frustration) : 최대의 효율을 얻기 위해서 하나 하나의 단계는 학습자가 아무 어려움 없이, 좌절감이 생기지 않게 끝맺음을 할 수 있도록 설정되어야만 한다. 재래식 교육에서는 다음과 같은 것이 가끔 눈에 뜨인다. 학습자는 발표를 하는데 오랜 시간을 보내야 하고, 과제를 오랜 기간 읽어야 하고, 몇 시간에 걸쳐 강의를 들어야 한다. 이러한 단계가 길고 폭이 크면 학습자들이 정확한 반응을 하기가 매우 힘들게 됨으로써 결과적으로 좌절감이 생기게 된다. <프로그램학습>에 있어서는 학습자가 하나의 과정을 밟아 나가는 동안 단계 하나 하나가 가장 알맞게 설정되어 있음으로 완수하기가 매우 쉽고 확실하여 학습성과가 급증하게 된다.

둘째, 지루함 없는 도전이다. 확실히 단계가 가장 효율적으로 설정되어 있기 때문에 학습자는 최소의 노력으로 마스터할 수 있다. 이렇게 함으로써 학습자는 자기 자신에 대한 능력에 자신을 갖게 되지만, 만일 지루한 감이 생기면 문제에 대한 도전을 회피하게 되고 결과적으로 곧 싫증을 느낀다.

다. 통제된 반응(Controlled Responding)

프로그램 학습에 있어서 학습자의 학습행위는 교시에 대한 강제적인 오버트 반응에 의해서 형성된다. 학습자는 학습의 단계가 제시되어지는 것은 물론 그것에 의하여 무엇이든 해야만 되는 것이다. 예를 들면 Ohm의 법칙이 제시되고 난 후에 그 법칙을 이용하여 문제해결을 하게끔 요구된다. 또는 절차를 설명하고 시범에 의한 설명이 제시되면 학습자는 그 절차를 따라서 행동으로 옮기게끔 요구된다. 이와 같이 학습환경에서 학습자가 수동적이고 소극적인 청취자, 관망자가 되는 대신에 적극적인 역할을 해야 한다. 방법이나 반응의 빈도수는 교육과목의 내용이나 성질에 따라서 달라질 수도 있다. 예를 들면 한 과목의 강의가 끝날 즈음 2시간에 배운 중요한 점을 쓰는 연습으로 확인을 시켜줄 수도 있고, 또는 시범을 보여줌으로써 실제로 어떠한 절차를 직접 경험하게끔 하여 줄 수도 있다.

학습자들은 어떠한 과목 목표 달성을 위하여 교육훈련 Film이나 TV 강의에서 요구되는 Step에 따라 행동화하게끔 요구되며 프로그램 교재에 있어서도 답을 쓰거나 선택하는 행동으로 하나 하나의 스탭에 반응을 보여야 한다. 어떠한 교육방법이나 교육수단을 사용하더라도 학습자는 반드시 오버트 반응을 하게끔 되어 있어야 한다.

라. 결과에 관한 지식(Knowlege of Results)

하나 하나의 OVERT 반응이 있은 후에 학습이 자기가 한 반응이 옳은가 틀리는가에 대하여 알게끔 하여 주어야 한다. 이렇게 하여 주는데는 두 가지 목적이 있다.

① 동기부여(Motivation) : 학습자가 올바른 반응을 하였고 옳다고 인식되었을 때는 학습자들은 또 다른 정답을 하게끔 함으로써 학습자 학습을 증진하는데 동기가 부여된다.

② 수정(Correction) : 만일 학습자가 틀린 반응을 하였으며 또 그렇다고 인지되었을 때, 학습자는 그의 과오를 시정할 수 있으며 잘못된 행위를 배우거나 실행하게 되는 것을 방지하게 된다.

마. 진도 통제(Controlled Pacing)

프로그램 학습에 있어서 학습은 다음과 같이 진도를 맞추어 나갈 수 있다.

① Self-Pacing : 프로그램 교재나 교육기계와 같은 자습자료(Self-instructional materials)를 이용하는데 있어서 학습자가 자신의 학습진도에 맞게끔 속도를 조절한다. 또한 학습시간도 가변요소가 될 수 있다. 이것은 두 가지 장점을 가지고 있다.

- 재래식 교실수업에서 빈번히 이야기되는 빠른 속도의 학습자가 다른 학습자를 기다리는 폐단을 없게 할 수 있다.
- 학습진도가 늦은 학습자는 학습자가 필요한 모든 학습시간을 활용할 수 있고 학습자는 완전히 습득하기 전에는 그가 사용하던 자료를 계속 가지고 있을 수 있다.

② Group-Pacing : 교실학습에 있어서 두 개 혹은 그 이상의 그룹으로 분할

하여 학습할 수도 있다. 개개의 그룹은 그 그룹에 맞는 학습속도와 수준까지 통제를 할 수도 있는 것이다. 속도가 빠른 그룹은 빠르게 나가며 더 많은 것을 배우고, 속도가 늦은 그룹은 모든 필요한 보충자료와 학습을 통하여 요구되는 수준까지 교육을 할 수 있다.

바. 유효성

유효성이란 <프로그램 학습>이 목표가 서술하는 것을 정확히 가르쳤는가를 시험하는 것을 의미한다. 각 교육기관은 유효성의 기준을 설정하여 목표도달까지의 확실한 기준을 만들어, 이 기준에 도달하지 못했을 때는, 그것은 학습 프로그램을 만든 작성자의 책임이며 그 수준에 도달될 때까지 개정하여 나갈 책임이 있는 것이다. 고로 교육의 진정한 책임은 학습자 자신에 책임이 있는 것이 아니고 교육제도 자체에 달려 있는 것이다.

사. 학습자 중심의 접근(Student-Centered Approach)

이 학습자 중심의 접근원칙은 가장 중요한 것이다. 왜냐하면 프로그램 제도에 있어서 모든 것이 그 중심점을 찾는 것은, 제도 자체가 완전히 학습자 중심을 보장하게끔 설계되어 있기 때문이다.

(3) 프로그램 교육의 적용

전장에서는 프로그램 학습의 원칙을 연구하였고, 이 장에서는 제반 원칙들을 여하이 교육 및 훈련상황에 적용할 것인가에 대하여 설명을 하려고 한다.

가. 질적 향상(Quality Improvement)

완전무결한 과제분석(Task Analysis)이 이루어진 후에는 대부분의 불필요한 자료가 제거 될 것이다. 우리는 주변에서 학습 내용이 과제 필수적(Task-relevant)이라기보다는 전통적이고 재래적이라는 것을 찾아볼 수 있다. “우리는 이런식으로 늘 해왔는데”라고 자신을 합리화시키고 큰 불편없이 일을 처리해 나간다. 또 불필요하고 필수적이 아닌 것을 여러번 교육하고 난 뒤에는 늘 하는 말이 과목계획(Lesson Plan)에 그렇게 되어 있기 때문이라고 합리화시키는 경향이 있다. 우리는 필요한 것을 가르치고 배우기 위해서 있는 것이다. 프로그램 학습에 있어서는 여러 가지 프로그램 원칙을 유효적절하게 적용함으로 불필요한 자료는 제거되고 학습자가 특정과제를 완수하기 위해 필요한 것만을 배우게끔 하는데 있다.

나. 개별화 제도 학습

공식적인 학습과정에서 자습철(Self－Instructional Package)이 사용되고 있다. 이것은 자기 진도(Self Pacing)의 적용인 것이다. 모든 학습자가 정해진 시간 내에 주어진 같은 양의 내용을 배우리라고 기대하기는 힘들다. 그러나 궁극적인 목적은 모든 학습자가 분명히 주어진 내용이나 자료를 마스트하는데 학습자들이 똑같은 속도로 발전하여야만 된다고 볼 수 없다. 학습이 시간 제한을 또는 다른 제한을 크게 받지 않는 한, 자기 속도의 원칙을 잘 활용하기만 하면 훌륭한 성과를 거둘 수 있다.

※ 학습자의 차 보상

교육이나 훈련과정에서 야기되는 개개인의 학습자 차이를 보상하기 위해서 적용되는 여러 가지 하급 기술이 있으며 다음과 같은 분야에서의 차이를 보충하는 것이다.

· 일반적인 정신 능력.
· 교육 수준.
· 학습하여야 할 자료와 관련된 선험적 지식과 기술.
· 시청각 교재와 관련된 경험.
· 특별한 적성.
· 자세와 관심도.
· 견문을 통하여 배우는 시설.

이러한 개별적인 차이가 교육, 훈련의 총체적인 효과를 위해서 인식되고 보상되어야 한다. 개인차를 알아보는 방법에는 Pretesting에 의해서 결정될 수 있는데, 이러한 시험에 의해서 학습자들이 이미 학습된 것을 알 수 있게 되며, 앞으로 얼마만큼 더 배워야 하는가를 지적해 줄 수도 있다. 다시 말해서 이러한 테스트를 통하여 얻은 자료를 가지고 학습자의 차이를 어떻게 보상하여 줄 수 있을까를 알게 된다. 보상의 내용과 방법과 조절 기재(Adjustive devices)를 프로그램 교재에 조직 구성하여야 한다.

이러한 조절기재를 사용함으로써 빠른 학습자들은 그들의 진도도 살려가면서 빠르게 나가고, 반면에 늦은 학습자는 조금 다른 경로를 택하여 나가지만, 궁극적으로 모든 학습자가 같은 목표를 완수하게끔 하는 것이다.

다. 보충 학습

미국의 예를 하나 들어보면, <교육사령부 기술학교>에서 교육을 재래식으로 수행한 후에 시험을 본 결과, 학습자들이 요구되는 수학문제를 단지 5%정도의 학습자가 합격하였다. 이러한 문제를 해결하는 방법으로 프로그램 교재를 개발하여 요구되는 수학문제를 풀게끔 하였으며, 수학 실력이 부족한 학습자들을 가려내어 보충수업을 하고, Home study를 시켜 좋은 결과를 가져왔다. 만약 학습자들이 이러한 보충 프로그램이나 프로그램 교재를 이용하여 연구한다면, 학습자들은 그들의 지식을 얼마든지 증진시킬 수 있다.

라. Programmed Multi-Media

현재 일반적으로 미 공군에서 사용되고 있는 두 가지 형태의 Multi-media 교육제도가 있다.

마. Computer-Assisted Instruction

간단히 정의를 내린다면 CAI는 텔레타이프(Teletype)를 통한 컴퓨터와 상호작용에 의해서 학습자들이 Instruction을 받고 응답함으로써 교육을 하는 하나의 수단이다.

바. Multi-media 교육 제도는 CAI와는 좀 다르다.

이 제도에서는 많은 학습자들이 집단적으로 동시에 교육 및 훈련을 받을 수 있다. 이 제도는 교육자와 학습자간의 의사유통의 관계를 유지하면서 프로그램 학습기술이 적용되는 교육수단이다.

11. 상담식 방법

1) 상담방법의 중요성

현대사회의 특징이라고 할 수 있는 물질문명의 범람 속에서 살고 있는 이 시대의 사람들은 과거 어느 시대보다도 물질의 풍요함을 향유하고 있으나 정신적으로는 가장 빈곤한 자아상실의 위기에 직면하고 있다. 군중 속에서 고독감과 소외감을 느끼며 불안과 갈등 속에서 살아가야 하는 사람들, 그들을 불안하게 하는 것은 확실히 현대사회의 급속한 변화에 그 원인이 있을 것이다.

오늘날 사람들이 직면하고 있는 문제는 실로 다양하다. 그 가운데서 대표적인 문제들로서는 직업문제, 건강문제, 자녀교육문제, 노후생활문제, 인간관계문제들이 있을 것이다. 이제는 사람들의 여가 생활 문제까지도 하나의 사회문제로 대두되고 있는 실정이다. 그러나 현실적으로 대부분의 상담시설은 학교에 집중되어져 있으며 일반인들을 위해서 봉사하는 상담자나 기관은 극히 드물다.

일반인에 대한 상담의 대다수는 정신과 의사나 심리학자에 의해 개인적으로 행해지고 있으며 근년에 이르러서는 부부간의 적응에 관한 분야의 상담소나 조언기관이 차츰 생기기 시작하였고 이러한 봉사기관들은 비단 부부간의 적응문제뿐만 아니라 건강문제 상담과 법률적 조언 등 여러 가지를 동시에 취급하고 있다. 미국이나 유럽의 여러 나라에서는 이미 오래전부터 상담을 통해 인간문제를 치료하는 활동이 직업화되고 있는 정도이다. 그러나 우리나라에서는 최근에 이르러 상담의 필요성을 인식하기 시작한 것으로 보인다.

상담이 반드시 문제가 있는 사람이나 정신적 결함을 가진 사람들에게만 필요한 것은 아니다. 상담은 지극히 정상적인 사람들에게도 필요한 것이다. 보통사람이 보통생활을 하기 위해서 상담은 필요하다.

그러나 평생교육의 대상이 되는 사람은 일반적으로 이미 아동이 아니다.

성인은 자기 자신에 대한 상담을 할 수 있어야 한다. 성인 상담이 의도하는 것 중의 하나가 바로 성숙한 성인을 기대하는 것이다. 성숙한 성인이란 어른다운 어른을 가르키는 말이다. 세상의 모든 문제는 결국 문제를 갖고 있는 각 개인들의 손에서 풀려지고 해결될 수 밖에 없다. 그래서 상담은 도와 주는 것이지 해결하는 수단은 아닌 것이다.

성인문제를 다루는 성인상담도 그 기본적인 방법은 일반적인 상담의 과정에서 벗어나는 것이 아니다. 특히 부부간의 문제와 같은 것은 효과적으로 치료하기 위해서는 여러번의 면접이 필요하다. 따라서 성인 문제에 관심을 두고 있는 평생교육은 상담방법을 통해서 보다 분석적으로 문제를 해결해 나갈 수 있으리라 본다.

2) 상담의 개념

상담은 단순한 대화가 아니다. 또한 전문적인 지식과 정보를 필요로 하는 사람에게 조언을 하는 것을 상담이라고 할 수도 없다. 최근에 이르러 학교나 기업체 등에서 상담이라는 용어를 비교적 광범위하게 사용하고 있다. 그러나 대개의 경우 상담의 본질을 이해하지 못하고 있거나 그릇된 개념으로 파악하고 있는 실정이다. 따라서 여기서는 상담에 대한 개념을 분명히 파악하고 이에 관련된 이론을 제시하였다.

상담의 개념을 어떻게 정의하느냐 하는 것은 그렇게 쉬운 문제가 아니다. 상담이론에 따라 상담을 규정하는 개념이 다르기 때문이다. 이론에 따라서는 상담과 심리치료를 동의어로 사용하기도 하고 상담의 대상과 범위를 제한하지도 않는다.

그러나 일반적으로는 상담의 개념을 다음과 같이 정의하는데 대해서는 별다른 이의가 없는 것으로 보인다. 「상담은 도움을 필요로 하는 사람과 도움을 줄 수 있는 사람 사이의 개별적인 관계를 통하여 새로운 학습이 이루어지는 과정이다」 이 정의는 지나치게 포괄적이기 때문에 상담의 특수성을 명백히 하지 못한다는 제한점이 있다. 그러나 상담의 일반적인 목표와 의미를 제시함에 있어서는 충분하다.

상담의 정의에서 몇 가지 내포되어 있는 의미를 지적한다면, 무엇보다도 상담은 「도움을 필요로 하는 사람」을 대상으로 한다. 이 경우 도움을 자진해서 청해오는 대상만을 의미하는 것은 아니다. 또한 상담의 대상을 놓고 의견이 엇갈리는 것도 사실이다. 일반적으로 타인의 도움을 필요로 하는 문제는 다음과 같이 연결성을 이루는 것으로 상정할 수 있다.

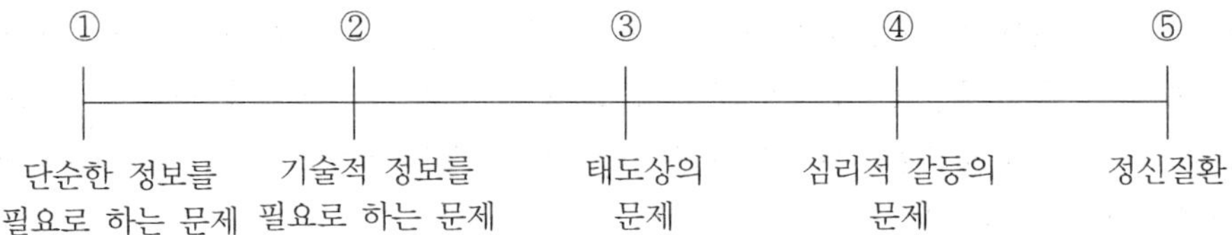

한쪽 극단은 간단한 정보의 제공을 요구하는 경우이고 다른쪽의 극단은 정신치료를 요하는 성질의 문제이다. 이 경우 ①과 ②의 도움을 주는 것을 조언(advice)이라 하며, ⑤의 문제를 다루는 것을 심리치료라 할 수 있을 것이다. 따라서 상담은 태도상의 문제와 심리적 갈등의 문제에 대하여 새로운 학습을 하도록 도움을 주는 과정이라고 할 수 있다. 이 점에서 상담과 조언, 그리고 상담과 심리치료의 구분점을 찾을 수 있다. 일반적으로 상담은 정상적인 사람을 대상으로 한다는 것이 강조되고 있는 것도 이러한 관점에서이다.

3) 상담의 이론

상담의 이론은 보통 사람이 보통 사람의 문제를 함께 해결하고자 할때 필요한 지침이라고 할 수 있다.

상담자가 이론에 관하여 정확한 지식을 가지고 있을 때 상담활동은 바른 방향으로 진행될 수 있는 것이다. 상담이론은 상담자가 당면하게 되는 문제들을 해결하기 위한 여러 가지 정보를 제공하고 있다.

상담은 인간행동에 관한 과학적 이론에 그 기초를 두고 있다. 행동에 관한 과학적이고 체계적인 이해없이 상담을 한다는 것은 어려운 일이 아닐 수 없다.

인간행동에 대한 탐구는 그 동안 많은 실증적 연구에 의해서 인간행동의 습득, 유지, 강화 및 소멸의 과정을 밝힐 수 있게 되었다. 현대의 상담이론은 수많은 연구들에 의하여 수정되기도 하고 세련되어지기도 하면서 상담에 관련된 여러 가지 사실과 현상에 대한 기술, 설명, 예언 그리고 통제를 위한 정보를 제공하고 있다.

상담이론은 인간행동에 관한 과학적 탐구의 결과에 의존하고 있기 때문에 교육목표 분류학에서 흔히 이용되는 인간행동의 분류 즉 정의적 영역, 인지적 영역, 신체행동적 영역으로 구분하는 것에 입각해서 여러 가지 이론을 정리할 수 있다. 그러나 이러한 분류가 행동의 개인적 측면만을 고려했다면 인간의 행위를 환경의 산물로 보는 사람들의 논리를 무시할 수는 없다.

인간의 행위는 유전(개인의 특성)과 환경의 작용으로 보는 것이 요즘의 학자들의 생각이라 한다. 그러므로 Lewin은 인간의 행위가 유전과 환경의 상호작용임을 B＝f(P · E) 즉, 행위＝f(개인 · 환경)이라는 형식을 만들었다.

여기서는 상담이론을 인지적 접근을 중심으로 하는 이론, 정의적 접근을 중심으로 하는 이론, 행동적 접근을 중심으로 하는 이론, 환경적 접근을 중심으로 하는 이론으로 분류하여 간단히 그 특징을 살펴보고 성인을 대상으로 하는 상담활동을 논하기로 한다.

(1) 인지적 이론

객관적 세계나 자기 자신에 대한 정보, 가치관, 사고 등 행동의 인지적 영역에 중점을 둔 이론으로서 대표적인 것은 Williamson 등을 중심으로 한 지시적 상담이론과 Ellis 등을 중심으로 한 합리적 심리치료이다.

(2) 정의적 이론

억압된 감정이나 왜곡된 감정을 인간행동의 중요한 문제라고 보는 것이 정의적 영역에 중점을 둔 상담이론의 입장이라고 할 수 있다. 심리치료 이론가들은 20세기 전반까지 대부분 정의적 영역에 중점을 두어 왔다. 정의적 영역에 초점을 준 상담이론의 가장 대표적인 것으로 Freud의 정신분석과 Rogers의 내담자중심 상담이론을 들 수 있다.

(3) 행동적 이론

인간의 신체행동에 중점을 주는 상담이론에서는 감정, 사고, 신념 등이 인간행동의 원인이라고 보지 않고 모든 인간의 행동은 후천적으로 학습된 것이라고 본다. 인간행동의 신체적 영역에 강조점을 둔 이론으로서는 Wolpe의 상호제지에 의한 심리치료와 Skinner의 학습이론에 입각하여 발전된 행동적 상담을 들 수 있다.

(4) 환경적 이론

환경이 인간의 행동과 성격에 영향을 미친다는 것은 오래전부터 인식되어 왔으며 문화인류학자, 사회학자, 심리학자들은 각자의 영역에서 인간행동에 미치는 환경의 영향을 연구하여 왔다. 그러나 환경적 접근을 중심으로 하는 이론들은 아직까지 상담의 실제적 방법의 발전에는 별로 기여하지 못하고 있다.

4) 상담의 절차 및 방법

(1) 시작단계

가. 상담환경 조성

상담을 실시하는데 있어서 제일 먼저 고려해야 할 문제는 상담환경이다. 상담자는 상담환경에 특별한 주의를 기울여야 한다. 방의 크기, 좌석의 배열, 안전보장, 조명, 실내장식 등이 다 상담과정에 영향을 미치고 촉진적 관계를 형성하는데 영향을 미친다.

효과적인 상담을 위한 환경을 마련하는데 우선적으로 고려할 것은 개인의 비밀이 보장될 수 있고 방음장치가 된 방이다. 상담면접은 불안을 조성할 수 있기 때문에 내담자는 면접 중에 밖에 있는 사람에 의해서 들릴지도 모른다는 공포감 없이 개인적인 문제를 잘 이야기 할 수 있는 환경을 제공해야 한다. 상담자는 흔히 근육이완을 위해서 일상적인 환경을 택한다. 즉 안락한 의자, 간접조명, 온화한 색채 등이 이완된 분위기를 조성하는데 도움이 된다. 내담자가 상담자의 물리적인 영역에 의해서 위협받지 않도록 좌석이 배치되어야 한다. 상담자가 내담자를 향하여 자유롭게 움직이는 것도 중요하다. 불안의 정도가 심한 내담자는 자기와 상담자 사이에 책상을 두고 앉음으로써 안전하게 느끼기도 하나, 일반적으로 책상은 의사소통의 장애요인이 된다.

나. 첫 면접

내담자가 상담자에게 자기이름을 소개한 다음에는 상담자는 내담자가 경험하고 있을지도 모르는 긴장과 불안을 제거해 주기 위해서 몇 분 동안 일상적인 대화를 나눌 수 있다. 그러나 너무 많은 시간을 소비하지 않도록 주의해야 한다. 내담자가 자진해서 왔느냐 혹은 다른사람이 의뢰해서 왔느냐에 따라 상담자가 면접을 시작하는게 달라진다.

제3자의 요청에 의해서 상담을 받으러 오는 경우에 상담자는 더욱 더 세심한 배려와 계획이 필요하다. 의뢰 원인에 관계없이 상담자는 내담자를 따뜻하게 그리고 수용적으로 대해야 한다. 상담자는 내담자가 의뢰되어 온 이유에 대해서 이야기할 수도 있지만, 내담자가 평가받고 있다는 인상을 주어서는 안되고 내담자가 면접의 주제를 정하도록 허용되어야 한다.

상담자는 첫 상담 면접을 조직하고 장기적인 상담관계를 형성하는데 주의를 기울여야 한다. 면접을 구조화하는 것은 내담자가 상담과정을 통해서 기대하는 것을 명확히 해주기 때문에 절대적으로 필요하다. 어떤 사람은 상담을 마술적인 치료, 즉각적인 노력, 문제해결, 혹은 조언을 주는 것으로 생각하면 어떤 사람들은 상담의 성패는 전적으로 상담자에게 달렸다고 보고 있다. 이러한 비현실적인 기대는 상담과정의 시작에서 명확히 해두어야 한다.

상담자가 첫 만남을 시작할 때 내담자와 상담자의 구체적인 역할, 내담자의 목표, 상담에 있어서의 비밀보장 등에 관해서 언급해야 한다. 이러한 언급은 될 수 있는 대로 짧게 하는 것이 좋다. 상담자는 내담자에게 상담을 받으러 온 이유와 상담에서 기대하는 것이 무엇인지를 물음으로써 상담을 시작할 수 있다. 내담자가 말하는 것을 주의깊게 경청한 다음에 내담자가 바라는 것에 대해서 답한다. 시간이 허락하면 계속해서 내담자가 선택한 주제를 다룰 수 있다.

첫 면접이 종결될 때 내담자와 상담자는 상담의 계속 여부에 관해서 결정을 내려야 한다. 내담자와 상담자가 다같이 다음 면접이 필요하다고 동의하면 다음 면접이 계획되어야 한다. 상담시간이 종료되기 전에 내담자에게 시간이 얼마 남지 않았다는 것을 다시 한번 상기시켜야 한다.

(2) 진행단계

상담과정이 시작되어서 치료적 분위기가 형성되면 상담자의 임무는 효과적이고 바람직한 행동변화가 일어날 수 있도록 내담자로 하여금 자기성찰을 하고 자기이해의 수준을 증진시킬 수 있도록 촉진하는 것이다.

상담자는 내담자가 자기성찰과 자기이해의 수준에 도달하도록 돕기 위해 효과적인 기술을 사용하여야한다. 공감 · 주제발견 · 자기노출 · 지각확인 · 해석 등이 이러한 기술에 포함된다.

이러한 기술은 내담자에 따라서는 행동변화를 촉진시키지만 구체적인 도움이 필요한 내담자를 위해서는 상담과정이 진전되면 특별한 활동 프로그램을 준비해야 한다. 이러한 기술들에 대하여 간단히 알아보기로 한다.

가. 공감

공감은 내담자의 감정에 맞추어서 내담자가 보는 대로 내담자의 세계를 볼 수 있는 능력이라고 정의한다. 공감은 태도이면서 기술로 볼 수 있고 여러 수준에서 사용될 수 있다. 기초 수준의 공감적 반응은 내담자의 준거기준을 이해하고 내담자의 감정을 정확하게 밝혀내는 것이다. 반면에 발전된 공감은 내담자로 하여금 한 단계 더 나아가서 표현에 더 깊은 감정과 의미를 추가함으로써 자성하도록 하는 것이다. 또한 발전된 공감은 내담자로 하여금 새로운 자기성찰을 하도록 한다. 상담자는 내담자의 입장에서 상황을 보고 또 더 명확하게 그리고 완전하게 보기 때문에 내담자의 생활에 있어서 적응상태나 부적응상태의 의미를 더 잘 공감할 수 있다.

나. 주제발견

공감적 반응은 상담자로 하여금 상담면접에 있어서의 주제를 발견하도록 한다. 내담자는 상담 도중에 여러 가지 문제를 이야기한다. 처음에는 이러한 문제들이 서로 관련이 없는 것처럼 보인다. 훈련된 상담자가 주의를 기울여서 들으면 다양한 사건, 상황, 문제, 감정들이 서로 관련되어 있는 것을 알 수 있게 된다. 예를 들면, 내담자가 집안에서 모든 일을 부인이 도맡아서 결정을 한다고 불평을 하고 다음에 직장에서 도무지 일에 자신이 없다고 고민을 털어놓게 된다. 상담이 진전됨에 따라서 상담자는 다음과 같이 반응할 수 있다. 즉 "당신이 의사결정 능력이 없는 것이 가정이나 직장에서 당신에게 영향을 미치기 시작하는 것 같이 보입니다"

상담상황에서 야기될 수 있는 주제를 보면 다음과 같다.

내담자의 자아 개념 – 빈약한 자아상

내담자의 의존성

내담자의 인정에 대한 욕구

내담자의 자기주장 결여

내담자의 통제력의 필요성

내담자의 권위에 대한 반응

내담자의 이성에 대한 불안전감

내담자의 조종적 본성

내담자의 안전에 대한 욕구

상담자는 주제를 발견함으로써 대담자가 언급한 문제 이상으로 내담자를 인도할 수 있고 내담자로 하여금 그들의 대인관계 유형을 직면하게 함으로써 자아성찰을 촉진하게 할 수 있다. 상담면접은 몇 개의 주제로 구성되지만 내담자의 대인관계유형을 중심으로 하는 주제가 면접 전 과정을 통해서 반복된다. 흔히 주제는 내담자의 음성이나 논의내용에 있어서 중요한 의미를 갖는 것처럼 보이는 단어나 문장으로 알게 된다. 상담 면접을 통해서 반복되는 주제는 반복해서 재연된다.

내담자를 조력하는데 있어서 주제의 발견은 내담자로 하여금 그의 대인관계 유형에 관한 새로운 성찰을 하도록 해줄 수 있다. 주제의 발견은 현재의 자기성찰 수준 이상에서 내담자의 준거기준을 이해하고 발전된 정확한 공감적 반응과 연관을 갖게 된다.

다. 자기노출

자기노출은 사상이나 사람에 대한 감정과 반응을 그대로 들추어내는 것이다. 상담관계에서 상담자는 자기자신을 노출해서 내담자로 하여금 개방하도록 촉진할 수도 있다. 자기노출의 한 방법으로 상담자는 내담자로 하여금 개방하도록 촉진할 수도 있다. 자기노출의 한 방법으로 상담자는 내담자나 또는 그들의 관계에 대한 반응을 여기 지금의 형태로 개방적으로 반응함으로써 즉시성을 사용할 수도 있다. 다른 방법으로는 상담자가 자기의 경험과 비슷한 내담자의 경험에 대해서 감정을 반응할 수도 있다. 하지만 이 방법은 두 가지 어려운 점이 있다. 첫째, 상담자의 경험이 내담자의 경험과 아주 유사해야 한다는 것과 둘째, 상담자의 자기노출이 내담자의 유사한 경험을 유도해 낼 수 있을 정도로 길거나 상담의 초점이 내담자에게서 떠나지 않도록 짧아야 한다.

자기노출은 적절히 사용되면 상담자가 내담자를 이해하고 있다는 감정을 증진시킬 수 있다. 자기노출은 또한 상담자로 하여금 이 방법이 아니고서는 성취할 수 없는 더 심층적인 수준에서 내담자의 감정을 알 수 있게 한다. 이런 면에서 자기노출은 고도의 발전된 공감반응을 촉진시킬 수 있다. 상담자는 자기의 사생활을 내담자에게 알리고, 내담자의 죄책감을 수용하고 이해하는 태도를 보임으로써 상담자와 내담자 사이의 간격을 메꿀 수 있다. 한마디로 이러한 자기노출은 상담자 역시 문제를 가지고 있는 평범한 사람이라는 것을 알려 주는 것이다.

라. 지각 확인

내담자의 감정에 대한 상담자의 반응은 잠정적으로 진술되어야 한다. "당신의 심정은 제가 잘 알아요" 하는 식의 태도는 피해야 한다. 이런 태도는 내담자를 소외시킬 뿐이다. "당신의 심정이 어떤지 저도 잘 알 것 같아요" 하는 식의 반응이 더 바람직하다. 잠정적으로 표현된 상대방의 감정을 해석하는 지각확인을 사용할 수도 있다. 지각확인을 통해서 상담자는 내담자가 특히 자기의 감정을 직접적으로 표현하지 않았을 때 내담자가 경험하고 있는 것을 정확하게 이해하는데 관심을 갖고 있다는 것을 내담자에게 알리는 역할을 한다. 상담자는 다음과 같은 감정적 진술로 자기의 지각을 확인할 수 있다. 즉 "제가 늦어서 화가 난 것 같군요" "제가 당신이라도 그 심정을 알아주지 않으면 섭섭할 겁니다. 이러한 섭섭한 감정을 맛보고 있는 겁니까?"

마. 해석

해석은 상담자의 반응에 넓게 사용된다. 해석의 목적은 내담자의 태도, 감정, 행동에 의미를 부여해 준다. 해석적인 반응은 이들 세 영역 사이에 인과관계를 형성한다. 해석은 행동에 의미를 부여하는 과정이기 때문에 상담자의 이론적 배경에 따라서 해석은 다양해질 수 있다.

해석반응을 할 때는 시간을 잘 맞추는 것이 중요하다. 상담관계의 초기 단계에서는 상담자는 내담자에게 항상 주의를 기울이고 내담자의 문제에 반응해야 한다. 상담관계가 진행됨에 따라 상담자는 내담자의 역동성에 관해서 더 큰 성찰을 하게 되고 관계를 권유할 수 있고, 행동과 동기의 유형을 지각할 수 있고 내담자로 하여금 이러한 이해를 통합하도록 한다. 상담자의 반응이 내담자의 성장과 행동변화를 촉진시키기 위해서는 내담자가 필히 준비되어 있어야 한다. 시기가 맞지 않으면 해석반응은 내담자로 하여금 방어하고 반항하게 한다. 해석반응의 성격 때문에 해석이 부정확하거나 내담자가 준비가 되어 있지 않으면 내담자가 거부할 수 있도록 잠정적으로 표현되어야 한다.

(3) 종결단계

가. 의사결정

훌륭한 의사결정을 할 수 있는 능력은 개인이 건전하게 기능하는 가장 중요한 요인이다. 우리는 항상 효과적인 의사결정을 요하는 상황에 직면한다. 내담자의 대부분의 문제들은 훌륭한 의사결정을 내릴 수 있는 능력을 갖추지 못한 것과 관련이 있는 경우가 많다. 상담자는 내담자를 위해서 내담자의 문제를 해결하는데 관심이 있는 것이 아니고 내담자로 하여금 자신의 문제를 해결할 수 있도록 내담자에게 기술을 제공하는데 목적이 있다. 이러한 방법은 내담자의 독립성을 촉진시켜 준다.

많은 학자들이 의사결정과정은 일련의 단계를 거칠 것을 제안하고 있다. Stewart, Winborn, Johnson, Burks 그리고 Engel Kes(1978) 등은 그들의 의사결정 모형에서 다음과 같은 의사결정 단계를 제시하고 있다.

① 문제의 명시 : 이 단계에서는 무엇이 문제인가? 무엇이 문제해결을 방해하고 있는가? 언제 어떤 상황에서 문제가 발생하고 있는가? 하는 질문에 답변을 해야 한다.

② 가치관과 목표의 명시 : 이 단계에서는 문제해결이 내담자의 가치관 목표와 일치하도록 내담자의 가치관이 검사되어야 한다.

③ 대안의 명시 : 가능한 대안들이 제기되어야 한다.

④ 대안의 검사 : 이 단계에서는 시간이나 비용 등과 같은 사실적 정보에 기초해서 각 대안의 장단점이 검사되어야 한다.

⑤ 잠정적인 결정을 내린다.

⑥ 결정에 의해서 행동을 취한다 : 의사결정이 매우 중요하고 내담자가 그 결정에 대해서 확신을 가지고 있지 못하면 이 단계에서 그 결정이 검증될 수 있다. 정보를 더 수집해서 의사결정 과정에 투입할 수 있다.

⑦ 결과의 평가 : 평가는 의사결정 과정의 지속적인 과정이 되어야 한다. 상담자의 역할은 내담자를 위해서 결정을 해주는 것이 아니고 내담자로 하여금 현재의 문제뿐만 아니라 장차 야기될 미래의 문제까지도 효과적으로 해결할 수 있는 기술을 제공해 주는 것이라는 것이 다시 한번 강조되어야 한다. Krumboltz(1966)는 이러한 점을 강조하고 미래 문제에 대한 의사결정 과정을 일반화하는 다음과 같은 모형을 제시하고 있다.

- 가능한 모든 활동을 다 생각해 낼 것.
- 각 가능한 적절한 정보를 수집할 것.
- 각 대안에 대해서 다른 사람의 경험과 현재의 추세에 의해서 성공의 가능성을 평가할 것.
- 각 대안의 수행에 의해서 촉진되거나 감퇴될 개인적 가치관을 고려할 것.
- 각 대안에 대한 사실, 가능한 결과, 가치관에 대해서 심사숙고하고 경중을 가릴 것.
- 바람직하지 못한 대안은 고려대상에서 제거할 것.
- 새로운 문제 발전이나 기회에 대응하기 위한 잠정적인 행동계획을 수립

할 것.

• 장래의 문제에 대해서 의사결정 과정을 일반화할 것.

나. 문제 해결

Egan(1975)은 의사결정 과정에 그의 접근방법을 포함한 체계적 문제해결 방법을 다음과 같은 모형으로 제시하고 있다.

① 문제의 명시와 명료화

내담자는 흔히 진술한 대로는 해결이 불가능한 애매모호한 문제를 상담자에게 제시한다. 따라서 첫 단계는 문제가 해결가능한 형태로 진술되어야 한다. "저는 지금 매우 우울해요"와 같은 모호한 감정의 기술을 그대로 받아들이기보다는 내담자의 감정을 좀더 구체적으로 표현할 수 있는 자극을 찾도록 해야 한다. 즉 "아내를 잃었기 때문에 슬프고 외롭게 느껴져요" 와 같이 이야기 하도록 적절한 자극을 주어야 한다. 상담자는 또한 문제를 모호하게 진술하든지, 현재를 다루지 않고, 외부 힘의 탓으로 돌리면 문제를 해결할 수 없다는 것을 강조한다.

② 다룰 문제 선정에 있어서 순서를 정함

내담자가 그들의 문제와 관련된 자원을 갖춘 다음에는 어떤 문제를 제일 먼저 다루어야 할지 결정해야 한다. 다음과 같은 기준을 고려할 수 있다.

• 내담자가 직접 통제할 수 있는 문제
• 위기 상황
• 쉽게 다룰 수 있는 문제
• 해결이 되면 어떤 개선을 가져올 수 있는 문제
• 덜 심각한 문제부터 심각한 문제로

③ 다룰 목표를 설정

문제는 현재의 상황을 반영하고 목표는 미래를 대표한다. 즉 문제는 "억제하는" 힘과 같고 목표는 "촉진하는" 힘과 같다. 목표는 수행 가능하고 구체적이어야 하며 내담자에 의해서 "소유" 되어야 한다.

④ 목표달성을 위해서 가능한 방법을 조사

목표달성과 관련된 억제하는 세력과 촉진하는 세력을 열거한다. 억제하는 세력을 감소하고 촉진하는 세력을 증진할 수 있는 활동단계를 열거한다.

⑤ 설정된 목표를 가장 효과적으로 성취할 수 있는 방법 선택

이 방법은 내담자의 가치관과 일치하고 성공률이 높아야 하고 내담자로 하여금 목표를 향해서 체계적으로 움직일 수 있도록 조력하는 것이어야

한다.

⑥ 활동 프로그램의 효과에 대한 기준 설정

⑦ 활동수행

설정된 목표를 달성하기 위해서 선택된 방법을 사용한다.

다. 종결과 추후지도

상담자는 상담면접을 효과적으로 종료하는 방법을 알아야 한다. 상담자는 역시 상담관계를 종료하는데 관련된 문제와 기술에 익숙해야 한다.

개인상담을 종료할 때 상담자는 시간을 알아서 내담자에게 종료시간이 가까워졌다는 것을 알려 주어야 한다. 상담을 종료할 때가 가까워지면 상담자는 내담자에게 상담의 주체, 감정, 문제 등을 요약하도록 요청할 수 있다. 이렇게 함으로써 내담자로 하여금 상담과정에서 일어난 중요한 일들을 자신의 마음속에서 명료화할 수 있다. 상담자가 요약하는 것은 전 상담과정을 반복하고 다음 면접까지 내담자의 목표설정에 하나의 자극적인 역할을 하기 때문에 특히 효과적이다.

대부분의 경우 상담관계의 종료는 상담자가 같이 상담이 종결단계에 가까이 왔다는 것을 결정하는 자연스러운 과정이다. 그러나 어떤 경우에는 상담자는 종료할 때라고 생각하지만 내담자는 그렇게 생각하지 않는 경우가 있다. 이럴 때는 상담자는 내담자의 요구를 잘 탐색해서 정해야 한다. 또 다른 경우에는 내담자는 종료하기를 원하는데 상담자가 판단하기에는 너무 이른 것 같은 때가 있다. 이런 경우에는 상담자는 단지 내담자가 종료하겠다는 요구에 대해서 직면하고 그 당시에 관계를 계속하는데 대해서 좀 주저한다는 점을 밝히는 수밖에 없다. 상담자가 내담자의 의지에 반해서 상담을 계속하도록 강요할 수는 없다.

상담관계가 종료되면 상담자는 어떻게 일이 진전이 되는가를 알아보기 위해서 내담자와 계속해서 접촉하기를 원하게 된다. 이러한 것은 내담자의 지속적인 성장과 발달에 대한 상담자의 진실된 관심을 보이는 것이다.

5) 상담자의 자질

상담의 성공적인 수행을 위하여 상담자에게는 특수한 자질이 요구되고 그에게는 내담자에 대해서 뿐만 아니라 대사회적인 전문적·개인적 책임이 뒤따르게 된다. 또 상담자에게는 응당 지켜야 할 윤리강령이 있다.

상담자의 자질을 인간적인 자질과 전문적인 자질로 구분하여 생각할 수 있다. 인간적인 자질이란 내담자와의 진정한 인간관계 형성과 내담자에게 영향을 미칠 수 있는 인간적 특징을 의미하며 전문적 자질은 내담자의 이해와 상담과정을 효과적으로 진행시키는데 필요한 학문적 지식과 기법에 관련된 자질을 말한다.

상담자에게는 어떤 인간적 자질이 요구되는가? 먼저 상담자에게 요청되는 인간적 자질을 생각해 보기로 한다. 상담자의 인간적 자질이 중요하다는 점을 밝혀낸 연구결과는 많으나 특정한 인간적 형태를 찾기는 어렵다. 모러(Mowrer)는 상담자에게 요구되는 가장 중요한 인간적 자질로 「인간적 성숙」을 강조하고 있으나 현재로서는 그와 같은 자질을 신빙성있게 정할 만한 방법이 없다는 점을 인정하고 있다. 로오저스(C. Rogers)도 이 문제에 관하여 다음과 같이 말하고 있다. "한 개인이 명석하고 센스가 있으며 도움을 주려는 의욕만 가지고 있다면 현재와 같은 무지의 상황에서는 상담자로서 적격하다고 하지 않을 수 없다." 그러나 비록 그 측정이 어렵다 하더라도 다음과 같은 몇 가지 자질에 대하여 많은 사람이 합의된 의견을 제시하고 있다.

(1) 자아의식

상담이론가만이 아니라 많은 성공적인 상담자들이 명확한 자아의식이 중요하다는 점을 강조하고 있다. 「나는 누구이며, 어떤 사람인가?」라는 자문에 대하여 명백한 자답을 할 수 있는 자질이 요구된다는 것이다. 말하자면 정체의식이 확립되어 심리적으로 성숙하고 자신이 하고 있는 일에 대한 확신이 있는 방향의식이 정립된 사람이어야 한다는 관점이다.

이와 같은 심리적 성숙은 상담자로 하여금 자신이 지금 하고 있는 일에 대한 확신을 가지게 하며 내담자에게는 뚜렷한 한 인간의 이미지를 제시해 주는 구실을 한다. 다른 사람의 정체의식이 확립을 돕기 위해서는 먼저 자신의 정체의식이 확립되어 있어야 한다는 것은 너무나 당연한 것이다.

자아의식과 관련하여 성공적인 상담자의 인간적 특징에 관한 연구결과에 밝혀진 것의 하나는 일반적으로 긍정적인 자아개념을 가지고 있다는 사실이다. 자신을 지나치게 비하하거나 과대시하지 않고 긍정적으로 자신을 생각하고 있다는 것이다.

(2) 원숙한 적응상태

상담자의 인간적 특징에 관한 일정한 유형은 발견되지 않으나 일반적인 적응상태가 비교적 원숙하다는 것은 여러 연구에서 지적되고 있다. 특히 아바클(Arbuckle)은 다면적인 성격검사(MMPI)에 의해서 성공적인 상담자들의 적응상태를 조사한 결과 비교집단에 비해서 의의있는 낮은 점수를 얻었으며 그것은 적응상태가 원만하다는 것을 말해주는 것이다.

이러한 일련의 연구결과가 보여 주고 있는 바와 같이 상담자의 인성적 자질로서 원숙한 적응상태가 요구된다는 것은 확실하다. 그것은 논리적으로 보아도 타당한 것이다. 상담자는 개별적 관계를 통하여 적응상의 문제해결에 도움을 주는 사람이기 때문에 먼저 자신의 적응상태가 원활하게 되어 있어야 한다는 것은 당연한 것이다. 상대자 자신이 적응상의 문제를 가지고 있으면 다른 사람의 적응을 도울 수는 없는 것이다. 정신 분석학에서는 정신치료의 자격을 얻기 위해서는 먼저 자신이 정신분석을 받을 것을 요구하고 있는데 그것은 바로 이런 관점에서 이다. 그러므로 상담자에게는 자신의 적응상태를 높이기 위한 계속적인 노력이 요청된다.

(3) 인간문제에 대한 관심

상담자에게는 인간문제에 대한 관심이 있어야 한다. 인간문제 이전에 인간자체에 대한 관심도 필요하다. 상담은 사람을 대하는 전문적인 활동이기 때문에 인간과 인간문제에 대한 관심을 가질 수 없는 사람은 그 일을 성공적으로 수행할 수 없는 것이다.

상담자가 상담을 하는 과정을 관찰해 보면, 이 점을 쉽게 이해 할 수 있다. 타인의 개인적인 문제를 열심히 들어 주고 함께 생각하고 함께 느껴야 하는 과정은 인간문제에 대한 깊은 관심과 사회봉사적인 정신이 없는 한 수행하기 어려운 일임에 틀림없다. 흔히 사람들은 사무적인 일로 사람들을 만나면 피곤함을 느끼게 되는 경우가 많은데 개인의 심각한 문제를 함께 생각한다는 것은 그 이상의 피곤한 일이라고 할 수 있다.

상담자의 인간적 자질에 관한 여러 연구에서 공통적으로 인간에 대한 깊은 관심과 인내력을 제일 먼저 강조하고 있는 것은 바로 이 점을 지적하고 있는 것이다.

(4) 감정의 통제

상담자도 인간이기 때문에 상담과정에서 억제하기 어려운 감정의 흥분을 느끼게 되는 경우가 허다하다. 이때 상담자에게는 냉정함을 유지할 수 있는 감정의 통제력이 필요하다. 만일 감정을 통제하지 못하고 흥분하거나 심한 정서적인 동요를 일으키게 되면 상담자로 하여금 자신의 문제를 냉정하게 통찰할 수 있는 분위기를 조성할 수는 없게 된다.

특히 상담과정에서 상담자는 내담자의 거부반응을 받게 되는 경우가 많은데 그것은 상담자의 감정을 흔들어 놓거나 흥분시키는 요인이 되기 쉽다. 그런 경우 마음을 차분히 가라 앉히고 태연하게 내담자를 대할 수 있어야만이 상담자로서의 자격을 구비하였다고 할 수 있다. 또한 여러 내담자를 대하다 보면 그 중에는 특히 마음에 드는 사람이 있는가 하면 왜 그런지 마음에 들지 않는 대상도 있을 수 있다. 이와 같은 사람에 대한 감정을 표현하지 않고 통제할 수 있어야만 제대로 상담이 진행될 수 있는 것이다.

(5) 모델로서의 상담자

상담자는 자신이 원하건 원하지 않건 내담자에게 한 인간적인 모델로서 작용을 하게 된다는 것은 부인할 수 없는 일이다. 또한 사회심리학의 여러 연구결과에 의하면 사회적 적응행동이나 부적응행동이 모델을 통하여 학습된다는 증거는 확실하며 이와 같은 모델학습의 이론은 태도의 습득을 설명하는 이론으로서 상당한 지지를 받고 있다.

피상담자의 눈에 비춰지는 상담자의 이미지가 모델로서의 작용을 할 수 있어야만이 효과적인 상담을 할 수 있다는 것은 상식적인 문제이다. 권위가 있고 존경의 대상이 될 만한 이미지를 줄 수 있어야 한다는 것은 너무나 당연한 것이다. 뿐만 아니라 상담자의 사생활도 문제가 되는 경우가 많다. 상담자의 가정생활이 원만치 못하다는 것이 알려지거나 상담자의 자녀 중에 사회적인 문제를 일으키는 자녀가 있을 때에 내담자의 모델로서 긍정적인 영향을 미치기는 어렵게 된다.

상담은 상당한 정도의 전문적인 지식과 기술을 요하는 조력의 과정이다. 그러므로 상담자에게는 원숙한 인간적인 자질만 요구되는 것이 아니다. 상담을 수행하는데 필요한 학문적인 소양과 인간이해에 대한 기본적인 기술을 구비하고 있어야 한다.

그러면 어떠한 전문적 준비가 요구되는가? 미국의 경우 심리학회(APA) 산하 상담심리학 분과연구회에서는 이 문제의 중요성을 인식하고 상담자에게 필수적으로 요청되는 전문적인 지식을 공식적으로 규정한 바 있다.

그것을 소개하면 다음과 같은 8개의 영역으로 되어 있다.

① 인성의 조직과 발달 : 이 영역에 포함되는 지식은 인성이론, 인성의 발달, 이상성격의 특징, 인성과 사회적·문화적 요인과의 관계 등이다. 인성에 대한 심리학적 지식이 주류를 형성하고 인성과 사회·문화적 요인과의 관계를 이해하기 위하여 사회학과 문화인류학의 지식이 요구된다.

② 사회환경에 대한 지식 : 이 영역은 무엇보다도 직업세계에 대한 이해, 사회

복지기관의 활동에 관한 지식과 정보 등을 포함한다.

③ 개인의 평가 : 상담자는 내담자에 대한 객관적인 이해를 해야 하며 그러기 위해서는 개인의 여러 가지 심리적 특성을 객관적으로 측정하고 평가할 수 있는 능력이 필요하다. 이 일을 위하여 개인차의 이해, 측정이론, 각종 심리검사의 실시와 해석, 투사법 등에 관한 지식과 기술을 익혀야 한다.

④ 상담이론과 실제 : 상담의 이론과 실제에 대한 충분한 지식을 가져야 한다는 것은 당연한 일이며, 따라서 상담자의 준비과정에서는 상담의 원리, 상담의 과정과 절차, 상담 사례연구, 면접방법 등의 과목을 이수해야 한다.

⑤ 상담학습 : 상담자에게는 궁극적으로 상담을 진행할 수 있는 능력이 요청되기 때문에 상담학습을 필요로 한다. 상담은 이론의 이해와 학문적인 지식만으로 가능한 것이 아니기 때문에 엄격한 감독을 받는 실습에 의해서 상담과정에 대해 익숙해져야 함은 물론 상담과정에서 일어나는 여러 가지 위급상황을 가지는 것이 필요하다.

⑥ 연구방법과 통계적 기술 : 이 분야의 지식과 기술은 모든 상담자에게 요구되는 것은 아니다. 그러나 상담자 중에는 상담의 원리와 기술에 관한 계속적인 연구를 해야 할 사람이 필요하며 그들에게는 연구방법에 대한 지식과 과학적인 연구를 할 수 있는 수량적 기술이 요구된다.

⑦ 전문적 소양 : 모든 전문직에서 그러하듯이 상담자에게도 일정한 책임과 지켜야 할 윤리에 대한 이해는 전문인으로서의 소양을 구성하는 것이다. 따라서 상담에 수반되는 전문적 윤리가 무엇인가를 이해하고 실천하는 것이 필요하다.

⑧ 기타 영역 : 상담자에게 요구되는 마지막 영역은 자질이다. 이 영역은 상담이 적용되는 분야에 대한 기본적인 이해를 의미한다. 예컨대, 성인 상담자에게는 성인에 대한 이해가 필요하다는 것이다.

12. 레크리에이션 방법

1) 레크리에이션의 정의

레크리에이션은 영어로 recreation으로서 사람에 따라 오락 또는 여가선용이라고도 불리워지나 우리나라에서의 공식용어는 ‘레크리에이션’이다. 그러나 여기에서는 레크리에이션을 ‘여가선용’, ‘오락’, ‘에너지 재생’의 뜻을 포괄하는 용어로 사용하기로 한다.

먼저 ‘여가선용’은 여가증대에 따라 사람들이 시간을 어떻게 잘 이용할 것인가에 초점이 주어진 말이다. 여가선용의 문제는 특히 산업화에 따라 가사도구가 기계화되고 일용품 및 식료품 등이 상품화되면서 가사에 충당하는 시간이 감소되는 반면, 여가시간이 증대되었기 때문에 나타난다. 여가선용은 이러한 여가를 낭비하지 않고 어떻게 선용할 것인가를 전제하는 광의의 레크리에이션 개념이라고 보았다.

한편 레크리에이션을 '오락'과 동일시하거나 '오락'이라고 부르기도 한다. 이러한 형태의 레크리에이션은 제1차 세계대전때, 일반시민이나 군인들을 위한 지역사회의 프로그램과 봉사의 형태로 발달하게 된 것이다. 그후 일반 시민들의 요구가 증대함에 따라 건전한 오락 프로그램의 보급이 점증하게 되었다.

한편 레크리에이션을 '에너지의 재생'이라고 부르는 입장은 영어의 recreation이 re(다시)+creat(창조)라는 뜻을 가지고 있다는 데서 유래하는 것이다. 즉 레크리에이션을 통해서 생기가 되살아나고 에너지가 재생된다는 말이다. 그런 의미에서 레크리에이션에는 창조와 즐거움의 뜻이 함께 포함되어 있다.

이와 같이 레크리에이션은 앞에서 말한 세 가지 측면을 모두 포함하고 있는 광의의 뜻으로 보아야 한다. 즉, 레크리에이션은 여가시간에 오락적인 활동을 통해 에너지를 재생시키는 일련의 프로그램이라고 할 수 있을 것이다.

레크리에이션의 개념을 Fairchild는 "개인이나 집단이 여가 중에 갖는 활동이며 그 활동으로 얻어지는 직접적 또는 간접적 동기가 주어지는 자유롭고 즐거운 활동을 의미한다"고 하였다. 이러한 레크리에이션은 학자들에 따라 좀더 자세하게 정의가 내려지고 있는데 이들 정의를 통해 그 구체적 범위와 과정이 설명될 수 있다.

뉴메이어는 레크리에이션 활동이 성립되는 기본적 요소로서 다음과 같이 설명하고 있다.

① 레크리에이션은 각자의 여가에 영위되는 개인적·집단적 활동의 한 형식이다.
② 하나의 활동이 레크리에이션이 되기 위해서는 그 활동 고유의 가치를 갖고 있다.
③ 레크리에이션으로서의 본질적인 가치와 밀접하게 관련되는 것으로서 그 활동에 대한 동기가 있어서 행하여지는 것이다.
④ 사회적인 자극이나 문화적인 영향은 레크리에이션의 바람직한 모습의 한 요소를 이루는 것이며, 그것은 여가활동이 어떻게 되어야 하는가를 조건짓는 것이다.

한편 레크리에이션의 정의를 버틀러는 다음과 같이 말하고 있다.

활동이라는 면에서 본 레크리에이션은 하는 것 자체 이외의 어떠한 보수도

의식적으로 원하지 않고 이루어지고 항상 여가에서 이루어져 인간에게 그 신체적·정신적 및 창조적 정력의 분출구를 주어 인간이 외부로부터 강제에 의한 것이 아닌 내부로부터의 욕구에 의해서 이루어지는 행동인 것이다. 그 활동은 인간으로부터 상쾌하고 만족된 응답을 끌어내기 때문에 레크리에이션이 되는 것이다.

그 외에 몇 몇 사전에 수록된 레크리에이션의 정의는 다음과 같다.

- 교육학사전 : 노동의 결과인 심신의 피로를 풀고 그 원기를 회복하는 것이 그 목적이다.
- 체육대사전 : 생활에 피로한 사람이 휴양하는 데에 그 여가를 이용하고 무미건조한 직업생활에 윤택을 주기 위해서 취미활동이나 혹은 오락에 시간을 보내는 것도 여가 선용인 것이다.
- 교육연구사전 : ① 여가시간에 행하는 활동, ② 외부로부터 강제성이 없는 자유로운 활동 ③ 유쾌한 활동, ④ 보수를 바라지 않는 활동

이러한 정의들을 종합하여 김명조(1983)는 "학자가 선택한 여러활동에 보수를 바라지 않고 스스로 참여하여 욕구충족과 정서함양 등으로 작업능률을 향상시켜 명랑한 사회건설에 만족을 느낄 수 있고, 이와 동시에 문화적으로나 사회적으로 받아들일 수 있는 건설적이며 창조적인 여가의 선용이며, 삶을 즐겁게 하는 자기표현의 활동이며 내일을 위한 준비과정"이라고 하였다. 이러한 레크리에이션의 정의에는 자발성, 오락, 여가선용, 피로회복과 에너지 재생들이 포함되어 있다.

2) 레크리에이션의 분류

레크리에이션은 프로그램 내용과 활동양식이 매우 다양하다. 이들 활동을 분류해 보면 다음과 같다.

(1) 카치스의 분류

① 지적 레크리에이션 : 독서, 사색, 수집, 탐방, 연구 등의 활동
② 예술적 레크리에이션 : 음악, 회화, 연극, 영화, 미술, 전시, 수예, 공작, 조각 등
③ 신체적 레크리에이션 : 스포츠, 산보, 등산, 사냥, 게임, 캠프, 야외활동 등
④ 사회적 레크리에이션 : 집회, 좌담, 토론, 행사, 단체활동 등

(2) Butler 의 분류

① 활동적인 게임과 스포츠 : 일반게임, 개인이나 집단으로 행하는 게임 및 활동 (체조, 그룹 혹은 팀의 게임, 스포츠 등)
② 사회적 활동 : 정적 게임, 파티, 연중행사, 축제행사, 담화 등
③ 음악적 활동 : 성악, 악기, 연주회, 음악감상 등
④ 미술공작 : 회화, 조각, 포스터, 수예 등
⑤ 연극적 활동 : 각종 연극, 영화·연극감상, 코메디 등
⑥ 무용(댄스) : 포크댄스, 고전무용, 현대무용, 사교댄스, 발레 등
⑦ 자연 및 야외활동 : 원예, 자연연구, 여행 등
⑧ 정신적, 언어적 활동 : 독서, 마술, 수수께끼 등
⑨ 수집 : 고미술, 도자기, 우표, 동전수집 등
⑩ 봉사적 활동 : 청소년 그룹, 유원지에서의 아동·청소년 지도, 기타 레크리에이션 관계의 행사에 스스로 봉사하는 활동 등

위의 카치스와 버틀러의 분류를 통해서 보는 바와 같이 레크리에이션은 그 범위가 매우 넓어서 우리의 직장생활 즉, 생계유지를 위한 경제활동이나 가사노동을 제외한 모든 활동을 포함하고 있다. 그런 의미에서 레크리에이션은 평생교육에 있어서 뿐 아니라 우리의 생활에 있어서 매우 깊은 관계를 가지고 있다.

3) 레크리에이션의 효과

이러한 레크리에이션이 우리들에게 주는 효과를 개인적인 측면과 사회적인 측면에서 살펴봄으로써 평생교육 활동에 어떠한 효과를 가져올 수 있는 지 생각해 볼 수 있다.

먼저 레크리에이션이 개인에게 주는 효과를 살펴보면 다음과 같다.
① 심신의 피로를 회복한다.
② 여가를 선용할 수 있다.
③ 민주주의적 성품을 함양한다.
④ 자기자신을 재발견한다.
⑤ 사회적응성이 발전한다.
⑥ 개인의 창의성과 능력이 개발된다.
⑦ 직업적성을 발견하여 유도한다.
⑧ 각 개인의 지도력이 양성된다.

레크리에이션의 사회적인 효과는 다음과 같다.

① 국민생활의 기풍을 쇄신한다.

② 현대문화의 부작용을 제거한다.

③ 교육자료로서 활용된다.

④ 문화생활의 수준을 높인다.

레크리에이션은 이와 같이 여가선용이나 오락, 에너지 재창조 이상의 효과를 우리들에게 가져다 준다. 그러므로 평생교육기관은 프로그램을 진행할 때에 이러한 레크리에이션을 적절히 잘 지도 할 수 있는 지도자 발굴과 훈련이 필요하다.

4) 레크리에이션 지도자의 자질과 역할

(1) 레크리에이션 지도자의 자질

레크리에이션의 진행은 그 지도자에 의해 크게 좌우된다. 일반적으로 레크리에이션 지도자들에게 기대되는 자질은 다음과 같다.

① 인간 개인의 가치와 존엄성을 인정하려는 의식

② 사람들의 흥미와 요구의 이해

③ 생활의 기쁨이나 생활 수단에 대한 이해 및 실현하려는 열의

④ 유머 감각

⑤ 봉사하려는 의욕

⑥ 창조적 표현을 통한 개인의 성장 및 발달에의 관심

⑦ 타인의 의견 및 개성에 대한 호의적인 태도

⑧ 예리한 통찰력

⑨ 레크리에이션의 민주적 방법, 가치에 대한 확신과 열의

⑩ 민주적으로 사물을 진행해 가는 능력

⑪ 명랑하고 호의적인 성격

⑫ 조직력

⑬ 생산적 에너지와 열의

⑭ 사람들과의 협조성

⑮ 심신의 건강

이러한 측면에서 보면 레크리에이션 지도자는 누구나 다 할 수 있는 것이 아

니고 레크리에이션을 지도하고 진행해 나가는 데 필요한 훈련을 받아야 한다고 보겠다. 이것은 정규 레크리에이션 지도자 강습에 참가함으로써, 또는 많은 레크리에이션 모임에 참석하여 실제로 경험해 봄으로써 가능한 것이다.

(2) 레크리에이션 지도자의 역할

그러면 레크리에이션 지도자는 구체적으로 어떠한 역할을 해야 하는가 살펴보자. Corbin은 레크리에이션 지도자가 수행해야 할 역할을 다음과 같이 일곱가지로 제시하고 있다.

① 하기 쉬운 활동을 통해서 더욱 큰 만족과 새로운 흥미를 얻을 수 있도록 개인에게 힘을 주고 이끌어 주는 것.
② 레크리에이션 그룹을 조직한다던가 그룹의 운영이 잘 되도록 노력하는 것.
③ 레크리에이션의 기회를 넓힌다든가 평등하게 하는 것.
④ 새로운 혹은 더욱 진보한 기능을 지니도록 하는 것.
⑤ 개인 혹은 그룹을 위해서 활동의 장소를 준비할 것.
⑥ 안전하고 건강한 조건과 연습법을 수립할 것.
⑦ 여러 가지 레크리에이션을 행하기 위해서 필요한 시설의 방법, 비품을 정비할 것.

사실 레크리에이션의 효과는 지도자에 따라 다르게 나타난다. 지도자가 참여집단의 특성과 그날의 분위기에 맞게 적절한 프로그램을 제시하고 진행해 나가야 참가자들의 호응을 얻게 되고 열기를 일으키게 된다.

일부 평생교육전문요원 중에는 선천적으로 유머 감각이 뛰어나고 재치가 있어 레크리에이션 진행을 매우 능숙하게 해내는 이도 있다. 그러나 일반적으로 이러한 자질은 훈련과 경험에 의해 획득될 수 있고 또한 노력에 의해 더욱 세련시킬 수 있다.

(3) 지도자 평가 체크리스트

평생교육 전문요원들 중 특히 레크리에이션을 지도해야 한다거나 프로그램을 진행하는 사람은 레크리에이션 지도자로서의 자질을 길러야겠다. 먼저 자신이 레크리에이션 지도자가 가능한지 체크해 보고 평가해 본후 필요한 학습이나 경험을 갖도록 해야 할 것이다. Brightbill은 레크리에이션 지도자 평가를 위한 체크리스트를 제시하고 있다. 그는 총 34개 항목을 제시하고 각 항목마다 지도가 가능한 것에는 1점을 주고 교양 정도로 알고 있는 것에는 0.5점을 배정해서 30

점 이상이 나와야 A급지도자, 25점 이상은 B급 지도자, 15점 이상이면 C급 지도자라고 하였다. Brightbill의 항목을 이용하여 체크리스트를 만들어 보면 다음과 같다.

레크리에이션 지도자 평가 체크리스트

항　　목	지도가능	교양정도	모름
11. 레크리에이션의 원리			
12. 레크리에이션의 시설·관리			
13. 그룹 워크			
14. 레크리에이션의 연간 프로그램의 입안과 예산계획			
15. 파티 및 집회의 계획			
16. 인공호흡을 포함한 구조법			
17. 시청각 교재의 취급방법(영사기, 테이프레코드, 오디오, 슬라이드 등)			
18. 연극			
19. 수공예(5종류)			
10. 포크댄스(20종류)			
11. 악기연주(키타, 만도린, 파아노 등)			
12. 음악감상			
13. 영화, 연극의 감상			
14. 사진촬영			
15. 창작(글, 시)			
16. 어린이를 위한 이야기 및 시낭독			
17. 레크리에이션 노래(50종류)			
18. 트럼프 놀이(10종류)			
19. 활동적인 게임(20종류)			
20. 조용한 게임(20종류)			
21. 퀴즈(40종류)			
22. 스포츠(5종류)			
23. 수영			
24. 가족 레크리에이션 계획			
25. 버스안에서의 레크리에이션 프로그램			
26. 조직 캠프의 프로그램			
27. 캠프 장소의 선정			
28. 옥외에서의 불피우는 방법(5종류)			
29. 야외요리(10종류)			
30. 자연과학(곤충, 식물, 천문, 지학)			
31. 캠프공예(공작)			
32. 등산의 계획			
33. 오만분의 1지도와 자석의 사용법			
34. 자전거 타기			
빈　도	a	b	c
누　계	A(a×1)	B(b×0.5)	C
총　점	A+B		

위의 항목들은 레크리에이션 전문가에게 필요한 내용들이다. 이 체크 리스트를 활용하여 소속된 평생교육기관의 프로그램 성격이나 참가대상의 특성 및 상황에 따라 필요한 항목을 작성해 보는 것도 중요한 일이다.

한편 이렇게 광범위한 분야에 있어서의 경험이나 지도능력의 습득은 각 분야에 전문적 소양이 있는 전문요원들간에 서로 배우고 가르치는 참여 훈련방법을 도입함으로써 가능하다. 이것은 평생교육의 새로운 방법을 시도해 본다는 측면에서 유익하리라고 본다.

5) 게임의 지도

(1) 게임 지도상의 유의사항

우리 나라의 평생교육기관이나 단체에서 실시하는 레크리에이션 프로그램으로는 특히 집단을 대상으로 하는 게임이 많이 이용된다. 그러므로 평생교육요원은 레크리에이션 지도자로서의 역할을 수행하기 위해서는 게임을 많이 알고 있어야 하며, 또한 이들 게임을 실시하는 데 몇가지 고려해야 할 사항을 늘 생각하면서 진행해 나가야 한다.

게임 지도자가 유의해야 할 사항은 다음과 같다.

① 기회를 포착하는 일에 민감하여야 한다.
항상 집단감정을 살펴보고 게임의 선택, 진행시간, 방법 등에 대한 반응을 느낄 수 있도록 주의하여야 한다.

② 집회의 목적, 장소, 인원수에 대한 예비지식이 있어야 한다.
목적이나 집단의 규모 및 여건에 따라 게임을 선택하고 방법도 변화있게 사용해야 한다.

③ 전체 진행계획을 파악하여 다른 순서와의 유기적인 관계를 맺는다.
집회의 전체과정 중에 게임의 위치, 중요도, 시간 등에 관해 전체 프로그램 계획자나 사회자와 충분히 의견이 교환되고 게임 지도의 뚜렷한 위치를 파악해 두어야 한다.

④ 게임의 내용을 잘 익혀 두어야 하며, 여유있게 게임을 준비해 둔다.
집단의 상황이 돌변할 가능성이 있음을 대비하여 변화있는 게임의 종목을 준비해 두고 즉석에서 지도할 수 있도록 준비된 전체 게임의 종목을 익숙히 해 두어야 한다. 진행 중에 지도서를 펴보거나 주저하면 안된다.

⑤ 게임의 가치를 충분히 납득시키고 놀이 이상의 뜻이 있음을 암시해 준다.
협력후의 결과의 즐거움이나 규칙준수가 주는 게임의 아름다움을 이해시

키고 어느 한 사람의 지나친 경쟁의식을 완화시키고 집단활동에 흥미가 없는 사람을 격려한다.

이러한 점들을 유의하여 게임을 진행해 나간다면 큰 어려움은 없을 것이다. 여기에 좀더 부언할 사항은 게임을 지도하는 데 필요한 지도요령이다. 즉,

① 게임지도자는 게임간의 연결이 잘 이어지도록 해야 한다. 그러기 위해서는 종이쪽지에 게임의 제목을 메모해 두면 좋다.
② 한 게임의 시작과 끝을 분명히 하고 설명을 간단하게 한다. 예정한 시간에 맞게 시간을 지킨다.
③ 규칙을 지켜서 공평한 판단을 내린다. 게임을 설명할 때에 그 상벌은 분명히 하여 누구나 그 정해진 규칙을 지키도록 지도할 것이며 따라서 예정한 상벌에 분명한 처리를 하고 넘어가야 한다. 그러나 너무 강제적으로 벌칙을 적용하려다가 시간이 많이 지체되거나 열이 식을 수 있으므로 융통성 있게 처리한다.
④ 게임의 흥미가 절정에 올라갔을 때 모든 게임의 순서를 중지하라. 그리고 다음게임에 대한 흥미가 기대되도록 노력한다.
⑤ 회중의 단 한 사람이라도 흥미 밖에 있지 않도록 노력한다. 지도자는 개인의 참가에 세심한 주의를 기울이고 게임에 잘 응하지 않는 사람에게는 심부름이나 보조역할을 담당하게 한다.
⑥ 지도자도 게임의 분위기 속에서 회원과 같은 감정으로 혼연일체가 되어 움직여야 한다.
⑦ 게임을 새로 소개할 때는 우선 제목을 제시하고, 대형을 알리고, 노는 방법을 설명한다. 실제 연습 게임을 먼저 시도해 본다. 만일 한 사람이라도 이해가 되지 않는 경우는 곧 중지하여 다시 친절하게 설명한다. 그러므로 대상에 맞는 적절한 수준의 게임이어야 한다.
⑧ 호각을 적당히 사용하여 게임의 시작과 끝을 알리며 도중에 주의를 환기시키도록 한다.

게임을 할 때에는 대개 흥분들을 하고 소란스러워지므로 대상에 따라 스피커의 음향을 조절해야 한다. 뒷자리나 반대편에 있는 사람에게도 분명히 소리가 잘 들리는지를 체크해 본다.

(2) 게임의 진행방법

게임을 진행하는 데 있어서 대개 처음은 전체를 대상으로 하는 노래로부터

시작한다. 이때 노래 선택은 모두 부를 수 있는 쉬운 노래가 좋고 또한 분위기나 대상, 계절, 때에 맞는 노래를 선택해야 한다. 중년층을 대상으로 최신 유행가를 해도 곤란하겠고, 청소년들에게 흘러간 옛노래를 부르게 하는 것도 분위기를 처지게 할 우려가 있다.

노래를 통해 분위기가 정리되면 도입 게임으로부터 시작하여 전개 게임, 마무리 게임의 순서로 진행한다. 이때 도입 게임에서는 참가자들이 서로 얼굴과 이름을 외울 수 있게 진행하고 서로 부담없는 게임으로 하며 또한 무리한 요구는 삼가는 것이 좋다. 이 때는 전체를 대상으로 모션송을 두 세 곡한 후에 인사 게임이나 팀 구성을 위한 게임을 할 수 있겠다.

전체 게임에서는 소극적 참여자들을 자극하여 역동적이고 적극적인 참여를 유도하여 재미있는 분위기를 조성해야 한다. 이때는 주의 집중단계로부터 벗어나 참여자를 테스트하고 흥겨운 분위기에 도달하도록 활동적인 프로그램을 유도하여야 한다.

마무리 게임은 참가자들의 느낌을 표현하거나 소감을 확인하는 등 정리를 해야한다. 이 때 그 모임의 의의를 정리해 주도록 한다. 이때는 다시 전체대상 활동으로 노래나 메시지가 전달되게 한다. 촛불의식이나 노래를 허밍으로 할 때 주최측의 메시지나 참여자의 소감발표도 좋을 것이다. 또한 시간적인 여유나 참가자들의 친밀도에 따라 돌아가면서 모두 다 함께 인사하는 윤회악수도 좋은 마무리 게임이 될 수 있다.

다음은 우리들이 쉽게 활용할 수 있는 게임들을 자세하게 소개하고자 한다. 이 게임들은 그 상황에 다라서 적절하게 변화시켜 나간다면 레크리에이션 지도에 큰 도움이 되리라고 본다. 다시 한번 강조하고 싶은 점은 레크리에이션 지도자는 밝은 표정으로 깨끗한 언어를 사용하고 유머와 재치를 살릴 것이며 모든 참여자에게 편안한 자세를 취하고 너무 일방적인 진행은 삼가고, 소극적 참여자에게도 관심 있는 태도를 보여 주는 것이 좋다.

6) 레크리에이션의 실제

(1) 강좌진행시의 레크리에이션

평생교육강좌를 진행하는 과정에서 레크리에이션을 활용하면 참가자들의 서먹한 분위기가 사라지고, 육체적·정신적 피로가 사라지게 된다. 가능하면 성인들을 대상으로 하는 강좌는 50분 간격으로 휴식시간을 주고, 2~3시간 간격으로 가벼운 레크리에이션 프로그램을 진행하면 좋다. 이 때 하는 레크리에이션으로는 노래를 부르거나 노래에 맞추어 몸짓을 겸한 노래를 한다거나 피로를 풀 수 있는 간단한 체조가 좋다. 강좌를 진행할 때 활용할 수 있는 레크리에이션의 종류는 다음과 같다.

가. 노래대항 게임

팀을 나누어서 사회자가 하는 신호에 따라서 팀 전원이 같은 노래를 합창하는 것이다. 사회자는 한 팀의 노래를 중간에 끊고 다음 팀으로 넘겨준다. 이때는 첫 글자에 따른 노래나, 계절 또는 색깔에 따른 노래를 할 수도 있고, 글자를 빼고 부르기도 한다. 각각 예를 들어보면 다음과 같다.

① 첫글자 노래
- 「ㄱ」으로 시작하는 노래를 보면
  - 고드름 고드름 수정고드름.
  - 고향땅이 여기서 얼마나 되나.
  - 고기를 잡으러 바다로 갈까요.
- 「ㄴ」은
  - 나무야 나무야 겨울 나무야.
  - 높고 높은 하늘이라.

② 계절노래
- 봄노래 : 나리 나리 개나리.
  봄이오면 산에 들에 진달래 피네.
- 여름노래 : 바다로 가자 바다로 가자
  산 위에서 부는 바람 시원한 바람
- 가을노래 : 가을이라 가을바람
  단풍잎이 아름다운
- 겨울노래 : 한 겨울에 밀짚모자 꼬마 눈사람.
  흰눈이 펄펄 썰매를 타고

③ 색깔 지적 노래
노랑 : 노란 샤스 입은 말없는....
빨강 : 빨간 자동차가 앵앵 앵앵 ...

④ 글자빼기 노래
- 「고」자 빼고 부르기－아버지는 나귀타○
- 시골농부 빙고－시골농부 있는데 그 이름 빙고
  Bingo(비 아이 엔 지오)Bingo 그 이름 빙고 이노래는 박수를 치면서 처음 부를 때, 'o'를 빼고 박수 한번, 두 번째는 'GO(지오)', 세 번째는 'NGO(엔지오)', 네 번째는 'INGO(아이 엔 지오)', 끝으로 'BINGO'를 부르는 대신 모두 박수만 친다. 박수는 박자에 맞추어 친다.

나. 체조

① 눈의 피로 풀기

- 눈두덩이와 눈꼬리 부분을 지압하듯이 세게 눌렀다가 급히 뺀다. 누르는 시간은 속으로 「하나, 둘, 셋」으로 세면 된다.
- 고개를 급히 돌려서 눈을 어깨 뒤로 본다. 왼쪽, 오른쪽을 번갈아 가면서 한다.
- 두손 바닥을 세게 비벼서 열이 나고, 정전기가 발생하면 두 눈에 살짝 대고 눈을 깜박거린다. 세번 정도 반복한다.

② 어깨와 팔운동

- 오른손은 가볍게 주먹을 쥐고, 왼쪽 어깨를 네 번 친다. 손을 바꾸어 왼손으로 오른쪽 어깨를 네 번 친다. 간단한 네 박자 노래를 부르면서 치거나, 노래에 따라서 횟수를 바꾸어도 된다.
- 두 손을 앞으로 쭉 뻗혀서 오른손이 위로 가도록, 올려서 깍지를 낀다. 숨을 크게 들이쉬면서 깍지 낀 손을 앞으로 말아 당기고, 숨을 천천히 내 쉬면서 팔을 쭉 뻗친다. 세 번을 반복하고 난 후 왼손을 위로 깍지 끼고 다시 세 번 한다. 이때 팔굽은 쭉 뻗도록 한다.

③ 무릎운동

전체 그룹을 7그룹으로 나누어 팀이름을 '도레미파솔라시'로 붙인다. 적당한 노래에 맞추어 자기 팀의 이름이 나올 때는 일어섰다 앉게 한다. 처음에는 노래의 속도를 천천히 하게 하고 익숙해지면 속도를 빨리 해도 좋다. 이 운동에 좋은 노래 중의 하나는 '도레미송'이다.

④ 하품하기

양손을 앞에 내어 손가락을 깍지 끼어서 손바닥이 앞에 보이게 하여 팔을 편다. 그대로 커다란 소리로 '야'하면서 양손을 위로 올리며 기지개를 편다. 누가 가장 오래 멈추지 않고 소리를 내는가 경쟁해도 재미있다.

(2) 지도자 훈련을 위한 게임

연수회나 워크숍 등 지도자 훈련을 위한 프로그램에서는 단순한 오락위주의 게임보다는 각자의 느낌이나 의견을 표현할 수 있는 게임을 신청하는 것이 좋다.

지도자 자신들이 게임을 통해 느껴 봄으로써 집단에 대한 이해나 참여의 보람이나 분위기 조성에 큰 도움이 될 수 있다. 여기에 속하는 게임은 다음과 같다.

가. 거울과 촛불

준비물 : 거울과 초 2개씩

- 세 지점을 정해 한곳에는 거울을 놓고 다른 한곳에는 초를 놓고 마지막 지점에는 거울과 초를 둔다.
- 지도자의 역할이 이 셋 중 어디에 해당되는지 찾아가서 선다.
- 각 팀에게 자기가 선택한 이유를 들어 보고 다시 한번 선택의 기회를 준다.

이 게임을 통해 자기와 타인의 차이점을 발견하고 나은 평생교육자의 역할을 이해하게 하며 자신을 너무 고집하지 않는 지도자의 자질을 훈련시킨다.

나. 다리 만들기

준비물 : 켄트지 또는 마분지 한 팀에 한 장씩, 가위 한 팀에 하나씩

- 한팀을 5명 정도로 나누고 준비물을 배부한다.
- 주어진 재료로 가장 튼튼한 다리를 만들게 한다. 시간을 정해 주어도 좋다.
- 모든 팀이 완성했으면 모아서 튼튼함, 미적 감각 등을 점검한다.

그러나 이때 중요한 것은 팀이 어떻게 결정하고 집단 작업을 해나가는지, 그 과정을 관찰하고 코멘트를 해준다.

이 게임은 결과만이 아니라 민주적 과정과 협동의 중요성을 상기시킨다.

다. 인간고리

대형 : 자유

방법 : 참가자 중에서 8명 또는 10명의 희망자가 나와서 시범을 보일 수도 있고, 또는 장소에 따라 전원이 소그룹으로 나누어 경험할 수 있다.

8명 또는 10명은 어깨를 맞대고 작은 원을 만든 후 중앙에 두 손을 내어서 모두 포갠다. 이때 위에서부터 자기 아래 사람의 손을 잡게하여, 모든 손이 다른 한 사람의 손을 잡게 한다. 그러나 바로 옆사람의 손이라든가 같은 사람의 두 손을 한꺼번에 잡는 것을 피한다. 규칙대로 다 잡았으면 손을 떼지 않고 그 상태에서 원을 만들도록 한다. 이때 시간을 재어 보아도 좋겠고 또 리더나 참관자들이 관찰을 하고 끝난 후 참여자와 참관자들의 느낌을 들어 본다. 그룹의 협동이 강조되는 게임이다.

라. 엉킨문제풀기

준비물 : 1m정도의 끈 8개, 음악 테이프

준비된 끈의 양끝을 각각 묶어서 고리를 만들어 둔다. 이 때 고리는 움직일 수 있도록 읅매지 말아야 한다.

참가자 중에서 8명을 자원해서 나오게 하거나, 한 팀에 두 명씩 나오게 해도 좋겠고, 팀에 따라 끈을 더 준비해도 된다.

두 명씩 짝이 되어 한 사람이 끈 하나를 받아서 한쪽 고리에 손목을 끼고 한쪽 고리는 상대방의 끈에 걸어서 손목에 낀다.

이 두 사람이 걸린 끈의 매듭을 풀지 않고 떨어지게 한다. 시작부터 시간을 재어서 어느 팀이 몇 분 걸리는지를 기록해 둔다. 이때 음향기가 있으면 경쾌한 음악을 틀어서 새로운 춤을 구경하게 한다.

이 게임은 우리들에게 문제가 엉켜 있을 때 어떻게 해결하는 것이 좋을 것인가를 생각하게 해준다. 무조건 시행착오를 거듭하였는지, 차근차근히 현상황을 파악하였는지, 주위의 충고가 도움이 되었는지, 어떤 기분이었는지 발표하게 된다.

마. 소장사 게임

준비물 : 작음 메모 용지 – 인원수의 2배, 그룹별 종합점수판

한 팀을 6명으로 구성한다. 아래와 같은 문제를 두 번만 읽어 준다.

> 한 농부가 월요일날 우시장에 소 한 마리를 끌고 가서 70만원에 팔았다. 그 농부는 화요일날 다시 우시장에 가서 그 소를 80만원에 샀다. 이 농부는 수요일날 이 소를 다시 우시장에 끌고 가서 90만원에 팔았다. 이 농부의 이익금은 얼마인가?

배부된 메모용지에 자신이 생각하는 답을 적게 한다. 이 때는 절대 옆사람의 답을 보지말고 자기의 생각만으로 결정하게 한다.

답지를 모아서 사회자에게 가져오게 한다. 사회자는 팀별로 나온 답에 따라 빈도를 표기한다.

각 팀에게 정답에 대한 토의를 하게 한다. 시간은 6~10분 정도로 준다.

토의 후에 현재 각자가 생각하는 답을 남은 메모 용지에 적게 한다.

두 번째 답지도 거두어 첫 번째 답과 비교해 보게 한다. 칠판이나 카드에 기록해 두면 자기들이 비교해 볼 수 있다.

이 게임은 토의의 과정이나 지도자의 유형, 참가자의 자세 등을 볼 수 있다. 몇 사람을 지적하여 의견을 발표하는 기회를 주어도 좋다 다수의 횡포나 결과에 대한 책임회피를 토의하는 기회도 된다.

제5장 평생교육전개의 실제

제 1 절　아동을 위한 평생교육프로그램
제 2 절　청소년을 위한 평생교육프로그램
제 3 절　부모를 위한 평생교육프로그램
제 4 절　노인을 위한 평생교육프로그램
제 5 절　지도자를 위한 평생교육프로그램

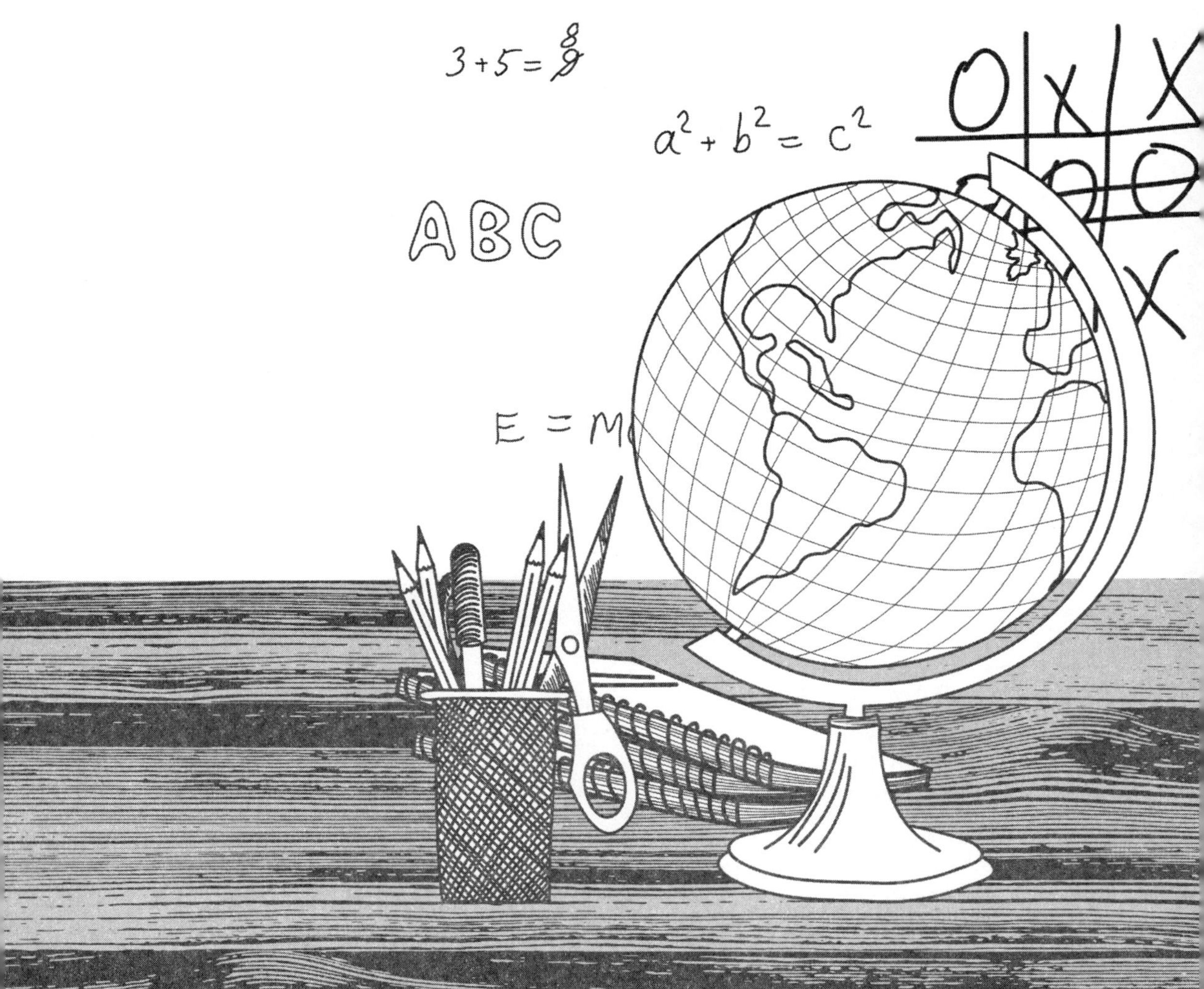

제5장 평생교육전개의 실제

제1절 아동을 위한 평생교육프로그램

1. 아동 교육프로그램의 의의(캠프 프로그램)

초등학교에 재학중인 아동들은 그 발달 과정상 가정 중심의 의존적인 경향을 극복하고 친구 사이의 유대를 구축함으로써 점차 독립성을 획득하고자 하는 욕구가 강하다. 이 시기에 지식 중심의 학교교육에서 잠시 물러나 방학기간을 이용하여 캠프생활을 해 본다면, 아동들의 이러한 욕구를 만족시키는 동시에 전체적으로는 현실적인 교육경험이 될 것이다.

캠프 프로그램은 아동들에게 신체적, 정신적으로 건강하고 통합된 인성을 발달시켜주며, 자율적이고 독립적인 생활습관을 형성시켜 주고, 각종 놀이를 통해 문제 해결능력을 길러 주는 등 많은 잇점을 가지고 있다.

캠프에 다녀온 아동들이 거의 한달이나 캠프에서 있었던 이야기를 하는 것처럼 캠프교육은 아동들에게 색다른 경험인 동시에 강렬한 인상을 남긴다. 그러나 캠프교육은 계획에서 실시까지 세밀한 준비가 필요하며, 특히 경험이 많은 교사들이 있어야 한다. 예컨대 버스로 이동을 하거나 물놀이를 할 경우 각종 안전사고에 신경을 써야 하며, 아동 하나 하나를 주의 깊게 관찰하여 보살펴 주어야 하기 때문이다. 이 밖에 응급조치, 위생관리, 사무관리 등의 업무가 세밀히 분담될 때 만족스러운 캠프 교육이 될 수 있다.

2. 아동 교육프로그램의 예시

여기에 소개하고자 하는 아동을 위한 평생교육 프로그램은 [표 5－1]과 같은 기본원칙을 가지고 구성된 아동 교육 프로그램이다.

'온 세상은 하나'라는 전체 주제하에 3박 4일 동안 매일매일 소주제를 정하여 이에 맞게 진행하도록 하였다.

[표 5-1] 프로그램 구성의 기본원칙

1) 기쁘고 즐겁고 기억에 오래 남을 수 있어야 한다. 2) 각 날의 독립된 주제를 갖는다. 3) 주제와 연관을 갖는다. 4) 각 날의 프로그램은 정·동·정으로 맺는다. 5) 안전과 건강한 생활을 영위할 수 있어야 한다. 6) 사회적 이해와 책임감 고취로 민주적 훈련을 쌓는다. 7) 레크리에이션 활동을 통해 정신적 건강으로부터의 해방과 창의력, 독립심 등을 배양한다.

우선 아동들이 첫눈에 호기심을 갖도록 하기 위하여 성인용 일정표와는 달리 시각적인 효과를 살리는 삽화 위주로 일정표를 기록하였다. 일정속에는 목적지까지 가는 동안 아이들이 지루해 하지 않도록 간단한 레크레이션을 위주로 한 버스 프로그램을 반드시 준비하였다. 체육활동을 통한 각종 놀이는 경쟁자가 아닌 함께 참여하는 공동체적인 내용을 위주로 하였으며, 가능한 한 공간에서 아이들이 자연현상에 친화할 수 있도록 계획하였다.

또한 인종·종교·문화·국가를 초월하여 세계평화라는 폭넓은 시각을 가지는 데 도움이 되게 유의하였으며, 이것이 주입식이 아닌 나라별로 구성된 팀활동을 통하여 자연스럽게 인식되도록 하는 데 중점을 두었으며 아울러 세계 속에 한국인으로서의 가져야 될 위치, 긍지를 심도록 하였다. 따라서 팀 구성에 있어서 세계의 문제를 대표할 수 있는 나라를 선정해야 할 것이다. 각 팀의 지도자들은 캠프 일정 동안 아동의 행동변화를 주의 깊게 관찰하여 기록해 둘 필요가 있다. 이러한 관찰을 통하여 평소의 가정생활이나 학교생활에서 나타나지 않았던 행동을 발견할 수 있으며 캠프 프로그램이 끝나고 이를 가정으로 우송하면 아동지도에 도움을 줄 수 있다. 관찰기록표를 읽어봄으로써, 학부모는 프로그램을 통해 아동들이 배운 것, 변화된 것을 알 수 있기 때문에 프로그램에 대한 홍보와 아울러 신뢰감도 가질 수 있다. 신뢰할말한 프로그램이라는 인식이 될 때 계속적인 참여를 유도할 수 있으므로 이는 연계성 높은 후속 프로그램을 조직하는 기반이 된다.

또한 교사들은 아동들이 취침한 후에도 반드시 당일 프로그램에 대한 평가회를 가져서 반성과 동시에 다음날 일정을 점검해야 한다. 아울러 친구들과 잘 어울리지 못하는 부적응아들에 대한 지도방안도 함께 토의해야 한다.

캠프명 : 작은 세상 캠프
주　제 : 온 세상은 하나
소주제 : 1일 - 앞으로 앞으로
2일 - 모두들 모였구나
3일 - 우리는 하나
4일 - 가라, 세상을 향해
목　적 : ① 세계 여러나라의 특성과 상호관계를 이해하고 모두가 하나되는 올바른 세상의 모습을 경험한다.
② 캠프 집단내에서의 소집단 경험들을 통하여 민주적인 공동체를 체험하고 자신의 역할과 자율적 태도를 형성한다.
③ 자연속에서의 안전과 건강한 생활교육을 통하여 심신의 통합된 인성 발달을 도모한다.
기　간 : 200○ 년, ○월, ○일 ~ ○일(3박 4일)
장　소 : ○○○
인　원 : 80명(10씩 8개팀)

[표 5-2] 작은 세상 캠프 프로그램

첫째날 : 앞으로 앞으로

목 표	프로그램 명	내 용	방 법	시간	장소	비고
3박 4일간의 첫 프로그램으로 부모님과의 작별의식과 새로운 각오와 다짐을 갖는다.	발대식	·개회 ·캠프주제가 : 작은세상 ·발대신고 및 선서 ·부모님께 인사 ·캠프구호 ·노래 : 앞으로 ·폐회 : 승차	의 식	20분	강 당	
정식으로 독립된 캠프생활이 시작됨을 알린다.	입촌식	·개회 ·캠프장 환영인사 ·캠프선서 ·노래	의 식	30분	숙소앞 잔디밭	수영복 차림으로 실시
자유스런 물놀이를 통하여 캠프간의 친숙하고 자연스런 유대감을 조성한다.	물놀이 (수영)	·준비체조 ·자유수영	자유놀이	2~3 시간	수영장	체조 및 물놀이 안전담당자

조별로 모여 구성원들간의 친밀도를 높인다.	우리는 한가족	·구호, 주제가, 깃발, 조장선출, 주제설명, 가장행렬구상	·조별모임을 통하여 '만남의 밤'에 소개한 자기조(나라)의 무대 꾸밈 준비시간	1시간	조별 숙소	팀지도자는 자발적·창안적 협동이 가능한 분위기를 조성한다.
·각조별 소개 및 친목도모를 한다. ·각국의 문화적 특색을 이해한다. ·참여와 준비과정을 통하여 공동체를 경험한다.	만남의 밤	·각 나라별 특색분장, 가장하여 나라별 무대를 꾸민다. ·구호, 주제가, 깃발 등을 소개한다. ·전체가 함께 어울리는 시간을 갖는다.	가장행렬	2시간	야외 무대 (우천시 강당)	

둘째날 : 모두들 모였구나

목 표	프로그램 명	내 용	방 법	시간	장소	비고
주제와 관련된 노래를 통하여 캠프의 목적을 이해한다.	노래는 즐거워	새노래 부르기, 노래부르기		30분	옥외	노래 차트
각국의 특색과 문화를 이해하고 주체적 활동을 통하여 성취감을 얻는다.	120분간의 세계여행	·조별로 자기 나라의 특색 및 특징을 연구, 협의하여 협동작업을 통하여 꾸민다. ·지시서에 따라 각 나라를 순례한다.		2시간		·조별담당지도자는 자기나라 및 각국에 대한 충분한 이해가 필요하다. ·게시용 전지 및 소품준비
·공동체에게 주어진 과제를 해결하려는 협동심과 책임감을 배운다. ·집단 속에서의 개인의 중요성과 인내력을 기른다.	추적 놀이			2시간		

셋째날 : 우리는 하나

목 표	프로그램 명	내 용	방 법	시간	장소	비고
·올바른 생각관을 생각해본다. ·집단속에서 자신의 의견을 잘 표현할 수 있게 한다.	깊고 깊은 숲속에 (다람쥐 동산)	·동화 : 다람쥐 동산을 희곡하여 인형극으로 꾸민다.	인형극	30분	강당	·캠프지도자들이 아이들을 위해 꾸미는 프로그램 ·무대꾸미기 ·녹음기·배경음악준비 ·전지 및 매직배분
		·조별감상토론	조별토론	40분	자유롭게	
		·종합발표	조별발표내용 게시	30분	강당	
·체육활동을 통해 체력을 단련하고 협동심을 배운다. ·활동참여를 통하여 질서를 존중하고 규칙을 지키는 것이 중요한 일임을 경험케 한다.	작은 세상 올림픽	·경쟁보다는 공동체적 참여 중심의 체육경기를 중심으로 진행한다.	운동회	2시간	야외 잔디밭	·수영복 차림 ·간식준비 ·세부계획서 별도첨부
·온 세상의 평화와 온 세상이 하나임을 안다. ·그간의 활동을 평가하고 새로운 각오와 결단을 한다.	불놀이 및 촛불 의식	·레크리에이션 ·캠프파이어 ·촛불행진 및 의식	놀이 및 의식	2시간	옥외	전문지도자 진행

넷째날 : 가라, 세상을 향해

목 표	프로그램 명	내 용	방 법	시간	장소	비고
·바람직한 세계관계를 생각해 본다. ·공동작업을 통하여 협동하는 자세를 배운다.	온 세상은 하나	·공동작업에 대한 오리엔테이션 ·전지 10매분의 세계지도 완성하기	·조별로 한부씩 배부하여 찢어 붙이기로 완성하여 제출 ·이를 큰 벽면이나 잔디밭에 조합하여 게시한다.	2시간	강 당 조별 숙소	·본만 뜬 전지 10매분의 세계지도 준비 ·조별분배물 : 풀, 색종이
3박 4일간의 일정을 마무리하는 의식을 갖는다	폐회식	·순서-노래, 캠프구호, 캠프장 인사 마무리의 다짐-풍선 날리기, 친구안녕	의 식	30분	옥외	풍선준비

제2절 청소년을 위한 평생교육프로그램

1. 청소년 교육프로그램의 의의

일반적으로 청소년기는 유아기와 성인기 사이의 격차를 연결시키는 기간으로서 발달과정상 과도기라 불리어진다. 이러한 청소년기에서는 이들에게 부딪치는 여러 가지 과업에 대한 불안, 성인기를 준비하기 위한 직업선택과 이에 따르는 경쟁의식, 성적 성숙으로 인해 내적 충동의 질적 혹은 양적 변화 등 많은 문제와 직면하게 된다. 특히 우리나라 청소년들은 이러한 문제 외에도 과중한 학과목 수업에 시달리는 한편 선진국의 청소년에 비해 상대적으로 적은 여가시간을 가지고 있다.

우리나라 청소년들은 '여행', '서클활동', '스포츠', '연극·영화감상' 등의 여가 활동을 희망하고 있으나, 실제의 여가활동은 'TV 및 라디오 시청, '친구와 담소', '학과목 보충'에 불과한 것으로 나타나고 있다.

따라서 욕구와 현실 사이의 차가 큰 것으로 보이며, 바람직한 청소년 문화를 형성하기 위하여 이들이 희망하는 종류의 프로그램 개발이 시급하다고 보여진다.

2. 청소년 교육프로그램의 예

여기서는 청소년기에서 요구되는 각종 평생교육프로그램 중 청소년의 인성 및 창의력 개발에 관련된 몇 가지 프로그램의 예를 제시하였다.

1) 별칭 짓기

(1) 목표

① 별칭에 따르는 유머와 흥미를 통하여 집단의 자유스러운 분위기를 조성하고 구성원들 서로가 긴장감을 해소한다.
② 집단 구성원들이 자신을 꾸밈없이 소개 할 수 있는 의욕을 환기시키고 서로의 말문을 여는 대화의 동기를 부여하기 위하여

(2) 준비

① 인원 : 참가 인원의 수는 제한하지 않으나 학습장의 사정에 따라 집단 구성원의 수를 조절할 수는 있다.

② 소요시간 : 집단 구성원의 수에 따라 다르나 대체로 40분을 초과하지 않는 범위 안에서 실시한다.

③ 준비물 :

- 명찰－빳빳한 종이를 가로 8cm 세로 6cm정도로 잘라 별칭을 적은 다음에 구성원 각자가 가슴에 달도록 한다.
  이때에 가능하면 용지의 색깔을 여러 가지로 준비하는 것이 좋다. 왜냐하면 구성원들의 기호색을 서로 파악할 수 있기 때문이다.
- 필기도구－색연필, 크레파스, 매직펜, 볼펜, 연필 등 다양한 필기도구를 준비하여 자유스럽게 이용할 수 있게 한다.

(3) 진행

가. 교육자(교사, 지도자)의 안내 1

지금부터 별칭 짓기를 시작하도록 하겠습니다. 우선 여러분들이 받으신 명찰 용지에 각자가 적당한 별칭을 정하여 먼 곳에서도 확실히 보일 수 있도록 쓰시기 바랍니다. 별칭으로는 별명이나 호 또는 자신이 좋아하는 자연물(꽃, 산, 동물, 나무)의 이름을 선택해도 좋습니다.

여기서 우리들이 공동 생활을 하는 동안에 항상 불리우고 싶은 이름을 택하시기 바랍니다.

나. 교육자의 안내 2

별칭 선택이 다 된 사람은 그것을 가슴에 달고 둥글게 앉아 주시기 바랍니다. 이제부터 여러분들이 각자 선택하신 별칭의 뜻과 그것을 택하게 된 동기나 이유 같은 것을 설명함으로써 자기 소개를 대신 하겠습니다.

반드시 자기 별칭을 먼저 말한 다음 그 내용을 소개해 주시기 바랍니다. 아무라도 순서없이 소개해 주시기를 부탁드립니다.

(4) 느낌 발표

가. 교육자의 안내

여러분들이 지금까지 발표하신 별칭 소개를 재미있게 들었습니다. 별칭에 대한 내용을 서로 이야기하는 동안에 느낀 점이나 생각하신 것 또는 감상 같은 것이 있으면 말씀해 주시기 바랍니다.

순서 없이 아무나 이야기해 주시고 말씀하실 때에는 먼저 자기 별칭을 불러 주시면 좋겠습니다.

(5) 유의 사항

① 별칭이 없다고 하더라도 구성원의 생각을 유도하여 반드시 짓도록 하되 교육자가 별칭을 가르쳐 주거나 또 어떤 암시 같은 것을 주어서는 안된다.
② 교육자(지도자, 보조자)도 반드시 별칭을 달고 구성원들과 더불어 함께 행동하고 동참하는 적극적인 태도를 보여야 한다.
③ 별칭이나 또 그 내용에 대해서 구성원이나 교육자가 평가하지 않는다.
④ 별칭의 흉패는 집단활동을 마칠 때까지 잘 보관하도록 한다.
⑤ 느낌 발표의 장에서 집단의 흐름이 정체되거나 경화되어 구성원들이 발표를 주저할 경우에는 교육자가 친절하게 "혹시 누구의 느낌과 똑 같은 것이 아닙니까?"하고 의사를 타진해 보고 그래도 말이 없을 때는 더 이상 강요하지 않는다.
⑥ 느낌 발표의 장에서 교육자가 서둘거나 집단 분위기를 주도하는 일은 삼간다.

(6) 종합 정리

① 별칭 소개 프로그램을 통해서 집단 구성원간에 친근감을 느끼게 된다.
② 대화하는 집단의 분위기가 보다 부드럽고 안정감을 유지하게 된다.
③ 지루하지 않게 상대의 이야기를 흥미있게 경청한다.
④ 인간의 모습이 획일적이 아니고 각자 독자적인 개성을 지니고 있음을 체험하게 된다.
⑤ 별칭에 대한 추측과 실제와는 매우 다름을 경험하게 된다. 따라서 상대를 이해한다는 것은 상당한 노력이 필요함을 느끼게 된다.
⑥ 인간의 평등의식과 동참의식과 신뢰감을 갖게 된다.
⑦ 나의 것과 더불어 남의 것도 소중함을 느낀다.

(7) 교육자를 위한 지도 자료

별칭짓기 활동을 진행하는 과정에서 첫 인상이 '어린애들의 장난 같다'고 느끼는 사람도 있을 것입니다. 그러나 그런 사람도 여러 사람들과 대화를 나누는 동안에 자신도 모르게 무엇인가 마음에 집히는 것을 느낄 수 있을 것이며 동시에 마음의 문을 여는데 가장 쉬운 방법이라고 자신의 생각을 고칠 수도 있습니다.

이 별칭짓기는 심리학자들이 고안해 낸 것 중의 하나로서 대화의 매개체 역할을 하는 좋은 자료인 것입니다. 그러나, 이와 같은 값진 자료도 마음으로 실제 체험하지 않고서는 한낱 장난이나 놀이에 불과하게 될 것입니다.

자칫하면 상대의 눈으로 보는 것만으로서 평가를 하기 쉽고 또 어떤 격식이나 형식만을 중요시하는 습관이 있고 마음과 마음에서의 느낌이라는 것을 전혀 도외시하는 관념에 빠지기 쉽습니다.

진실한 마음과 마음의 부딪힘은 이제까지 절친한 친구 사이에서만 이루어질 수 있다는 고정 관념이 있었기 때문입니다.

이제 그런 고착된 관념에서 벗어나서 우리들의 인간관계에 대한 시야를 넓히고 모든 이웃의 많은 사람들과 만나서 대화하고 진실한 마음을 교류하는데에 노력을 경주하여야 하겠습니다.

2) 추억의 사진첩

(1) 목표

① 대인 관계에서 상대가 과거와 현재에 어떤 생활 경험을 가지고 있는가를 파악한다.
② 상호간의 정보를 교환하는 가운데 공감대를 형성하며 그런 밀착된 상황 아래서 바람직한 인간 관계를 형성하기 위하여
③ 집단 생활에서 구성원 상호간에 친교나 연대 의식을 고양한다.

(2) 준비

① 인 원 : 전체인원수는 제한하지는 않으나 대체로 한 집단이 중집단(10명~14명)을 구성하여 2인 1조로 운영함을 감안하여야 한다.
② 소요시간 : 30분 내외
③ 준비물 : 가. 16절 백색 갱지(1매)
나. 필기도구(볼펜, 연필)

(3) 진행

가. 교육자의 안내 ①

여러분, 모두 둥글게 앉아서 잠깐 눈을 감고 최근에 경험했던 여러 가지 일들을 더듬어 보시기 바랍니다.

먼저 여러분들의 생활 경험 속에서 기뻤던 일이나 흐뭇했던 일 또는 매우 만족스럽던 일과 유쾌한 사건들을 한두 가지 기억해 보십시오.

가정 생활에서 가족과 즐겼던 일도 있을 것이며 부모님에게 칭찬을 받아서 마음 뿌듯했던 일, 형제와 더불어 어려운 일을 완성하고 감격했던 일, 학교생활에서 친구들과 사귀며 유쾌했던 일들이 많이 있을 겁니다.

그 중에서도 가장 기뻤던 일 한가지를 기억해 보십시오. 아주 작은 일도 좋습니다.

나. 교육자의 안내 ②

우리들의 일상 생활 속에서는 언제나 즐겁고 유쾌한 일만이 있는 것이 아닙니다. 때로는 어렵고 고된 일도 있고 슬프고 아픈 일도 겪어야만 합니다

이번에는 여러분들이 최근에 경험했던 일 중에서 가장 마음이 상하게 했거나 언짢았던 일 한 가지를 기억해 보시기 바랍니다.

반드시 여러분 자신이 직접 경험했던 일이어야만 됩니다.

다. 교유자의 안내 ③

기억이 다 된 사람은 눈을 뜨시고 이제부터 옆에 있는 짝과 마주 앉아서 다정하게 악수로 인사를 나누십시오.

그리고 지금 기억했던 기뻤던 일과 슬펐던 일을 서로 이야기 하시기 바랍니다.

라. 교육자의 안내 ④

이야기가 다 끝나신 분은 처음 자세로 앉아 주시기 바랍니다.

이제부터 서로 나눈 이야기를 자기 짝의 입장이 되어 여러분들 앞에 발표하도록 하겠습니다.

짝과 교대로 발표하신 다음에 다른 짝을 추천해 주시기 바랍니다.

자, 그럼 시작해 보겠습니다.

순서는 정해져 있지 않습니다.

(4) 느낌 발표

가. 교육자의 안내

지금까지 여러분들은 짝과 다정하게 기뻤던 일과 슬펐던 일을 고루 이야기 하셨습니다.

또 상대의 사연을 대신해서 여러 사람들 앞에 발표도 하셨습니다. 지금까지의 학습과 활동을 경함하고 느낀점이 있으면 말씀해 주시기 바랍니다.

(5) 유의 사항

① 짝과 이야기 할 때에는 서로 눈을 마주 보고 손을 잡으면서 대화하도록 한다.

② 극비내용은 공개하지 않도록 하는 것이 바람직하다. 대중 앞에서 자신의 극비 사항이 노출됨으로 수치나 모멸감을 느껴 엉뚱한 갈등을 경험하게 되기 때문이다.

③ 2인 1조 중에서 한 사람만 대표로 이야기하는 일은 삼가도록 한다.

④ 상대방의 이야기는 되도록 상대방의 입장에서 서서 발표할 수 있도록 유도한다.

(6) 종합 정리

① 인간의 감정은 언제 어디서 어떤 요인에 의해서 변화될지 아무도 예측 할 수 없음을 알게 된다.

② 대인 관계에서는 감정의 일치가 되고 집단 활동에서는 진심의 문이 열림을 구성원들이 자각하게 된다.

③ 과거 지향적이었던 가치관이 변하여 현재 지향적인 의식의 변화를 얻게 된다. 다시 말하면 인간을 이해하는데 중요한 것은 과거가 아니고 현재임을 이해한다.

④ 대인 관계에서 공감대 형성은 타인을 수용할 수 있는 능력의 배양인 것임을 일깨울 수 있다.

⑤ 대화의 진수는 어떤 기교나 방법보다 마음가짐과 진실한 태도가 큰 영향을 준다는 것을 느끼게 된다.

⑥ 감정에 부딪혀 그것에 호소하는 일은 언제나 인간의 행동에 큰 영향을 준다는 것을 느끼게 된다.

⑦ 참된 대화는 마음으로 듣고 마음으로 읽는 두 가지 태도가 중요함을 느끼

게 된다.

(7) 교육자를 위한 지도 자료

여러분들은 대화가 서로 감정에 부딪힐 때 보다 진실한 인간 관계가 형성 된다는 것을 경험하셨을 것입니다.

이것은 우리들이 상대를 이해하는 데 하나의 중요한 철학이 되었습니다.

상대방이 감정에 몰입하지 않고는 상대방을 이해 할 수 없는 것처럼 과연 상대방이 나의 감정과 밀착되어 있는가 하는 것은 우리들의 앞으로의 성장에 매우 중요한 열쇠가 될 것이라고 봅니다.

감정적인 접근은 서로의 노력에 의존한다고 봅니다. 그저 기다린다고 그런 계기가 와 주는 것이 아닙니다. 서로가 상대의 입장에 서려는 노력 없이는 진실한 만남의 보화를 찾을 수 없습니다.

3) 나의 장단점 살피기

(1) 목표

① 인간 관계에서 필연적으로 파생될 저항감을 극복할 수 있는 심리적 능력을 기르기 위하여

② 인간 내면 세계의 잠재된 장단점을 표면화하여 그것을 수렴해 봄으로써 집단생활에서나 대인 관계에서의 벽을 허물기 위하여

③ 극기와 인내로 새로운 자아의 탄생을 이룩하여 새로운 자아와 자아의 만남을 체험하기 위하여

(2) 준비

① 인원 : 제한 없음

② 소요시간 : 집단 구성 인원수에 따라 다르나 대체로 40분을 초과하지 않는 것이 좋다. 그것은 중학생들에게 주는 정신적 건강과 그 피로 그리고 생리적 부담감 때문이다.

③ 준비물 : 가. 16절지 백색 갱지
나. 필기도구(연필, 볼펜)

(3) 진행

가. 교육자의 안내

지금부터 잠시 동안 눈을 감고 나 아닌 다른 것만을 보던 눈을 내 안쪽으로 돌려서 자신의 마음 속을 살펴보시고 자신의 장점과 단점을 각각 한가지씩 발견해 보도록 하겠습니다.

4~5분간 되도록 깊이 생각해 보신 다음에 장점과 단점을 찾아서 차례 없이 발표하겠습니다.

되도록 솔직히 표현해 주시기 바랍니다. 그래야만 우리들의 심리적 성장에 큰 도움이 주게 될 것입니다.

(4) 느낌 발표

가. 교육자의 안내

지금까지 자유롭게 평온한 분위기 속에서 서로의 장점과 단점을 솔직하게 발표해 주셨고 또 다른 사람들의 장단점에 대해서도 잘 들었습니다. 그러면 지금까지 여러분들이 발표하시는 동안 그리고 다른 사람들의 발표를 듣는 동안 느끼신 점이 있으시면 자유롭게 말씀 해 주시기 바랍니다.

(5) 유의 사항

① 장점이나 단점의 실례를 드는데 주력하지 말고 스스로 그것을 깨닫게 암시만을 한다.
② 타인이 지적해 주는 장·단점이 아닌 자신의 자율적인 노력에 의하여 장·단점을 발견 하도록 하여야 한다. 그렇다고 겸손이 지나쳐서 단점 만 발표하는 일은 없도록 한다.
③ 솔직하고 담백한 표현이 집단과 개인의 성숙이 됨을 강조한다.

(6) 종합정리

① 자신의 어려운 단점을 극복해 낼 때 속이 후련함을 느끼게 한다.
② 어떤 사람에게는 장점이 되는 것이 다른 사람에게는 단점으로 느끼게 되는 경우도 있음을 알게 된다. 따라서 인간의 여러 모습은 다면적으로 관찰하여야 할 필요가 있음을 발견한다.
③ 어떤 이에게 장점이라고 하는 것은 그가 그 자신을 위해서 얼마만큼 성실했느냐와 상관되는 것이고 또 오늘의 단점을 내일의 장점으로 승화시킬

노력의 여지를 느낄 수 있게 된다.

④ 인간은 각자 자신의 관점에 대해서 편견이 있었음을 느낀다.

⑤ 서로의 단점을 보완하여 주기 위한 집단 공동의 노력이 중요함을 깨닫는다.

⑥ 자신의 단점을 증오하는 사람은 타인의 단점도 용납 할 수 없게 됨을 알게 되며 어떤 성격이나 행동이 장점이 될지라도 그것을 지속적으로 보완하고 도야하는 노력이 중요함을 이해한다.

⑦ 타인의 장점을 본받아 자기화하는 태도와 노력이 필요함을 느끼게 된다.

⑧ 개인의 장점을 합하면 그것이 곧 집단의 장점이 되고 나아가서 국민의 대저력이 됨을 알게 하고 평소 무심히 지나쳐 버린 자신의 태도를 반성하는 기회를 접하게 된다.

(7) 교육자를 위한 지도 자료

가. 자료 1

자신의 평가와 타인의 평가는 다르다는 것을 알 수 있습니다.

대체로 인간은 자신의 장점에 대해서는 과대 평가하기 쉽고 단점은 은닉하거나 과소 평가해 버리는 경향이 많습니다.

한편 가정 생활에서 가족들은 나에게 과대 평가를 하는 경우가 있는데 학교생활이나 다른 집단 생활에서 이웃 친구는 나에게 솔직한 평가를 하기도 합니다.

이럴 때 자기 자신의 평가보다는 일단 타인의 평가에 대하여 신뢰하고 경청하는 태도를 가져야 할 것입니다.

그것은 무의식적으로 하는 행동을 자신은 전혀 느낄 수 없기 때문입니다.

나. 교육자의 안내 2

결점은 누구에게나 있습니다.

인간은 신이 아닌 이상 누구나 결점을 가지고 있는 것입니다. 다만 자신의 결점을 스스로 깨닫지 못하고 그 자체가 문제이면 그것이 곧 그의 결점인 것입니다.

여기에 여성들로부터 별로 인기를 얻지 못하는 젊은이가 있습니다. 그는 언제나 자신을 이렇게 생각하고 있었습니다.

"나는 풍체도 별로 좋지 않을 뿐더러 돈도 없으니까 아무 소용이 없는 인간이야"

그러나 그 젊은이를 여성들에게 물어보면 그와는 반대로 엉뚱한 견해를 갖고 있습니다.

“그 젊은이는 언제나 자기 본위이고 이기주의자이며 또 책임감이 없습니다.”

이 경우에 그 젊은이는 그의 자아상 속에는 현재 여성들이 느끼고 있는 그런 결점을 인식하지 못하고 있습니다. 그것은 자신의 그런 결점을 시인하고 싶지 않기 때문입니다. 따라서, 심리적으로 도피기제가 형성되어 점차로 이상행동만을 하게 될 것입니다.

이 젊은이에게는 무엇보다도 우선 자신의 결점을 발견하고 또 그것을 용감하게 시인하려는 노력이 필요하게 됩니다.

그것이 자신의 열등의식과 갈등에서 벗어나는 길이며 곧 자신을 구해내는 현명한 방법인 것입니다.

다. 교육자의 안내 ③

우리의 신체적인 불구와 같은 결점은 다른 것으로 보충하여야 합니다. 불구와 같은 결점은 어쩔 수 없이 그것과 더불어 살아가는 길을 배워야만 합니다.

예를 들어, 귀머거리나 수경 또는 소아마비와 같은 경우, 실망하지 말고 자신의 그런 사실을 그대로 인정하여 받아들이는 것이 자기개선의 새로운 출발점이 되는 것입니다. 오히려 자신이 그런 불구의 상황이었기에 위대한 업적을 남길 수 있었던 인물이 우리의 역사속에는 얼마든지 있습니다. 삼중고의 헬렌켈러나 귀머거리 베토벤을 보십시오.

라. 교육자의 안내 ④

열등의식은 자신의 결점에 대한 집착에서 우러나옵니다.

어떤 사람은 “나는 성질이 급해서 탈이야”하고 자기 평가를 합니다. 그러나 그런 사람은 자신의 성질이 급하다는 것을 알고 있기 때문에 위급한 상황에 직면할 때에도 그것을 현명하게 극복할 수 있는 지혜가 있습니다. 그것은 자신이 그의 결점을 알고 있다는 사실 때문입니다.

또, 다른 사람과 나를 비교할 때,

“저 사람은 머리가 좋아서 성공했다”고 말합니다. 그러나 실제로 그 사람과 나는 비슷한 능력을 가지고 있었으며 결국 그 사람은 나 보다 열심히 노력했고 그런 노력의 대가로 기회가 와 주었던 것입니다. 다만 노력하지 않는 나는 좋은 기회를 포착할 수 없었던 것입니다.

이와 같이 나도 유능하다는 확신이 없고 열등의식에만 사로 잡혀 있으면 노력은 물론 행동의 변화도 전혀 없을 것입니다.

그러므로 자신의 열등의식을 보다 현명하게 이겨내는 길은 아무리 똑똑한 인물이라해도 자기 자신만 못한 점이 있을 것이라는 생각도 한번쯤 해볼 필요가 있습니다. 그리고 노력하여 이루어진다는 확신, 그리고 그 확신을 자신의 운명의 열쇠로 간직하여야 하겠습니다.

4) 집단안에서 나는 누구인가?

(1) 목표

① 집단생활을 어떻게 경험했는가를 질문지에 응답함으로써 자신이 집단 전체를 어떻게 느끼는가를 진단한다.
② 집단구성원으로서 집단의 발전을 위해 개선해야 할 점을 재발견하고 그 개선에 노력하는 태도를 기른다.

(2) 준비

① 인원 : 인원제한은 없으나 집단 구성원이 현재 어떤 단체(교회, 친목회, 기타 단체 활동)에 속해 있거나 그런 단체 활동의 경험이 있는 사람이어야 한다.
② 소요시간 : 제한 없음
③ 준비물 : 가. 필기도구
나. 질문지

(3) 자료

【질문지 내용】

① 참석하기 피곤함 (　　) 피곤치 않음 (　　)
② 열등의식을 가짐 (　　) 평등의식 (　　)
③ 자기 개방적이다 (　　) 자기폐쇄 (　　)
④ 권위 의식을 느낌 (　　) 무관심하다 (　　)
⑤ 회의 진행 무관심 (　　) 관심 (　　)
⑥ 책임부서에 위치하고 있음 (　　) 소외위치 (　　)
⑦ 말재주만을 구사하고 있음 (　　) 건설적 의견을 진술함 (　　)
⑧ 지도자를 신뢰하고 있음 (　　) 실망하고 있음(　　)

【질문지 내용 해설】

② 문항 : 나는 따돌림 존재인가 혹은 형식적 존재인가?
④ 문항 : 나는 권위의식을 나타내고 있는가 아니면 지도자에 대해 전혀 관심이 없는 것인가?
⑥ 문항 : 나는 항상 다른 사람으로부터 책임을 맡는 존재인가 아니면 도외시 당하고 있는 존재인가?
⑦ 문항 : 나는 남에게 보이기 위하여 말 재주만을 구사하고 있는 존재인가 아니면 일을 위하여 건설적인 의견을 발표하고 있는 사람인가?

(4) 진행

가. 교육자의 안내

질문지에 8가지의 문항이 있습니다. 자기에게 또는 자기가 속해 있는 집단에 대하여 해당되는 곳에 ○표를 해주십시오.

모두 끝나신 분들은 4인 1조로 소집단을 만들어 서로 마주 앉아서 자신이 ○표한 이유를 설명해 주시면 됩니다.

한 사람의 차례가 끝나면 다음 차례로 말씀을 나누어 보십시오.

모두 끝난 소집단 회원들은 다시 원자리(제자리)에 앉아 주시기 바랍니다.

(5) 느낌발표

가. 교육자의 안내

질문지에 '○표 이야기'를 나눌 때는 될 수 있는대로 자기가 소속된 소집단의 형편과 자기 자신의 위치에 대한 솔직한 감정을 말씀해 주시기 바랍니다.

솔직한 대화는 보다 여러분 자신과 여러분들이 속해 있는 소집단의 성장을 돕게 될 것이다.

(6) 유의사항

① 질문지에 답할 때는 뚜렷한 주관에 의하여 자신의 의사나 태도를 기록하도록 한다. 남의 것을 보거나 그것을 참고하는 일이 없도록 유의한다.
② 소집단을 구성할 때는 친밀도 중심으로 되지 않도록 할 것이며 자연스런 위치에서 무작위로 교육자가 구성하는 것이 좋다.

(7) 종합정리

① 집단과 개인과의 관계를 알고 그 개선점을 발견하여 공동의 노력을 해결해 가는 능력을 기르게 된다.
② 집단을 위하여 개인의 노력이 얼마나 중요한지를 이해하게 되고 나의 발전이 집단의 융성이 됨을 느끼게 한다.
③ 집단의 역동성은 곧 개인이 갖는 인성 및 개성에 따라 형성된다는 것을 발견한다.

5) 수평저울

(1) 목표

① 집단안에서 나의 위치, 생각, 행동, 역할이 어디에 있는가를 알고 그 개선점과 보완점을 찾기 위하여
② 집단속에서 새로운 자아를 발견하고 새로운 자아실현의 구체적 방법을 모색한다.

(2) 준비

① 인원 : 활동 인원수는 제한하지 않으나 소집단 형성에 차질이 없는 범위안에서 참가 인원수를 조정할 수 있다.
② 소요시간 : 30분 내외
③ 준비물 : 가. 필기도구
나. 수평저울(참고자료)

(3) 자료(수평저울표)

① 말하기 (　　)＿＿＿▲＿＿＿(　　) 듣기
② 생각하기 (　　)＿＿＿▲＿＿＿(　　) 행동하기
③ 지도자격 (　　)＿＿＿▲＿＿＿(　　) 추종자격
④ 토끼 (　　)＿＿＿▲＿＿＿(　　) 거북이
⑤ 모험적이다 (＿＿＿▲＿＿＿) (　) 안정적이다

⑥ 피처 (　)________▲________(　) 캣처

⑦ 주는자 (　)________▲________(　) 받는자

⑧ 결석 많음 (　)________▲________(　) 결석 적음

⑨ 우는 자 (　)________▲________(　) 웃는자

⑩ 놀기 (　)________▲________(　) 일하기

⑪ 고양이 (　)________▲________(　) 쥐

⑫ 놀부 (　)________▲________(　) 흥부

⑬ 뜨거운 것 (　)________▲________(　) 찬 것

⑭ 깊은 곳 (　)________▲________(　) 얕은 곳

⑮ 두꺼운 것 (　)________▲________(　) 얇은 것

⑯ 형 (　)________▲________(　) 아우

⑰ 선생님 (　)________▲________(　) 제자

⑱ 밝다 (　)________▲________(　) 어둡다

⑲ 산 (　)________▲________(　) 바다

⑳ 열매 (　)________▲________(　) 뿌리

(4) 진행

가. 교육자의 안내①

지금부터 '수평저울'이라는 경험 학습을 하기로 하겠습니다.

여러분들에게 나누어 드린 '수평저울표'에 자기가 어느쪽으로 기울어져 있는가를 검토해서 각 문항의 (　)이나 ▲위에 ○표를 해주시기 바랍니다.

(5) 느낌발표

가. 교육자의 안내

작업이 모두 끝나시면 4인 1조로 소집단을 만들어 서로 자기가 기록한 위치

점에 대한 설명을 나누어주시고 그런 설명을 집단 구성원들이 서로 어떻게 받아들이고 있는가를 비교·관찰해 보시기 바랍니다.

(6) 유의사항

① 지나치게 겸손한 나머지 자신을 낮게 평가하는 태도는 공동체를 위하여 건설적이 아니므로 느낌이나 감상 그대로 자연스런 표현을 하도록 한다.
② 구성원 각자는 서로가 다양한 위치에 있음을 알고 자세히 관찰하도록 한다.

(7) 종합정리

① 타인과의 협력 또는 경쟁 등 사회행동의 기본적인 형태를 모두 만족할 수 있는 욕구의 처리 방법이 필요하게 됨을 알게된다.
② 같은 사회, 같은 집단안에서 생활하고 있는 구성원들의 욕구처리 방법에는 저마다 타고난 소질과 성장해온 환경 또는 현재의 생활조건 등에 따라 결정되게 됨을 알 수 있다.
③ 집단구성원들의 성격, 능력, 기질의 개성적 종합표현이 바로 그 사람의 인격임을 인식 할 수 있게 된다.

(8) 교육자를 위한 지도자료

가. 지도자료①

인간이 어떠한 사회적 행동을 하고자 하는 욕구가 있기 때문입니다. 이 사회적 행동의 원동력인 욕구문제는 사회심리학의 출발점이라고 했습니다. 이와 같은 인간은 사회생활을 하고 있는 이상 개인의 욕구만을 임의대로 충족시킬 수는 없는 것입니다.

그래서, 타인의 협력과 경쟁 등 사회행동의 기본적인 형태를 통할 수 있는 욕구의 처리 방법을 필요로 하게 됩니다.

그러나 같은 사회, 집단내에서 생활하고 있는 사람들이라 해도 그 욕구를 처리하는 방법은 각기 다릅니다.

그것은 그들의 타고난 소질과 성장과정, 그리고 현재의 생활조건이 모두 다르기 때문입니다.

나. 지도자료②

하나의 사회 또는 집단에 속해 있는 구성원들의 인격은 어느 면에서든 대체로 공통적인 면을 가지고 있습니다.

이와 같은 집단의 공통적인 특성을 곧 집단적 인격이라고 합니다. 집단적 인격은 그 구성원들의 집단행동이나 개인행동의 요인이 되는 것인데 이를테면 국민성은 국가라는 커다란 집단행동을 이해하는데 중요한 자료라 하겠습니다.

다. 지도자료3

사회생활을 하고 있는 한 인간은 타인과 더불어 집단을 만들게 되고 그 집단 내부에서 하는 행동은 단독적인 경우와는 달리 상당한 차이점을 보이게 됩니다. 그 것을 곧 집단내 행동이라고 합니다.

집단내 행동의 가장 원초적인 형태도 어머니와 아기의 일체화로부터 비롯되며 그 때의 어린이는 성인 즉 어머니에 대한 모방 혹은 일시 등의 경험학습을 통하여 점차로 새로운 행동을 하는 것입니다.

집단내 행동은 글자 그대로 집안에서의 행동입니다. 그러나, 그 구성원들의 특징이나 인격 등 개성구조에 따라 집단체에 여러 가지 영향을 미치게 됩니다. 즉, 구성원 한사람, 한 사람으로부터 나타나는 지각, 판단, 인지 또는 작업 등이 총집하여 집단효과를 가져오게 됩니다.

이것이 곧 집단행동이며 동시에 그것은 집단 구성원 대다수의 공통적 행동인 것입니다.

이와 같이 집약된 공통의 행동 즉, 집단행동을 어떻게 효과적으로 구현할 것인가 하는 문제에 대해서는 많은 학자들이 인간관계를 조직면에서 또는 의사소통의 양상에서 연구하여 왔던 주제였습니다.

라. 지도자료4

집단내에서 인간관계를 성숙시키는 일을 보면 대략 다음과 같습니다.

처음에 집단이 구성되면 구성원들은 각자 자신들의 개성에 따라서 다양한 형태로 자신을 소개하고 마음의 문을 열면서 자신의 위치를 설정하게 됩니다.

여기서, 자신의 위치란 학급의 어떤 부서를 담당하는 가시적인 것만이 아니라 소위 집단내의 소속감, 공동체의식, 대인관계, 기타의 관심에 대한 감정 등 비가시적인 영역도 모두 포함하는 것입니다.

그러나 때때로 집단 구성원 중에는 '그 자신의 위치'를 넓히려는 사람도 있고 또 어떤 사람은 좁은 영역안에서 만족하기도 합니다.

그러므로 구성원들이 차지하는 영역(소속감, 공동의식, 대인관계, 감정)의 균형이 파괴되는 경우가 발생하기도 합니다.

이와 같이 집단의 불균형에 따라 분열이 생기면 그 집단은 결국 파괴되고 맙니다.

혼자서 떠드는 사람이나 자신의 위치를 확고히 하려는 사람 또는 자신의 영역을 너무 많이 확보하려는 사람이 많을수록 집단의 성장은 느리고 파탄에 빠지게 마련입니다.

그러므로 집단전체가 감정적인 면으로나 행동적인 면으로 균형을 이루었을 때 비로서 집단구성원들의 희생과 봉사와 겸손이 자생되는 것입니다. 따라서, 집단의 바람직한 성숙을 위해서는 집단의 역동적 균형이 유지되도록 구성원 각자가 노력하여야만 할 것입니다.

대체로 잘 운영되고 있는 협력집단에서는 첫째로 의사소통이 원만하게 잘 이루어지고 있으며 또 서로의 관심도 점차로 커지는 현상을 발견할 수 있습니다. 이와 같은 집단에서는 자기중심적인 욕구가 있을 수가 없고 집단내의 충돌도 일어나지 않습니다.

마. 지도자료⑤

집단이 건전하고 바르게 성장하고 발달하려면 구성원들이 상호관심사에 민감하여야 합니다.

집단구성원이 다양할수록 또 구성원들이 개방하는 마음의 정도에 따라 인간관계도 다양해집니다. 이와 같은 경우일수록 구성원들의 관심사가 무엇인가를 민감하게 파악하여야 합니다.

구성원들의 욕구나 기대 그리고 갈망 등 표면에 나타나는 공개적인 관심사(Open Agenda)와 표면에 나타나지 않고 감춰져 있거나 잠재된 비공개적인 관심사(Hidden Agenda)모두에 민감한 파악이 있어야 합니다. 특히 노출되지 않은 비공개적인 관심사에는 깊은 관심을 기울여야만 하겠습니다. 결국 집단활동의 성공은 구성원들의 지적 수준보다도 그들 감정의 민감성이 좌우되기 때문입니다.

바. 지도자료⑥

공동체나 기타 모든 집단활동에 생동감을 주는 가장 중요한 요소는 어떻게 개인을 성숙시키고 어떻게 개인의 창의성을 발휘시키느냐에 달려있습니다.

다시 말하면, 구성원 개인의 모든 가능성을 어떻게 개발시켜 현실화 하느냐 하는 것입니다. 개인의 창조성은 개인의 지적인 수준에 있지 않고 그들의 정신적인 자세에 달려 있기 때문입니다.

"사공이 많으면 배가 산으로 올라간다"는 말이 있듯이 집단구성원내에 똑똑한 사람이 너무 많으면 아무 것도 이루어질 수가 없습니다.

또, 근본적으로 구성원 상호간에 의사소통이 얼마나 잘 이루어지고 있느냐에 따라 구성원의 자세가 갖추어지는 것입니다.

이와 같은 의사소통을 잘 이루기 위해서는 공식적인 집단활동 뿐 아니라 비공식 차원의 집단활동도 중요시되어야 만 합니다. 그러나, 대개의 많은 집단들은 공식적 모임과 비공식적 모임의 어느 한 쪽에 치우치는 경우가 많은데 이러한 경우 집단은 정상적으로 발전할 수 없습니다. 그것은 구성원들이 상호이해의 폭을 넓혀 가는데서 비공식적 모임 활동도 더욱 효과를 올릴 수 있기 때문입니다.

공식적인 집단활동은 항상 채택된 의제와 사회자에 의해 운영되는 것이 보통이며 의제는 경우에 따라 구성원 전체가 채택한 것이 아닌 경우가 많고 사회자의 능력에 따라 집단의 분위기가 좌우되거나 집단의 성숙을 저해하는 경우가 많으므로 구성원 상호간의 대화를 통해서 이해되도록 집단을 촉진해 나가는 것이 바람직한 것입니다.

이와 같이 성숙된 집단에서는 주제나 사회자가 없어도 자발적으로 서로의 의사를 나누는데 장애물이 없으며 또한 집단활동의 촉진을 위하여 구성원들 스스로 창의성을 발휘하게 됩니다.

결론적으로, 집단의 창조력은 구성원들의 감정의 합일과 원만한 대화를 통해서만 이루어지는 것입니다.

사. 지도자료 7

(구성원들의 감정일치는 어떻게 할 것인가?)

집단의 원만한 성숙을 위해서는 먼저 구성원들의 감정일치가 중요하다고 앞서 말한바 있지만 대부분의 지도자들은 구성원들을 집단의 어떠한 임무 수행에만 치중하게 하는 경우가 많은데, 그것은 개인은 물론 집단을 발전시키는데 의미가 없는 것입니다.

여기서 집단구성원들의 특성에 따라 감정일치의 구체적 방안을 모색해 보도록 하겠습니다.

① 소속감 : 이것은 구성원들이 집단의 일원이라는 감정을 인식하고 존중해 주는 것입니다. 그런 감정이 없으면 그 구성원은 집단에서 이탈하고 말게 됩니다. 청소년들의 가정 이탈이 바로 가정에 대한 소속감의 상실감에서 오는 것입니다.

② 공동체의식 : 공동체의식은 각자가 집단안에서 자신의 역할을 알 뿐 아니

라 집단이 발전을 해 가는데 구성원 자신도 공동 책임을 느끼게 하는 것입니다.
어느 한 구성원이 잘못 했어도 곧 나의 책임이며 또 임원이나 반장만의 책임이 아닌 전체 구성원의 책임임을 인식하게 하는 소위 객관적인 감정인 것입니다.

③ 사랑 : 사랑은 주는 것만이 아니라 받고 싶은 마음이 있는 것과 같이 사랑하는 것과 사랑받는 것과는 똑같은 수준의 감정인 것입니다.
집단내의 구성원은 누구나 인정을 받고 싶고 또 유용한 존재는 아닐지라도 있는 그대로의 존재로서 인정받고 싶은 마음을 갖게됩니다.

이상에서 살펴보았듯이 소속감, 공동체의식, 사랑 등 세가지 요소가 채워지지 않으면 여러 가지 다양한 반응을 보입니다. 교육자는 구성원들의 이러한 요구에 대한 민감한 반응과 항상 집단의 진행을 살피고 표출되는 문제를 슬기롭게 처리해 가야만 합니다.

또, 집단의 전체상황을 정확히 파악하고 그때 그때의 적절한 대응책을 강구하는 것이 중요합니다.

제3절 부모를 위한 평생교육프로그램

1. 부모 교육프로그램의 의의

현대 교육학자 및 심리학자들이 주장하고 있는 바와 같이 부모와 자녀의 관계는 애정과 존경에 바탕을 둔 따뜻하고 절친한 관계이어야 한다. 그러나 사회가 산업화되어 감에 따라 가정의 기능은 많이 변화되었고, 그 중 특히 가정교육의 기능은 학교로 이전되어 학교교육의 기능이 강화되었다. 가정의 교육적 기능은 학교로 이전되었으나, 가정은 아동의 인지적·정서적 발달에 여전히 큰 비중을 차지하고 있음이 속속 밝혀지고 있다. 따라서, 아동발달에 큰 영향을 미치는 부모에 대한 교육이 중시되고 있으며 그 효과 또한 매우 긍정적으로 평가되고 있다. 즉, 부모교육 프로그램은 아동의 긍정적 자아개념 형성, 학업성취, 부모의 수용적 태도형성에 크게 기여하고 있다.

2. 부모 교육프로그램의 예

본 장에서 소개되는 프로그램은 부모들이 쉽게 배워서 실천에 옮길 수 있는 것으로 학교나 기타 전문기관에서 활용할 수 있도록 만들어졌다. 아동의 신체적·정서적·지적·사회적 발달에 대한 기본적인 이해를 도모하고 부모와 아동간의 대화증진에 초점을 두었다. 토요일에는 직장 일을 끝낸 아버지도 참여할 수 있게 짜여졌다.

그리고 지역사회의 인적·물적자원을 최대로 활용하여 지역사회주민의 참여도를 최대한으로 높이도록 하였다.

첫째주의 "우리 모두 튼튼이"에서는 부모교육의 중요성 및 프로그램의 목적과 방향에 대한 간단한 오리엔테이션을 시작으로 균형잡힌 신체발달에 대하여 소아과 의사, 체육교사가 지도하게 된다. 특히 아동과 부모가 함께 체조에 참여할 수 있게 되어 있다.

둘째주의 "공부가 재미있어요"에서는 단순한 교과지도를 넘어 아동의 창의력을 길러주는 학습지도 방법에 대한 강의가 있다. 이어서 창의력 교육과 이에 근거한 아동교육방식을 보여주는 역할극이 있는데 이 역할극에서는 아동과 부모가 함께 참여하여 문제를 풀어보도록 짜여졌다.

셋째주의 "맑은 마음-바른말"에서는 상담교사의 상담사례를 통한 아동심리 강의가 있고 이어 소그룹으로 나누어 그룹토의가 있게 된다. 특히 자녀와의 의사소통 방법 개선을 위한 언어지도와 이를 실습하기 위한 동화연구 프로그램이 뒤따른다.

넷째주는 셋째주의 정서발달과 연이어 아동의 사회적 발달을 도모하기 위한 강의가 계속된다. 아동의 정신건강 편에서는 부적응아 아동의 고민을 담은 녹음테이프를 준비하여 들려줌으로써 부모들이 미처 발견하지 못하였던 문제점들을 발견할 수 있다.

그리고 부모 상담시간을 통하여 개별적인 질의, 응답으로 문제진단을 위한 시간이 마련되어 있다.

마지막 주에는 그간 참여한 부모들간의 유대를 강화하고 가족끼리 함께 어울릴 수 있는 운동회 시간으로 마감하게 된다.

본 프로그램은 초등학생 자녀를 둔 부모를 위한 기초적인 프로그램으로서 깊이 있는 교육 보다는 학부모의 참여도가 높도록 고안되어 있다. 또한 프로그램을 실시하는 학교측에서도 크게 부담이 가지 않도록 단기간 동안 실시할 수 있도록 하였다.

학부모가 참여하는 프로그램에서는 미취학 아동을 둔 어머니도 많이 있음을 고려하여 교육시간 동안 안심하고 자녀를 맡길 수 있는 탁아 프로그램이 병행되어야 한다.

탁아 프로그램은 학부모의 참여율을 높이는데 크게 기여할 뿐 아니라 교육적 요소가 풍부한 탁아 프로그램을 운영함으로써 부모교육과 동시에 유아교육의 효과까지 꾀할 수 있게 된다.

○○ 어버이 학교

- 프로그램명 : 바른 자녀교육을 위한 부모교육
- 주 제 : 자녀를 사람답게 키우는 일
- 목 적 : 1) 부모들에게 아동건강에 대한 바른 지식과 태도를 갖게하여 아동의 균형된 신체발달을 꾀한다.
  2) 아동의 지적발달이론과 교과과정에 대한 이해를 도와 부모들로 하여금 효율적인 학습지도를 할 수 있게 한다.
  3) 아동기 정서발달의 중요성을 재인식시키고 아동의 감정순화를 위한 대화와 올바른 의사소통방법을 알게한다.
  4) 아동의 사회성 발달에 있어서 가정과 또래 집단의 중요성과 부적응아 지도법을 인식시킨다.
- 기 간 : 200○년 ○월○일~○일(4주간) 매주 화요일, 토요일
- 시 간 : 화 10 : 00~12 : 00(오전)
  토 4 : 00~6 : 00(오후)
- 장 소 : ○○초등학교 특별교실
- 대 상 : 초등학생 자녀를 둔 ○○지역 주민 60명(선착순)
- 주 최 : ○○초등학교 자모회

[표 5-3] 자녀를 사람답게 키우는 길

(학습자용)

일시	교육주제	교육내용	강사명
2001○월○일 (화)	우리모두 튼튼히	·아동의 신체발달 단계	소아과 의사 ○○○
○월○일 (일)		·균형적인 신체발달, 가정체조 시범	○○초등학교 체육교사
○월○일 (토)	공부가 재미있어요	·아동의 지적발달 단계 ·아동의 창의력 향상과 가정환경	○○초등학교 ○-○반 담임
○월○일 (토)		·부모의 양육태도에 관한 역할극	○○교육심리과교수 ○○○
○월○일 (화)	맑은 마음 바른 말	·성격지도	○○초등학교 상담교사
○월○일 (토)		·올바른 언어지도 ·엄마, 아빠가 들려 주는 동화	아동문학가 ○○○
○월○일 (화)	자녀의 고민을 아세요?	·사회성 발달과 아동의 환경	○○유아교육과교수 ○○○
○월○일 (토)		·아동의 정신건강 상담	소아정신과 의사 ○○○
○월○일 (일)	하나, 둘, 셋!	·가족운동회	

[표 5-4] 어버이 학교

•바른 자녀 교육을 위한 부모교육

(세부계획서)

목 표	영역	주제	요일	교육내용	교육방법	시간	기 타
아동 건강에 대한 올바른 지식과 가정체조 시범을 통하여 균형된 신체	신체적 발달	우리 모두 튼튼히	( ) 요일	-오리엔테이션- ·인간교육에 관한 개략적 설명과 중요성 ·인간교육의 한 분야로서 부모교육의 중요성 및 프로그램의 방향제시	·진행자 설명	10분	·○○지역 내에서 활동하고 있는 소아과 의사를 강사로 초빙
				- 아동의 신체발달- ·신체발달 단계 및 문제점 설명	·강의:소아과 의사 ○○○ ·슬라이드	50분	

				·균형식 ·성교육	상영		·슬라이드 및 필름
				휴 식		10분	
				- 질의 응답- ·강의 내용에 관련하여 학습자들의 질문을 받고 강사가 이에 응답한다.		40분	
발달을 꾀한다.				- 광 고 - ·가족 참여 가정체조 시범 가정 선정		10분	
			( ) 요일	- 균형적인 신체발달- ··초등학생의 신체보건 상태 및 문제점 설명 ·physical fitness (신체교정 연습)	·강의 : 체육 담당교사 ·시범 : 지역 어머니 회 체조반	50분	·온 가족 모두 간편한 복장으로 참석
				휴 식		10분	
				- 가정 체조 시범 - ·온 가족이 참여하여 실제로 실시해 본다	·실기	50분	
				- 공 고 - ·차시 예고		10분	
지적 발달 단계를 정확히 이해함으로써 효율적인 자녀학습을 할 수 있도록 한다.	지적 발달	공부가 재미있어요	( ) 요일	- 아동의 지적발달에 관한 이론- ·자녀들의 학습지도 ·교과과정 이해	·강의 : 초등학교 교사	50분	
				휴 식		10분	
				- 질의/응답 - ·강의 내용에 관련된 내용의 질의 응답		50분	
				- 광 고 - ·차시 예고			
				- 아동의 창의력 향상과 가정환경 - ·창의력을 길러주는 학습방법 ·창의력 교육의 예시	·강의 : 교육심리과 교수	50분	
				휴 식		10분	

			○ 요일	- 광 고 - ·가족 참여 가정체조 시범 가정 선정		10분	
				- 역할극(role play) - ·부모의 양육태도에 관한 역할극 : 부모의 양육태도를 방임형, 억압형으로 나누어 이와 관련한 내용을 부모, 아동이 참여하여 각기 역할극을 한다. ·문제점 토론	·역할극 ·토론발표	50분	
				- 광 고 -			
아동기에 있어서 정서교육이 미치는 영향을 인식하며 바른 생활태도를 지도할 수 있도록 한다.	정서적 발달	맑은 마음 바른 말	○ (화)	- 성격지도 - ·아동기정서발달의 중요성인식 ·아동심리(상담사례) ·감정순화 ·가족대화	·강의 : 상담교사	50분	·분반토의 전 전지와 매직 배분하여 토의 내용을 정리하여 발표케 한다.
				휴 식		10분	
				·부모 그룹 토의 ·질의/응답	·소집단으로 나누어 아동 성격지도상의 문제 토의 후 조별 발표	50분	
						10분	
			○ (토)	-아동의 바른 생활 태도- ·올바른 언어지도 ·예절지도	·강의 : 아동문학가	50분	
				휴 식		10분	
사회적·정서적 부적응아와 또래 집단에	사회적 발달	자녀의 고민을 아세요?	○ (화)	- 사회성 발달과 아동의 환경 - ·교우관계의 조정과 시도 ·가족 내의 인간관계	·강의 : 유아교육과 교수	50분	
				휴 식		10분	

				- 질의/응답 - ·강의내용과 관련하여 질의응답		50분	
				- 광　　고 - ·차시예고		10분	
대한 충분한 이해를 통하여 바람직한 교우 관계를 형성토록 도와준다.			○ (토)	- 아동의 정신 건강 - ·부적응아 지도 (사회적·정서적) ·아동의 고민을 듣는다.	·강의 : 소아정신과 의사 ·tape 통한 청취	50분	
				휴 식		10분	
				·부모상담시간	·질의응답		
				- 광　　고 - ·차시예고 (가족운동회 준비물 등)			
온가족이 함께 하는 놀이를 통하여 가족 공동체의식과 긴밀한 의사전달 관계를 맺도록 해준다.		하나, 둘, 셋!	○ (일)	- 1 부 - ·준비체조 ·공굴리기 ·가족대항 기마전 ·줄다리기			·가족운동회 세부 계획서 첨부
				점 심 시 간			
				- 2 부 - ·레크리에이션·포크댄스 ·가족장기자랑			

제4절 노인을 위한 평생교육 프로그램

1. 노인 교육프로그램의 의의

사회가 산업화되어 감에 따라서 의료기술의 발달 및 영양가 높은 섭생, 사회보장제도의 발달로 평균수명은 늘어가고 있으며, 노인 인구의 숫자도 급속히 증가하는 추세를 보이고 있다. 실례로 미국의 경우 1987년 노인 인구는 약 12%이며 2020년이 되면 17.3%에 달할 전망이다.

우리나라의 경우도 예외는 아니다. 1987년 한국의 노인인구는 6.6%이다. 그러나 한국의 노인문제는 선진국과는 좀더 다른 양상을 보이고 있다. 한국사회에서의 산업화는 서구 사회에 비해 늦게 시작되었으나 급속하게 진행된 관계로 도시화 및 가족구조의 변화가 급격히 이루어져 있어 적응하지 못하는 노인이 많다. 따라서 노인교육 프로그램은 노인들의 사회적 적응을 도와주어 궁극적으로 생활의 만족도를 높이도록 하는데 있다.

한국의 노인들은 자녀와의 유대관계가 좋을수록, 건강할수록, 사회경제적 지위가 높을수록, 사회 참여율이 높을수록 생활만족도가 높은 것으로 나타났다.

2. 노인 교육프로그램의 예

본 프로그램에서는 다음과 같은 요인들을 중시하여 계획해 보았다.

① 노인들이 학교의 아동들과는 달리, 학교와 같은 집단에서 떠난 지 오래되었으므로 한 학기간의 학습활동에 지속적인 출석을 보장할 수 없다. 연령이 높을수록 과제의 유익성에 대한 관심이 참여도를 결정하는 경향이 있다.
첫 시간의 '인생은 60부터'라는 프로그램은 노인들로 하여금 앞으로 진행될 학습이 본인들에게 유익할 것이라는 인식과 확신을 불어 넣어주는 것이 중요하다(Botwinink, 1973).

② 노인들에게 있어 학습효과를 높일 수 있는 것은 '시각 및 청각적 매체'를 활용하는 방법이다. 영화감상은 이러한 의미에서 효과를 얻기 위한 것이며 동시에 학습동기를 촉진하고 유지시키고자 하는 의도에서 채택되었다.

③ 노인을 위한 학습 프로그램을 편성하고 실시할 경우에는 기초 교양교육 및 건강교육, 그리고 가족생활교육의 방향으로 접근하여야 한다.
이는 나이가 들수록 신체적 노쇠현상과 기타 질병에 의한 사망율이 높아지므로 건강관리 측면은 노인들의 최대 관심사가 되기 때문이다. 따라서 건강증진을 위한 의료 프로그램은 노인들에게 실질적인 도움을 줄 수 있을 뿐만 아니라, 그 참여도에 있어서도 큰 효과를 기대할 수 있는 프로그램이다.

④ 노년기에 있어 정서적 갈등은 정신건강에 해가 될 뿐만 아니라, 흔히 신체적 질병으로 직결되기도 한다. 특히 가족구성원과의 갈등은 안정된 노년생활을 방해하는 큰 요인이 된다.
따라서 노인들에게 가족구성원과의 갈등상황을 역할극(role－play)을 통해서 객관적으로 살펴보게 함으로써 서로의 입장에서 이해하는 시각을 유도

한다.

이러한 프로그램은 노인들의 실생활문제와 직결된 것일 뿐만 아니라, 정신 건강을 증진시키는 데도 큰 역할을 담당한다.

⑤ 노인의 정신건강 증진을 위해 계속 학습이 차지하는 비중이 높다. 계속적으로 활동하고 배우는 노인은 사회활동이 저조한 노인에 비해 생활만족도가 높다.

따라서, 나이가 들면서 창작활동을 시작하여 성공적인 삶을 영위하고 있는 경우를 직접 소개하고, 질의 응답식의 소담을 이끌게 함으로써 계속 학습에 대한 의욕을 높인다.

⑥ 정적인 프로그램에서 지역주민 모두가 참여하는 동적인 프로그램을 구성하여 노인들이 자신을 발산할 수 있는 기회를 갖게 한다. 특히 가족들의 적극 참여를 유도하여 소외감에 젖기 쉬운 노인들에 대한 갈등해소와 관심을 갖는 장이 되게 한다. 아울러 지역민의 협조를 구하여 자치회의 재정 마련에도 도움이 되도록 한다.

프로그램 내용은 격심한 신체적 활동을 요하는 운동보다는 전통놀이를 중심으로 하여, 신체적 무리가 따르지 않도록 고려한다.

⑦ 노년기는 일선 사회활동에서 물러나 소외감을 느끼기 쉬운 시기이며 또한 신체적으로는 활동이 가능함에도 불구하고 정년이라는 연령에 묶여 일할 수 있는 기회가 막혀 있는 시기이기도 하다.

노인들로 하여금 지역문제를 토의하고, 실현가능한 과제를 찾아내어 봉사활동의 방법을 모색하는 것은 사회적응도를 높여 주고, 생활에 의미를 갖도록 도와준다. 우선 버즈그룹(buzz group) 방법으로 토의에 있어서의 실질적인 참여를 보장하고, 20분간의 휴식시간을 갖게 한다. 휴식시간 동안 토의 지도자나 서기는 토의내용을 정리요약하여 미리 배분된 전지에 옮겨 적는다. 이를 종합발표 시간에 조별로 발표한 후 전체적인 협의를 통해 봉사활동 내용 및 건의사항을 채택한다.

⑧ 어떤 평생교육 프로그램에서나 후속관리(after－care)가 중요하다. 한 학기의 노인교실이 끝나면 흩어져 버릴 가능성이 많으므로, 계속적인 모임을 갖고 활동할 수 있는 자치조직이 필요하다. 자치조직을 갖기 위한 선행작업으로 바람직한 노인회의 상을 이야기 해보고, 이를 토대로 자치회를 구성하는 동시에 한 학기를 마무리하는 수료식을 갖는다. 이때 한 학기 동안의 학습활동에 대한 보람과 계속적인 관심을 나눌 수 있도록 간단한 다과회가 준비된다면 더욱 좋다.

[표 5-5] 노인을 위한 평생교육프로그램

목표	프로그램명	내용	사회교육 방법	시간	장소	비고
·사회에 필요한 존재임을 인식하게 한다. ·만남의 재인식과 공동체의식을 갖게 한다.	인생은 60부터	·레크리에이션	함께 노래를	20분	강당	·레크리에이션 자원봉사자 초빙 ·최장기 출석자 초빙 ·그룹별 토의 지도자 배치 ·광고(폐품준비)
		·사회의 변화를 이해하고 인생의 의미를 찾게 한다.	강 의	30분		
		·간식 및 휴식		20분		
	우리 노인정의 어제와 오늘	·노인정의 연혁 및 활동을 최장기 출석자를 통하여 듣는다.	강의 및 질의응답	30분		
	안녕하십니까?	·소그룹을 결성하여 친숙감을 높인다.	버즈그룹	40분		
		·광 고		10분		
·그룹내 참여자의 결속감을 강화시킨다.	활기찬 노년생활	·레크리에이션	함께 노래를	20분	강당	·레크리에이션 자원봉사자 초빙 ·폐품준비(준비 안된 조를 위한 예비폐품도 준비) ·광고(차기행사 확인)
		·한 노인의 삶의 의의를 찾는 과정이 담긴 필름을 본다.	영화감상	30분		
	우리 조가 최고	·휴 식		20분		
		·폐품을 이용한 조별 공동작품 만들기	공동작업	50분		
		·평가회		20분		
		·광 고		10분		
·회원의 건강증진을 위한 진단 및 상담을 실시한다.	건강한 노년	·의료분야별 진단, 치료, 상담	건강진단		○○병원	·강당집합 ·지역유지의 후원 및 협조 (간식, 진료비)
		·간 식				
		·광 고				
목표	프로그램명	내용	사회교육방법	시간	장소	비고
·참여자의 가족구성원과의 관계를 증진시켜 정신건강을 도모한다.	함께 생각해 봅니다.	·레크리에이션	함께 노래를	10분	강당	·레크리에이션 자원봉사자 초빙 ·배경음악준비 ·그룹별 전지배분(발표용) ·광고
			강의, 토의	40분		
			역할연기	20분		
		·토의 및 휴식	전체토의	30분 (토의 20분, 휴식 10분)		
		·자녀와의 관계와 적응	역할연기	20분		

목 표	프로그램명	내 용	사회교육방법	시간	장소	비 고
		·토의 및 휴식	전체토의	30분 (토의 20분, 휴식 10분)		
		·토의종합 및 평가		20분		
		·광고		10분		
·회원들의 학습동기를 유발시킨다.	이렇게 산다우	·레크리에이션	함께 노래를	20분	강당	·간단한 소도구 준비 ·배경음악 준비
		·생계를 꾸려가며 창작활동하는 할머니의 낭독과 소담	낭독, 담화	40분		
	무엇을 배울까	·휴식		20분		
		·그룹별로 나누어 원하는 학습내용을 이야기		30분		
		·논의된 내용분류	발표	30분		
		·학습내용별 회원구성 및 자체 내 교육자 선출	토의	30분		
		·광고		10분		
목 표	프로그램명	내 용	사회교육방법	시간	장소	비 고
·지역주민을 참가시켜 경로의식을 고취한다. ·노인자치회 기금을 마련한다.	어버이날 놀이마당	·개 회 사		10분	운동장(우천시 강당)	·공연자 초빙 ·놀이도구 및 기구준비 ·재정협조
		·어린이 재롱무대감상	노래와 율동	20분		
		·구식 결혼식 재연	가장행렬	30분		
		·병신춤 공연감상	공연	60분		
		·소동패 놀이 공연감상	공연	40분		
		·함께 어우러져 한마당 놀이		30분		
		·폐 막 식		20분		
·노인자치활동을 통해 해결가능한 지역내의 문제를 논의한다.	우리동네를 깨끗이	·레크리에이션	함께 노래를	20분	강당	·레크리에이션 자원봉사자 초빙
		·지역주변환경개선을 위해 할 수 있는 일감을 찾아낸다.	조별토론	50분		
			휴식	20분		
			전체토론	30분		
		·일감 선정 및 건의사항 채택		50분		

		·광고		10분		
·자치회를 조직하여 계속 모임을 갖도록 유도한다.	노인자치회에 바란다.	·레크리에이션	함께 노래를	20분	강당	·레크리에이션 자원봉사자 초빙 ·자료준비
		·바람직한 자치회의 방향에 대해 논의한다.		30분		
	나누는 삶	·조직구성 및 역할정립 ·임원선출		60분		
		·인사말 및 소견발표		20분		
	서로서로 아껴줍시다.	·마무리 및 수료식		50분		

이와 같이 프로그램을 진행하면서 전체적으로 고려해야 될 점은 아래와 같다.

① 노인들은 과제에 대한 지속성이 부족하며, 쉽게 피로감을 느끼므로, 프로그램 중간 중간에 휴식시간을 적절히 배치해야 한다.

② 그날의 일정이 마무리되면서, 광고시간을 통해 다음 프로그램에 대한 안내와 더불어 기대욕구를 불러일으켜, 다음 학습에 대한 참여도를 높이도록 한다.

③ 노인들로 하여금 사회적 소외감을 극복할 수 있도록 지역사회에 참여하여, 하나의 역할을 담당하게 함으로써 아직도 필요한 존재라는 삶의 의미를 부여하는 일은 과거회상적이며 무력감에 빠져들기 쉬운 노인들에게 있어 미래지향적 삶을 지향케 하는 데 중요하다. 따라서 자치회 조직을 통한 일감 찾기 등의 후속작업이 계속 이루어지도록 한다.

노 인 교 실

- 주 제 : 활기찬 노년생활
- 목 적 : 1) 자기성장의 기회를 제공함으로써 활기찬 노년생활을 영위케 한다.
  2) 노인의 신체적·심리적 건강을 도모한다.
  3) 노인들로 하여금 지역사회에 기여케 함으로써 사회의 공인을 받고, 노인 스스로의 실제적 문제해결을 도모한다.
- 대 상 : ○○지역 60세 이상 노인
- 인 원 : 60명
- 기 간 : 200○년 ○월 ○일~○○일(8주간)
- 시 간 : 매주 목요일 14 : 00 ~ 17 : 00
- 장 소 : ○○지역 복지관

제5절 지도자를 위한 평생교육프로그램

평생교육의 대상은 매우 광범위한데 그 중 사회지도층에 있거나 일정한 지역사회에서 지도력을 발휘하는 사람들도 여러 가지 평생교육 프로그램에 참여한다.

이들에 대한 평생교육방법이 다른 사람들에 대한 평생교육방법과 매우 특이하게 적용되는 것은 아니지만, 그들은 그 지역사회 또는 그가 속한 직장에서 지도력을 발휘하는 사람들이기 때문에 그러한 지도력을 보다 효과적으로 전개하는데 도움이 되는 평생교육방법을 적용하는 것이 그들에게 보다 효율적인 평생교육방법이 될 것이다.

따라서 여기서는 지도력을 발휘하는 위치에 있는 사람들에게 필요한 평생교육프로그램을 몇 가지를 소개하였다. 그리고 여기서의 평생교육프로그램은 주로 지도자의 능력개발에 중심을 두고 있는 프로그램이다.

1. 듣기와 추측 그리고 말하기

1) 목 표

새로 만난 집단에서 구성원 서로가 이해하고 새로운 관계를 형성한다.

2) 준 비

① 인원 : 제한없음
② 소요시간 : 40분
③ 준비물 : 없음

3) 진 행

(1) 교육자의 안내 1

지금부터 앉은 대로(원형) 번호를 불러 보겠습니다.
'번호'하면 차례로 '한' '마' '음' 순으로 번호를 하십시오.

(2) 교육자의 안내 ②

네, 잘 했습니다. 번호를 부르신 대로 '한씨'와 '마씨'와 '음씨'가 한 모임이 됩니다. 그러니까 세 사람이 같은 조가 되는 셈입니다.

(3) 교육자의 안내 ③

그러면 '한씨'가 '마씨'와 '음씨'에게 자기에 대한 이야기를 하십시오.
아주 편안한 마음으로 말하는 것입니다.

(4) 교육자의 안내 ④

'한씨'의 이야기를 들은 다음에는 '마씨'와 '음씨'의 이야기에 대해서 서로 대화를 나누시기 바랍니다.
대화의 방법은 먼저 '마씨'가 '한씨'의 이야기를 들은 대로 이야기하시고 '음씨'는 '한씨' 한테서 들은 이야기의 내용에서 추측한 것이나 느낀 점을 이야기하는 겁니다.

(5) 교육자의 안내 ⑤

이와 똑같은 방법으로 이야기를 계속해 나가시기 바랍니다.
그러니까 이번에는 '마씨'가 '한씨'와 '음씨' 두 사람에게 이야기하시고 다음에는 '음씨'가 '한씨'와 '마씨'에게 이야기하는 것입니다.

4) 느낌 발표

(1) 교육자의 안내 ①

이렇게 세 사람이 서로 이야기를 나누고 보니까 느낌이 어떻습니까? '한씨'가 한 번 말씀 하실까요? 학습(활동)을 경험하고 난 다음의 소감이나 기분을 발표해 주시지요.

(2) 교육자의 안내 ②

다음에는 '마씨'가 …, 다음에는 '음씨'…,

5) 유의 사항

① 대화의 분위기나 내용의 궁핍으로 소집단 활동이 정체될 위험이 발생하였을 때에는 교육자가 아야기의 소재를 제시할 수도 있다.
이를 테면 자신의 이름, 나이, 취미, 나아가서는 가족 사항 등.
② 한 사람이 이야기 하는 것을 두 사람이 듣고 말한 사람의 이야기를 다시 반복할 경우 처음에 말한 사람은 가담하지 않고 침묵을 지키도록 한다.
③ 3인 1조('한마음' 번호)를 구성할 때는 되도록 서로가 지면이 없는 사람끼리 모이게 한다.
④ 3인 1조의 소집단 학습 활동을 전개할 때에는 각 조끼리 서로 방해가 되지 않도록 적당한 간격을 유지하게 한다.
⑤ 교육자도 구성원의 일원으로서 소집단 활동에 적극 참여한다.

2. 2-4-8 모임 만들기

1) 목 표

활동적인 소집단을 만들어 이들로 하여금 대집단(전체)의 주체의식과 결속력을 고취한다.

2) 준 비

① 인원 : 32명
② 소요시간 : 30분
③ 준비물 : 소집단 구성활동이 용이하도록 이동하기 쉬운 개인별 의자

3) 진 행

(1) 교육자의 안내 [1]

이번에는 번호를 부르겠습니다.
'번호-'하면 여러분들은 '햇님', '달님', '햇님', '달님' 하고 번호를 하십시오. 이것이 '햇님', '달님' 번호입니다.
자, 시작해 볼까요?

(2) 교육자의 안내 [@2]

자, '햇님' 번호는 햇님끼리 모이시고 '달님' 번호는 달님끼리 모이십시오. 햇님 번호로 모인 마을을 '해동네'라 하고, 달님 번호로 모인 마을을 '달동네'라고 하겠습니다.

해동네와 달동네 사람들이 다정한 얼굴로 서로 마주 보십시오.

(3) 교육자의 안내 [#3]

그러면, 이번에는 달동네 사람들이 해동네 사람들을 초대하기로 하겠습니다. 한 사람에 한 사람씩 초대하는 것입니다.

될 수 있는 대로 알지 못하는 사람을 초대해 주십시오.

해동네에 가셔서 정중하게 인사하시고 손을 잡으시며 초대 말씀을 하시기 바랍니다.

(4) 교육자의 안내 [$4]

그러니까 햇님과 달님이 모여서 두 사람이 되었지요? 이번에는 그 두 사람(해와 달)이 또 다른 두 사람(해와 달)을 초대해 주십시오.

아무나 먼저 가셔서 인사하시고 '초대할테니 와주세요'하고 얌전하고 예의바르게 초대하시기 바랍니다.

(5) 교육자의 안내 [%5]

이젠 네 사람의 모임이 됐지요? 이번에는 4사람의 모임이 다른 4사람의 모임을 초대하시는 것입니다.

먼저 '어떤 모임을 초대할 것인가' 서로 의논하신 다음에 모셔 오시기 바랍니다.

이 때 초대를 받은 모임에서는 거절할 수가 있습니다. 거절할 때에도 예의와 품위를 지켜주시기 바랍니다.

4) 느낌 발표

이제 여덟 사람이 한 모임이 되었는데 지금까지 학습 활동을 경험하면서 느끼신 소감을 서로 나누어주시기 바랍니다.

선택되었을 때의 느낌이나 거절했을 때의 기분 같은 것을 서로 말씀해보십시오.

5) 유의 사항

① 개인 활동에서 모임을 계속 형성하게 될 때마다 서로 인사하도록 하고 선택하게 된 동기를 이야기한다.
② 상대방을 선택할 때에는 서로 모르는 사람을 초대하도록 한다.
③ 4인 1조가 될 때까지는 초대를 거절할 수가 없다. 단, 4명이 8명이 되는 과정에서만 모임 구성원들이 서로 의논하여 거절할 수 있다.
④ 모임이 형성되면 (어느 형태의 모임이든) 즉시 서로가 인사를 나누고 간단한 대화를 나눌 수 있게 한다.
⑤ 절대로 선택되지 못하는 일로 인해서 좌절을 체험하게 해서는 안된다.

3. T. P 지도력 평가

1) 목 표

지도자로 하여금 과업의 성취에 대해서 더 많은 관심을 쏟는지 아니면 집단 구성원 개개인에 대하여 더욱 마음을 쓰는지 자신의 능력을 평가한다.

2) 준 비

① 인원 : 제한 없음
② 소요시간 : 45분
③ 준비물 : 가. 필기도구
나. T. P 지도력 평가 설문지
다. T. P 지도력 유형 도표
라. 필기 학습을 할 수 있는 실내

3) 진 행

(1) 교육자의 안내

지금 나누어 드리는 설문 자료에 여러분의 솔직한 의사를 표시(○표)해주시기 바랍니다.

T·P 지도력 평가 설문지

이름 : ______________, 집단 : ______________

당신이 어느 집단의 지도자라고 가상한 후 다음 각 항목을 읽고 자기의 행위나 생각에 가장 가까운 것에 동그라미를 치십시오.

항상 자주 가끔 드물게 절대로 하지 않는다. (기호 표시)
A F O S N (보기 : A F O S N)

만일 내가 지도자라면......

AFOSN _____ 1. 집단의 대변인처럼 행동한다.
AFOSN _____ 2. 모두에게 정한 시간보다 더 일하도록 권장한다.
AFOSN _____ 3. 회원들에게 자율적으로 하도록 자유를 준다.
AFOSN _____ 4. 통일된 진행과정을 밟도록 권장한다.
AFOSN _____ 5. 자신들의 판단으로 문제해결을 하도록 한다.
AFOSN _____ 6. 우리 집단은 경쟁에서 이겨야 한다는 것을 강조한다.
AFOSN _____ 7. 지도자가 집단의 대표로서 말하는 것이 좋다.
AFOSN _____ 8. 좀더 노력하도록 회원들을 촉구한다.
AFOSN _____ 9. 내 의견을 관철시키려고 애쓴다.
AFOSN _____ 10. 회원이 생각한대로 일하도록 놔둔다.
AFOSN _____ 11. 나의 진급을 위하여 열심히 일한다.
AFOSN _____ 12. 일의 연기나 불확실성을 관용할 수 있다.
AFOSN _____ 13. 방문객이 있을 때는 내가 집단을 대표해서 말한다.
AFOSN _____ 14. 일을 급속도로 진행시킨다.
AFOSN _____ 15. 회원들에게 맡은 일을 마음대로 할 수 있게 해준다.
AFOSN _____ 16. 집단에서 생기는 갈등을 잘 해결한다.
AFOSN _____ 17. 세밀한 데까지 신경을 쓴다.
AFOSN _____ 18. 밖에 나가서도 집단을 대표하기를 좋아한다.
AFOSN _____ 19. 회원들에게 행동의 자유를 주는 것을 꺼려한다.
AFOSN _____ 20. 해야 할 일과 진행 방법을 내가 결정한다.
AFOSN _____ 21. 성과를 위해서 압력을 가한다.
AFOSN _____ 22. 지도자로서 가질 수 있는 권리를 다른 회원들에게 양보한다.
AFOSN _____ 23. 보통 내가 예상했던 대로 일이 된다.
AFOSN _____ 24. 집단이 주도권을 가지도록 최대한으로 허용한다.
AFOSN _____ 25. 회원들에게 각각 따로따로의 과업을 할당한다.
AFOSN _____ 26. 변화에 대해서 두려워하지 않는다.

AFOSN _____ 27. 회원들에게 더 열심히 일하도록 요구한다.
AFOSN _____ 28. 회원들의 판단력을 신뢰한다.
AFOSN _____ 29. 내가 할 일의 일정표를 직접 만든다.
AFOSN _____ 30. 나의 행동에 대해서 설명하기를 싫어한다.
AFOSN _____ 31. 나의 의견은 그들의 이익을 위한 것이라고 다른 사람을 설득시킨다.
AFOSN _____ 32. 집단이 능력 한도 내에서 일하도록 한다.
AFOSN _____ 33. 그 전에 하던 것보다는 나아야 한다는 점을 회원들에게 강조한다.
AFOSN _____ 34. 회원들과 의논함이 없이 독자적으로 행동한다.
AFOSN _____ 35. 회원들에게 원칙적인 규칙과 규정에 따르도록 요구한다.

(__________) (__________)
P(사람) T(과업)

지도력 유형 도표

이름 : ______________, 집단 : ______________

지도력 유형이 보여 주는 것 : 자신의 지도력 유형을 표시하기 위해 앞의 질문에서 채점된 T의 숫자를 왼쪽 화살표상에 표시하고 P의 숫자를 오른쪽 화살표상에 표시한 후 그 두 점을 직선으로 연결해보면 가운데 화살표에 교차점이 나타난다. 이것이 곧 자신의 민주형의 지도력을 나타내주는 것이다.

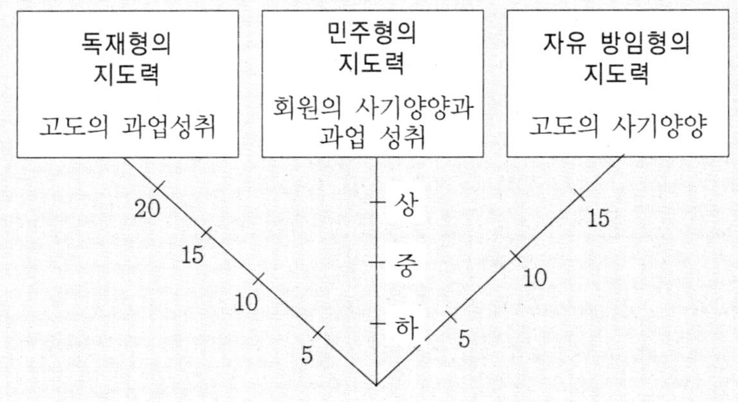

과업과 사람을 함께 중시하는 균형잡힌 민주형 지도력

◆ **채점 방법 및 해석**

① 설문지의 문항번호 8, 12, 17, 18, 19, 30, 35에 동그라미를 친다. (예 : ⑧)
② "A"에서 동그라미 친 번호 중에서 자기의 답이 S(드물게)나, N(절대로 하지 않는다.)에 답한 사람은 그 번호 앞에 있는 _____위에 "1"을 써넣는다.
③ "A"에서 동그라미 친 번호를 제외한 나머지 번호 중에서 A(항상)나 F(자주)에 답한 사람은 _____위에 또 "1"을 써넣는다.
④ 3, 5, 8, 10, 15, 18, 19, 22, 24, 26, 28, 30, 32, 34, 35번 중에서 "1"이 표시된 사람은 그 "1"이라는 숫자에 동그라미를 친다.(예 : ①)
⑤ 동그라미 친 ①이 몇 개인지 세어서 그 숫자를 설문지 끝에 있는 P 위의 (　　) 안에 써넣는다. 이 숫자가 각자의 사람에 대한 관심도를 나타내는 것이다.
⑥ 동그라미 치지 않은 "1"이 몇 개인지 세어서 설문지 끝에 있는 T 위의 ( ) 안에 써넣는다. 이것은 과업에 대한 각자의 관심도를 나타내어 준다.
⑦ 교육자는 지도력 유형을 나타내는 용지를 참가자를 각자에게 나누어주고 앞에서 한 설문지 끝에 나타난 P와 T의 숫자에 따라 자신이 지도자로서의 모습을 화살표 위에 표시하고, 스스로 자신의 지도력을 평가해 그것이 의미하는 바를 토의하도록 이끈다.

※ T는 과업(Task)을 말하고, P는 사람(Person)을 말한다.

4) 느낌 발표

(1) 교육자의 안내

어떻습니까?
과연 여러분들은 과업 중심의 인물이었습니까? 인간 중심의 지도자였습니까?
본시 학습을 경험하고 느낀 점을 서로 기탄 없이 이야기하여 주시기 바랍니다.

5) 유의 사항

① 구성원들이 작성한 설문 자료를 채점하기 전에 교육자는 '과업'과 '인간'

을 동시에 중시하는 '분담형'에 대하여 간단히 설명한다.

② 구성원들이 자신의 지도력 형태가 과업 중심적인지, 인간 중심적인지를 평가하기 위하여 직접 채점하도록 한다.

③ 구성원들은 채점에 앞서 '지도력 유형표'에 자신의 능력을 예상해 보도록 한다.

④ 구성원 상호간에 상대방의 득점에 대하여 서로 예상해 보도록 한다.

⑤ 도표에 나타난 지도력 유형은 역할 수행을 통하여 구체화할 수 있게 한다.

⑥ 분담형 지도 평가 측정치가 비슷한 구성원끼리 하부 집단을 형성하여 그들에게 똑같이 동일한 과제를 부여해 본다.

4. 지역사회개발위원회

1) 목 표

집단 활동에서 개인의 숨겨진 목적이나 동기가 과업의 성취와 개인의 행동에 어떤 영향을 주는가를 인식한다.

2) 준 비

① 인원 : 제한 없음

② 소요시간 : 60분

③ 준비물 : 가. 역할연기, 연극 해설 자료
나. 배역 설명 자료
다. 역할 연기 관찰자를 위한 지침서
라. 집단 과정 관찰자를 위한 지침서
마. 숨겨진 목적 문제
바. 숨겨진 목적에 대한 설명서
사. 둘러앉을 자리(5인 1조의 역할 연기자용 탁상)
아. 필기 도구
자. 밀실

④ 좌석배치 : 5인 1조의 역할 연기 관찰자가 연기자들의 뒤에 둘러앉되 각 관찰자는 자기가 관찰하여야 할 연기자의 맞은 편에 앉는다. 집단 과정 관찰자는 역할 연기 관찰자의 뒤에 앉는다(도해 자료 참조).

⑤ 도해 자료

① ○ : 역할 연기자, ② □ : 연기 관찰자, ③ △ : 집단 관찰자

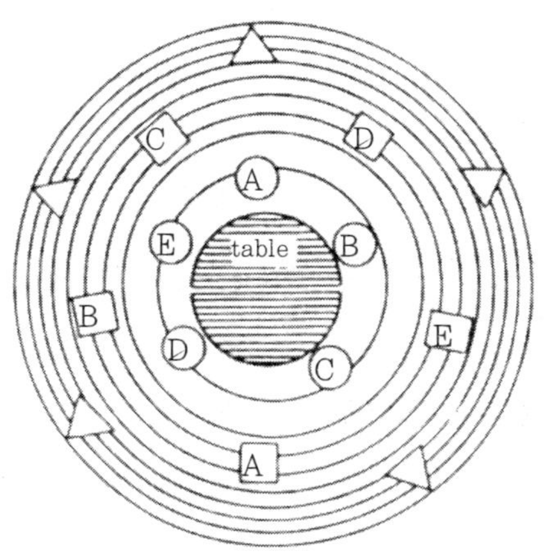

3) 진 행

(1) 교육자의 안내 [1]

지금부터 여러분들(역할 연기자 5명)에게 학습자료를 나누어 드리겠습니다.

자료를 받으신 분은 밀실에 들어가서, 자신의 역할과 문제가 무엇인지를 파악해 주시기 바랍니다.

이 때 주의하셔야 할 것은 자신의 역할에 대해서는 일체 비밀로 하여야 한다는 점입니다.

▨ 자료 1 (역할 연기자에게 배부 될 자료)

① 역할 연극 해설 자료(별첨)

② 배역 설명 자료(별첨)

(2) 교육자의 안내 [2]

다음에는 역할 연기 관찰자 다섯 분을 선출하겠습니다.(선출 후 임무 부여)

A는 ⓐ만을 관찰하고 B는 ⓑ만을 관찰합니다. 이와 같이 마주 보이는 상대의 역할 연기를 자세히 보시기 바랍니다.

그러면 관찰자 여러분들에게 학습자료를 분배해 드리겠습니다.

▨ 자료 2 (연기 관찰자에게 배부 될 자료)

① 역할 연기 관찰 지침서(별첨)
② 위원회에서 다루어야 할 문제지(별첨)

(3) 교육자의 안내 3

이번에는 집단의 연기를 관찰하실 분(5명)을 선정하겠습니다.

집단 관찰자도 지정된 자리에 앉아 주시고 지금 나누어 드리는 학습자료를 받아 숙독해 주시기 바랍니다.

▨ 자료 3 (집단 관찰자에게 배부 될 자료)

① 집단과정 관찰 지침서(별첨)
② 위원회에서 다루어야 할 문제지(별첨)

(4) 교육자의 안내 4

자, 그러면 여기에(테이블) 연기자 다섯 분을 모시겠습니다. (밀실에서 입장)

제가 한분 한분을 소개할 때 방청객 여러분들께서는 박수로 환영해 주시기 바랍니다.

ⓐ석에 앉으신 박소민 여사, ⓑ석에 앉으신 김낙현 선생님, ⓒ석에 앉으신 이서울씨 ⓓ석의 김남선씨, ⓔ석의 김수영씨

(5) 교육자의 안내 5

지금부터 조한성 선생님의 사회로 '하양읍 지역사회개발 위원회'를 시작하겠습니다.

방청객 여러분 조용히 위원회의 진행을 지켜 봐 주시기 바랍니다.

4) 느낌 발표

(1) 교육자의 안내 1

그러면 이제까지 '하양읍 지역사회개발 위원회'의 회의를 보신 집단과정 관찰자(△표 인물)의 관찰 기록을 발표해 주시기 바랍니다.

(2) 교육자의 안내 [2]

다음에는 연기 관찰자(□표 인물)들의 보고를 들어 보겠습니다.

(3) 교육자의 안내 [3]

이번에는 역할 연기자(○표 인물)들이 자신의 역할에 대해서 말씀해 주시기 바랍니다.

(4) 교육자의 안내 [4]

그러면 마지막으로 여러분들에게 이번 위원회의 '숨겨진 목적'에 대해서 설명해 드리겠습니다.

(5) 교육자의 안내 [5]

그러면 전체 관찰자가 이제부터 다음 문제에 대하여 기탄없이 의견을 교환해 주시기 바랍니다.

첫째, 숨겨진 목적들은 집단 전체와 개인에게 어떤 영향을 끼치는가?
둘째, 숨겨진 목적이 있다는 암시를 주는 요소가 있었는가?
셋째, 집단이 움직여 나감에 있어서 숨겨진 목적을 알아야 할 필요가 있었는가?
넷째, 집단 위원들이 그들이 숨긴 목적이 있었다는 것을 자인하는 때는 언제가 적절하다고 생각하는가?

5) 유의 사항

① 본 학습은 매우 복잡성을 띠고 있으므로, 교육자는 프로그램을 완전히 숙지하고 활동을 개시하여야 한다.
② 역할 연기자 및 기타 이 학습에 참가하는 모든 인물의 선정은 본인의 자청에 의한다.
③ 역할 연기자에게 배부되는 자료(배역 설명서)는 '지정된 해당 자료'만을 주어야 한다. 이것은 연기자 서로가 숨겨진 목적을 알 수 없도록 은폐하기 위해서이다.
④ 연기 관찰자, 집단 관찰자를 선정하는 작업은 역할 연기자들이 밀실에 있을 때 하도록 한다.

⑤ 역할 연기는 20분을 초과하지 않도록 하고, 초과될 경우에는 교육자가 진행을 강제로 정지시킨다.

⑥ 학습 경험체제를 지역의 특수성, 집단 구성원의 사회적 여건에 따라 다음과 같이 변형할 수 있다.

· 학교 수상 심의 위원회
· 인사 정책 추진 위원회
· 교육 개발 위원회
· 학교 계획수립 심의 위원회
· 농촌 개발 위원회
· 도시 재개발 위원회

⑦ 위원회 활동은 그 진전 상황에 따라 몇 차례 반복 할 수도 있다.

6) 참고자료

(1) 자료 1 : 역할 연극 해설자료

① 배역을 맡은 사람들은 다른 사람의 배역에 대한 내용을 보아서는 안 된다.

② 각 연기자는 자기의 배역을 주의 깊게 읽고, 그 역할을 잘 하도록 노력하여야 한다.

③ 맡은 역에 몰입하되, 과장된 연기는 삼간다.

④ 자연스럽게 연기하되, 자기 역할에서 나타내고자하는 행동에 역점을 두어야 한다.

(2) 자료 2 : 배역 설명자료

가. 박소민

① 당신은 '사회 복지부'에서 일하고 있는 여성 사회사업가이다.

② 당신은 당신의 도움을 받고 있는 영세민 중에서 몇 명이 지역사회개발 위원회의 이사가 되었으면 한다.

③ 그렇게 되면 당신은 자연히 상관에게 좋은 인상을 주게 될 것이고, 더불어 지역사회개발에 당신의 힘이 더욱 강하게 미칠 수 있기 때문이다.

④ 당신이 일하는 지역은 지방이기 때문에, 당신은 이들 이사를 지방별로 선출하는 것과 이사의 임기는 3년으로 하는 방법을 추진하려고 한다.

나. 김낙현

① 당신은 양화점을 경영하는 지역사회의 야망있는 지도자이다.
② 당신의 입장은 지역사회개발 위원회의 이사 중에서 영세민 대표들의 힘과 그 결속력을 약화시키려고 한다.
③ 그렇게 함으로써 전문직에서 일하는 사람들과, 국가 공무원들이 보다 강한 권력을 가지고 마음대로 일 할 수 있기 때문이다.
④ 당신은 영세민을 '게으름뱅이들'이라고 생각한다. 그러므로 당신은 작은 구역의 사람들에게서 별로 지지를 받지 못하며 또 뚜렷한 목적의식도 없는 무능한 이사들이 많이 뽑히기를 원하고 있다.
⑤ 그러기 위해서는 당신은 지역사회개발 위원회에서 전지역 총선거를 지지한다.
⑥ 또 가능하면 영세민 이사들의 연속성을 단절하기 위하여 그들의 임기도 1년이면 좋다고 주장한다.

다. 이서울

① 당신은 5명의 자녀를 둔 가난한 어머니로써 정부의 구호금으로 생활한다.
② 그러므로 위원회에 영세민 이사들이 보다 많이 진출하여 큰 세력을 갖기를 원하며 가능한 다수의 영세민들에게 이사가 될 기회가 주어져야 한다고 생각한다.
③ 따라서, 당신의 이사의 임기를 1년, 지역구 선거제를 지지한다. 그것은 지역사회개발 위원회의 전문 직업인들과 국가 공무원 사이에 힘의 균형을 유지하기 위해서 이사의 수가 많아야 한다고 보기 때문이다.

라. 김남선

① 당신은 치과 의사이며 시의회 의원직을 맡고 있다.
② 당신은 영세민보다는 전문 직업인들과 국가 공무원이 지역사회개발에 능숙하기 때문에 이들의 세력이 많아야 한다고 생각한다.
③ 그러므로 이사의 임기는 1년, 전지역 총선거를 지지한다.

마. 김수영

① 당신은 상업 회의소 부소장이면서도 지역사회개발에는 별로 관심이 없다.
② 이 위원회에 참가한 유일의 목적은 박소민 여사를 만나서 데이트를 하려는데 있다.

③ 그러므로 당신은 박소민 여사의 모든 의견에 찬성하고 지지하며 격려하게 된다.
④ 당신의 행동은 박소민 여사에게 보다 좋은 인상을 주도록 노력하는데 있다.

(3) 자료 3 : 역할 연극 관찰자를 위한 지침

① 당신이 관찰하는 연기자는 전반적으로 참여했나? 특수한 분야만 참여했나? 아니면 그의 참여가 균형이 잡히지 않았는가?
② 연기자의 연기가 집단의 일을 발전시키는 면에서 도움이 되었는가? 아니면 그 반대였나?
③ 그 연기자의 참여는 그 집단에서 어떤 영향을 주었나?
④ 그 연기자는 다른 연기자들의 말을 열심히 들어 주었는가?
⑤ 그 연기자는 집단 문제해결을 돕는데 더 관심을 가졌는가? 아니면 자기 개인적 요구나 태도, 가치관을 내세우려고 하였는가?

(4) 자료 4 : 집단과정 관찰자를 위한 지침

가. 분위기

① 전반적으로 집단 회원들이 서로 협력했나? 아니면 경쟁했나? 또 서로 친목을 이루었나? 아니면 그 반대였나?
② 의제가 바뀔 때마다 회의의 분위기는 어떠했는가?

나. 참여

① 누가 제일 적극적이었으며, 또한 누가 제일 소극적이었는가?
② 그들의 참여는 과업의 성취에 도움이 되는 것이었나? 그렇지 않았나?
③ 그들의 행위의 동기는 무엇이었나?
④ 각 연기자의 행동은 집단에게 어떤 영향을 주었는가?

다. 관심과 협력

① 집단 회원들의 관심도는?
② 흥미가 없을 때가 있었다면 그 이유는 정보의 부족인가, 이해부족인가, 자극이 부족해서인가? 아니면 또 다른 이유가 있었는가?
③ 집단 회원들이 공동의 목적을 이루기 위해 일체감을 느끼고 있었는가? 진행을 방해하는 요소가 있었다면 무엇이었나?

라. 진행

집단이 어디까지 그들의 할 일을 진행시켰는가?

(5) 자료 5 : '숨겨진 목적' 문제개발

가. 참가자

① 김낙현 – 양화점 주인
② 이서울 – 다섯 아이의 영세민 어머니
③ 김남선 – 치과 의사
④ 김수영 – 상업회의소 부소장
⑤ 박소민 – 사회복지부의 사회사업가

나. 문제

여러분들은 지역사회개발 위원회 이사회의 특수 진상 조사위원회에 참여하고 있다. 회의의 목적은 본 이사회의 영세민대표 선출방법을 개선하는 안을 연구하고자 함이다. 현재, 이사의 임기는 3년이고, 전 지역 총선으로 하고 있다. 다음 이사회의 모임을 위하여 여러분들은 구체적인 안을 준비하는 것이다.

본 회의에 위촉된 사항은 아래의 두 가지이다.

① 영세민 대표를 택하는 가장 좋은 방법은 무엇인가?
- 현행제도(전지역 총선거)를 그대로 지속하는 방법
- 지역구로 하는 방법
- 지역구를 더 작은 마을 단위로 나누는 방법

② 임기는 어떻게 할까?
- 현재 방법(3년 임기)을 그대로 쓰는 방법
- 1년 임기로 바꾸는 것

  회장은 장희빈 여사인데, 그분이 여러분들의 제안을 이사회에 보고할 것이다.

(6) 자료 6

가. 서론

이 체험의 목적은 잘 나타나지 않고, 숨긴 목적이 집단의 목적과 할 일을 방해하거나 영향을 준다는 것을 알게 하려 함이다. 다시 말하면, 참가자들의 가치관, 태도 및 열의에 영향을 주는 욕구들이 집단의 일에까지도 영향을 미친다는 것이다.

나. 숨겨진 목적을 다루는 방법

① 집단은 언제나 두 가지 차원을 동시에 지닌 채 움직여진다는 것을 염두 해두어야 한다. 즉, 명백히 들어 난 목적과 숨겨진 목적을 말한다. 이러한 사실 때문에, 집단의 과업이 참가자들의 기대보다는 늦게 진행되는 것이다.
② 집단 안에 있는 숨겨진 목적을 찾아보아야 한다. 숨겨진 목적을 인식한다는 것은 집단 문제를 해결하기 위한 첫걸음이라고 할 수 있다.
③ 때로는 집단구성원 중 한사람에 의해서 숨겨진 목적이 나타날 때가 있다. 가령, 어떤 사람이 "이 문제에 대한 우리 모두의 의견을 충분히 들었는지 다시 시간을 좀 가지고 생각한 뒤, 이야기를 해 봅시다" 라고 말함으로써 숨겨진 목적이 표면화되기도 한다.
④ 때로는 어떤 숨겨진 목적이 드러나고 논의되면서 문제의 실마리가 쉽게 잡히기도 하나, 대개는 그것이 표면화됨으로써 집단이 상처받게 된다. 그러므로, 참가자들은 그러한 위험에 대하여 민감해서 숨겨진 목적이 표면화됨으로써 좋을 것인가, 아닐 것인가를 곧바로 파악하도록 하여야 한다.
⑤ 숨겨진 목적이 알려졌을 때 그것을 비난하거나 압력을 가하면 안 된다. 오히려, 그것이 알려지면 집단은 다른 과업을 다룰 때와 마찬가지로 그것에 직면하고 그것이 집단의 목적과 참여자들의 성격에 어떤 영향을 미치느냐에 따라 더 많은 시간을 할애하고 신중히 다루어야 한다.
⑥ 집단이 정한 목적을 다루는 때와 마찬가지로, 숨겨진 목적을 다루는 방법을 강구하도록 돕는다. 다양한 방법이 있긴 하지만, 숨겨진 목적을 다루는 데는 문제 해결의 방법이 요구된다.
⑦ 숨겨진 목적을 다루어 나가는 도중, 그 과정을 평가하는 시간을 가짐으로써 보다 나은 방법을 강구하는 것이 바람직하다. 그런 과정을 통하여 집단이 성숙되어 가면, 자연히 숨겨진 목적들은 점점 줄어든다. 마지막 15분 동안은 평가를 위하여 할애하는 만큼 집단에겐 유리하다.

다. 촉진자를 위한 지도자료

① 지도자료 [1]

본 체험에 대한 토의에서 우리는 집단 상황 안에서의 개인의 행위는 목적없이 우연히 일어나는 것이 아님을 보았다. 오히려, 인간들은 개인적인 동기, 즉, 욕구라고 부르는 것에 의하여 행위 한다. 그 욕구는 사회적인 것일 수도 있고, 정서적인 것일 수도 있다. 그 욕구들은 집단에서 나타나기도 하나, 체험에서 본 바와 같이 숨겨진 목적으로 남아있는 것이다. 그러한 동기들은 개인들이 알 수도 있고 모를 수도 있다.

② 지도자료 [2]

만일 인간의 행위가 동기없이 우연히 일어나는 대로하는 것이 아니라, 어떤 욕구에 따라 한다고 하면, 개인들이 집단에 참여해서 하는 여러 가지 행위는 개개인의 욕구의 표현임에 틀림없다.

③ 지도자료 [3]

모든 인간들에게는 욕구가 있다. 그것은 여러 모양으로 나타날 수도 있고 또 여러 방법으로 충족되어질 수도 있다.

아브라함 매슬로우(Abraham Maslow)의 학설에 의하면, 인간이 가지고 있는 욕구들을 구조적으로 분석해 볼 때 몇 단계의 계층이 있는데, 그 중 가장 기본적인 욕구는 신체적인 욕구와 안전에 대한 것이라고 한다. 신체적인 욕구, 즉, 의식주의 욕구는 생명의 유지를 위하여 필수적으로 충족되어야 하며, 인간이 어떤 환경 속에서 살려면 안전에 대한 욕구 또한 채워져야 한다. 즉, 인간이 불안감에 사로잡히지 않고 살 수 있게 되려면, 그 환경 안에 안전성이 보장되어야 한다는 것이다.

④ 지도자료 [4]

이러한 생명유지를 위한 기본적인 욕구가 채워지고 사회생활을 영위하게 되면, 다른 욕구들이 나타난다. 그것은 사회적인 욕구, 자아적인 것, 자기달성의 욕구 등으로 그런 것들은 집단 상황에서 가장 잘 충족되는 것이다. 사회성의 욕구가 채워지면 자아적인 욕구가 나타난다. 각 개인이 "나는 누구인가?" 하는 물음에서 자신이 지니고 있는 독자성의 신비를 깨닫게 될 때만이 가능성을 지닌 존재로서 모든 것을 시작할 수 있고, 집단 속에서 가치 있는 일원이 되는 것이다.

⑤ 지도자료 [5]

그러므로, 집단 참여의 동기도 기본적으로 개인들이 자신을 찾고, 표현하고, 충족하려는 욕구들로부터 나오는 것이다. 다시 말하면, 사람들은 자신에게 중요한 것, 즉, 안전과 평안을 갈구하여 집단에 가담한다는 것이다. 인간들이 가지는 공통적인 욕구가 있으나, 이 욕구들을 충족시키는 방법은 각기 다르다. 집단 생활의 동기가 되는 개인의 욕구를 들자면, 소속감, 용납 받는다는 느낌, 인정받으려는 것, 자신의 가치를 발견하려는 것, 자기표현 그리고 생산력 등이다.

⑥ 지도자료 6

개인들이 자기의 개인적이고 주관적인 욕구를 표현하거나 채우기 위하여 집단에 참여한다고 할 때 그것을 반드시 이기적이라고 할 수는 없다. 오히려, 그것이 정상적이고 자연스러운 것이다. 다만, 우리가 생각해야 할 것은 개인적인 욕구들이 꼭 충족되어야 한다는게 아니라, 오히려, 개인적인 욕구의 표현이 다른 개인들과 집단 전체에 어떤 영향을 미치느냐에 대한 것이다.

다른 말로 표현하면, 우리가 문제삼을 것은 한 개인의 어떤 욕구를 만족시키는 것이 아니라 집단의 목적 달성과 다른 개인들에게 방해가 되느냐 안 되느냐의 여부이다. 만일에 방해가 된다면 그 개인으로 하여금, 집단 회원들과 집단의 목적에 조화되는 방향으로 그의 욕구를 표현하도록 도와 주어야 한다.

5. 자기 합리화 분석 테스트

1) 목 표

① 구성원의 심리적 기제를 구명한다.
② 인간관계에서 오해의 요인을 분석 검토한다.
③ 인간의 내면화된 의식을 진단한다.

2) 준 비

① 인원 : 제한없음
② 소요시간 : 40분
③ 준비물 : 가. 필기도구
나. 설문지(C. D. E형)
다. 필기 활동을 할 수 있는 실내 학습장

3) 진 행

(1) 교육자의 안내 1

지금 나누어 드리는 설문자료(C형)는 여러분들의 심리 상태를 진단하기 위한 자료입니다.

본문을 자세히 읽어보시고 '그렇다'고 생각하시면 ○표, '그렇지 않다'고 생각하시면 ×표를 ( )안에 하시기 바랍니다. 경험하지 않은 것은 경험했을 때를 상상해서 하십시오.

(2) 교육자의 안내 ②

여러분들은 부담감을 갖지 마시고 편안한 마음으로 하시기 바랍니다.

이것은 여러분들의 평가자료가 아닙니다. 여러분들의 성장을 보다 바람직하게 돕고자 하는 것입니다.

(3) 자 료

가. 자료 1 : 설문자료 C (합리화 진단용)

① 학교 숙제를 하지 않았을 때에는 담임 선생님으로부터 꾸중을 들을까봐 여러 가지 핑계를 잘 댄다. ( )

② 자기가 게으른 탓으로 학교에 지각을 했을 경우에는 거짓말이라도 해서 꾸중을 피하도록 한다. ( )

③ 학교 성적이 떨어진 것은 담임 선생님의 책임이 많다고 생각한다. ( )

④ 자기 잘못에 대해서 변명을 할 때에는 '누구 때문'이라고 다른 사람에게 전가하는 경향이 있다. ( )

⑤ 자기의 잘못을 남에게 지적 당할 때에는 사과하지 않고 오히려 열을 올려 그 이유를 말한다. ( )

⑥ 학교 숙제를 못 했을 때에는 선생님께 꾸중을 듣더라도 솔직하게 고백한다. ( )

⑦ 입학 시험에 실패한 경우 그 학교에서 채점이 잘못 되었을 거라고 생각한다. ( )

⑧ 자기가 소속했던 모임에서 친구들로부터 배척 당하면 나는 아무 불평없이 물러난다. ( )

⑨ 밖에서 누구하고 다툰 이야기는 집에 와서 가족에게 말하기를 싫어한다. ( )

⑩ 어떤 경우라도 내가 잘 못한 것에 대해서는 윗사람에게 사과를 하는 편이다. ( )

나. 채점 방법

• 설문 ①②③④⑤⑦⑩에서 ○표는 (+1), ×표는 (−1)

- 설문 ⑥⑧⑨에서 ○표는 (+1), ×표는 (−1)
- 총계 점수가 많으면 '합리화형'

다. 해 석

합리화형의 심리기제 : '자기 합리화형'은 자신의 곤궁한 입장을 벗어나려고 그럴 듯한 이유와 변명을 늘어놓아 자기 행동을 정당화하려고 애쓴다.

이와 같이 자기 합리화에 익숙해진 사람은 자신 행동의 근본 원인에 관해서 자신은 물론이고 타인까지도 기만하려는 사람으로 전락하기 쉽다.

4) 교육자의 안내 ④

수고 하셨습니다.

그러면 이어서 다음 설문자료(D형)를 드리겠습니다.

자세히 읽어보시고 해당되면 '○'표 아니면 '×'표를 하십시오.

여기서 해당이란 뜻은 자기 자신의 체험과 같거나 남의 경험도 수긍이 가고 공감할 수 있는 느낌을 말하는 것입니다.

자, 시작하세요.

가. 자료 2 : 설문자료 D (동일화 진단용)

① 인기 있는 탤런트나 배우를 보면 나도 저렇게 되었으면 하고 직종을 바꿀 생각이 난다. ( )

② 우리 친척 중 고위층 요직에 있는 사람이 있을 경우 나는 다른 사람들에게 자랑하고 싶다. ( )

③ 다른 사람들의 유행에 따르지 못할 경우에는 몹시 부끄러움을 탄다. ( )

④ 부친의 직업이 좋지 않을 때에는 남에게 말하고 싶지 않다. ( )

⑤ 잘 읽지도 않는 책을 서가에 장서하기를 좋아한다. ( )

⑥ 집안이 가난하더라도 있는 척 하는 것이 연애하는데 도움이 된다. ( )

⑦ 비록 부친의 직업이 천하더라도 나는 조금도 부끄럽지 않다. ( )

⑧ 비록 나는 용모가 못생겼다 해도, 나는 남보다 다른 재주가 있어서 좋다. ( )

⑨ 나는 공부는 못해도 운동선수로서 이름을 날리고 싶다. ( )

⑩ 나는 비록 말라빠졌지만 90세의 노인을 모시고 사는 것이 자랑스럽고 대견하다. ( )

나. 채점 방법

- ①②③④⑤⑥⑩에 ○표는 (+1), ×표는 (−1)
- ⑦⑧⑨에 ○표는 (+1), ×표는 (−1)
- 총계득점이 많으면 많을수록 심리적 동일화 기제가 발달되었다고 판정.

다. 해 석

동일화형의 심리기제 '동일화(identification)형'이란 어떤 인물이나 어떤 사물이 자기와 함께 존재하고 있다고 하는 마음에서 그 인물 또는 그 사물을 평가절상하고 동시에 자기 자신도 우월해지려는 심리적 작용을 말한다.

대개는 내면화된 심리적 갈등 또는 열등의식이 자신을 불안하게 만들고 있기 때문에 그것을 해소시키기 위한 적응으로 이와 같은 심리기제가 나타나는 것이다.

5) 교육자의 안내 5

수고하셨습니다.
솔직한 여러분들의 응답에 거듭 감사를 드립니다.
이번에는 또 다른 설문자료(E형)를 드리겠습니다.
지루하시더라도 조금 참고 열심히 해 주십시오. 실시 요령은 전과 같습니다.

가. 자료 3 : 설문자료 E (투사 진단용)

① 탁구 공이 네트에 닿아서 빗나갔다면 탁구 배터를 쳐다보거나 네트를 만져보며 머리를 갸웃등 하는 버릇이 있다. ( )

② 운동 시합에 졌을 때 심판이 상대편 사람이라고 미리 짐작한 나머지 미워하거나 불평을 한다. ( )

③ 얼마 전에 싸웠던 친구가 나를 보지 않고 지나가 버리면 '저 놈이 아직도 나와 감정이 있다'고 짐작한 나머지 그를 때려주고 싶다. ( )

④ 담임 선생님은 나를 공부하지 않는다고 항상 미워할 것이라고 생각할 때 그에 대한 존경심은 점점 사라진다. ( )

⑤ 애인이 다른 남자(여자)와 정답게 이야기하는 것을 보고 의심한 나머지 정이 뚝 떨어진다. ( )

⑥ 담임 선생님이 내 친구만 두둔하고 나를 미워하는 눈치가 보일 때 편애하는 선생님이라고 업신여긴다. ( )

⑦ 어느 학생이 나의 비밀을 선생님께 일러 바쳐도 나는 아무렇지도 않다. ( )

⑧ 애인이 다른 사람과 데이트를 해도 별로 이상하다는 생각이 들지 않는다. ( )

⑨ 운동 시합에 졌을 때 나는 누구도 원망하지 않고 체념해 버린다. ( )

⑩ 계모가 용돈을 안 주면 '친자식이 아니니까'하고 원망하게 된다. ( )

나. 채점 방법

- 설문 ⑦⑧⑨에 ○표는 (+1), ×표는 (−1)
- 설문 ①②③④⑤⑥⑩중 ○표는 (+1), ×표는 (−1)
- 총계 득점이 평균(5점)보다 높으면 투사형

다. 해석

투사(projection)형의 심리기제

"투사형"이란 자신의 마음속에 있는 욕구, 습성, 감정, 불만 등을 타인의 마음속에도 똑 같은 것이 있다고 지레 짐작하는 심리작용인 것이며, 그러한 심리작용이 나에게는 불안해서 그것을 무의식적으로 피하려는 방어기제(Defence mechanism)인 것이다. 이 "투사형" 심리는 예를 들면, 어떤 소년이 공연히 무력함과 위협감을 느끼는 감정에서 시작하여 그 불안을 연장자나 교사에게 반감 또는 적대시하는 마음을 품게되고 자기의 무력함을 스스로 인정하지 않으려 들거나 표면에 노출되는 것을 매우 불안하게 여긴 나머지 다른 사람에게 또는 어떤 사물에게 돌리려고 하는 방어기제인 것이다.

인간의 투사적 성향은 누구에게도 작으나 크나 있는 것이다.

"투사형"은 표면에 나타나는 행동으로 보아 "합리화형"과 구별할 수 없을 때가 많다. 굳이 구별한다면 합리화형은 행동의 동기로 보아 본인 자신이 당장 당하고 있는 곤경 등을 중심삼아 방어하는 태도인 것이며, 투사형은 자기가 아닌 타인 또는 어떤 사물에 자기의 불안을 전가시키는 경향이 있는 것의 차이라고 할 수 있다.

소년이 투사 심리가 습관화된다면 가정에서나 사회에서 항상 불화의 원인이 되고, 어른이 투사심리가 있을 때는 극단적이거나 병적인 경우는 의처증, 의부증으로 피해망상증까지 악화되어 극단의 불행을 자아 낼 위험도 있는 것이다. 투사형의 심리가 강한 사람은 오해하는 심정도 나타나서 대인관계의 여러 가지 물의를 일으키는 경우가 있다.

4) 느낌 발표

(1) 교육자의 안내

지금까지 여러분들이 경험한 여러 가지 학습활동에 대하여 느끼신 점을 자유스럽게 이야기 해 주시기 바랍니다.

자신의 심리적 성향에 대한 느낌이나 진단 자료에 대한 이야기 등을 서로 말씀하십시오.

5) 유의 사항

① 인간의 심리적 방어기제 현상은 누구에게나 있는 것임을 밝혀 자신의 진단결과에 대한 회의나 불안 그리고 갈등을 갖지 않도록 각별히 유의한다.
② 구성원 자신의 심리적 성향이 만족치 못한다고 강하게 느꼈을 때는 그 승화방법에 대한 지도가 구체적으로 가해져야만 한다.
③ 한 사람의 문제점이나 의견을 집단(공동)의 사고에 의하여 슬기롭게 해결하도록 노력하여야 한다.

6) 종합 정리

교육자를 위한 지도자료를 제시하면 다음과 같다.

가. 지도자료 1

① 대화의 창문을 드리며

우리는 일상 생활에서 누구나 오해를 하고 때로는 오해를 사곤 합니다. 그것이 의식적이건 무의식적이건 느끼지 못하는 곳에서 결국은 우리 자신 속에서 일어나는 것입니다. 그러면서도 나 아닌 타인의 탓이라고 스스로를 속이려고 애써 왔습니다.

그리고 우리는 일상 느끼지 못하는 곳에서 많은 오해가 끊이지 않고 있으며, 서로가 서로를 침범하면서도 오해의 원인이 되는 심리적 요인은 우리 자신 안에 있다는 사실을 까마득하게 잊고 있었습니다.

세상에서 일어나는 모든 쟁점에는 그것이 개인간이건, 집단간이건, 혹은 그 무대가 가정이건, 직장이건 또는 정치사회에서나 국제 사회에서나 원인의 대부분은 대화의 결함에 있다고 결론지을 수밖에 없습니다.

그러므로 우리는 오해라는 사회적인 암에 대해서 이것을 극복할 수 있도록 도전하지 않으면 안 됩니다. 첫째, 자신 안에 도사리고 있는 어떤 선입견과 아집에도 문제가 있다고 생각하지 않으면 안 된다는 것을 우리는 체험했습니다. 대화의 화술에 익숙하지 못한데다 아집은 다시 자기부정을 부정합니다. 진정 자기부정의 과정을 밟지 않는 대화란 있을 수 없습니다.

오해의 역사는 인류의 역사와 함께 이어왔고 그 문제는 더욱 심각성을 띠고 있는데 반하여 가장 발달되었다고 자부하는 현대 문명의 그 과학적 해결 방법은 여기에 대해서는 속수무책인 상태에 있습니다. 오히려 오늘의 물질문명은 인간의 순수한 마음의 세계를 삭막하게 만들고 있으며 오해로 인한 쟁점은 좁게는 주변의 사람들을 다치게 하고 넓게는 전쟁이라는 대살육이 빚어지는 비극을 자아내고 있습니다.

그러나 이 오해라는 악마의 정체를 밝혀내고 이것과 대결해서 진정 인류가 살아남기 위해서는 오해를 이해로 이끄는 그 능력과 기능이 우리에게 부여되어 있다는 사실입니다. 그래서 앞으로는 대화의 길을 닦음은 쟁점의 부각에서 갈등의 해소로 승화되는 새로운 모색의 창을 우리들로부터 시작하여 더욱 넓혀 가는 길밖에 달리 해결할 길이 없는 것입니다.

나. 지도자료 ②

① 토론과 비판은 슬기롭게

우리가 서로 같이 어울려 사는 방법은 나와 너 사이에 있는 의견의 차이를 어떻게 타협과 협상을 통해 좁힐 수 있느냐에 있는 것입니다. 토론과 비판으로 많은 사람을 거쳐 차이점을 좁혀 가는 방법은 가장 민주주의적이고 또한 현대의 이익 사회에서 가장 합리적이고 보편적인 것입니다.

그런데, 우리는 경제적으로 전근대적인 한국의 울타리 안에서 자라왔기 때문에 아직도 혈연관계, 지연관계 등이 얽혀 핏줄이나 애정이 앞서서 경제적 이해 타산 보다는 인정과 의리와 자기희생이라는 윤리의 잔재가 남아 있습니다. 그러한 관계로 수평적인 나와 너와의 관계보다는 수직적인 윗사람과 아랫사람의 관계가 강조되어 언제나 명령과 복종을 미덕으로 삼아왔고 더구나 공개적인 비판이나 토론은 극히 배타적으로 여겨왔던 것입니다. 좋게 표현한다면 윗사람은 아랫사람을 사랑으로 잘 돌봐주고 아랫사람은 감사하는 마음으로 따르는 입장입니다. 그래서 이러한 전근대적 사고방식에서는 갈등이나 견해 차이를 좁히는 기술이 발달되지 못하고 오직 순종하며 따를 뿐이라는 사상은 의리와 보은을 내세워 마침내는 맹종이라는 결과를 가져오고 이 맹종은 비판이나 토론을 허용하지 않기 때문에 불평이 있어도 꾹 참고 있다가 기회가 있으면 반역이라는 형태로 나타나게 되었습니다. 표면상으로는 조화 일치를 내세우면서도 마음의 내부에서는 이것이 복종이냐 반역이냐 양극화 현상이 꿈틀거리고 있는 것입니다.
현재의 기성세대는 이러한 전근대적인 요소와 현대적 합리주의 두 가지 면을 가지고 있는 것이나 때로는 어떤 부서의 윗자리에 앉게 되면 전근대적인 요소를 발휘하는 것이 윗사람이하는 체통인 양 착각하여 대화를 흐리게 하는 경우를 가끔 볼 수 있습니다. 이것은 젊은이에게는 참을 수 없는 혐오의 대상인 것입니다. 그러나 젊은 지성인은 이러한 특수 사정을 감안해서 갈등과 의견대립을 끈기있게 토론과 비판을 통해 합리적으로 좁혀가는 아량으로 슬기롭게 대처해 나가야 할 또 하나의 짐을 지고 있다고 느껴야만 하겠습니다.

1. 단행본

권이종(1983), 국가발전과 평생교육, 배영사.
______(1997), 사회교육개론. 교육과학사.
김경동(1980), 현대사회와 인간의 미래, 평민사.
김규삼(1983), 노인복지론(이론과 실제), 학문사
김남선, 2009, [평생교육개론], 서울: 형설출판사
김남선, 2009, [지역사회교육론], 서울: 형설출판사
김남선, 2002, [지역사회개발론], 서울: 두남출판사
김남선(1991), 지역사회개발학개론, 형설출판사.
______(2001), 평생교육개론, 형설출판사
______(2000), 지역사회조직론, 홍익출판사
김수일(1988), 평생교육학개론, 문음사.
김승한(1981), 평생교육입문, 정민사.
김신일(1984), 평생교육체제의 확립, 교육학연구.
김정환(1979), 복지사회와 교육, 한국평생교육학회.
김제한(1988), 발달심리학, 학문사.
김지자 역(1984), 평생교육과 발전, 한국평생교육학회.
김진화(2001), 평생교육프로그램개발론, 교육과학사
김종서, 노인과 학습, 대한노인회(편)(1982), 노년기의 생활, 대한노인회.
김영모(1983), 『현대사회정책론』, 한국복지정책연구소 출판부.
김상균(1987), 『현대사회와 사회정책』, 서울대출판부.
김영정(1989), 『변화와 도전 - 한국여성의 현실과 정책』, 이대출판부.
김태헌(1994), 노인학, 교문사.
김학수(1981), 현대교수 학습이론, 교육과학사.
김해명외 1인, (1989), 교육방법 및 교육공학, 형설출판사.
김형렬(1990), 『사회정책학』, 법문사.
남정걸(1988), 평생교육행정론, 교육과학사.
대구대학교평생교육부(1991), 평생교육방법론, 청림사.
맥퍼슨 & 미즐리(1987), 『비교사회정책과 제3세계』, 현외성 옮김 (1993).
박노열(1987), 평생교육학개론, 형설출판사.
보건사회부(1987), 『부녀행정 40년사』
서울대학교 사범대학 교육연구소편(1981), 교육학용어사전, 배영사.

신인령(역)(1983), 『여성해방의 이론체계』, 풀빛.
안태윤(1987), 한국의 평생교육론, 경북대학교 교육연구소.
오천석외 편저(1962), 평생교육, 현대교육총서 출판사.
임춘식(1984), 노인교육의 기본 이념, 대한노인회(편), 대한노인회
앤 쇼우스틱 사쑨 편저(1987), 『여성과 국가』, 한국여성개발원 옮김 (1990).
윤후정, 신인령(1989), 『법 여성학 - 평등권과 여성』, 이대출판부.
이안 고프(1979), 『복지국가의 정치 경제학』, 김연명, 이승욱 옮김 (1991), 도서출판 한울.
장인협(1996), 노인복지학, 서울대학교 출판부.
장영호(1985), 교육공학, 학문사.
장진호(1979), 평생교육의 방향, 정익사.
정지웅외 1인(1989), 평생교육학 개론, 서울대학교출판부.
조정기(1986), 평생교육방법론, 대광 문화사.
진원종외 2인(1974), 평생교육의 제문제, 능력개발.
차갑부(1987), 열린사회의 평생교육. 양서원.
최상호(1987), 평생교육방법론, 교육과학사.
피오나 윌리암스(1989), 『사회복지정책』, 이영철 외 옮김 (1991), 도서출판 말길.
한국교육학회(1983), 평생교육과 평생교육, 배영사.
__________(1991), 평생교육학 서설, 교육과학사.
한국교육학회(1997), 사회교육방법론, 형설출판사.
한국교육학회,사회교육연구회(1997), 사회교육방법론. 형설출판사.
한국지역사회학교후원회(1981), 평생교육론단, 정민사.
한준상(1988), 사회교육과 사회문제. 청아출판사.
_____(1987), 평생교육론, 청아출판사.

2. 연구논문 및 보고서

권영자(1986), "한국가정과 여성복지", 『여성연구』가을호.
권영자(1993), "21세기에 한국여성의 위상은 어떻게 달라지나" 『21세기의 도전과 한국의대』, 한승주 외 공저, 형설출판사.
강태중(1999), "평생학습체제 구현을 위한 정책대안: 시론적 검토", 한국사회교육학회 학술포럼발표 논문
공은배(2000), "평생학습사회 실현을 위한 평생교육센테의 기능과 역할", [21세기 평생학습사회도래와 새로운학습체제구상], 2000년도 평생교육정책세미나 자료
김도수,(1998), 글로벌 시대의 한국 사회교육, 사회교육학연구 제4권 제2호, 한국사회교육학회

김선욱(1990), "여성정책관련 행정조직의 효율화", 『여성연구』 여름호.
김성천(1991), "한국여성복지정책의 유형분석에 관한 연구", 『여성연구』 봄호.
김신일(1999), "새 시대 교육에 대한 한 시각, 21세기 사회와 교육체제의 변화", 한국교육연구소 여름정책세미나 자료
김진화. 이종만(2000), 사회교육프로그램개발의 이론적 발달과 새로운 조망, 한국농업교육학회, 한국농업교육학회지 32권
김혜숙(1990), "개정가족법과 양성평등", 『한국여성학』 제9집.
남정림(1992), "여성노인의 빈곤화 원인과 정책에 관한 여권론적 접근법", 『여성연구』 겨울호.
문소정(1994), "여성과 법", 『여성과 한국사회』, 여성한국사회연구회 편, 사회문화연구소.
박경숙(1993), "복지사회와 여성", 『여성과 한국사회』, 여성한국사회연구회 편, 사회문화연구소.
변화순(1994), "여성정책", 『여성과 한국사회』, 여성한국사회연구회 편, 사회문화연구소.
법제처(2008), 평생교육법
신영숙(1994), "여성운동의 역사적 고찰", 『여성과 한국사회』, 여성한국사회연구소 편, 사회문화연구소.
여성사연구회(1989), "1980년대의 여성정책", 『1980년대 한국사회와 지배구조』, 도서출판 풀빛.
윤후정(1986), "한국여성과 정책결정참여", 『여성연구』 가을호.
윤후정(1990), "평등권의 개념과 남녀평등권", 『한국여성학』 제9집.
이명선(1990), "국회 속기록에 나타난 여성정책 시각 : 가족계획에 대하여", 『여성학논집』 제7집.
이미경(1989), "국가의 출산정책 - 가족계획정책을 중심으로", 『여성학논집』제6집.
이숙진(1990), "동구사회구조의 국가의 여성정책", 『여성학논집』제7집.
이혜경(1990), "한국의 사회변동과 여성정책", 『한국여성정치문화연구』,한국여성정치문화 연구소.
______(2000), "지역평생교육센터 및 평생학습관의 역할과 과제" [21세기 평생학습사회 도래와 새로운 학습체제 구상] 2000년도 평생교육정책세미나 자료
이효재(1985), "분단시대의 여성운동", 『분단시대와 한국사회』, 변형윤 외, 도서출판 까치.
장필화(1990), "여성정책을 위한 기초적 검토 - 여성학적 시각에서- ", 『여성학논집』 제7집.
장필화(1991), "여성정책과 공·사영역", 『90년대와 여성정책』, 한국여성정치논단 제2호, 한국여성정치연구소.

정무장관(제2)실(1990a), 『UN여성차별철폐협약 : 우리나라 제 1,2차 보고서』
정무장관(제2)실(1991a), 『여성자위 얼마나 향상되고 있는가 - 제6공화국 여성정책의 성과와 전망』
정무장관(제2)실(1992), 『제 7차 경제개발 5개년계획 : 여성개발부문계획 1992-1996』
정무장관(제2)실(1994a), 『나이로비 여성발전전략이행 국가보고서 (1985-1994)』
정부장관(제2)실(1986b), (한정란·임형택, 1991: 백창현,1988,).
정현숙(1989), "국가의 여성노동정책에 관한 연구 - 기혼여성노동정책을 중심으로", 이화여대 석사학위논문.
조순경(1990), "남녀고용평등법의 한계와 과제", 『한국여성학』제9집.
조형, 이재경(1989), "국가에 대한 여성학적 접근", 『여성학논집』 제6집.
최은영(1990), "80년대 한국여성복지정책의 성격에 관한 연구", 연세대 석사학위논문.
평생교육백서, 교육부 1998, p.123
한국여성개발원(1990a), 『한국가족정책에 관한 연구』
한국여성개발원(1991a), 『여성백서(1991)』
한국여성개발원(1991b), 『여성의 의식과 생활실태에 관한 연구』
한국여성개발원(1991c), 『지방자치와 여성정책관련 행정조직에 관한 연구』
한국여성개발원(1992a), 『고등학교 여학생 진로교육 프로그램 개발』
한국여성개발원(1992b), 『여성단체지원사업』
한국여성개발원(1993a), 『여성정책담당 국가행정기구의 기능강화 방안』
한국여성개발원(1993b), 『초·중등학교 교육과정에 나타난 남녀역할 연구』
한국여성개발원(1993c), 『한국여성개발원 10년 1983-1993』
한국여성개발원(1994a), 『여성관련 사회통제 및 지표』
한국여성개발원(1994b), 『UN과 ILO의 여성관계조약과 한국여성노동관계법의 비교연구』
한국여성개발원, 한국가족법학회(1990), 『개정가족법과 한국사회』
한국사회정보연구원(1993), 『나이로비 여성발전전략 이행 상황』
한국여성단체연합(1994), 「문민정부 1년의 여성정책평가」
한국여성정치연구소(1993), 「제6공화국의 여성정책 평가」
한국여성정치연구소. 도산아카데미연구원 (1993), 「여성관련정부기구, 이렇게 바꾸자」
한숭희(1999), "평생교육의 문제", 한국교육문제론, 서울: 교육과학사

3. 정부통계 및 관련 자료

교육부(1993), 『교육통계연보』
노동부(1993a), 「입법. 사법. 행정 공무원에 대한 성차별적 근로조건 개선 대책」, 미발간.

노동부(1993b), 「제 1차 근로여성복지기본계획 1994-1997」, 미발간.
노동부(1993c), 『여성과 취업』
내무부(1993), 「여성공무원 인사운용지침」, 미발간.
보건사회부(1994a), 「21세기를 대비한 사회복지정책 발전 개선안」, 미발간.
보건사회부(1994b), "여성정책 현황평가 자료", 미발간.
정무장관(제2실)(1990b), 「'89 여성관련업무실적 및 '90 업무계획안」, 제9차 여성정책심의 실무위원회 안건자료, 미발간.
정무장관(제2실)(1991a), 「여성관련업무('90실적 및 '91 계획)」, 제10차 여성정책 심의위원회 안건자료, 미발간.
정무장관(제2실)(1994b), 「여성고용정책관련 간담회 자료」, 미발간.
정무장관(제2실)(1994c), 「여성정책 심의위원회 회의개최 현황」, 미발간.
정무장관(제2실)(1994d), 「제170회 국회 업무상황보고」, 미발간.
정무장관(제2실)(1994e), 「여성고용정책관련 간담회 자료」, 미발간.
정무장관(제2실)(1994f), 여성자원활동센터 운영실태조사, 미발간.
총무처(1993), 『총부처연보』
통계청(1992a), 『한국의 사회지표』
통계청(1992b), 『인구주택총조사』
통계청(1993a), 『고용구조조사』
통계청(1993b), 『인구동태통계연보』

4. 영문

B. M. Bass. 1985. *Leadership and performance Beyond Expectation.* New York : Free Press.
Coleman, J. 1990. Foundations of Social Theory, Cambridge: Belknap Press
Dunham, Arther, 1970, The Community Organization, New York: Thomas Y. Crowell Company
Delors, J (1996), Learning: The treasure within, Paris: UNESCO
H. A. Overstreet (1941), Leaders For Adult Education, New York : American Association for Adult Education
Herbart, Johann F (1894), Textbook of Psychology, New York : Appletion.
H. J. Alford (1968), Continuing Education in Action, New York : John Wiley & Son, Inc.,
Hoban, Jr. F. Charles, and Zisman (1937), Samula Visualizing The Curriculum, New York : The Cordon Co
H. S. Sullivivan (1945), Conceptions of Modern Psychotherapy, Washington, D. C. ;

W. A. White Foundation

Jack London(1963), Adult Education and Social Class, University of California

J. L. Pugni (ed)(1965), Adult Education Through Home Study, New York : Acro Press,

John S. Johnstone, et al(1965), Volunteers for Learning. Chicago : Aldine Publishing Co.,

Jong-Gon Hwang(ed.) (1979), Adult Education in Industrial And Urban Community, Institute for Community, Institute for Community Education, Keimyung University

J. R. Kidd (1962), Financing Continuting Education, New York : Scarecrow Press

J. P. De Cecco(1968), The Psychology of Learning and Instruction ; Educational Psychology, New York ;Prentice Inc.

Karen Horeny(1946), Self-Analysis, New York; W. W. Norton.

Kurt Goldstein (1940), Human Nature in the Light of Psychotherapy, Havard University Press.

Louis L. Thurston(1959), The Measurement of Values, Chicago : University of Chicago Press,

Maehl, W. H (2000), Lifelong Learning At Its Best-Innovatine Practices in Adult Credit Programs: San Francisco: Jossey-Bass Publishers

Malcolm S. Knowles(1970), the Modern Practice of Adult Education, Association Press, New York.

Malcolm, Knowles(1990), Adult Learner, Gulf Publishing Company

Martha Farmer(1967), Students Personnel Services for Adults Higher Education, New York : Scarecrow Press

Mary L. Ely (1948), Handbook of Adult Education in the United States, New York : Teacher College, Columbia University

Mary E. Ulrich (1965), Patterns of Adult Education, New York : McGrow Hill

Alan Tough (1971), The Adults Learning Projects, Toronto : The Ontario Institute for Studies in Education

American Association for Adult Education (1963), Handbook of Adult Education, New York: Ausubel, David The Psychology of Meaningful Verbal Learning, New York : Grune & Startton

Ausubel, David and Robinson, Floyd G (1969), School Learning, New York : Holt, Rinehart and Winston Inc.

Barton Morgan, Glenn E. Holmes, Clarence Bundy(1963), Method in Adult Education, The Interstate Printers & Publishers, Inc., Illinois,

B. F. Skinner(1968), The Technology of Teaching, New York : Appleton-Century Crafts,

Bruner, Jerome S(1966), Toward a Theory of Instruction, Cambridge, Massachusetts : Havard University Press

Carl R. Rogers (1951), Client-Centered Therapy, Boston : Houghton Miffli Co.

Coolie Verner (1969), Adult Education, The Center for Applied Research in Education, New York.

Cyril O. Houle (1964), Continuing your Education, New York : McGraw Hill

Dale, Edgar(1969), Audiovisual Methods in Teaching 3rd ed, New York : Holt, Rinehart and Winston

Dewey. John (1902), The child and The Curriculum, Chicago : University of Chicago Press

E. L., Throndike, L. Edward (1935), Adult Educatonal Interests, New York : The MacMillan Co.

Finger, M (1995), Adult education and society today, International Journal of Lifelong Education, 14(2)

Finn, James(1998), "Automation and Education : Technology and the Instructional Process", Audiovisual Communication Review, Vol. 8, No. 1

Frank Jessup (1953), Adult Education Toward Social and Political Responsibility, Hambury Germay: Unesco

Gardner Murphy(1958), Human potentialities, New york : Basic Books

Gerlach, V. S. and Ely, D. P (1981) Teaching and Media A Systematic Approach, New Jersey : Prentice-Hall

Gray, DE (1999), The Internet in lifelong learning: liberation or alienation? International Journal Lifelong Education, 18(2)

OECD (1996), Lifelong learning for all: Meeting of the education committe at Ministerial level 16-17 January , Paris: OECD

Paul Bergevin, Dwight Morris, Robert M. Smith (1981), Adult Education Procedures, The Seabury Press, New York

_____________(1967) A Philosophy of Adult Education, New York : Seabury Press

Paul Lengrand (1975), And Introduction to Lifelong Education, The Unesco Press Paris,

Paul L, Essert (1951), Creative Leadership in Adult Education, New York : Prentice-Hall,

R. H. Dave (1973), Life-long Education and school Curriculum, Hamburg : Unesco Institute for Education

Roger W. Axford (1980), Adult Education, The A. G. Haldin Publishing Company Indiana.

R. W. Tyler (1950), Principles of Curriculum and Instruction, Syllabus for Education

360, Chicago, : University of Chicago Press

Schramm, W. and Lener (1976), Communication and Change : The last 10 Years and Next Decade, Honolulu : University of hawaii

Secord, P. F. and C. W. Backman (1964), Social Psychology, New York : McGraw Hill,

Shaw, M. E. and P. R. Costanzo (1970), Theories of social Psychology, New York : MaGraw-Hill

Thibaut, J. W. and Kelley, H. H (1959), The Social Psychology of Groups, New York : John Wiley and sons

Tyler, Ralph W(1950), Basic principles of Curriculum and Instruction chicago : The University of Chicago Press

UNESCO (1997), 50 years for Education, Paris: UNESCO

Vogel, Ezra F (1979), "Japan As No.1" cambridge : Havard University Press

Wain, K (1993), Lifelong education and adult education-the state of the theory, International Journal of Lifelong Education, 12(2)

Winter, G (1960), Elements for a Social Ethic, New York : MacMillan

Zeitlin, Irving. M (1968), Ideology and the Development of Sociogical Theory, Prentice Hall, New Jersey : Englewood Cliffs.

찾아보기

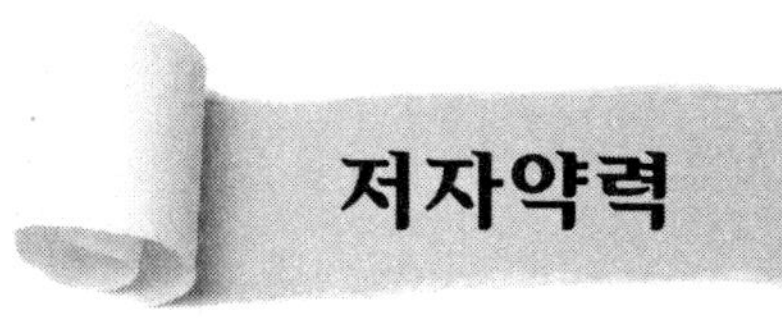

저자약력

▌김 남 선

본인은 서울대학교 농촌사회교육학과를 졸업하고 서울대학교 대학원에서 교육학 석사, 박사과정을 이수하고 교육학박사학위를 받았다.

현재 대구대학교 지역사회개발복지학과에서 평생교육 관련 과목을 강의하고 있으며, 주요경력으로는 한국평생교육학회 회장, 한국평생교육총연합회 회장직을 역임했으며, 대구대학교 평생학습대학 학장, 대구대학교 평생교육원 원장직을 수행하고 있다.

저서로는 [평생교육론], [지역사회교육론], [인적자원개발론], [마을평생교육지도자론] 등이 있다.

최신 평생교육방법론

초 판 1쇄 인쇄 —— 2013년 2월 20일
초 판 1쇄 발행 —— 2013년 2월 25일
지은이 —— 김 남 선
펴낸이 —— 전 두 표
펴낸곳 —— 도서출판 **두남**
서울시 강동구 성내로6길 34-16 두남빌딩
신 고 : 제25100-1988-9호
TEL : 02) 478-2065, 2066, 2067, 2311
FAX : 02) 478-2068
E-mail : dunam1@unitel.co.kr
http://www.dunam.co.kr

정가 20,000원

ISBN 978-89-6414-391-9 93370